Massa-Wirth: Zugeständnisse für Arbeitplätze?

Forschung aus der Hans-Böckler-Stiftung 80
Herausgegeben von der Hans-Böckler-Stiftung, Düsseldorf

Heiko Massa-Wirth

Zugeständnisse für Arbeitsplätze?

Konzessionäre Beschäftigungsvereinbarungen im Vergleich Deutschland – USA

edition sigma

Dissertation der Universität Konstanz
Tag der mündlichen Prüfung: 24.07.2006
Referent: Prof. Dr. Berndt Keller
Referent: Prof. Dr. Volker Schneider

Bibliografische Information der Deutschen Nationalbibliothek

Die Deutsche Nationalbibliothek verzeichnet diese Publikation in der Deutschen Nationalbibliografie; detaillierte bibliografische Daten sind im Internet über http://dnb.d-nb.de abrufbar.

ISBN 978-3-8360-8680-6

Umschlaggestaltung: Neumann Kommunikationsdesign, Wuppertal

Druck: Rosch-Buch, Scheßlitz Printed in Germany

Inhalt

Vorwort

Die vorliegende Untersuchung ist im Rahmen meiner dreijährigen Tätigkeit im Projekt „Betriebliche Bündnisse für Arbeit“ im Wirtschafts- und Sozialwissenschaftlichen Institut entstanden und wurde an der Universität Konstanz als Dissertation angenommen. Der Hans-Böckler-Stiftung danke ich für die großzügige Förderung im Rahmen des Doktorandenstipendiums sowie die finanzielle Unterstützung bei der Buchpublikation. Für die freundschaftliche und kollegiale Zusammenarbeit danke ich insbesondere dem Leiter des Projektes, Herrn Dr. *Hartmut Seifert*. Nicht nur hat er als fachlich kompetenter Diskussionspartner wichtige Anregungen und Impulse gegeben, sondern mir auch die notwendigen Freiräume zur zügigen Abfassung der Dissertation eingeräumt.

Meinem Doktorvater, Herrn Professor Dr. *Berndt Keller*, danke ich für die vorbildliche und wohlwollend-kritische Betreuung meines Promotionsprojektes. Auch für zunächst unüberwindbar scheinende Schwierigkeit hat er stets pragmatische Lösungsansätze entwickelt und mich in meiner Arbeit weiter bestärkt. Besonderer Dank gilt auch dem Zweitgutachter der Arbeit, Herrn Professor Dr. *Volker Schneider*, der die Dissertation noch während seines Forschungsaufenthalts an der Harvard University begutachtet und damit entscheidend zum zügigen Abschluss des Promotionsverfahrens beigetragen hat.

Die Abfassung einer Dissertation ist ein sozialer Prozess, an dem neben Autor und Gutachter stets viele Personen wissentlich oder unwissentlich maßgeblichen Anteil haben. Eine vollständige Aufzählung würde sicherlich den Umfang einer noch lesbaren Vorrede weit übersteigen. Stellvertretend danke ich Herrn Dr. *Martin Behrens*, der mir insbesondere in der Anfangsphase des Projektes als Diskussions- und Ansprechpartner dabei geholfen hat, potentielle Probleme und Fallstricke schon vorausschauend aus dem Weg zu räumen. *Kerstin Alms* hat im Rahmen des Projektes ihre Diplomarbeit abgefasst und bei der qualitativen Datenerhebung wertvolle Unterstützung geleistet. Für die Analyse der makroökonomischen Auswirkungen betrieblicher Konzessionsvereinbarungen hat schließlich Herr Dr. *Torsten Niechoj* wichtige Impulse geliefert.

Vielen ungenannten Betriebsräten und Verbandsfunktionären sowohl in Deutschland wie auch in den USA bin ich zu Dank verpflichtet, die mir zumeist unbürokratisch Einblick in Ihre Arbeit gewährt haben. Der Abgleich meiner Interpretationen mit den Einschätzungen der „Praktiker“ vor Ort hat entscheidend zur Schärfung der Argumentation beigetragen und mich vor vorschnellen weil einfachen Erklärungen und Schlussfolgerungen bewahrt.

Schließlich danke ich meiner Mutter *Greta Massa-Wirth* und meiner Lebensgefährtin *Nina Anikina*, die das umfangreiche Manuskript mehrmals kritisch begutachtet und um allzu bunte Stilblüten bereinigt haben. Mehr noch danke ich Ihnen allerdings für das aufgebrachte Verständnis und die moralische Unterstützung während der gesamten Promotion, ohne die der erfolgreiche Abschluss der Arbeit nicht möglich gewesen wäre.

Braunschweig, im Oktober 2006 *Heiko Massa-Wirth*

1. Einleitung

„America has been a complex and puzzling entity to most Europeans precisely for being so similar to Europe, yet at the same time so different from it."

(Markovits 1989: 264)

Wachstumsschwäche, Beschäftigungsabbau und Massenarbeitslosigkeit sind Schlagworte, die die wirtschaftliche Lage in Deutschland seit Mitte der 1990er Jahre treffend charakterisieren. Angesichts von knapp 5 Mio. offiziell registrierten und weiteren rund 1,2 Mio. verdeckt Arbeitslosen im Jahre 2005 ist Arbeitslosigkeit längst nicht mehr ein spezifisches Risiko un- und angelernter Problemgruppen am Arbeitsmarkt (Sachverständigenrat Wirtschaft 2005: 130), sondern bedroht zunehmend auch qualifizierte Facharbeiter und Akademiker. Die Aussicht auf langfristige Arbeitsplatzsicherheit oder gar lebenslange Beschäftigung erscheint nicht nur in existenzbedrohten Krisenbetrieben, sondern auch in profitablen und im internationalen Wettbewerb erfolgreichen Unternehmen zunehmend unrealistisch.

Auch wenn die statistisch gemessene Beschäftigungsstabilität in Deutschland nach wie vor vergleichsweise hoch ist und sich Erlinghagen zufolge eine „Abnahme dauerhafter, stabiler und sicherer Beschäftigungsverhältnisse [...] empirisch (bislang) nicht nachweisen lässt" (Erlinghagen 2005: 159), hat doch das subjektiv gefühlte Arbeitsplatzrisiko in den 1990er Jahren spürbar zugenommen (Frey et al. 2004: 274). Das knappe Gut „Arbeitsplatz" hat in den Augen der Beschäftigten deutlich an Wert gewonnen. Den Verlust vormals impliziter Beschäftigungssicherheit suchen daher viele Belegschaften seit Mitte der 1990er Jahre durch die befristete Festschreibung expliziter Beschäftigungsgarantien zu kompensieren. Betriebsräte und Management suchen so gemeinsam nach Wegen, einerseits die Wettbewerbsfähigkeit des Unternehmens zu steigern und andererseits gefährdete Arbeitsplätze zu sichern. Verbindliche Zusagen des Arbeitgebers, Standort und Beschäftigung zu erhalten oder Investitionen vorzunehmen, haben allerdings ihren Preis: Im Gegenzug sehen sich die Beschäftigten gezwungen, der Absenkung und Flexibilisierung bisheriger Entgelt- und Arbeitsstandards zuzustimmen.

In Deutschland werden diese Vereinbarungen unter dem Schlagwort der betrieblichen „Bündnisse für Arbeit" diskutiert. Sie stellen insoweit qualitativ neuartige Regulierungsinstrumente dar, als sie inhaltlich weit über das bislang in Tarifverträgen oder Betriebsvereinbarungen verhandelte Themenspektrum hinausgehen (Seifert 2000). Von reinen Tarifverträgen unterscheiden sich betriebliche Bündnisse dadurch, dass Fragen der betrieblichen Arbeitsorganisation und

Personalpolitik ebenso thematisiert werden wie unternehmerische Produktions- und Investitionsstrategien. Gegenüber klassischen Betriebsvereinbarungen zeichnen sich betriebliche Bündnisse umgekehrt dadurch aus, dass sie vielfach unmittelbar in den tariflichen Kernbereich der Entgelt- und Arbeitszeitgestaltung eingreifen und diesen neu definieren.

Betriebliche Bündnisse stehen damit in einem dialektischen Spannungsverhältnis zur überbetrieblichen Tarifregulierung und leisten in institutioneller Hinsicht einen entscheidenden Beitrag zur Dezentralisierung des deutschen Systems der industriellen Beziehungen (Rehder 2003a: 15): Sie füllen einerseits den tariflichen Flexibilisierungsspielraum aus, der durch die Öffnung der Flächentarifverträge in den 1990er Jahren sukzessive erweitert wurde (Bispinck/WSI-Tarifarchiv 2004); andererseits gehen sie mitunter auch über diesen hinaus und schaffen Präzedenzfälle, die in nachfolgenden Verhandlungsrunden wiederum den Anstoß für weitere Tariföffnungen geben. Kernelemente des tarifvertraglichen Regelwerkes werden damit in immer größerem Umfang zur Disposition der Betriebspartner gestellt. Die Ergebnisse kollektiver Tarifaushandlung verlieren in der Folge an normativer Prägekraft, so dass die betriebliche Ebene als Arena der Interessenaushandlung auch genuin tarifpolitischer Regelungsparameter entscheidend an Bedeutung gewinnt.

1.1 Betriebliche Bündnisse = „Concession Bargaining"?

Während betriebliche Bündnisse in den 1990er Jahren ein Novum im bundesdeutschen Arbeitsbeziehungssystem darstellten, wiesen US-amerikanische Tarifvereinbarungen bereits zu Beginn der 1980er Jahre auffällige Parallelen auf. Unter dem Eindruck drohender Massenentlassungen akzeptierten auch hier die Beschäftigten einschneidende Tarifkürzungen und eine weitreichende Flexibilisierung der betrieblichen Personalpolitik. Begleitet wurden die Verhandlungen vielfach von Versuchen des Managements, die gewerkschaftlichen Interessenvertretungen aus den Betrieben zu verbannen und personalpolitische Handlungsautonomie zurückzuerlangen. Unter dem Schlagwort des „Concession Bargaining" wurden jene Vereinbarungen in der US-amerikanischen Industrial-Relations-Literatur bis Mitte der 1990er Jahre intensiv und kontrovers diskutiert (Bell 1989; Linsenmayer 1986; Mitchell 1994).

In der deutschen Diskussion zur normativen Bewertung betrieblicher Bündnisse wird häufig auf „Concession Bargaining" als Referenzfolie Bezug genommen (Bergmann 2003: 75; Kotthoff 1998: 94; Seifert 1999: 157). Analogieschlüsse, die eine weitgehende Übereinstimmung beider Tarifkonzepte postulieren, werden genährt durch die Feststellung, bei deutschen Bündnissen handele es sich um den Versuch der Übertragung des US-amerikanischen „Concession

Bargaining" in das deutsche Arbeitsbeziehungssystem (Beyer 2003b: 23). So sieht etwa Rehder „die Wurzeln der [deutschen, H.M.-W.] Vereinbarungen im US-amerikanischen ‚Concession Bargaining' der 80er Jahre" (Rehder 2003b: 260). Die Tatsache, dass in Deutschland Anfang der 1990er Jahre die ersten Konzessionsvereinbarungen in der Automobil- und Luftfahrtindustrie und damit in Branchen auftraten, die auch in den USA Mitte der 1980er zu den am stärksten durch „Concession Bargaining" gekennzeichneten Branchen zählten, zeige, dass „Unternehmen wie Ford oder General Motors versuchten, das Konzept direkt auf ihre europäischen Standorte zu übertragen" (Rehder 2003a: 68).

Der anhaltende Rekurs auf das US-amerikanische Modell ist insofern erstaunlich, als bereits Mitte der 1990er Jahre Rosdücher und Stehle grundsätzliche Zweifel an der Zulässigkeit von Analogieschlüssen anmeldeten und auf inhaltliche wie konzeptionelle Unterschiede hinwiesen (Rosdücher/Stehle 1996). Gleichzeitig hat auch die international vergleichende Institutionenforschung aufgezeigt, dass Deutschland und die USA eigenständige Kapitalismusmodelle darstellen und quasi-idealtypische Beispiele für korporatistisch organisierte „Coordinated Market Economies" (CME) bzw. dezentral-marktförmig strukturierte „Liberal Market Economies" (LME) bilden (Hall/Soskice 2001). Institutionelle Divergenzen und systemspezifische Funktionslogiken machen es unwahrscheinlich, dass sich in beiden Systemen unter dem Eindruck vergleichbarer sozioökonomischer Umweltveränderungen identische Anpassungsreaktionen herausbilden (Locke/Thelen 1995: 338; Traxler et al. 2001: 289).

Die gängige Interpretation, deutsche Bündnisse seien ein Spiegelbild des US-amerikanischen „Concession Bargaining", wird daher im Folgenden in Frage gestellt. Es wird kritisch untersucht, ob tatsächlich eine pauschale Gleichsetzung von deutschen Bündnissen und US-amerikanischem „Concession Bargaining" als quasi-identische Tarifkonzepte zulässig ist. Es wird stattdessen von der Grundthese ausgegangen, dass Unterschiede zwischen dem deutschen und dem US-amerikanischen Kapitalismusmodell und insbesondere Unterschiede in der institutionellen Verfasstheit des deutschen und US-amerikanischen Arbeitsbeziehungssystems dafür verantwortlich sind, dass jenseits der auffälligen Gemeinsamkeiten grundlegende Unterschiede zwischen deutschen Beschäftigungsbündnissen und US-amerikanischem „Concession Bargaining" existieren, die eine differenziertere Analyse notwendig machen.

1.2 International-komparative Methodik

Die Studie ist der international-komparativen Schule in der „Industrial Relations"-Forschung zuzuordnen. Diese hat in jüngster Zeit eine außergewöhnliche Renaissance erfahren und sich „seit den 80er Jahren zu einem expandierenden

Spezialgebiet" (Keller 1997: 227) entwickelt (Bamber et al. 2004a; Bean 1994; Ferner/Hyman 1998; Katz/Darbishire 2000; Martin/Bamber 2004). Dabei geht es nicht allein um die vergleichende Beschreibung paralleler Entwicklungen in mehr als einem Arbeitsbeziehungssystem. Vielmehr liegt die analytische Stärke des komparativen Ansatzes darin, dass

> „insights into the operation of collective bargaining can best be gained by comparative analyses of the ways in which the different systems – with due regard to their unique features – respond to the challenges constantly generated by the dynamics of modern societies." (Windmuller 1987: 3)

Für die Theorieentwicklung wie auch deren -überprüfung ist damit die komparative Methodik unverzichtbar (Lijphart 1971; Milner 1994: 32; Prezworski/ Teune 1970: 22; Strauss 1989: 255).

Ihre konzeptionelle und analytische Leistungsfähigkeit ist allerdings nicht der alleinige Grund weshalb Untersuchungen mit explizit international vergleichender Fragestellung verstärkt ins Zentrum des wissenschaftlichen Interesses rücken. Gleichermaßen haben die zunehmenden weltwirtschaftlichen Interdependenzen und die daran sich anschließende Debatte um Chancen und Risiken von Internationalisierung bzw. Globalisierung zur Konjunktur komparativer Arbeiten entscheidend beigetragen. Meist steht die Frage im Mittelpunkt, wie nationale Arbeitsbeziehungssysteme mit internationalem Wettbewerbs- und Kostensenkungsdruck umgehen und welche Institutionensysteme über komparative Vorteile bei den notwendigen Anpassungsprozessen verfügen.

Mit Deutschland und den USA werden zwei Arbeitsbeziehungssysteme vergleichend gegenübergestellt, die mit Blick auf zentrale Parameter des Institutionensystems deutliche Unterschiede aufweisen (Keller 1997: 228). Bei diesem „Most-Different-Systems"-Design wird im Unterschied zu Vergleichen nach dem „Most-Similar-Systems"-Prinzip eine hohe Varianz auf den unabhängigen Variablen bewusst in Kauf genommen (Prezworski/Teune 1970: 32-39). Spezifische Systemoutputs werden damit als das Ergebnis von Anpassungsreaktionen der Akteure an veränderte Umweltbedingungen in je unterschiedlichen institutionellen Kontexten interpretierbar.[1]

In der Untersuchung geht es nicht allein um eine detaillierte Beschreibung von Konzessionsvereinbarungen und ihrer Entstehung *innerhalb* der beiden Vergleichsfälle als vielmehr um die Erklärung von Gemeinsamkeiten und Unterschiede zwischen beiden Systemen. Ich argumentiere im Folgenden, dass machttheoretische Erklärungsansätze den Umfang der Arbeitnehmerkonzessionen wie

1 „International comparisons provide an opportunity to test the roles played by institutions and strategy by looking across countries [...] facing similar economic pressures" (Katz et al. 1990: 195).

auch die Tauschrelationen zwischen Arbeitgeber- und Arbeitnehmerleistungen im internationalen Vergleich am überzeugendsten erklären können. Insbesondere Unterschiede in der institutionellen Ausgestaltung der Arbeitsbeziehungssysteme sind dafür verantwortlich, dass die Akteure in wirtschaftlichen Krisensituationen über unterschiedlich umfangreiche Handlungsspielräume und damit Machtressourcen verfügen.

1.3 Definition konzessionärer Beschäftigungsvereinbarungen

Die vorliegende Studie versteht sich als Beitrag, die Debatte um die konzeptionelle Einordnung von „Concession Bargaining" und betrieblichen Bündnissen sowohl theoretisch als auch empirisch auf eine fundiertere Grundlage zu stellen. Dafür ist zunächst eine Definition des Untersuchungsgegenstandes notwendig. Diese muss konzeptionell offen, gleichzeitig aber empirisch operationalisierbar sein, so dass sie auf den internationalen Vergleich konzessionärer Kollektivverhandlungen sowohl in Deutschland wie auch in den USA gleichermaßen anwendbar ist.

Die definitorische Abgrenzung bereitet nicht nur international-komparativ, sondern bereits in der rein nationalen Betrachtung erhebliche Probleme. So kommen Berthold et al. in einer vorläufigen Bestandsaufnahme zu dem Ergebnis, dass „ein allgemein akzeptiertes, einheitliches Grundverständnis unterstellt [wird, H.M.-W.], dessen Fehlen zu manchen Missverständnissen und Irritationen bei den Diskussionsteilnehmern geführt hat" (Berthold et al. 2003a: 3). Bereits konkurrierende Terminologien tragen zur Verwirrung bei. So werden in der deutschen Diskussion Begriffe wie „Betriebliche Bündnisse für Arbeit und Wettbewerbsfähigkeit", „Standortpakte" und „Vereinbarungen zur Beschäftigungssicherung" weitgehend synonym verwendet. Und auch in der US-amerikanischen Literatur wird neben dem zwischenzeitlich etablierten Terminus des „Concession Bargaining" mitunter auch von „Confrontational Hard Bargaining" (Voos 1994b: 2-4) gesprochen.

Vielfach bleibt dabei unbestimmt, welche Akteure und Arenen berücksichtig werden. Vergleichsweise leicht fällt die Abgrenzung gegenüber neokorporatistischen Formen der Interessenaushandlung. Mit dem während der ersten rotgrünen Legislaturperiode praktizierten „Bündnis für Arbeit, Ausbildung und Wettbewerbsfähigkeit", das mit dem Versuch der makro-ökonomischen Koordinierung Parallelen zur „Konzertierten Aktion" in den späten 1960er und frühen 1970er Jahren aufweist (Besenthal 2004; Schroeder/Esser 1999; Streeck 2001b), haben betriebliche Beschäftigungsbündnisse lediglich terminologische Gemeinsamkeiten. Zwar hat Rehder nachgewiesen, dass das Makrobündnis auf nationalstaatlicher Ebene wichtige Impulse gegeben und zur Legitimierung betrieblicher Bündnisvereinbarungen beigetragen hat (Rehder 2003a: 138); die im Folgenden untersuchten mikrokorporatistischen Konzessionsvereinbarungen bleiben allerdings ausschließlich auf den Bereich der Betriebs- und Tarifautonomie beschränkt. Anders als etwa Ackermann und Vollmer, die in ihrer Definition explizit auch den Staat als Verhandlungspartner mit einschließen, berücksichtige ich tripartistische Bündnisse auf nationaler, regionaler und kommunaler Ebene im weiteren Verlauf nicht (vgl. Ackermann/Vollmer 1999: 156).[2]

Schwieriger noch ist die Abgrenzung der berücksichtigten Regelungsinstrumente. Während in den USA Konzessionsvereinbarungen nahezu ausschließlich auf Basis von Tarifverträgen geschlossen werden, finden sich in Deutschland Beschäftigungsbündnisse nicht nur in Form von (Haus-)Tarifverträgen, sondern häufiger noch in Gestalt von Betriebsvereinbarungen oder als Bestandteil von Sozialplanregelungen. Gemeinsames Kennzeichen all dieser Regelungsinstrumente ist, dass sie als Kollektivverträge unmittelbar bindende Wirkung für alle Beschäftigten entfalten. Individualrechtliche Vereinbarungen wie etwa Änderungskündigungen, mit denen die Entlohnungs- und Beschäftigungsbedingungen im Einzelarbeitsvertrag angepasst werden, finden im Folgenden keine Berücksichtigung.[3] Damit beschränkt sich die Analyse automatisch auf jenen Teil der Wirtschaft, in dem Gewerkschaften bzw. Betriebsräte als zum Abschluss von Kollektivverträgen befähigte Arbeitnehmervertreter zur Verfügung stehen.

Zu klären ist weiterhin, unter welchen Voraussetzungen ein „Bündnis" bzw. eine „konzessionäre" Vereinbarung vorliegt. Grundsätzlich ist nach einem relativen bzw. einem absoluten Analyseansatz zu differenzieren. Autoren, die nach dem relativen Konzept vorgehen, sprechen immer dann von Konzessionsvereinbarungen, wenn die ausgehandelten Tarifanpassungen relativ zu einer als angemessen definierten Referenzgröße zu niedrig ausfallen (vgl. Freeman 1986: 134; Mitchell 1985b: 576; Zagelmeyer 2002: 187). Danach wäre ein Großteil der in Deutschland seit Mitte der 1990er Jahre abgeschlossenen Flächentarifverträge, bei denen der verteilungsneutrale Spielraum aus Preis- und Produktivitätssteigerung teils deutlich unterschritten wurde, als Konzessionsvereinbarungen zu interpretieren (Bispinck/Schulten 2005: 468). Umgekehrt sind selbst Lohnkürzungen dann nicht als Konzessionen zu verstehen, wenn parallel die Entgeltstandards in der relevanten Referenzgruppe (Branche, Region, Berufsgruppe) in noch stärkerem Maße sinken.

---

2 Für Bündnisse auf nationaler, regionaler und kommunaler Ebene, die die institutionellen Rahmenbedingungen zum Beschäftigungsaufbau verbessern sollen vgl. Arlt/Nehls 1999; Haß/Küntzel 2003; Kißler et al. 2003; Kodré et al. 2005; Maliszewski/Neumann 2003; Neumann 2000.

3 Für eine empirische Studie, die gleichermaßen individualrechtliche Konzessionsvereinbarungen berücksichtigt vgl. Berthold et al. 2003b.

Wenn auch das relative Analysekonzept den Vorteil hat, dass es die Kontextgebundenheit in den Blick nimmt und davor bewahrt, Verhandlungsergebnisse isoliert von den gesamtwirtschaftlichen Rahmenbedingungen zu analysieren, so ist sein Nutzen für die empirische Analyse aufgrund der erheblichen Schwierigkeiten, einen angemessenen Referenzstandard auch tatsächlich widerspruchsfrei zu operationalisieren, doch sehr beschränkt. Eindeutig fällt dagegen die Abgrenzung bei einer absoluten Definition aus, die lediglich jene Abkommen als Konzessionsvereinbarungen begreift, bei denen die Beschäftigten Abstriche bei den aktuell geltenden Tarif- und Beschäftigungsstandards akzeptieren. Unerheblich ist, welche Parameter hiervon betroffen sind. Neben Grundlohnkürzungen können auch indirekt kostensenkende Instrumente wie die Variabilisierung und Flexibilisierung der Arbeitszeiten oder qualitative Maßnahmen zur Produktivitätssteigerung wie etwa die Lockerung betrieblicher Beschäftigungsvorschriften berücksichtigt werden.

Schließlich ist die Frage zu klären, inwieweit neben den Arbeitnehmer- auch Arbeitgeberzugeständnisse zu berücksichtigen sind. In der deutschen Literatur gehen die Definitionsansätze stets von reziproken Arbeitgeberleistungen als konstitutivem Element betrieblicher Beschäftigungsbündnisse aus (vgl. Ackermann/Vollmer 1999: 156; Berthold et al. 2003b: 28; Rehder 2003a: 35). Hier besteht somit auch der entscheidende Unterschied zum US-amerikanischen Konzept des „Concession Bargaining“: Zwar sind auch in den USA die Arbeitnehmerkonzessionen stets implizit an die Erwartung geknüpft, hiermit einen Beitrag zur Beschäftigung zu leisten. Gleichwohl werden nur in einer Minderheit der Fälle tatsächlich verbindliche Arbeitgeberleistungen vereinbart. Als Abgrenzungskriterium gegenüber „normalen“ Tarifvereinbarungen spielen damit Arbeitgeberzusagen in der US-amerikanischen Literatur keine Rolle.

Aufbauend auf der kritischen Würdigung der alternativen Definitionsansätze werden die in der Studie zu untersuchenden konzessionären Beschäftigungsvereinbarungen (KBV) daher definiert als *kollektivrechtliche Vereinbarungen auf Betriebs- oder Unternehmensebene, die Abstriche bei bestehenden tariflichen oder betrieblichen Entlohnungs- oder Beschäftigungsstandards mit dem zumindest impliziten Ziel festschreiben, Beschäftigung zu erhalten oder den Standort zu sichern.*

Der sperrige Begriff der konzessionären Beschäftigungsvereinbarungen bringt die Mehrdimensionalität und Ambivalenz der Vereinbarungen zum Ausdruck.[4] Terminologisch stellt er eine Synthese beider Forschungstraditionen dar. Während in der Literatur zu betrieblichen Bündnissen der Aspekt der Beschäfti-

4 Im Folgenden werden aus sprachlichen Gründen konzessionäre Beschäftigungsvereinbarungen und Konzessionsvereinbarungen sowie im deutschen bzw. US-amerikanischen Vergleichsfall Bündnisse für Arbeit bzw. „Concession Bargaining“ synonym verwendet.

gungssicherung im Vordergrund steht, hat die US-amerikanische Literatur zu „Concession Bargaining" nahezu ausschließlich auf die Zugeständnisse der Beschäftigten abgestellt und korrespondierende Gegenleistungen der Arbeitgeber systematisch vernachlässigt.

1.4 Untersuchungsinteresse und Fragestellung

Die Studie leistet keinen umfassenden Systemvergleich, sondern strebt mit der Fokussierung auf konzessionäre Tarif- und Betriebspolitik in Deutschland und den USA eine problemorientierte Analyse in einem eng definierten Politikfeld an.[5] Sie beschränkt sich ausschließlich auf Vereinbarungen in der Privatwirtschaft. Zwar finden sich im öffentlichen Sektor beider Länder durchaus zahlreiche Beispiele für weitreichende Konzessionsvereinbarungen (Lewin 1982; Mitchell 1986b; Rosdücher 1997: 137-153). Öffentlicher Dienst und Privatwirtschaft unterscheiden sich allerdings in ihrer Funktionslogik derart grundlegend voneinander (z.B. ökonomisches versus politisches Kalkül der Akteure, Berufsbeamtentum, gesetzliche versus tarifliche Normsetzung), dass die Varianz auf relevanten Kontextvariablen im internationalen Vergleich nicht mehr zu kontrollieren und der Anspruch, kausale Zusammenhänge nachzuweisen, nicht mehr zu erfüllen ist.

In der vorliegenden Untersuchung konzentriere ich mich auf drei Themenkomplexe. Erstens geht es in deskriptiver Hinsicht um die Frage der quantitativen Verbreitung und qualitativen Ausgestaltung von Konzessionsvereinbarungen in Deutschland und den USA. In welchem Umfang finden sich in beiden Arbeitsbeziehungssystemen vergleichbare Regelungen und welche Inhalte werden darin schwerpunktmäßig vereinbart? Angesichts divergierender institutioneller Rahmenbedingungen ist davon auszugehen, dass die vereinbarten Maßnahmenbündel zumindest nicht deckungsgleich sein sollten. Ich berücksichtige dabei nicht alleine die Zugeständnisse der Beschäftigten, sondern gleichermaßen die Zusagen der Arbeitgeberseite. In der vergleichenden Gegenüberstellung von Leistung und Gegenleistung soll somit im internationalen Vergleich die Tauschsymmetrie bewertet werden. Handelt es sich in beiden Arbeitsbeziehungssystemen um einen gleichgewichtigen Äquivalententausch, oder herrschen asymmetrische Konzessionspakte vor, bei denen einseitig allein die Arbeitnehmerseite Verzicht übt?

---

5 Vgl. für Systemanalysen und -vergleiche etwa die Beiträge in Bamber et al. 2004a; Ferner/Hyman 1998. Für deutsch-amerikanische Arbeiten vgl. Keller 1997; Turner et al. 2001; Wever 1995.

Zweitens untersuche ich, auf welche Erklärungsfaktoren Unterschiede und Gemeinsamkeiten hinsichtlich Verbreitung, Inhalten und Tauschrelationen zurückzuführen sind. Unter der Rationalitätsannahme ist zu erwarten, dass die Beschäftigten nur dann auf bestehende Ansprüche verzichten, wenn sich ihre Verhandlungsposition gegenüber dem Arbeitgeber signifikant verschlechtert hat. Die Untersuchung fußt daher auf einem machttheoretischen Erklärungsansatz, der die Einigung auf Konzessionsabkommen, den Umfang der Arbeitnehmerzugeständnisse und insbesondere die Tauschsymmetrie auf veränderte Abhängigkeits- bzw. Machtverhältnisse zwischen den Akteuren zurückführt. Berücksichtigt werden neben institutionellen und ökonomischen Erklärungsfaktoren auch die Verfahren der kollektiven Entscheidungsfindung auf Beschäftigtenseite.

Schließlich beschäftigt sich die Untersuchung drittens in prognostischer Hinsicht mit der Frage, ob Konzessionsvereinbarungen lediglich kurzfristige Phänomene angesichts konjunkturell verschlechterter ökonomischer Rahmendaten darstellen oder ob vielmehr von nachhaltigen Langfristwirkungen auszugehen ist und sie damit sichtbare Zeichen eines grundlegenden institutionellen Wandels sind. In der Literatur gehen die Meinungen darüber auseinander, ob das deutsche Modell in Gefahr ist (Grahl/Teague 2004) und die „Erosion des deutschen Arbeitsbeziehungssystems" (Hassel 1999) in einen grundlegenden „Systemwechsel" (Bispinck/Schulten 2005) mündet, oder ob das Ausmaß der Veränderungen über- und die nach wie vor vorhandene Systemstabilität unterschätzt wird (Klikauer 2002), die Veränderungsprozesse daher nicht vielmehr als gradueller „Pfadwechsel ohne Systembruch" (Rehder 2003a: 18) zu charakterisieren sind. Implizit ist hiermit gleichzeitig die Frage verbunden, ob institutionelle Konvergenzprozesse das arbeitsteilige Modell der überbetrieblichen Tarif- und betrieblichen Mitbestimmungspolitik erodieren lassen und langfristig ein betriebszentriertes Arbeitsbeziehungssystem nach US-amerikanischem Vorbild an seine Stelle treten wird.

Ich beschäftige mich dagegen nicht explizit mit der Frage, inwieweit konzessionäre Beschäftigungsvereinbarungen tatsächlich zur Verbesserung der betrieblichen Wettbewerbssituation beitragen und Personalabbau verhindern bzw. die Beschäftigungssituation stabilisieren. Versuche, die beschäftigungspolitische Effektivität von Konzessionsvereinbarungen zu bestimmen, scheitern an grundlegenden methodischen Schwierigkeiten.[6] So lassen sich kausale Wirkungszusammenhänge zwischen den vereinbarten Maßnahmen einerseits und zentralen wettbewerbs- und beschäftigungspolitischen Indikatoren andererseits nicht bzw. nur schwer belegen. Intervenierende Variablen wie Veränderungen in der betrieblichen Auftragslage können nicht kontrolliert und damit kontrafaktische

---

6 Für entsprechende Versuche vgl. Ackermann/Vollmer 1999; Berthold et al. 2003b; Hübler 2005b; Richter et al. 2001.

Alternativszenarien der betrieblichen Beschäftigungsentwicklung nicht zuverlässig bestimmt werden.

Unklar ist weiterhin, nach welchem Maßstab die Effektivität betrieblicher KBV zu bewerten wäre. Während fortlaufender Personalabbau in einem expansiven wirtschaftlichen Kontext auf ein Scheitern des Beschäftigungsbündnisses hindeuten könnte, wäre ein Beschäftigungsabbau in derselben Größenordnung in einem rezessiven Umfeld, einer stark schrumpfenden Branche oder einer existentiellen Unternehmenskrise durchaus als beschäftigungspolitischer Erfolg zu verbuchen. Schließlich werden Beschäftigungsbündnisse vielfach nicht mit dem Ziel abgeschlossen, das derzeitige Beschäftigungsniveau absolut zu halten, sondern lediglich betriebsbedingte Kündigungen zu vermeiden und den notwendigen Personalabbau sozialverträglich zu gestalten. Auch ein absoluter Beschäftigungsrückgang über einen längeren Zeitraum kann somit aus einzelwirtschaftlicher (wenn auch nicht gesamtwirtschaftlicher) Sicht durchaus als beschäftigungspolitischer Erfolg gewertet werden.[7]

1.5 Empirische Grundlagen

Im deutschen Vergleichsfall greift die Studie auf die inzwischen umfangreiche Literatur zum tarifpolitischen Wandel zurück. Einschlägige Untersuchungen zur Öffnung und Differenzierung der Flächentarifverträge (Bispinck/WSI-Tarifarchiv 1999; Bispinck/WSI-Tarifarchiv 2003; Bispinck/WSI-Tarifarchiv 2004) werden ergänzt durch qualitative Einzelfallstudien (Büttner/Kirsch 2002; Heidemann 1999), branchenspezifische Unternehmens- (Ackermann/Vollmer 1999; Berthold et al. 2003b) und gesamtwirtschaftliche Betriebsrätebefragungen (Seifert 1999; Seifert 2000) sowie eine detaillierte Untersuchung zur Praxis betrieblicher Bündnisse in den einhundert größten Unternehmen (Rehder 2003a). Die Arbeit ergänzt die vorliegende Empirie durch eine im Spätsommer 2003 durchgeführte Befragung bei 2.477 Betriebsräten aller privatwirtschaftlichen Branchen in Deutschland.[8] Diese erlaubt es, repräsentative Aussagen zur Verbreitung und Ausgestaltung betrieblicher Konzessionsvereinbarungen in Betrieben mit kollektiver Interessenvertretung zu treffen.

7 Dass die Wahl unzulässiger Referenzgruppen bei der Evaluierung der beschäftigungspolitischen Effektivität von KBV zu kuriosen Ergebnissen führen kann, zeigt die Studie von Hübler auf Basis der WSI-Betriebsrätebefragung 2003, der allein aus der ungünstigeren Beschäftigungsentwicklung in Bündnisbetrieben relativ zu jenen ohne betriebliches Bündnis auf die beschäftigungspolitische Ineffektivität von Bündnisvereinbarungen schließt Hübler 2005a.

8 Detaillierte Informationen zu den methodischen Grundlagen der Befragung finden sich in Abschnitt 4.3.1.

Für die Analyse von Konzessionsvereinbarungen in den USA steht dagegen eine vergleichbar umfangreiche empirische Basis nicht zur Verfügung.[9] Konnten sich noch in den 1980er Jahren quantitative Studien auf standardisierte Tarifauswertungen des Bureau of Labor Statistics (BLS) stützen (vgl. Bell 1989; Freeman 1986; Mitchell 1994), so steht diese Quelle seit Anfang der 1990er Jahre nicht länger zur Verfügung. Sektorübergreifende Informationen zur Tariflohnentwicklung sowie zur Verbreitung einzelner qualitativer Tarifparameter liefern nach wie vor Daten des Bureau of National Affairs (BNA), die allerdings im Unterschied zu den Erhebungen des BLS auf deutlich geringeren Fallzahlen basieren (BNA 2005). Neben der sekundäranalytischen Auswertung der einschlägigen Literatur bilden diese Daten die Grundlage für die Analyse der tarifpolitischen Entwicklung seit Anfang der 1990er Jahre.

1.6 Aufbau der Arbeit

Der weitere Aufbau der Untersuchung gliedert sich wie folgt. Im nachfolgenden Kapitel 2 werden die theoretischen Grundlagen entwickelt, auf der die Analyse konzessionärer Beschäftigungsvereinbarungen im internationalen Vergleich aufbaut. Das macht- und entscheidungstheoretische Erklärungskonzept setzt rational kalkulierende Akteure voraus und interpretiert Arbeitnehmerzugeständnisse als Ergebnis veränderter Machtgleichgewichte zwischen den Tarif- und Betriebsparteien.

Es wird argumentiert, dass drohende Beschäftigungsverluste allein noch keine hinreichende Bedingung für kollektive Konzessionsabkommen sind. Notwendig ist vielmehr, dass sich einerseits die Beschäftigten mit dem Abschluss einer Konzessionsvereinbarung gegenüber der Alternative Arbeitsplatzverlust besser stellen und dass sie andererseits in den betrieblichen Entscheidungsprozessen ihre Interessen auch tatsächlich durchsetzen können. Neben dem Ausmaß der drohenden Beschäftigungsverluste ist somit auch das Verfahren der kollektiven Entscheidungsfindung auf Arbeitnehmerseite ausschlaggebend. Diskutiert werden darüber hinaus die typischen Grundmuster der Arbeitnehmer- und Arbeitgeberleistungen. Es wird argumentiert, dass die Intrumentenwahl in hohem Maße von den ökonomischen und institutionellen Rahmenbedingungen beeinflusst wird.

Kapitel 3 ist der Darstellung der institutionellen Rahmenbedingungen gewidmet. Die Diskussion konzentriert sich auf jene Aspekte, denen aus dem theoretischen Vorverständnis heraus für die Erklärung betrieblicher Konzessionsver-

9 Vgl. etwa Block 2001, der beklagt, dass „unfortunately, there are no regular surveys in the United States of practices in the unionised sector“ (708).

einbarungen im internationalen Vergleich zentrale Bedeutung zukommt. Neben der institutionellen Verfasstheit der Tarif- bzw. Mitbestimmungssysteme sind hier insbesondere die arbeits- und sozialrechtlichen Kontextfaktoren von besonderer Bedeutung. Diese definieren die Handlungsspielräume der Akteure und entscheiden über die Attraktivität alternativer Anpassungsstrategien.

In Kapitel 4 bzw. Kapitel 5 werden Konzessionsvereinbarungen in Deutschland bzw. den USA untersucht. Neben den auslösenden Faktoren werden Verbreitung und inhaltliche Ausgestaltung betrieblicher KBV ausführlich dargestellt. Weiterhin wird untersucht, inwieweit Konzessionsvereinbarungen bzw. funktionale Äquivalente auch in den interessenvertretungsfreien Zonen zu finden sind.

Aufbauend auf der Analyse konzessionärer Beschäftigungsvereinbarungen *innerhalb* der beiden Vergleichsfälle widmet sich Kapitel 6 der Erklärung der Gemeinsamkeiten und Unterschiede *zwischen* den beiden Arbeitsbeziehungssystemen. Auf Basis des macht- und entscheidungstheoretischen Ansatzes werden die quantitative Verbreitung und qualitative Ausgestaltung der Konzessionsvereinbarungen auf relevante Erklärungsfaktoren zurückgeführt.

Das abschließende Kapitel 7 erweitert nochmals die Perspektive und stellt die Frage, inwiefern Konzessionsvereinbarungen in beiden Arbeitsbeziehungssystemen lediglich als zeitlich begrenzte Strategien zur Lösung konjunktureller Unternehmenskrisen zu interpretieren sind oder ob vielmehr die betrieblichen Arbeits- und Beschäftigungsstandards dauerhaft verändert werden. Daran schließt sich eine Diskussion darüber an, ob KBV als Ausweis der flexiblen Anpassungsfähigkeit des in seinen Grundfesten nach wie vor stabilen deutschen Arbeitsbeziehungssystems zu interpretieren sind oder ob mit der unkontrollierten Dezentralisierung des Tarifsystems ein grundlegender und irreversibler Pfad- bzw. Systemwechsel eingeläutet wird.

2. Theoretische Grundlagen

Konzessionäre Beschäftigungsvereinbarungen stellen den Versuch dar, drohende Arbeitsplatzverluste abzuwenden oder zumindest hinsichtlich ihres Umfangs zu begrenzen. Die individuellen Arbeitsplatzrisiken wie auch die damit verbundenen ökonomischen Konsequenzen können allerdings in der Belegschaft höchst unterschiedlich verteilt sein. Im Folgenden betrachte ich daher die Gesamtbelegschaft nicht als monolithischen Block, sondern gehe stattdessen von heterogenen Beschäftigteninteressen aus. Der Betrieb bzw. der Arbeitgeber auf der einen sowie einzelne Beschäftigte bzw. interessenhomogene Subgruppen innerhalb der Belegschaft auf der anderen Seite werden dabei als logische Atome der Analyse betrachtet (Keller 2000).

In Abschnitt 2.1 steht zunächst die Frage im Mittelpunkt, welche machttheoretischen Ansätze die Einigung auf Konzessionsvereinbarungen und deren Ausgestaltung erklären können. Klassische arbeitsökonomische Ansätze, die Macht als Streikfähigkeit der Gewerkschaft operationalisieren, erweisen sich für die Analyse konzessionärer Tarifverhandlungen als wenig praktikabel. Stattdessen wird auf soziologische und ressourcenökonomische Theorien zurückgegriffen, die relative Macht- auf zugrunde liegende Abhängigkeitsverhältnisse zurückführen.

In Abschnitt 2.2 werden unter Berücksichtigung der heterogenen Interessenstrukturen die Entscheidungsprozesse auf Arbeitnehmerseite diskutiert. Zentrale Bedeutung kommt den institutionellen Abstimmungsregeln zu, die über die Durchsetzungschancen der unterschiedlichen Beschäftigtengruppen entscheiden.

In Abschnitt 2.3 werden die Grundmuster der Arbeitnehmer- und Arbeitgeberleistungen diskutiert und hinsichtlich ihrer personalpolitischen Wirkungen typologisiert. Es wird gezeigt, dass die einzelnen Instrumente je unterschiedliche Chancen-/Risiko-Profile aufweisen. Während etwa Lohnkürzungen einerseits zur Kostenentlastung beitragen, droht andererseits die Abwanderung wettbewerbsstarker Beschäftigter. Auch kann die personalpolitische Flexibilisierung durchaus im Interesse der Beschäftigten liegen, etwa wenn mit flexiblen Arbeitszeitmustern nicht nur die betriebliche Anpassungsfähigkeit verbessert, sondern auch die Arbeitszeitsouveränität der Beschäftigten erhöht wird. Das Kapitel schließt in Abschnitt 2.4 mit einer zusammenfassenden Darstellung der hergeleiteten Wirkungszusammenhänge.

2.1 Das Konzept der Verhandlungsmacht

Macht als „Fundamentalbegriff in der Gesellschaftswissenschaft“ (Russell 1973: 10) ist zur Erklärung sozialen Verhaltens unerlässlich. Insbesondere bei materiellen Verteilungsfragen bleiben sozialwissenschaftliche Erklärungen ohne die explizite Berücksichtigung von Machtaspekten unvollständig. Angesichts der antagonistischen Interessenlagen zwischen Kapital und Arbeit kommt daher der Machtverteilung bei der Analyse konzessionärer Beschäftigungsvereinbarungen zentrale Bedeutung zu.

Schwierigkeiten bereitet allerdings die Herleitung eines analytisch fruchtbaren Machtkonzeptes. „So sehr intuitiv klar sein mag, was Macht ist, so schwierig ist es, eine breit akzeptierte, vor allem aber theoretisch begründbare Definition zu entwickeln“ (Nienhüser 2003: 142). Die Gefahr besteht, tautologische Erklärungen zu konstruieren, die lediglich von den ex post beobachteten Verhandlungsergebnissen auf die ex ante bestehende Machtverteilung schließen (Cross 1969: 17).[1]

2.1.1 Arbeitsökonomische Machttheorie

In der arbeitsökonomischen Literatur wird Verhandlungsmacht zumeist als die Fähigkeit eines Akteurs definiert, die Kosten der Nichteinigung für die Gegenseite zu maximieren und gleichzeitig die eigenen Kosten zu minimieren (Booth 1995: 120; Michaelis 1997: 64-68; Kaufman/Hotchkiss 2000: 558-561; Kirkbridge 1985: 45). Kosten entstehen durch wechselseitige Leistungszurückhaltung, d.h. durch Streiks bzw. Aussperrungen, gegen die sich beide Seiten abzusichern suchen.[2] Während Gewerkschaften Streikkassen bereithalten, reagieren die Arbeitgeber mit erhöhter Lagerhaltung, der Einstellung von Ersatzarbeitskräften oder zeitweiligen Produktionsverlagerungen an Alternativstandorte oder Subunternehmen.

Tariferhöhungen fallen nach der klassischen Machttheorie umso umfangreicher aus, je schneller die Kosten der Streikfortführung für die Arbeitgeber- und je langsamer diejenigen für die Arbeitnehmerseite steigen, d.h. je elastischer die Konzessionskurve der Unternehmen und je inelastischer die Widerstandskurve der Beschäftigten ist. Die Höhe der Kosten wird von Kontextfaktoren auf den Arbeits- und Produktmärkten sowie von der Struktur des Tarifverhandlungssys-

---

1 Einen solchen Zirkelschluss begeht Edwards, die Verhandlungsmacht definiert als „the ability of an individual or group to get his or its own way in the face of other competing objectives“ (Edwards 1978: 3).

2 „Power in collective bargaining is [a function of, H.M.-W.] the relative willingness to strike and take a strike“ (Livernash 1963: 18).

tems beeinflusst (Hicks 1963: 241-247; Leap/Grigsby 1986; Mishel 1986; Martin 1992: 29-47).

2.1.2 Kritik der ökonomischen Machttheorien

Bei näherer Betrachtung zeigt sich allerdings, dass die klassische arbeitsökonomische Machttheorie vergleichsweise voraussetzungsvoll und ihr Anwendungsbereich damit eng begrenzt ist. So geht sie stets von Verhandlungen aus, in denen erstens über Entgelterhöhungen verhandelt wird, zweitens die Gewerkschaft die Initiative ergreift und drittens die Beschäftigten das Verhandlungsergebnis tatsächlich durch die Androhung eines Streiks zu ihren Gunsten beeinflussen können.

Keine dieser drei Grundannahmen kann allerdings in Konzessionsverhandlungen ohne weiteres vorausgesetzt werden. Statt über Einkommenszuwächse wird zumeist über deren Absenkung verhandelt, wobei der Anstoß in aller Regel nicht von der Arbeitnehmer- sondern vielmehr von der Arbeitgeberseite ausgeht. Auch ist die Streikwaffe vergleichsweise stumpf, da angesichts eines Auftragsmangels in Krisenzeiten die Kosten eines Produktionsausfalls für das Unternehmen relativ gering sind.[3]

Vielfach sind Streiks ohnehin unzulässig, da die Beschäftigten während der Friedenspflicht an den geltenden Tarifvertrag gebunden sind. Im deutschen Arbeitsbeziehungssystem kommt hinzu, dass der Betriebsrat grundsätzlich nicht zum Streik aufrufen kann (§ 74 Abs. 2 BetrVG). Zwar können der Betriebsrat mit Kooperationsverweigerung (z.B. Verweigerung von Überstunden) und die Beschäftigten mit „Bummelstreik" oder „Dienst nach Vorschrift" reagieren; angesichts bereits angekündigter Entlassungen ist diese Strategie allerdings hochgradig riskant.

Gleichwohl kann hieraus nicht pauschal geschlossen werden, dass die Beschäftigten im Rahmen von Konzessionsverhandlungen über keinerlei Machtressourcen verfügen würden. Die klassischen Machttheorien sind allerdings insofern unzureichend, als sie ausschließlich auf der Aggregatsebene argumentieren und damit ausblenden, dass die Arbeitsmarktrisiken systematisch zwischen einzelnen Beschäftigtengruppen variieren und diese in unterschiedlichem Maße über Verhandlungsmacht verfügen. Notwendig ist somit ein Machtkonzept, das die Bestimmungsfaktoren für die individuell höchst unterschiedliche Machtausstattung analysiert.

3 Bei schwacher Auftragslage können Streiks für den Arbeitgeber sogar vorteilhaft sein, da die Pflicht zur Entgeltzahlung entfällt und bei geringer Kapazitätsauslastung die Lohnkosten sinken. Für die frühen 1980er Jahre stellen Donn und Lipsky fest, dass „the decline of strike activity is [...] attributable to the realization by many unions that the strike weapon had lost much of its effectiveness" (Donn/Lipsky 1987: 324.)

2.1.3 Macht als Ressourcenabhängigkeit

Einen solchen individualistischen Erklärungsansatz liefern Bacharach und Lawler, die aufbauend auf Emersons austauschtheoretischem Macht-Abhängigkeits-Ansatz (Emerson 1962; Emerson 1976) das Konzept der Verhandlungsmacht auf eine abstraktere Grundlage stellen (Bacharach/Lawler 1981a).[4]

Bacharach und Lawler fassen Machtbeziehungen als Abhängigkeitsverhältnis auf, das zwischen den Akteuren einer sozialen Beziehung herrscht (Bacharach/Lawler 1981a: 60). Macht wird somit nicht einem Akteur individuell und losgelöst von sozialen Beziehungen zugeschrieben, sondern manifestiert sich erst in der konkreten Austauschbeziehung. Die Abhängigkeit der Akteure ergibt sich aus der wechselseitigen Ressourcendependenz, die ihrerseits eine Funktion der Ressourcenkontrolle einerseits und des Ressourcenbedarfs andererseits ist. So ist das Unternehmer von der Arbeitsleistung seiner Mitarbeiter abhängig, während umgekehrt der Arbeitnehmer auf das hieraus erzielte Arbeitseinkommen angewiesen ist.

Die Abhängigkeit eines Akteurs steigt mit seinem Interesse an den von der Gegenseite kontrollierten Ressourcen und sinkt in dem Maße, wie er über alternative Quellen zur Befriedigung seiner Bedürfnisse verfügt (Lawler/Bacharach 1986: 198).[5] So sinkt die Verhandlungsmacht des Arbeitgebers gegenüber seinen Mitarbeitern, falls diese über alternative Einkommensquellen aus einer Alternativbeschäftigung oder staatlichen Unterstützungsleistungen verfügen (Bacharach/Lawler 1981a: 63). Umgekehrt sinkt die Verhandlungsmacht der Beschäftigten wenn das Unternehmen in der Lage ist, die Arbeitsleistung der Beschäftigten durch die Verlagerung von Arbeitsumfängen an Alternativstandorte bzw. Subunternehmen zu substitutieren.

Das absolute Maß der Abhängigkeit liefert allerdings noch keine Information darüber, welche Seite über relative Machtvorteile verfügt. Hierzu muss erst die absolute Abhängigkeit der Akteure in Beziehung zueinander gesetzt werden. Dabei gilt, dass „an increase in the ratio of A's alternatives or commitment to B's alternatives or commitment increases B's relative bargaining power" (Bacharach/Lawler 1981a: 210). So steigt trotz der Möglichkeit zur Standortverlagerung die Verhandlungsmacht des Unternehmens dann nicht, wenn gleichzeitig die Ressourcenquellen der Beschäftigten beispielsweise dadurch attraktiver wer-

---

4 „Dependence theory offers not just one more theory of bargaining but a general paradigm for bargaining" (Bacharach/Lawler 1981a: 206); vgl. grundlegend auch die Konzepte bei Blau 1964; Coleman 1990; Martin 1977.

5 Zur Ressourcendependenz von Organisationen vgl. auch Pfeffer/Salancik 1978: „The potential for one organization's influencing another derives from its discretionary control over resources needed by the other and the other's dependence on the resource and lack of countervailing resources or access to alternative sources" (53).

den, dass sich die externe Arbeitsmarktlage verbessert oder staatliche Lohnersatzleistungen ausgeweitet werden.

Schließlich ist neben der absoluten und der relativen auch die totale Verhandlungsmacht zu berücksichtigen (Bacharach/Lawler 1981a: 65-68). Sind beide Akteure gleichermaßen stark voneinander abhängig, d.h. haben sie geringe externe Handlungsalternativen und ein starkes Interesse an den von der Gegenseite kontrollierten Ressourcen, dann erzeugt dies einen starken Einigungszwang mit der Folge, dass beide Seiten zur Aufrechterhaltung der Austauschbeziehung zu umfangreichen Zugeständnissen bereit sind. In diesem Fall können die Akteure versuchen, ihre wechselseitige Abhängigkeit durch die einvernehmliche Erschließung externer Handlungsressourcen zu reduzieren. Beispielhaft hierfür ist etwa die Nutzung von Frühverrentungsmöglichkeiten, durch die sich die Kosten des betrieblichen Beschäftigungsabbaus auf die sozialen Sicherungssysteme externalisieren lassen.

Die wechselseitige Abhängigkeit suchen beide Akteure durch taktische „Balancierungsoperationen" (Emerson 1962: 35) zu ihren Gunsten zu verändern (Bacharach/Lawler 1981b: 222-223). Neben der Erschließung eigener Handlungsalternativen oder der Blockierung von Ressourcenquellen des Gegenübers kann ein Akteur die eigene Abhängigkeit auch dadurch verringern, dass er sein Interesse an den vom Gegenüber kontrollierten Ressourcen reduziert oder das Interesse der Gegenseite an den selbst kontrollierten Ressourcen erhöht. So kann etwa der Arbeitgeber die Abhängigkeit von seinen Beschäftigten durch den Aufbau alternativer Produktionsstandorte reduzieren. Umgekehrt können die Arbeitnehmervertreter versuchen, tariffreie Standorte zu organisieren und die Verhandlungen betriebsübergreifend zu koordinieren, um so das wechselseitige Ausspielen alternativer Standorte zu unterbinden.

Schließlich ist zu berücksichtigen, dass Macht bzw. Abhängigkeit keineswegs „objektiv" gegeben ist. Entscheidend ist vielmehr die subjektive Wahrnehmung der wechselseitigen Abhängigkeitsverhältnisse durch die Akteure selbst.

> „The cognitive use and manipulation of 'objective' conditions is more important to an understanding of bargaining than the objective conditions themselves." (Lawler/Bacharach 1986: 195)

> „Wer kontrafaktisch *meint*, er selbst habe keine alternative Ressourcenquelle und gleichzeitig *glaubt*, der andere verfüge über viele alternative Möglichkeiten zur Ressourcenbeschaffung, der nimmt sich subjektiv als abhängig wahr und ist es damit tatsächlich auch, weil er sein Machtpotenzial nicht ausspielt." (Nienhüser 2003: 153, Hervorhebungen im Original)

Angesichts unvollständiger Information können die Akteure das eigene Machtpotential auch dadurch erhöhen, dass sie Informationsasymmetrien opportunistisch ausnutzen. Dabei gilt, dass

> „conveying an impression of power will yield the same consequences as having 'real' power; manipulating an opponent's *perception* of the power relationship will have the same effect as an actual change in that relationship." (Lawler/ Bacharach 1986: 195, Hervorhebung im Original)

Inwiefern Abhängigkeitsverhältnisse verzerrt wahrgenommen werden, hängt von der Qualität der entscheidungsrelevanten Informationen ab, wobei zwischen Arbeitgeber und Arbeitnehmern zumeist eine „asymmetrische Verteilung strategisch relevanter Informationen" (Urban 2005: 48) besteht. Während lediglich der Arbeitgeber umfassend über die Attraktivität seiner Handlungsalternativen informiert ist, sind die Handlungsoptionen der Beschäftigten weitgehend transparent. So hat das Management zumeist verlässlichere Informationen darüber, inwieweit durch Produktionsverlagerungen tatsächlich die Lohnstückkosten gesenkt werden können oder ob Alternativstandorte überhaupt in der Lage wären, zusätzliche Produktionskapazitäten kurzfristig zur Verfügung zu stellen. Dagegen hat das Unternehmen über das Stellenangebot auf dem externen Arbeitsmarkt oder den Umfang staatlicher Lohnersatzleistungen ein mindestens ebenso gutes Bild wie seine Mitarbeiter.

Um diese Informationsasymmetrien zu beseitigen, fordern Arbeitnehmervertreter in Konzessionsverhandlungen regelmäßig die Offenlegung der Unternehmensfinanzen und der langfristigen Unternehmensstrategie. Institutionelle Informations- und Beteiligungsrechte, etwa auf Basis der deutschen Unternehmensmitbestimmung oder des Wirtschaftsausschusses nach § 106 bzw. § 110 BetrVG, können zusätzlich dazu beitragen, Informationsasymmetrien zu egalisieren.

Inwieweit unvollständige Information das Entscheidungsverhalten der Akteure beeinflusst, hängt weiterhin von deren Risikopräferenzen ab. Bei unterstellter Risikoneutralität des Arbeitgebers und Risikoaversität der Arbeitnehmer ist davon auszugehen,[6] dass tendenziell eher die Beschäftigten unvollständige Information als Bedrohung wahrnehmen und ihre eigenen Machtpotentiale unter- und diejenigen des Arbeitgebers überschätzen. Bereits ein perspektivisch drohender, bei objektiver Würdigung aller relevanten Informationen aber unrealistischer Arbeitsplatzverlust kann somit die Beschäftigten zu Zugeständnissen veranlassen.

2.1.4 Einflussfaktoren der relativen Machtverteilung

Für die praktische Anwendung des entwickelten Ansatzes ist es notwendig, die Ressourcenabhängigkeit der Akteure auf Basis eines objektiven Vergleichsmaß-

6 Zur Herleitung der unterschiedlichen Risikopräferenz der Arbeitsmarktakteure vgl. Franz 2003a.

stabes zu bewerten. Wie im Folgenden gezeigt wird, können die diskutierten Zusammenhänge in eine abstrakte Kosten-Nutzen-Kalkulation überführt werden (vgl. Tabelle 1).

Tab. 1: Einflussfaktoren zur Bestimmung der relativen Verhandlungsmacht

	Alternativen/Exit-Option	Bestands-Interessen	Zentrale Einflussfaktoren
Arbeitgeber	Personalabbau Standortverlagerung Verkauf/Schließung Auflösung der Tarifbindung	Human-/Sozialkapital Sachkapital Kooperation	Kündigungsschutz Lohn-/Produktivitäts-differential Kollektives Arbeitsrecht Tarifvertragssystem
Arbeitnehmer	Arbeitsplatzwechsel Arbeitslosigkeit Ausscheiden aus dem Erwerbsleben	Lohnprämie Betriebliche Sozial-leistungen Emotionale Bindung	Externer Arbeitsmarkt Lohndifferential Soziale Sicherung (staatlich/betrieblich)

Eigene Darstellung

Das Machtgleichgewicht zwischen dem Betrieb und seinen Beschäftigten wird durch jene Faktoren beeinflusst, die über den Nutzen potentieller Handlungsalternativen und den Umfang der dabei anfallenden Transaktions- und Opportunitätskosten entscheiden (Leap/Grigsby 1986; Martin 1992: 29-47; Mishel 1986). Neben sozio-ökonomischen spielen insbesondere institutionelle Faktoren eine entscheidende Rolle. Diese wirken als Filter, die den Einfluss der Kontextfaktoren auf die beteiligten Akteure moderieren. Da viele der relevanten Kosten- und Nutzengrößen nicht nur für den externen Beobachtern, sondern auch für die Akteure selbst nur schwer zu kalkulieren sind, geht es im Folgenden nicht um die exakte quantitative Bestimmung der Kostenterme jedes einzelnen Einflussfaktors, sondern vielmehr um die Bereitstellung einer grundlegenden Heuristik.

So sind zwar staatliche Lohnersatzleistungen ex ante klar definiert, deutlich ungewisser ist dagegen das Einkommen aus einer Alternativbeschäftigung. Gleichermaßen ist die Eintrittswahrscheinlichkeit alternativer Handlungsoptionen höchst ungewiss. Während die Voraussetzungen für den Anspruch auf Lohnersatzleistungen aus den sozialrechtlichen Vorschriften eindeutig abzulesen sind, ist angesichts struktureller Massenarbeitslosigkeit nicht zuverlässig prognostizierbar, ob und nach welcher Suchdauer sich eine Alternativbeschäftigung auf dem externen Arbeitsmarkt bietet.

Arbeitgeber

Unternehmen verfügen über vielfältige externe Alternativen zu internen Personalanpassungsmaßnahmen. Externe Optionen reichen von Personalabbau und

Standortverlagerung über den Verkauf oder die Schließung defizitärer Betriebsteile bis hin zur Auflösung der Tarifbindung und dem Versuch, unilateral oder auf einzelvertraglicher Basis günstigere Arbeits- und Entgeltbedingungen durchzusetzen.[7]

Bei Massenentlassungen fallen allerdings *Transaktionskosten* in Form von Abfindungen und Sozialplanleistungen an, die einen Teil der Nutzenvorteile zunichte machen. Als wesentliche Einflussfaktoren sind somit gesetzliche bzw. kollektivvertragliche Kündigungsschutzregelungen zu berücksichtigen. Bei Standortverlagerungen sind darüber hinaus die Kosten der Stilllegung am alten und Neuinvestitionen am neuen Standort zu berücksichtigen.

Zu den *Opportunitätskosten* zählt im Falle von Entlassungen der Verlust betriebsspezifischen Human- und Sozialkapitals. Werden Betriebsteile geschlossen oder verlagert, dann sind darüber hinaus die Kosten der vorzeitigen Stilllegung noch nicht abgeschriebener Anlagen zu berücksichtigen. Relevante Einflussfaktoren sind daher das Human- und Sozialkapital in der Belegschaft sowie der Umfang des gebundenen Sachkapitals. Insbesondere in kapitalintensiven Branchen (wie z.B. der Chemie- oder Stahlindustrie) und in Unternehmen, die auf das Erfahrungswissen betriebsspezifisch qualifizierter Belegschaften angewiesen sind, können die Opportunitätskosten so hoch und die Abhängigkeit des Unternehmens vom Standort bzw. seiner Belegschaft derart ausgeprägt sein, dass eine Abwanderungsstrategie auch bei großen Lohnkostenvorteilen am potentiellen Alternativstandort keine realistische Handlungsalternative ist. Die Opportunitätskosten sind dagegen vergleichsweise gering und das unternehmerische Machtpotential entsprechend hoch, wenn nicht über die Verlagerung bestehender, sondern über die Neuansiedlung zukünftiger Produktlinien verhandelt wird oder aber das Humankapital der Beschäftigten durch technologischen Wandel ohnehin bereits entwertet wurde.

Arbeitnehmer

Im Gegensatz zu den offensiven Exit-Strategien der Arbeitgeber stellen die Handlungsalternativen der Beschäftigten in aller Regel defensive Anpassungsreaktionen dar. Anders als im Falle der Arbeitgeber sind die Handlungsoptionen der Beschäftigten meist nicht mit einem Nutzengewinn, sondern abhängig von der Lage auf dem externen Arbeitsmarkt bzw. den staatlichen Lohnersatzleis-

---

7 Die Auflösung der Kollektivvertragsbeziehung kann ebenfalls als Exit-Strategie verstanden werden, wobei gilt, dass „labor and management are likely to maintain a bargaining relationship if each perceives that the other is able to provide benefits more readily and completely than other potential actors with whom they might negotiate" (Lawler/Bacharach 1986: 197).

tungen mit einem relativen Nutzenverlust verbunden.[8] Anstatt auf Nutzengewinne ist also bei den Arbeitnehmern darauf abzustellen, welche Handlungsoption mit dem geringsten Nutzenverlust verbunden ist.

Die Handlungsalternativen reichen vom Arbeitsplatzwechsel über den befristeten Bezug von Lohnersatzleistungen bis hin zum dauerhaften oder zumindest langfristigen Ausscheiden aus dem Erwerbsleben durch den frühzeitigen Eintritt in den Ruhestand oder eine längere Phase der Familienarbeit. Der Umfang der damit einher gehenden Nutzenverluste hängt von der Lage auf dem (regional-fachlichen) externen Arbeitsmarkt, der Höhe und Bezugsdauer der Lohnersatzleistungen und den Möglichkeiten eines frühzeitigen Ausscheidens aus dem Erwerbsleben ab. Hohe Arbeitslosigkeit sowie geringe Lohnersatzleistungen schränken die Handlungsalternativen der Beschäftigten ein und erhöhen damit die Kosten des Beschäftigungsverlustes. Umgekehrt dienen gesetzliche oder tarifliche Frühverrentungsprogramme als funktionale Äquivalente zu Entlassungen und bieten bei staatlicher Subventionierung sowohl aus Sicht der Unternehmen wie auch der Beschäftigten eine attraktive Möglichkeit zur Kostenexternalisierung (Streeck 2001a).

Aus Beschäftigtensicht fallen *Transaktionskosten* in Form von Such- und Mobilitätskosten während der Arbeitsplatzsuche bzw. bei einem notwendigen Wohnortwechsel an. Diese Kosten sind insbesondere dann hoch, wenn angesichts hoher Arbeitslosigkeit mit einer längeren Suchphase oder einem Umzug gerechnet werden muss.

Schließlich entstehen durch den Arbeitsplatzverlust *Opportunitätskosten*, da betriebliche Senioritätsrechte und Quasi-Renten aus der Nutzung betriebsspezifischen Human- und Sozialkapitals verloren gehen. Die Abhängigkeit der Beschäftigten gegenüber dem Arbeitgeber steigt auch dann, wenn Sozialleistungen wie etwa betriebsgebundene Pensionszusagen nicht übertragen werden können und bei einem Arbeitsplatzwechsel verloren gehen.

2.2 Interessenheterogenität und -aggregation

Das im vorangegangenen Abschnitt entwickelte austauschtheoretische Machtkonzept ist strikt individualistisch angelegt. Aussagen zur relativen Machtverteilung sind somit zunächst lediglich auf der Ebene des einzelnen Beschäftigten gegenüber dem Arbeitgeber, nicht aber auf der Ebene der Belegschaft als Kollektiv möglich.

---

8 Eine Ausnahme sind hoch qualifizierte und mobile Mitarbeiter, bei denen ein Arbeitsplatzwechsel sogar zu einem höheren Einkommen führen kann.

2.2.1 Heterogene Präferenzstrukturen

Im Gegensatz zum Arbeitgeber, der aufgrund hierarchischer Unternehmenssteuerung als einheitlicher Akteur aufgefasst werden kann,[9] können homogene Präferenzstrukturen in der Belegschaft nicht ohne weiteres vorausgesetzt werden (Farber 1986: 1074-1079; Flanagan 1990: 304-305; Oswald 1985). Vielmehr unterscheiden sich die Beschäftigten in zentralen Merkmalen wie Alter, Beschäftigungsdauer und Qualifikation. Sowohl die Arbeitsplatzrisiken als auch die externen Beschäftigungschancen sind somit in der Belegschaft höchst ungleich verteilt.

Das individuelle Arbeitsplatzrisiko hängt vom Umfang des angekündigten Personalabbaus einerseits und der Position des einzelnen Mitarbeiters auf der betrieblichen Entlasshierarchie andererseits ab. Letztere wird insbesondere definiert durch gesetzliche bzw. tarifliche Kündigungsvorschriften. Wird das Senioritätsprinzip des „Last in/First out“ angewandt, so ist die langfristig beschäftigte Stammbelegschaft bei lediglich marginalem Personalabbau weitgehend geschützt (Turnbull 1988b). Werden dagegen neben der Beschäftigungsdauer weitere Faktoren wie Alter oder Unterhaltsverpflichtungen bei der Kündigungsentscheidung berücksichtigt, dann ist die individuelle Entlasswahrscheinlichkeit nicht mehr eindeutig bestimmt.

Hinsichtlich der externen Handlungsalternativen gilt, dass hochqualifizierte Mitarbeiter mit allgemeinem Humankapital zumeist über attraktivere Beschäftigungsoptionen verfügen und im Vergleich zu Geringqualifizierten mit einer kürzeren Arbeitslosigkeitsdauer und geringeren Einkommenseinbußen rechnen müssen. Günstige Alternativen bieten sich auch jenen Beschäftigten, die die Anspruchsvoraussetzungen für gesetzliche bzw. tarifliche Frühverrentungsmodelle erfüllen und vorzeitig aus dem Erwerbsleben ausscheiden können. Die individuelle Konzessionsbereitschaft steigt daher mit dem Risiko des Arbeitsplatzverlustes sowie dem Umfang der resultierenden Einkommenseinbußen. Nach dem machttheoretischen Erklärungsansatz ist daher zu erwarten, dass all jene Beschäftigten Tarifkürzungen akzeptieren, die dem größten Entlassrisiko ausgesetzt sind und über geringe externe Handlungsalternativen verfügen.

2.2.2 Interessenaggregation durch Mehrheitsentscheid

Bei Kollektivvereinbarungen stellt sich allerdings die Schwierigkeit, dass die heterogenen Präferenzen der Beschäftigten nicht ohne weiteres in eine kollektive Nutzenfunktion überführt werden können (Kaufman/Martinez-Vazquez 1987:

---

9 Zu berücksichtigen sind allerdings auch potentielle Mehrebenenkonflikte aufgrund der Interessenheterogenität zwischen zentraler Unternehmensführung und lokalem Standortmanagement, vgl. Rehder 2003c.

293). Zur Lösung dieses Problems wird in der arbeitsökonomischen Literatur zumeist auf den aus der Public Choice-Literatur entlehnten Medianwähleransatz zurückgegriffen (Booth 1984; Farber 1978; Kaufman/Hotchkiss 2000: 598-602; White 1982).[10] Danach streben die Arbeitnehmervertreter den vom Medianwähler präferierten Lohnsatz an, sofern die Kollektivvereinbarung mit einfacher Mehrheit durch die Belegschaft ratifiziert wird (Kaufman/Martinez-Vazquez 1987: 294). Dabei präferiert der Medianwähler jenen Lohnsatz, bei dem er gerade noch beschäftigt bleibt. Sowohl einen höheren wie auch einen niedrigeren Lohn lehnt der Medianwähler ab, da er im ersten Fall seinen Arbeitsplatz verliert und im zweiten Fall ein höheres Einkommen realisieren könnte (Booth 1984: 888).

Notwendige Voraussetzung für kollektive Arbeitnehmerzugeständnisse ist somit, dass erstens der Beschäftigte mit mittlerer Seniorität seinen Arbeitsplatz bei Konzessionsverweigerung verliert und zweitens das verbleibende Einkommen weiterhin höher ist als jenes aus einer Alternativbeschäftigung oder staatlichen bzw. betrieblichen Lohnersatzleistungen (Kaufman/Martinez-Vazquez 1987: 302).[11]

2.2.3 *Kritik und Anpassung des Medianwähleransatzes*

Auch wenn der Medianwähleransatz ein intuitiv einleuchtender und leistungsstarker Analyseansatz ist (Turnbull 1988b: 57), werden doch beim Abgleich der Modellimplikationen mit der Realität schwerwiegende Inkonsistenzen deutlich, die einschränkende Anpassungen notwendig machen.[12]

Empirische Anomalien

Der Medianwähleransatz prognostiziert eine im Zeitverlauf stetig schrumpfende Belegschaftsstärke (Farber 1986: 1077). So wird der aktuelle Medianwähler mit mittlerer Seniorität bereits in der folgenden Verhandlungsrunde zum marginalen Beschäftigten und verliert angesichts der nunmehr höheren Lohnpräferenz des neuen Medianwählers seinen Arbeitsplatz. Dies deckt sich allerdings keineswegs mit der Realität. So fallen die negativen Beschäftigungseffekte gewerkschaftlicher Lohnpolitik regelmäßig deutlich geringer aus als von der Theorie vorhergesagt. Sowohl deutsche als auch US-amerikanische Gewerkschaften stre-

10 Zum Medianwähleransatz vgl. Black 1948; Downs 1957; Holcombe 1989.

11 Vgl. auch Kochan et al., wonach „it is the median union voter (typically with a number of years of seniority), and not the marginal union member, whose job must be threatened before unions are likely to significantly lower their wage targets" (Kochan et al. 1986: 114).

12 Zur Kritik des Medianwähleransatzes vgl. auch Farber 1986; Turnbull 1988a.

ben Tarifentgelte an, bei denen es zumindest kurzfristig nicht zu umfangreichem Beschäftigungsabbau kommt.[13]

Auch prognostiziert der Medianwähleransatz, dass es nur in jenen Ausnahmefällen zu Arbeitnehmerzugeständnissen kommt, in denen der mittlere Beschäftigte unmittelbar bedroht ist. Dies ist lediglich bei Standortschließungen oder umfangreichen Massenentlassungen der Fall (Freeman/Medoff 1984: 121). In der Realität stimmen die Arbeitnehmervertretungen allerdings häufig bereits bei marginalen Beschäftigungsrisiken Tarifabsenkungen zu. Die Konzessionsbereitschaft der Beschäftigten scheint somit weitaus größer zu sein als vom Medianwählermodell vorhergesagt wird.

Anpassungen

Diese Anomalien lassen sich auf unrealistische Annahmen wie etwa die der vollständigen Information zurückführen. So wird vorausgesetzt, dass die Entlasshierarchie eindeutig bestimmt ist und die Beschäftigten über ihr individuelles Entlassrisiko vollständig informiert sind. Im Unterschied zum US-amerikanischen Gewerkschaftssektor mit seinem transparenten Senioritätssystem ist bei der in Deutschland praktizierten Sozialauswahl für den einzelnen Arbeitnehmer allerdings keineswegs klar ersichtlich, ob sein Arbeitsplatz durch den angekündigten Personalabbau unmittelbar bedroht ist. Auch sind unabhängig von der Betriebszugehörigkeit zumeist nicht alle Beschäftigtengruppen gleichermaßen vom Arbeitsplatzverlust betroffen. Vielfach hängt das individuelle Risiko weniger von der Dauer der Betriebszugehörigkeit als vielmehr von der Frage ab, in welchem Betriebsteil der Mitarbeiter beschäftigt ist.

Weiterhin setzt das reine Medianwählermodell voraus, dass lediglich über einen einzigen Verhandlungsgegenstand abgestimmt wird. Da allerdings Konzessionsvereinbarungen zumeist Paketlösungen aus mehreren Instrumenten darstellen, ist auch diese Annahme äußerst unrealistisch. Stattdessen eröffnet die Komplexität der Vereinbarungen die Möglichkeit von „Logrolling". So kann sich die an verbindlichen Arbeitsplatzgarantien interessierte Minorität die Konzessionsbereitschaft der Belegschaftsmehrheit durch Ausgleichszahlungen „erkaufen". So können die gefährdeten Beschäftigten überproportionale Zugeständnisse machen (z.B. zweistufige Lohnsysteme in Abhängigkeit vom Senioritätsstatus) oder akzeptieren, dass den geschützten Belegschaftsteilen überproportionale Gegenleistungen wie Gewinnbeteiligungen zugesprochen werden.

Im einfachen Medianwählermodell bleibt weiterhin solidarisches Belegschaftsverhalten unberücksichtigt. Der Erhalt einer ausreichenden Zahl an Arbeitsplätzen liegt durchaus auch im langfristigen Interesse der (noch) geschütz-

13 Für empirische Studien zur gewerkschaftlichen Zielfunktion vgl. Clark/Oswald 1993; Gahan 2002.

ten Beschäftigtengruppe. Sofern keine Neueinstellungen vorgenommen werden rutschen andernfalls die vormals privilegierten Beschäftigten auf der Entlasshierarchie ab und laufen Gefahr, in der nächsten Entlassungswelle selbst ihren Arbeitsplatz zu verlieren.

Schließlich muss sich die Politik der Arbeitnehmervertreter nicht immer vollständig mit den Interessen der Belegschaft decken.[14] Die Beschäftigtenvertreter verfolgen vielmehr im „Intraorganizational Bargaining“ (Walton/McKersie 1965: 281-351) neben den Belegschaftsinteressen auch die Organisationsinteressen der Interessenvertretung. Nach Ross liegt es gar in der Natur von Gewerkschaften als politischer Institution, dass die Bestandsinteressen der Organisation dominieren und Konzessionen weniger mit dem Ziel der Beschäftigungssicherung als vielmehr vor dem Hintergrund der langfristigen Regimesicherung akzeptiert werden.[15] So merkt er an, dass

> „from the standpoint of the union, the purpose of agreeing to the cut is to maintain the bargaining relationship on as satisfactory a basis as possible. [...] It is the loss of friendly relationships, bargaining units, and collective agreements, rather than the loss of jobs, which is most to be avoided.“ (Ross 1948: 15; vgl. auch Golden 1997: 4)

2.2.4 *Interessenaggregation bei hierarchischer Steuerung*

Bislang wurde angenommen, dass die Entscheidungsfindung durch Abstimmung erfolgt und die Zustimmung einer qualifizierten Belegschaftsmehrheit erforderlich ist. Auch diese Annahme des entscheidungstheoretischen Modells muss allerdings angepasst werden.

So werden im Unterschied zu den USA Kollektivvereinbarungen in Deutschland nur in Ausnahmefällen durch die Beschäftigten ratifiziert. Zwar muss sich auch der Betriebsrat in turnusmäßigen Wahlen durch die Belegschaftsmehrheit bestätigen lassen, konkrete Fragen der betrieblichen Beschäftigungspolitik stehen hierbei allerdings meist nicht zur Abstimmung. Die Interessenlage in der Belegschaftsmehrheit übersetzt sich somit nicht zwangsläufig in eine entsprechende Verhandlungsstrategie des Betriebsrats.

Stattdessen kommt der eigenständigen Handlungsrationalität des Betriebsrats große Bedeutung zu. Als „intermediäre Institution“ (Müller-Jentsch 1995c) ist er im Gegensatz zur US-amerikanischen Betriebsgewerkschaft nicht aus-

---

14 Vgl. hierzu auch das „eherne Gesetz der Oligarchie“ bei Michels 1911.

15 Zur Herleitung der Ziele der Arbeitnehmervertretungen vgl. auch die Kontroverse zwischen Ross und Dunlop 1944, der Gewerkschaften ausschließlich als ökonomischer Maximierer der Mitgliederinteressen sieht, vgl. Borland 1986; Kaufman 2002; Kaufman/Martinez-Vazquez 1987; Mitchell 1972.

schließlich Interessenvertreter der Belegschaft, sondern hat als „Co-Manager" (Müller-Jentsch 1995a) gleichermaßen die Interessen des Betriebes zu berücksichtigen (§ 2 Abs. 1 BetrVG). Damit kann der Einfluss marginaler Beschäftigtengruppen steigen, die bei einfachem Mehrheitsentscheid am Veto der Belegschaftsmehrheit scheitern würden.

2.2.5 Mehrebenenproblematik

Schließlich gilt es im deutschen Vergleichsfall zusätzlich die Mehrebenenproblematik, d.h. das Verhältnis zwischen betrieblicher und tariflicher Ebene zu berücksichtigen. Sofern bei Tarifabweichungen der Arbeitgeberverband sowie die Gewerkschaft zu konsultieren sind, werden die Tarifvertragsparteien zu Vetospielern. Diese richten ihre Politik in stärkerem Maße als die betrieblichen Interessenvertreter an gesamtwirtschaftlichen Überlegungen aus. So sind nicht nur die Gewerkschaften, sondern auch die Arbeitgeberverbände daran interessiert, ein unkontrolliertes Ausfransen der Tarifnormen zu verhindern. Sie können damit als entscheidendes Korrektiv gegenüber der einzelwirtschaftlichen Handlungslogik der Betriebsparteien fungieren.

Im Einzelfall ist allerdings zu prüfen, inwieweit die Tarifpartner ihre formale Vetooption auch tatsächlich realisieren können oder ob nicht vielmehr die „normative Kraft des Faktischen", d.h. die drohende Kooperationsverweigerung der betrieblichen Akteure, die weitgehend vorbehaltlose Zustimmung der Tarifvertragsparteien zu betrieblichen Abweichungen bereits präjudiziert.

2.3 Typologie der Arbeitnehmer- und Arbeitgeberleistungen

Bislang blieb die Mehrdimensionalität qualitativ unterschiedlicher Tauschgüter weitgehend ausgeblendet. Vielmehr wurde unterstellt, dass Arbeitnehmer- und Arbeitgeberleistungen eindimensional gegeneinander aufgerechnet werden können und Arbeitnehmerzugeständnisse einseitig zu Lasten der Beschäftigten und Arbeitgeberzusagen ausnahmslos zu Lasten der Unternehmen gehen. Wie die folgende Diskussion der funktionalen Wirkung der Arbeitgeber- und Arbeitnehmerleistungen zeigt, haben die vereinbarten Instrumente aus Sicht der handelnden Akteure allerdings je unterschiedliche Chancen- und Risikoprofile. Die ambivalente Wirkung vieler Tauschgüter eröffnet die Möglichkeit von Positivsummenspielen und kann die Einigung auf KBV erleichtern.

In Anlehnung an die in den 1980er Jahren von der OECD entwickelte Typologie beschäftigungspolitischer Flexibilisierungsformen können zweiseitige KBV als Instrumente zur Erhöhung der intern-numerischen, -funktionalen und -monetären Flexibilität bei gleichzeitiger Einschränkung der extern-numerischen bzw. -organisatorischen Flexibilität interpretiert werden (OECD 1986; OECD 1989; Ozaki 1999). Tabelle 2 gibt einen systematischen Überblick über die üblicherweise in KBV beschlossenen Tauschgüter und ihre Einordnung in die Flexibilitätstypologie.[16]

Tab. 2: Flexibilitäts- und Stabilitätsinstrumente

Erhöhung der internen Flexibilität	Einschränkung der externen Flexibilität
monetär (Kürzung bzw. Variabilisierung von Entgeltbestandteilen, zweistufige Tarifsysteme, Einschränkung betrieblicher Sozialleistungen)	numerisch (z.B. Verzicht auf betriebsbedingte Kündigungen, Verzicht auf Outsourcing/Atypische Beschäftigung)
numerisch (Variation von Dauer, Lage und Verteilung der Arbeitszeit)	organisatorisch (z.B. Standort-, Produktions- und Investitionszusagen)
funktional (z.B. Qualifizierung, Änderungen bei Arbeitsorganisation und Eingruppierung)	

Eigene Darstellung

2.3.1 Intern-monetäre Flexibilisierungsinstrumente

Die Kürzung von Entgeltbestandteilen wirkt unmittelbar Kosten senkend. So werden tarifliche oder übertarifliche Lohnbestandteile gekürzt oder zukünftig geplante Tariferhöhungen ausgesetzt. Auch die Einführung abgesenkter Tarifsysteme für Neueinsteiger, die Variabilisierung bislang fixer Entgeltbestandteile sowie die Einschränkung betrieblicher Sozialleistungen zählen zu den monetären Anpassungsinstrumenten. Die Chancen zur Durchsetzung direkter Tariflohnkürzungen sind allerdings aufgrund der Vetomöglichkeiten der Tarifpartner oftmals begrenzt. Geringer sind die Hürden bei Einkommensbestandteilen, die nicht zur tariflichen Grundvergütung gehören, wie etwa übertarifliche Zulagen auf Basis betrieblicher Vereinbarungen (Kohaut/Schnabel 2003b; Pull 1996).

Während Lohn- und Gehaltskürzungen die Nominaleinkommen der Beschäftigten direkt senken, wird beim Verzicht auf geplante Tariferhöhungen das aktuelle Einkommen der Arbeitnehmer konstant gehalten. Die kurzfristigen Einbußen der Beschäftigten bleiben somit begrenzt. Für den Arbeitgeber können sich aufgrund des flacheren Lohnanstiegs allerdings langfristig erhebliche Personalkostenvorteile ergeben.

In die Gruppe der monetären Konzessionsinstrumente fällt weiterhin die Einführung ertragsabhängiger Entlohnungssysteme. Die Arbeitskosten wandeln sich damit von einer quasi-fixen in eine prozyklisch variable Kostenart, wodurch das unternehmerische Risiko teilweise auf die Beschäftigten verlagert wird (Carstensen et al. 1995; Jones/Pliskin 1991).

16 Zur Diskussion der Flexibilisierungsformen vgl. auch Carstensen 1999.

Insbesondere in den USA, wo soziale Sicherung in hohem Maße auf betrieblicher Ebene determiniert wird, können Kürzungen bei den tariflichen Sozialleistungen entscheidend zur Kostensenkung beitragen. Die Zustimmung der Beschäftigten hängt in erster Linie von den damit verbundenen materiellen Konsequenzen ab. So treffen Einschränkungen bei den Pensions- und Krankenversicherungsleistungen insbesondere ältere Arbeitnehmer, während Beschäftigte mit Familie insbesondere durch die Kürzung von Arbeitgeberleistungen für Familienangehörige belastet werden. Inwiefern die Beschränkung betrieblicher Sozialleistungen mehrheitsfähig ist, hängt somit nicht zuletzt von der Belegschaftsstruktur ab.

Bei abgestuften Tarifsystemen genießen langjährige Mitarbeiter umfangreichen Bestandsschutz, wohingegen das Tarifniveau für Mitarbeiter mit lediglich kurzer Betriebszugehörigkeit abgesenkt wird. Mehrstufige Tarifsysteme haben gegenüber pauschalen Grundlohnkürzungen den Vorteil, dass sie keine unmittelbaren finanziellen Nachteile für die Stammbelegschaft verursachen und sie damit wesentlich einfacher gegenüber den Beschäftigten durchgesetzt werden können. Mit der Abwälzung der Kosteneinsparungen auf die nicht stimmberechtigten Outsider können die Wettbewerbsfähigkeit des Unternehmens gesteigert und die Arbeitsplätze gesichert werden, ohne dass die aktuell Beschäftigten Einbußen in Kauf nehmen müssen.

2.3.2 Intern-numerische Flexibilisierungsinstrumente

Mit Arbeitszeitverkürzungen als Variante der intern-numerischen Flexibilisierung wird das betriebliche Arbeitsvolumen reduziert, ohne dass es zu Entlassungen kommt und betriebsspezifisches Humankapital verloren geht. Die befristete Verkürzung der Arbeitszeit bietet sich insbesondere bei lediglich vorübergehendem Auftragsrückgang an.

Dagegen werden durch die Verlängerung der Arbeitszeiten die Lohnstückkosten gesenkt, sofern kein oder lediglich ein unterproportionaler Lohnausgleich vereinbart wird. Im Gegensatz zur Arbeitszeitverkürzung führt diese Strategie nicht zu unmittelbaren Einkommenskürzungen, so dass sie von jenen Beschäftigten mit ausgeprägter Geldpräferenz am ehesten akzeptiert wird. Insbesondere für Unternehmen mit stabiler Auftragslage stellt Arbeitszeitverlängerung ein kosteneffizientes Instrument zur Kapazitätsausweitung dar, da im Gegensatz zu Überstunden keine Mehrarbeitszuschläge fällig werden. Auch lassen sich Qualifizierungskosten schneller amortisieren, da das Humankapital der Beschäftigten intensiver genutzt wird.

Zur intern-numerischen Flexibilisierung gehört weiterhin die Ausweitung von Nacht-, Schicht- und Wochenendarbeit. Durch die Verlängerung der Betriebsnutzungszeiten können die Kapitalstückkosten gesenkt werden.

Die Flexibilisierung der Arbeitszeitverteilung über Zeitkonten sorgt für die bedarfsgenaue Anpassung des Arbeitsvolumens an die Nachfragesituation sowie die Synchronisation von Arbeits- und Betriebsnutzungszeiten (Wolf/Beblo 2004: 16-17). Unabhängig von der Auftragslage hat die zwischenzeitliche Abkehr von fordistischen Produktionskonzepten mit gleichförmigen Produktionsvolumina in vielen Betrieben zur Folge, dass das benötigte Arbeitsvolumen selbst kurzfristig nicht verlässlich prognostiziert werden kann. Zeitkontenregelungen bieten hier die Möglichkeit, die Arbeitszeiten flexibel an den Auftragszyklus anzupassen und das betriebliche Beschäftigungsniveau auch über Konjunkturschwankungen hinweg konstant zu halten (Carstensen 2000; Groß et al. 2000; Seifert 2001). Die Spannweite der Modelle reicht von Kurzfristkonten mit geringen Zeitsalden und wöchentlichem bzw. monatlichem Ausgleich über Jahres- bis hin zu Lebensarbeitszeitmodellen, mit denen längerfristige Sabbaticals oder ein früherer Renteneintritt ermöglicht werden (Kutscher et al. 1996: 156-161; Klein-Schneider 1999).

Zeitkonten haben aus Sicht des Arbeitgebers den Vorteil, dass innerhalb der zulässigen Zeitsalden keine Überstundenzuschläge fällig werden. Zeitkonten versprechen umso größere Kosten- und Produktivitätsvorteile, je breiter die Spannweiten für Zeitguthaben und -schulden und je länger die Ausgleichszeiträume sind und je autonomer das Unternehmen Mehr- und Minderarbeit festsetzen kann. Zeitkontenmodelle können allerdings auch im Interesse der Arbeitnehmer liegen und einen Beitrag zur besseren Vereinbarkeit von Familie und Beruf leisten. Voraussetzung hierfür ist, dass Lage und Dauer der Arbeitszeit nicht ausschließlich vom Arbeitgeber bestimmt und den Beschäftigten ein Mitspracherecht eingeräumt wird (Eberling et al. 2004: 54; Klenner/Pfahl 2005; Seifert 2001).[17]

2.3.3 Intern-funktionale Flexibilisierungsinstrumente

Intern-funktionale Flexibilisierungsinstrumente umfassen ein weites Spektrum an unterschiedlichen Maßnahmen und bieten meist vielfältige Möglichkeiten für konsensfähige „Win-Win"-Lösungen. Sie haben in erster Linie die Steigerung der Arbeitsproduktivität zum Ziel. Vereinbart werden so unterschiedliche Instrumente wie die Modernisierung der Arbeitsorganisation, der Abbau rigider Beschäftigungsvorschriften oder zusätzliche Weiterbildung, wobei die Beschäftigten an den Kosten durch Modelle der „investiven Arbeitszeit" beteiligt werden (Seifert/Mauer 2004). Der personalpolitische Gestaltungsspielraum lässt sich auch dadurch erweitern, dass Versetzungen erleichtert und die Arbeitsumfänge innerhalb einzelner Entgeltgruppen ausgeweitet werden.

---

17 Vgl. kritisch Flecker 2005; Haipeter/Lehndorff 2004.

2.3.4 Extern-numerische Stabilisierungsinstrumente

Beschäftigungszusagen lassen sich hierarchisch ordnen nach dem Grad ihrer Verbindlichkeit bzw. beschäftigungspolitischen Wirkung. Aus Sicht der Beschäftigten am wertvollsten ist der Verzicht auf betriebsbedingte Kündigungen während der Laufzeit der Vereinbarung. Die Zusage des Arbeitgebers, die Belegschaftsstärke konstant zu halten, stellt dagegen keine individuelle, sondern lediglich eine kollektive Beschäftigungsgarantie dar. Oberhalb der festgelegten Mindestbeschäftigtenzahlen sind Entlassungen nach wie vor möglich. Beschäftigungszusagen können auch auf bestimmte Arbeitnehmergruppen wie z.B. Auszubildende oder langjährige Mitarbeiter beschränkt sein. Die Vereinbarung von Neueinstellungen ist dagegen nur in Ausnahmefällen zu erwarten, da eine solidarische Subventionierung der Outsider durch die beschäftigten Insider unwahrscheinlich ist (Lindbeck/Snower 1988).[18]

Von den Instrumenten der absoluten Beschäftigungssicherung sind jene der relativen Beschäftigungssicherung zu unterscheiden. Hierzu gehören Kündigungssysteme nach dem „Last-in-first-out"-Prinzip. Bei lediglich marginalem Beschäftigungsabbau sind hierbei die bereits langfristig beschäftigten Mitarbeiter vor Entlassungen geschützt.

Beschäftigungszusagen können unter dem Gesichtspunkt der Humankapitalbindung und Transaktionskostensenkung auch für das Unternehmen rational sein (Becker 1962; Williamson 1985). Betriebsspezifisches Human- und Sozialkapital kann so auch in Krisenzeiten erhalten werden (Hutchens 1989). Im Falle betriebsbedingter Kündigungen sieht sich dagegen der Betrieb aufgrund von Senioritätsbestimmungen zumeist gezwungen, junge und qualifizierte Mitarbeiter zuerst zu entlassen. Im Interesse einer günstigen Alters- und Qualifikationsstruktur sollte dies aber eigentlich vermieden werden. Darüber hinaus lassen sich Transaktionskosten in Form von Entlass- (Abfindungen, Sozialplanleistungen) und Einstellkosten (Personalselektion, Einarbeitung) einsparen (Hamermesh 1989; Oi 1962).

Auch implizite Kontrakte bleiben erhalten, sofern auf Entlassungen verzichtet wird. Risikoaverse Beschäftigte, die angesichts des impliziten Versprechens langfristiger Beschäftigungssicherheit eine Entlohnung unterhalb ihres Wertgrenzproduktes akzeptierten (Azariadas 1975), würden Entlassungen als Verstoß gegen den „psychologischen Vertrag" interpretieren (Guest 2000). Produktivitätseinbußen sowie zukünftige Schwierigkeiten bei der Personalrekrutierung können die Folge sein (Cascio 2002). Beschäftigungs- und Standortzusagen tragen dagegen zum Erhalt eines kooperativ-partnerschaftlichen Betriebsklimas

---

18 Wahrscheinlicher wird dies, wenn gleichzeitig die Einstiegstarife abgesenkt und die Anpassungskosten somit von den Outsidern selbst getragen werden.

bei und stellen eine wichtige Voraussetzung dafür dar, dass die Belegschaft die anstehenden Restrukturierungsprogramme aktiv unterstützt (Stahlmann et al. 2004: 384-387).

2.3.5 Extern-organisatorische Stabilisierungsinstrumente

Mit extern-organisatorischen Stabilisierungsinstrumenten werden die Partizipationsrechte der Arbeitnehmer über beschäftigungspolitische Fragen hinaus auf den Kernbereich der strategischen Unternehmensführung ausgeweitet. Standort- und Produktionszusagen stellen funktionale Äquivalente zu direkten Beschäftigungszusagen dar, da hiermit faktisch auch ein Verzicht auf personalpolitische Handlungsalternativen einhergeht.

Ebenso wie Beschäftigungs- können auch Standortzusagen aus Arbeitgebersicht rational sein. Langfristig gebundenes Sachkapital bleibt ebenso erhalten wie standortspezifische Kunden- und Lieferantenbeziehungen. Letztere stellen weiche Wettbewerbsfaktoren dar, die an Alternativstandorten kurzfristig nicht ohne weiteres wieder aufgebaut werden können (Dörre 1997; Mair 1997).[19] Aus Sicht der Beschäftigten ist mit Investitions- im Vergleich zu Beschäftigungszusagen oftmals eine langfristig nachhaltigere Arbeitsplatzsicherheit verbunden, da sich damit das Unternehmen auch über das Ende der Vereinbarungslaufzeit hinaus bindet.

2.3.6 Risiken alternativer Flexibilisierungs- und Stabilisierungsinstrumente

KBV bergen neben den diskutierten Chancen auch Risiken in sich, die die Akteure in einer umfassenden Kosten-Nutzen-Abwägung zu berücksichtigen haben (Tabelle 3).

So besteht die Gefahr, dass insbesondere hochqualifizierte Mitarbeiter Einkommenskürzungen bzw. verschlechterte Arbeitsbedingungen nicht akzeptieren und das Unternehmen verlassen (Weiss 1991). „Insbesondere ungewollte Abwanderungen von Personal, das zur Bewältigung der Krise dringend gebraucht wird, [können; H.M.-W.] die betriebliche Krise unkalkulierbar verschärfen" (Schramm/Boeven 1994: 436). Während Beschäftigungszusagen den impliziten Vertrag explizit fortschreiben, stellen Einkommenskürzungen diesen Vertrag gleichzeitig in Frage, da die Fairnesserwartung der Beschäftigten verletzt wird (Fehr/Gächter 2000).[20]

19 Vgl. allerdings hierzu Klobes 2006, der am Beispiel von VW ein hohes Maß an „Clustermobilität" nachweist.

20 Dieser negative Effekt fällt umso geringer aus, je mehr Betriebe Lohnkürzungen vereinbaren und je geringer die Einkommensverluste der Beschäftigten gegenüber relevanten externen Referenzgruppen ausfallen (Gerlach et al. 2005; Lengfeld/Liebig 2003).

„Wenn […] Lohnkürzungen als Bruch des impliziten Vertrages empfunden werden, muss mit negativen Auswirkungen auf das Verhalten der Weiterbeschäftigten gerechnet werden.“ (Stephan 2006: 6)

So kommt eine von Gerlach et al. durchgeführte Telefonbefragung zu dem Ergebnis, dass nach einer Lohnkürzung nicht nur das Engagement der Mitarbeiter deutlich zurückgeht sondern auch die Bereitschaft zunimmt, das Unternehmen zu verlassen (Gerlach et al. 2005: 86).

Tab. 3: Chancen und Risiken konzessionärer Vereinbarungen

	Flexibilisierungsinstrumente	Stabilisierungsinstrumente
Arbeitgeber	+ Kostensenkung + Flexibilitätssteigerung – Abwanderung qualifizierter Mitarbeiter – Shirking infolge geringer Effizienzlöhne – Reputationsverlust bei Kreditgebern	+ Einsparung von Entlass- + Einstellkosten + Erhalt von Human-/Sozialkapital + Positives Betriebsklima + Vermeidung von Imageverlust – Einschränkung d. externen Flexibilität – Ineffiziente Kapital-/Personalallokation
Arbeitnehmer	+ Freizeit/Arbeitszeitsouveränität + Partizipation am Unternehmenserfolg – Einkommensverluste – Leistungsverdichtung	+ Einsparung von Mobilitätskosten + Verwertung des betriebsspezifischen Humankapitals
Arbeitnehmervertreter	– innerorganisatorische Konflikte/Abwahl	+ Organisationssicherung

+ = positiver Effekt („Chance“); – = negativer Effekt („Risiko“)

Eigene Darstellung

Dieses Risiko ist umso größer, je stärker die Effektiventlohnung in Richtung auf den Marktlohn abgesenkt wird und je attraktiver die externen Beschäftigungsalternativen sind. Aus Arbeitgebersicht können somit Entlassungen im Vergleich zu Lohnkürzungen attraktiver sein, da anders als bei Arbeitnehmerkündigungen Einfluss auf die Entlassauswahl genommen werden kann. Insbesondere in Betrieben, die auf betriebsspezifisch qualifizierte Beschäftigte angewiesen sind, sprechen die Kosten einer unintendierten Personalfluktuation gegen umfangreiche Einkommenskürzungen.

Unter Effizienzlohngesichtspunkten steigt weiterhin die Gefahr von Leistungszurückhaltung, so dass sich die Monitoringkosten erhöhen können (Shapiro/Stiglitz 1984). Das Ausmaß dieser negativen Effekte hängt stark vom Grund der Tarifkürzungen ab (Gerlach et al. 2005). Blinder und Choi kommen für die USA zu dem Ergebnis, dass

> „wage reductions made to save the firm from failure or to align wages with those of competitors are viewed as justifiable and fair while those made just to raise profits are not. (Blinder/Choi 1990: 1008)

Auch Bewley kommt auf Basis einer Vielzahl an empirischen Einzelstudien zu dem Ergebnis dass „pay cuts are accepted by the work force if they prevent a firm from closing or if they save a large number of jobs" (Bewley 2004: 7).

Arbeitgeberbefragungen sowohl in Deutschland als auch in den USA deuten übereinstimmend darauf hin, dass insbesondere die Abwanderungsgefahr und Motivationsprobleme viele Unternehmen davon abhalten, die Einkommen in Krisenzeiten zu senken (Bewley 1999; Campbell/Kamlani 1997; Franz/Pfeiffer 2003). Auf Basis mikroanalytischer Analysen kommt Pfeiffer denn auch zu dem Ergebnis, dass „der überwiegende Teil der Lohnrigiditäten in betrieblichem Interesse zu liegen und effizienzsteigernder (z.B. nominal effiziente Arbeitsverträge) sowie produktivitätserhaltender Natur zu sein" (Pfeiffer 2003a: 632) scheint.

Weiterhin ist zu berücksichtigen, dass Konzessionsvereinbarungen negative Signale an externe Stakeholder aussenden können. Kreditgeber, die über das Ausmaß der Unternehmenskrise im Unklaren waren, überdenken möglicherweise ihre Finanzierungszusage oder verlangen zumindest eine höhere Risikoprämie.

Standort- und Beschäftigungsgarantien sind schließlich für das Unternehmen insbesondere dann riskant, wenn die zukünftige wirtschaftliche Entwicklung schwer prognostizierbar ist. Durch den Verzicht auf betriebsbedingte Kündigungen berauben sich Betriebe des wichtigsten Instruments der kurzfristigen Personalanpassung. Beschäftigungszusagen können, wenn überhaupt, nur schwer und unter hohen materiellen (Abfindungen) und immateriellen Kosten (Motivationseinbußen) wieder rückgängig gemacht werden. Erweiterte Parizipationsrechte stärken darüber hinaus die institutionellen Machtressourcen und Vetomöglichkeiten der Arbeitnehmervertretung, so dass die Verhandlungsposition des Unternehmens im nachfolgenden Aufschwung geschwächt wird.

Aus Sicht der Arbeitnehmer fällt neben den direkten Einkommensverlusten der negative Aspekt der Leistungsverdichtung und -intensivierung ins Gewicht. Insbesondere in produktionsfernen Bereichen, in denen der Auftragsanfall nicht mit den Konjunkturzyklen schwankt und das Arbeitsvolumen nicht proportional zur Arbeitszeit zurückgeht, kann sich bei einer generellen Arbeitszeitverkürzung die Belastung der Mitarbeiter erheblich erhöhen.

Schließlich ist damit zu rechnen, dass Einkommenskürzungen regelmäßig Konflikte innerhalb der Belegschaft verursachen. Arbeitnehmervertreter stehen dabei vor einem doppelten Dilemma: Verweigern sie den geforderten Konzessionen ihre Zustimmung, so müssen sie im Falle von Arbeitsplatzverlusten mit dem Widerstand der Belegschaft sowie einer Niederlage in betrieblichen Abstimmungen rechnen. Kommen sie dagegen der Arbeitgeberseite zu weit entgegen, so besteht ebenfalls die Gefahr, dass innergewerkschaftliche Oppositionsgruppen mit dem Vorwurf fehlender Standfestigkeit ihre Abwahl betreiben (Aboushi 1987; Craft et al. 1985: 170-175).

2.4 Wirkungszusammenhang

Ich verstehe Konzessionsvereinbarungen im Folgenden nicht allein als Produkt einer evolutionären Fortentwicklung der Arbeitsbeziehungssysteme, sondern als Reaktion auf veränderte institutionelle, strukturelle oder ökonomische Rahmenbedingungen, die das existierende Machtgleichgewicht zwischen den Akteuren beeinflussen. Aufbauend auf den bisherigen theoretischen Überlegungen unterstelle ich den in Abbildung 1 dargestellten Wirkungszusammenhang.

Abb. 1: Wirkungszusammenhänge im theoretischen Konzept

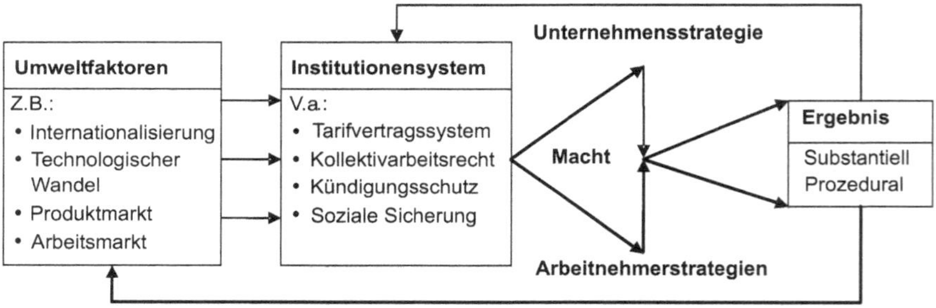

Eigene Darstellung

Veränderte institutionelle, strukturelle und ökonomische Umweltfaktoren erzeugen Veränderungsdruck auf die Arbeitsbeziehungssysteme und können den Anstoß für konzessionäre Vereinbarungen geben. Solche externe Schocks werden durch Rezessionen, Deregulierungs- und Privatisierungsprozesse, den technologischen Wandel sowie die zunehmende internationale Arbeitsteilung ausgelöst.

Inwieweit die Akteure hierauf reagieren, hängt von der mediatisierenden Wirkung der Institutionensysteme ab. Institutionelle „Constraints and Opportunities" stecken den Handlungsspielraum der Akteure ab und entscheiden darüber, ob und in welchem Ausmaß Umweltveränderungen die Verteilung der relativen Verhandlungsmacht zwischen den Akteuren beeinflussen. So gilt nach dem von Locke und Thelen entwickelten Ansatz der „Contextualized Comparison", dass

> „various international trends are not in fact translated into common pressures in all national economies but rather are mediated by national institutional arrange-

> ments and refracted into divergent struggles over particular national practices.“ (Locke/Thelen 1995: 338)

Anders als die Protagonisten der einfachen Globalisierungsthese erwarte ich also nicht, dass ähnliche externe Umwelteinflüsse in beiden Arbeitsbeziehungssystemen identische Anpassungen im Bereich der Tarif- und Betriebspolitik hervorrufen (Bamber et al. 2004b; Locke et al. 1995; Katz/Darbishire 2000; Wailes et al. 2003).

Vielmehr wird ausgehend vom „Strategic Choice“-Ansatz angenommen, dass veränderte Tarifergebnisse das Produkt rationaler Anpassungsstrategien der Tarif- und Betriebsparteien sind (Kochan et al. 1986; Kochan et al. 1984). Ich unterstelle somit keinen institutionellen oder ökonomischen Determinismus, sondern nehme an, dass die Akteure unter Berücksichtigung der relativen Machtverteilung über die Möglichkeit zur strategischen Wahlhandlung verfügen. Dabei wird besonderes Augenmerk auf die Unternehmensstrategien gelegt, da „it is largely management's strategic choices that have initiated the process of fundamental change in the IR system“ (Kochan et al. 1991: 114). Die Interessenlage in der Belegschaft sowie die institutionellen Entscheidungsregeln sind dann ausschlaggebend dafür, ob es zu Konzessionsverhandlungen kommt und ob die Beschäftigten Zugeständnisse akzeptieren. Die Wahl der spezifischen Arbeitnehmer- und Arbeitgeberleistungen hängt davon ab, welche Instrumente in der konkreten betrieblichen Situation zweckmäßig und gegenüber den Beschäftigten durchsetzbar sind.

Durch Konzessionsvereinbarungen werden vielfach nicht nur die materiellen Tarif- und Beschäftigungsstandards, sondern auch die prozeduralen Grundlagen der Arbeitsbeziehungen verändert. Vielfach werden die Verhandlungen von der tariflichen auf die betriebliche Ebene verlagert, informelle Verfahren der überbetrieblichen Tarifkoordinierung aufgegeben oder aber die Einflussmöglichkeiten der Arbeitnehmervertretungen erweitert oder aber beschränkt.

Schließlich müssen sowohl die substantiellen als auch die prozeduralen Rückkopplungsprozesse berücksichtigt werden. Die Neujustierung von Tarif- und Beschäftigungsstandards hat Auswirkungen auf die Wettbewerbsbedingungen auf den Produkt- und Arbeitsmärkten. Weiterhin stellen sich dauerhafte Lock-in-Effekte immer dann ein, falls die vereinbarten Inhalte nach Ende der Vertragslaufzeit nicht wieder revidiert werden können. Substantielle und prozedurale Feedbackprozesse können somit die institutionelle Gestalt wie auch die Funktionsweise der Arbeitsbeziehungssysteme selbst nachhaltig verändern.

Das folgende Kapitel 3 ist der vergleichenden Darstellung der institutionellen Rahmenbedingungen beider Arbeitsbeziehungssysteme gewidmet bevor in den Kapiteln 4 und 5 Verbreitung und Ausgestaltung konzessionärer Beschäftigungsvereinbarungen in Deutschland und den USA analysiert werden.

3. Institutionelle Unterschiede im internationalen Vergleich

Das Vergleichspaar Deutschland – USA stellt in vielerlei Hinsicht ein prototypisches Beispiel für ein „Most Different Cases"-Design dar (King et al. 1994; Strauss 1998: 185-187). Die international vergleichende Institutionenforschung begreift Deutschland und die USA als eigenständige „Produktionsregime" (Soskice 1999), in denen je unterschiedliche Mechanismen der Koordination wirtschaftlichen Handelns dominieren. Während Deutschland in der Terminologie des „Varieties-of-Capitalism"-Ansatzes ein quasi idealtypisches Beispiel für eine auf langfristigen Kooperations- und Netzwerkbeziehungen angelegte „koordinierte" Marktwirtschaft darstellt, werden die USA als Prototyp einer „unkoordinierten" bzw. „liberalen" Volkswirtschaft mit überwiegend marktförmigen Interaktions- und Koordinationsmodi charakterisiert (Hall/Soskice 2001: 21-33).[1]

Im Folgenden wird kein umfassender Systemüberblick geleistet, der alle Facetten der beiden Kapitalismusmodelle gleichermaßen umfassend beleuchtet.[2] Ausgehend vom eingangs formulierten Untersuchungsinteresse und den theoretischen Vorüberlegungen beschränkt sich die Darstellung vielmehr auf jene Faktoren, die im internationalen Vergleich einen signifikanten Beitrag zur Erklärung konzessionärer Beschäftigungsvereinbarungen in Deutschland und den USA und insbesondere der systematischen Unterschiede leisten. Von besonderer Bedeutung sind nicht nur die institutionellen Faktoren im Bereich der Arbeitsbeziehungssysteme im engeren Sinne (z.B. duales versus monistisches System der kollektiven Interessenvertretung, zentrales versus dezentrales Tarifsystem, vgl. Abschnitt 3.1), sondern ebenso im Arbeitsrecht (z.B. eigenständiges Kündigungsschutzrecht versus „Employment-at-Will", vgl. Abschnitt 3.2) sowie im Bereich der sozialen Sicherungssysteme (z.B. umfassendes Sozialversicherungsnetz mit hohem Leistungsniveau versus schwach ausgebautes und marktförmig organisiertes System mit geringem Sicherungsniveau, vgl. Abschnitt 3.3).

Der Vergleich beschränkt sich nicht allein auf die isolierte Gegenüberstellung von Institutionen, die kontextspezifisch mit höchst unterschiedlichen Inhalten gefüllt sein können (Strauss 1998: 189-190; Summers 1989: 127). Vielmehr gilt, dass

---

1 Für eine kritische Würdigung institutionalistischer IR-Ansätze im Allgemeinen und des „Varieties-of-Capitalism"-Ansatzes im Besonderen vgl. Godard 2004; Hoffmann 2003.

2 Für einführende Überblicke über die Funktionslogik des deutschen bzw. US-amerikanischen Kapitalismusmodells vgl. Streeck 1997b sowie Hollingsworth 1997b. Für einen Vergleich der Arbeitsbeziehungssysteme im Besonderen vgl. Keller 1997. Für spezifische Darstellungen des deutschen Arbeitsbeziehungssystems vgl. Keller 1999; Keller 2004; Jacobi et al. 1998; Müller-Jentsch 1997; Schnabel 2000. Für die USA vgl. Katz/Kochan 2000; Katz/Wheeler 2004; Köhnen 2000; Robinson 2001; Sloane/Witney 2001.

> „the only meaningful method of international comparison in industrial relations is to compare the ways and means by which certain functions are carried out in different countries." (Schregle 1981: 23)

Daher wird besonderes Augenmerk auf funktionale Äquivalente gelegt, um so die einzelnen Teilelemente der Arbeitsbeziehungssysteme vor dem Hintergrund ihrer Funktionserfüllung für das Gesamtsystem zu analysieren.

3.1 Struktur und Funktion der Arbeitsbeziehungssysteme

Im Unterschied zum monistischen Arbeitsbeziehungssystem der USA, in dem das einzelne Unternehmen bzw. der einzelne Betrieb oder Betriebsteil faktisch die einzige Arena der kollektiven Interessenaushandlung darstellt, hat sich in Deutschland mit dem dualen System der Interessenvertretung eine funktionale Arbeitsteilung zwischen betrieblicher und überbetrieblicher Arena mit je unterschiedlichen Akteurskonstellationen und Handlungslogiken herausgebildet (Müller-Jentsch 1997: 80-81).

3.1.1 Gewerkschaften

Die Vorrangstellung der betrieblichen Ebene im US-amerikanischen Tarifsystem hat seine Wurzeln in der im internationalen Vergleich ungewöhnlichen Institution der gewerkschaftlichen Anerkennungswahlen („Certification Elections"). Der „National Labor Relations Act" (NLRA) als zentrales Rechtsinstitut der US-amerikanischen Arbeitsbeziehungen legt fest, dass diejenige Gewerkschaft das Vertretungsmonopol für die Beschäftigten und das exklusive Recht zur Aushandlung von Tarifverträgen („Exclusive Bargaining Agent") hat, die von nachweislich mindestens der Hälfte der stimmberechtigten Mitarbeiter in der jeweiligen „Bargaining Unit" als Interessenvertreterin akzeptiert wird (Gold 1998; NLRB 1997).[3] Die Abstimmungen werden unter Aufsicht des „National Labor Relations Board" (NLRB) zumeist auf einzelbetrieblicher Ebene, vielfach aber auch lediglich für einzelne Betriebsteile oder Beschäftigtengruppen durchgeführt.[4] Analog kann der Vertretungsanspruch auch in einer „Decertification Election" wieder aberkannt bzw. einer konkurrierenden Gewerkschaft übertragen werden.

---

3 Nicht unter den NLRA fallen die Beschäftigten in der Landwirtschaft, bei den Eisenbahnen und Fluglinien sowie im öffentlichen Dienst. Mit dem „Railway Labor Act" sowie der bundes- bzw. einzelstaatlichen Gesetzgebung für den öffentlichen Dienst greifen hier Sonderregelungen.

4 Zur neueren Entwicklung der vereinfachten „Card Check Recognition" vgl. Eaton/Kriesky 2001.

Die rechtliche Stellung der Gewerkschaften ist damit in den USA im Vergleich zu Deutschland weitaus prekärer. Während die Koalitionsfreiheit in Deutschland verfassungsrechtlich geschützt ist und die Legitimität kollektiver Interessenvertretung von der überwiegenden Mehrheit in Politik und Wirtschaft nach wie vor nicht grundsätzlich in Frage gestellt wird, sehen sich US-amerikanische Gewerkschaften heute vielfach in ihrer Existenz bedroht. Das kollektive Arbeitsrecht bietet US-amerikanischen Unternehmen zahlreiche Möglichkeiten, eine gewerkschaftliche Organisierung des Betriebes aktiv zu behindern („Union Avoidance"), die Arbeit der Interessenvertretung zu unterlaufen oder aber sie ganz aus dem Betrieb zu verdrängen („Union Busting") (Bronfenbrenner/Juravich 1994; Freeman/Kleiner 1990; Klein/Wanger 1985; Kleiner 2002; Lawler/West 1985). Die seit Anfang der 1980er Jahre zunehmend arbeitgeberfreundliche Rechtsauslegung des NLRB hat mit dazu beigetragen, dass „Unfair Management Practices" wie etwa die gezielte Entlassung von Gewerkschaftsaktivisten zu- und der Erfolg bei der gewerkschaftlichen Mitgliederrekrutierung deutlich abgenommen haben (Freeman 1985: 46; Goldfield 1987: 90-91).

Die betriebsspezifische Abstimmung über eine gewerkschaftliche Interessenvertretung bringt es mit sich, dass vielerorts in ein und demselben Unternehmen gewerkschaftlich organisierte und unorganisierte Standorte bzw. Beschäftigtengruppen parallel existieren und faktisch miteinander konkurrieren. US-amerikanische Gewerkschaften sind daher häufig nicht in der Lage, einen unternehmensinternen Lohnwettbewerb zu unterbinden und die Beschäftigungsbedingungen überbetrieblich zu standardisieren. Arbeitskostenvorteile an tariffreien Standorten können so als Hebel genutzt werden, um Konzessionen an gewerkschaftlich organisierten Standorten durchzusetzen.

Das aufwändige Verfahren der gewerkschaftlichen Mitgliederrekrutierung bindet erhebliche Ressourcen und führt zu einer Zersplitterung der US-amerikanischen Gewerkschaftslandschaft in eine Vielzahl berufsständisch geprägter und oftmals untereinander konkurrierender Einzelgewerkschaften.

> „Während die Beschäftigten einem Arbeitgeber gegenüberstehen, werben teilweise vier oder fünf verschiedene Gewerkschaften um die Gunst des Arbeitnehmers und verwenden häufig mehr Zeit auf den zwischengewerkschaftlichen Streit als für den Konflikt mit dem Arbeitgeber." (Silvia 2005: 651)

In diesem Kontext konnte sich eine gesamtwirtschaftliche Gewerkschaftsprogrammatik nicht entwickeln (Erd 1989: 16-17; Markovits 1989: 55).[5] Zwar bündelt der Dachverband AFL-CIO ähnlich wie der DGB in Deutschland die ge-

---

5 Zu den Gründen für die unpolitische Rolle der US-amerikanischen Gewerkschaften vgl. Lipset 1986: 442-452; Shalev/Korpi 1980. Der machtlose Dachverband AFL-CIO ist mit der Abspaltung der neugegründeten „Change to Win Federation" (CWF) im Jahre 2005 weiter geschwächt worden (Silvia 2005).

werkschaftliche Interessenvertretung auf nationaler Ebene. Die eigentliche Macht und Entscheidungshoheit liegt allerdings bei den Einzelgewerkschaften („National Unions") und hier insbesondere bei deren lokalen Basisorganisationen („Local Unions"). Diese sind für die dezentrale Aushandlung der Tarifverträge verantwortlich und nehmen damit eine Schlüsselstellung in der Gewerkschaftsorganisation ein (Rubinstein 2001; Sloane/Witney 2001: 158-165). Die nationalen Gewerkschaftsorganisationen sind daher nur eingeschränkt in der Lage, die „Local Unions" auf eine unternehmensübergreifende Koordination der Interessenvertretung zu verpflichten.

Die dezentrale Organisationslogik hat unmittelbare Auswirkungen auf die tarifpolitische Strategiebildung US-amerikanischer Gewerkschaften. Während sich die überbetrieblich organisierten Einheitsgewerkschaften in Deutschland programmatisch als Interessenvertreter aller abhängig Beschäftigten verstehen, vertreten US-amerikanische „Business Unions" exklusiv die Interessen ihrer direkten Mitgliedschaft (Rubin 1986: 618).[6] Der universalistischen und auf gesellschaftliche Umverteilung ausgerichteten Programmatik deutscher Gewerkschaften steht somit eine weitgehend partikularistische und eng auf die materiellen Interessen der Mitglieder zugeschnittene Politik der US-amerikanischen Betriebsgewerkschaften gegenüber.

Ebenfalls von zentraler Bedeutung ist das Verfahren der gewerkschaftlichen Willensbildung, auf das die Beschäftigten in den USA weitaus stärkeren Einfluss ausüben als in Deutschland. Tarifverträge bedürfen in den USA regelmäßig der Ratifizierung durch die Mitglieder der „Bargaining Unit", so dass das Handeln der Gewerkschaftsfunktionäre unmittelbar an die Interessen der Belegschaftsmehrheit rückgekoppelt ist. Eine solidarische Politik zu Lasten verhandlungsmächtiger Betriebe bzw. Beschäftigtengruppen ist damit im US-amerikanischen Tarifsystem nur selten mehrheitsfähig.

Angesichts der ungünstigen institutionellen Rahmenbedingungen spielen Gewerkschaften in der US-amerikanischen Privatwirtschaft nur noch eine marginale Rolle (Bennett/Kaufman 2002; Clawson/Clawson 1999; Goldfield 1987).[7] Bereits seit den 1950er Jahren geht der gewerkschaftliche Organisationsgrad stetig zurück, wobei sich der Abwärtstrend zu Beginn der 1980er Jahre nochmals deutlich beschleunigt hat. Insbesondere in den gewerkschaftlichen Hochburgen

6 Während US-amerikanische Gewerkschaften dem Idealtyp des „Economic Unionism" zuzuordnen sind, entsprechen deutsche Gewerkschaften in stärkerem Maße dem Muster des „Political Unionism" (Murray/Reshef 1988).

7 Dem dramatischen Bedeutungsverlust in der Privatwirtschaft stehen deutliche Mitgliederzuwächse im öffentlichen Dienst gegenüber, wo knapp 40% der Beschäftigten gewerkschaftlich organisiert sind. Zur Situation der Gewerkschaften im öffentlichen Dienst vgl. Freeman 1988; Thomason/Burton 2003.

des industriellen Sektors kam es infolge der tief greifenden Wirtschaftskrise zu massiven Beschäftigungsverlusten. So verloren allein zwischen 1979 und 1983 die Stahlarbeitergewerkschaft USW 42% und die Automobilarbeitergewerkschaft UAW 33% ihrer Mitglieder (Katz/Kochan 2000: 123). Waren auf dem Höhepunkt der gewerkschaftlichen Organisationserfolge im Jahre 1953 noch 36% der Beschäftigten in der Privatwirtschaft Mitglied einer Gewerkschaft, so ist dieser Anteil über rund 20% Anfang der 1980er Jahre auf zuletzt unter 8% im Jahre 2004 gesunken (Troy 2004: 4).

Von größerer Bedeutung sind Gewerkschaften nach wie vor in den kapitalintensiven und oligopolistisch strukturierten Schlüsselbranchen wie der Automobil- und Stahlindustrie, dem Transportwesen oder den landesweiten Fluglinien. Weiterhin bestehen große regionale Unterschiede. Neben unterschiedlichen Branchenstrukturen sind divergierende rechtliche Rahmenbedingungen die entscheidenden Ursachen. Bewegt sich der privatwirtschaftliche Organisationsgrad in den Industrieregionen des Nordostens durchweg zwischen 10% und 15%, so ist er in den so genannten „Right-to-Work"-Staaten des Südens und Mittleren Westens im niedrigen einstelligen Bereich angelangt.[8]

Ebenso wie US-amerikanische sehen sich auch deutsche Gewerkschaften mit erheblichen Organisationsproblemen konfrontiert. Insbesondere in Ostdeutschland ist die Mitgliederbasis in vielen Branchen bereits existenzbedrohend geschrumpft (Beck/Fitzenberger 2004; Schnabel/Wagner 2003). Neben anhaltender Massenarbeitslosigkeit ist ebenso wie in den USA der soziostrukturelle Wandel von der Industrie- zur Dienstleistungsgesellschaft für die rückläufige Mitgliederentwicklung verantwortlich (Ebbinghaus 2003: 188-195).

Gemessen an den USA ist allerdings die Lage der deutschen Gewerkschaften noch vergleichsweise komfortabel, da der Rückgang des gewerkschaftlichen Organisationsgrades weit weniger dramatisch und auf deutlich höherem Niveau verlaufen ist. Ausgehend von einem über die Nachkriegszeit hinweg stabilen Organisationsgrad von rund 40% ist der Anteil der gewerkschaftlich organisierten Beschäftigten seit Anfang der 1990er Jahre auf rund 28% im Jahre 2002 gesunken (Dietrich 2003: 650). Während Gewerkschaften im industriellen bzw. großbetrieblichen Sektor nach wie vor fest verankert sind und bei der Mitgliederrekrutierung auf ein dichtes Netz gewerkschaftlich organisierter Betriebsräte zurückgreifen können (Schmidt/Trinczek 1999: 107; Weitbrecht 1997: 221), bestehen erhebliche Organisationsdefizite in den schnell wachsenden tertiären und kleinbetrieblichen Bereichen (Wassermann 2003: 422).

8 In den „Right-to-Work"-Staaten ist es durch einzelstaatliche Gesetzgebung untersagt, in tarifgebundenen Betrieben die Gewerkschaftsmitgliedschaft zur Voraussetzung einer Einstellung zu machen.

3.1.2 Funktionslogik der tariflichen Interessenaushandlung

Aufgrund der unterschiedlichen Funktionslogik der Tarifverhandlungssysteme sind die Folgewirkungen der rückläufigen Mitgliederentwicklung für deutsche Gewerkschaften weit weniger gravierend als für jene in den USA. Während in den USA der tarifvertragliche Deckungsgrad mit dem gewerkschaftlichen Organisationsgrad nahezu identisch ist und die Reichweite des Tarifvertragssystems unmittelbar vom gewerkschaftlichen Rekrutierungserfolg abhängt, spielt die Organisationsstärke der Gewerkschaften im deutschen Arbeitsbeziehungssystem nur eine untergeordnete Rolle.

Für die Reichweite des dominierenden Flächentarifvertrages ist stattdessen die unternehmerische Verbandsmitgliedschaft von entscheidender Bedeutung (vgl. Tabelle 4). Der zumindest in Westdeutschland nach wie vor hohe Organisationsgrad der Arbeitgeber sorgt für eine weit über die unmittelbare Gewerkschaftsmitgliedschaft hinausreichende Tarifbindung (Schroeder/Silvia 2003: 261).[9] Darüber hinaus wenden tarifgebundene Unternehmen die formal lediglich für organisierte Beschäftigte geltenden Tarifbedingungen zumeist auf alle Mitarbeiter an. Eine Entgeltdifferenzierung in Abhängigkeit von der Gewerkschaftsmitgliedschaft wäre aus Unternehmenssicht kontraproduktiv, würde dies doch nicht nur die Transaktionskosten der betrieblichen Entgeltfindung erhöhen, sondern gleichzeitig auch den Gewerkschaften zusätzliche Mitgliederzuwächse bescheren.

Ein wachsender Teil der Unternehmen sucht allerdings gleichzeitig die formale Tarifbindung durch „stille Tarifflucht“, d.h. die stillschweigend betriebene Unterschreitung bestehender Tarifnormen zu umgehen (Artus 2001; Kohaut/Schnabel 2003c). Der für Deutschland berichtete tarifliche Deckungsgrad ist daher lediglich als näherungsweise Schätzung der tatsächlichen Tarifbindung zu interpretieren.

Arbeitgeberverbände als Voraussetzung für unternehmensübergreifendes „Multi Employer Bargaining“ existieren im US-amerikanischen Arbeitsbeziehungssystem lediglich in wenigen Branchen (Derber 1986: 83). Die organisatorische Schwäche und betriebliche Organisationslogik der Gewerkschaften macht eine überbetriebliche Koalitionsbildung der Arbeitgeber nur selten erforderlich.[10] Zu den wenigen Ausnahmen mit regionalen bzw. landesweiten Tarifstruk-

9 Zur Allgemeinverbindlichkeit, die als „Rute im Fenster“ (Traxler 1997: 112) den Anreiz zur Verbandsmitgliedschaft erhöht und den Flächentarif stabilisiert vgl. Kirsch 2003; Traxler et al. 2001: 182-185.

10 Die geringe Bedeutung von Arbeitgeberverbänden kann historisch-institutionalistisch auf den 1890 erlassenen Sherman Antitrust Act zurückgeführt werden, der die Bildung

Tab. 4: Organisations- und tarifvertragliche Deckungsgrade

Jahr	USA		Deutschland		
	TDG	OG (Gew.)	TDG (West/Ost)[1)]	OG (Gew.)	OG (Gesamtmetall; West/Ost)
1991	13	12		41	72 / 66
1992	13	11		39	69 / 63
1993	12	11		37	67 / 59
1994	12	11		36	68 / 52
1995	11	10		35	67 / 49
1996	11	10	69 / 56	34	66 / 43
1997	11	10		33	65 / 39
1998	10	10	68 / 51	32	64 / 33
1999	10	9		31	63 / 31
2000	10	9	63 / 46	30	63 / 29
2001	10	9	63 / 44	29	62 / 27
2002	9	9	63 / 43	28	62 / 25
2003	9	8	62 / 43		59 / 21
2004	9	8	61 / 41		

Mit Ausnahme des gewerkschaftlichen Organisationsgrades in Deutschland beziehen sich die Daten ausschließlich auf die Privatwirtschaft, in % aller Beschäftigten

TDG: Tarifvertraglicher Deckungsgrad; OG (Gew.): Bruttoorganisationsgrad (Gewerkschaftsmitglieder/abhängig Erwerbstätige); OG (Gesamtmetall): Organisationsgrad des Arbeitgeberverbandes Gesamtmetall

1) Nur Flächentarifbindung

Quellen: www.unionstats.com; Dietrich 2003; Ellguth/Kohaut 2005, eigene Berechnungen

turen zählen die Bauindustrie sowie der Straßengüterverkehr, in denen sich eine große Zahl kleiner Arbeitgeber starken Gewerkschaften gegenüber sieht (Allen 1994: 420-421; Belzer 1994: 275-277).

Ein beschränktes Maß an intra- bzw. intersektoraler Koordinierung hat sich bis in die frühen 1980er Jahre über das System des „Pattern Bargaining“ erhalten. Die Automobilindustrie übernahm dabei eine tarifpolitische Vorreiterrolle und diente den übrigen Wirtschaftszweigen als Referenzmaßstab (Freedman/Fulmer 1982; Ready 1990). Mit der Ausbreitung des „Concession Bargaining“ wurde diese informelle Tarifkoordinierung allerdings aufgebrochen und hat seither nicht mehr die ursprüngliche Bedeutung wiedererlangt.

Die gewerkschaftlichen Tarifforderungen orientieren sich in den USA im Unterschied zu Deutschland nicht in erster Linie an gesamtwirtschaftlichen bzw.

von Unternehmenskartellen jeglicher Art untersagt, vgl. Jacoby 1991: 179; Katz/Kochan 2000: 29-30.

branchenspezifischen Parametern, sondern vielmehr an der jeweiligen Wirtschaftslage bzw. „Ability to Pay“ des Arbeitgebers (Craypo 2003). Sowohl die Einkommensungleichheit zwischen Unternehmen derselben Branche als auch die Amplituden der Tarifentwicklung im Zeitverlauf sind damit deutlich ausgeprägter als in Deutschland. Umfangreichen Tariferhöhungen in Boomzeiten können in Unternehmenskrisen Nullrunden oder gar Lohnkürzungen gegenüber stehen. Dagegen sorgt die gesamtwirtschaftlich ausgerichtete „produktivitätsorientierte Lohnpolitik“ in Deutschland konjunkturübergreifend für vergleichsweise moderate Abschlüsse. Ziel ist es, die Beschäftigten am durchschnittlichen Produktivitätsfortschritt partizipieren zu lassen, gleichzeitig aber die Existenz marginaler Betriebe nicht unmittelbar zu gefährden.

Auch in Deutschland haben Firmentarifverträge nach dem US-amerikanischen Modell des „Single Employer Bargaining“ seit Mitte der 1990er Jahre an Bedeutung gewonnen. Die schwindende Organisationsfähigkeit der Arbeitgeberverbände als „Achillesferse“ (Schroeder 1997: 226) des deutschen Arbeitsbeziehungssystems hat diesen Trend begünstigt.[11] So waren im Jahre 2004 7% der Arbeitnehmer in West- und 12% in Ostdeutschland in einem Unternehmen mit Haustarif beschäftigt (Ellguth/Kohaut 2005: 399). Bislang übernehmen allerdings viele unternehmensspezifische Haustarifverträge nach wie vor in weiten Teilen die materiellen Regelungen des einschlägigen Flächentarifvertrages (Kohaut/Schnabel 2003a). Eine eigenständige und die Branchenstandards signifikant unterschreitende Tarifpolitik ist damit im Unterschied zu den USA noch vergleichsweise selten (Kädtler 2003: 350). Vielmehr sehen die Haustarifverträge in ertragsstarken Unternehmen bzw. in solchen mit einer starken gewerkschaftlichen Verankerung (z.B. Volkswagen) vielfach Lohnsätze vor, die deutlich oberhalb des Flächentarifs liegen.

Die normative Prägekraft des Flächentarifvertrages zeigt sich auch darin, dass selbst die Hälfte der tariffreien Betriebe ihre Tarif- und Beschäftigungsbedingungen am einschlägigen Flächentarifvertrag ausrichten (Ellguth/Kohaut 2005: 399). Damit wirken Tariflöhne faktisch als Mindestlöhne und prägen in erheblichem Maße die gesamtwirtschaftliche Einkommensentwicklung. Ausgeprägte Lohnunterschiede zwischen tarifgebundenen und tariffreien Betrieben sind bislang nicht festzustellen (Bahnmüller 2002; Kädtler 2003). Die Tariflohnprämie, d.h. der Einkommensvorteil ansonsten vergleichbarer Beschäftigter in tarifgebundenen gegenüber jenen in tariffreien Betrieben, lag in Deutschland Ende der 1990er Jahre bei insignifikanten 3,7% (Blanchflower/Bryson 2003a: 210).[12]

---

11 Zur Verbandsflucht und -abstinenz sowie zur Ausweitung tariffreier „OT“-Verbände vgl. Haipeter/Schilling 2006; Schroeder/Ruppert 1996; Völkl 2002.

12 Größere Unterschiede zwischen tariffreien und tarifgebundenen Betrieben bestehen im Bereich der Arbeitszeitgestaltung (Kölling/Lehmann 2001; Lehndorff 2003).

Vielfach findet allerdings auf betrieblicher Ebene eine weitere lohnpolitische Differenzierung statt, bei der in einer „zweiten Lohnrunde" die tariflichen Minimallöhne teils deutlich überschritten werden. Auf Basis betrieblicher Vereinbarungen zahlten im Jahre 2002 fast die Hälfte der westdeutschen und knapp ein Fünftel der ostdeutschen Betriebe übertarifliche Zulagen von durchschnittlich rund 10% (Kohaut/Schnabel 2003b). Anders als bei den Tariflöhnen haben die Betriebsparteien bei den übertariflichen Zulagen unmittelbar die Möglichkeit zur flexiblen Anpassung in Abhängigkeit von der ökonomischen Lage des Unternehmens. Die Zunahme betrieblicher Konzessionsvereinbarungen seit Ende der 1990er Jahre hat mit dazu beigetragen, dass sowohl der Anteil übertariflich entlohnender Betriebe (1993: 60,6%, 2002: 45,6%) als auch die durchschnittliche Spanne zwischen Effektiv- und Tariflöhnen (1993: 13,4%, 2002: 10,8%) kontinuierlich zurückgegangen sind (Kohaut/Schnabel 2003b: 664).[13]

Während in Deutschland die Tarifbindung keinen signifikanten Einfluss auf die betriebliche Lohnhöhe hat, bestehen im US-amerikanischen Arbeitsbeziehungssystem zwischen dem „Union"- und dem „Non-Union"-Sektor erhebliche Unterschiede (Lewis 1986). Ökonometrische Schätzungen weisen eine im Zeitverlauf variierende Tariflohnprämie zwischen 12% und 18% nach (Blanchflower/Bryson 2003b; Card 2001; Fuchs et al. 1998; Jarrell/Stanley 1990).[14] Hinzu kommen umfangreiche betriebliche Sozialleistungen sowie weitreichende Partizipationsrechte der Arbeitnehmer, die im gewerkschaftsfreien Sektor weitgehend fehlen.

Damit haben gewerkschaftlich organisierte Unternehmen in den USA gegenüber ihren tariffreien Konkurrenten deutliche Kostendefizite und sind bestrebt, eine Tarifbindung zu vermeiden bzw. Beschäftigte an tarifgebundenen Standorten langfristig durch nicht gewerkschaftlich organisierte Arbeitnehmer zu ersetzen (Freeman 1994; Mitchell 1986a: 102). Können in akuten Unternehmenskrisen oder bei zunehmender Kostenkonkurrenz die tariflichen Arbeitskostenbelastungen kurzfristig nicht durch Rationalisierung oder Personalabbau kompensiert werden, so werden die Tariflöhne als wichtigster Kostenfaktor zum Gegenstand betrieblicher Konzessionsverhandlungen.

3.1.3 Funktionslogik der betrieblichen Interessenaushandlung

Die duale Struktur der Interessenvertretung stellt das „charakteristische Herzstück des deutschen Systems der industriellen Beziehungen" (Kommission Mit-

---

13 Weitere Ursachen für die negative Lohndrift, d.h. die geringere Steigerung der Effektiv- relativ zu den Tariflöhnen, sind die rückläufige Tarifbindung sowie der Anstieg atypischer Beschäftigungsformen, insbesondere der niedrig entlohnten Mini- und Midijobs (Bispinck/WSI-Tarifarchiv 2005: 62).

14 Hirsch 2003 schätzt die Lohnprämie gar auf rund 24%.

bestimmung 1998: 7) dar. Wenn auch die „mitbestimmungsfreie Zone" (Kommission Mitbestimmung 1998) als Folge des sektoralen Strukturwandels gewachsen ist und im Jahre 2002 lediglich noch 11% der Betriebe über einen Betriebsrat verfügen, so vertreten diese doch nach wie vor fast die Hälfte (48%) der Beschäftigten in der Privatwirtschaft (Ellguth 2003).[15] Das „Erfolgsmodell" (Wassermann 2003: 411) Betriebsrat ist damit „zu einer der stabilsten Institutionen der industriellen Beziehungen in Deutschland" (Müller-Jentsch 1995b: 328) geworden. Ebenso wie die Tarifautonomie wird auch die betriebliche Mitbestimmung durch die rechtlichen Rahmenvorgaben gestützt. Anders als bei den US-amerikanischen Anerkennungswahlen kann bereits eine Minderheit der Beschäftigten die Bildung eines Betriebsrats durchsetzen. Für den Arbeitgeber sind somit die Möglichkeiten zur aktiven Verhinderung einer betrieblichen Interessenvertretung eng begrenzt.

Als betriebliches Pendant zu den überbetrieblich organisierenden Gewerkschaften überwachen Betriebsräte die Einhaltung gesetzlicher und tariflicher Rahmenvorgaben und passen diese an die betrieblichen Erfordernisse an. Darüber hinaus klären sie mit dem Arbeitgeber jene Detailfragen der betrieblichen Personalpolitik, die nicht im Rahmen des Flächentarifvertrages branchenweit standardisiert werden können. Während Gewerkschaften in der Tarifarena somit die „Verkaufsbedingungen" des Faktors Arbeit mit dem Arbeitgeber bzw. seinen Verbänden aushandeln, regeln Betriebsrat und Management in der Betriebsarena die „Anwendungsbedingungen" der Ware Arbeitskraft (Müller-Jentsch 1997: 195). Stehen auf überbetrieblicher Ebene Verteilungskonflikte („Distributive Bargaining") im Vordergrund, erfüllt die betriebliche Ebene bislang eine komplementäre Funktion des zumeist kooperativ-konsensuellen Problemlösens („Integrative Bargaining").

Bei der funktionalen Aufgabenteilung zwischen tariflicher und betrieblicher Ebene ist ein normativer Vorrang des Tarifvertrages zu beachten (Höland 2002: 54-56). Anders als im voluntaristischen System der USA mit seiner starken Betonung der Privatautonomie und Individualfreiheit definiert das deutsche Arbeitsrecht die kollektivvertragliche Normsetzung auf überbetrieblicher Ebene als Normalfall. Nach § 77 Abs. 3 BetrVG können Betriebsrat und Unternehmensleitung keine Vereinbarungen über jene Parameter treffen, die bereits im Tarifvertrag abschließend geregelt oder üblicherweise in Tarifverträgen geregelt werden (Ehmann/Schmidt 1995). Diese Regelungssperre gilt gleichermaßen für tarifgebundene wie auch tariffreie Betriebe. Damit können Betriebsräte nicht in die Rolle einer betrieblichen Ersatzgewerkschaft gedrängt werden und kollektive

15 Neben einem positiven Betriebsgrößeneffekt weisen ökonometrische Studien auf eine höhere Verbreitung in älteren, tarifgebundenen und westdeutschen Betrieben hin (Addison et al. 1997; Addison et al. 2003).

Vereinbarungen abschließen, die unmittelbar in Konkurrenz zum Tarifvertrag treten.

Abweichungen von den tariflichen Vorgaben sind nur möglich, wenn entweder der Tarifvertrag ausdrücklich den Abschluss ergänzender Betriebsvereinbarungen zulässt (tarifliche Öffnungsklauseln; § 77 Abs. 3 S. 2 BetrVG) oder aber eine abweichende Regelung eindeutig zugunsten der Beschäftigten ausfällt (Günstigkeitsprinzip; § 4 Abs. 3 TVG). Die Rechtsprechung hat einschränkend festgestellt, dass lediglich ein Günstigkeitsvergleich innerhalb identischer Sachgruppen zulässig ist und ausschließlich solche Parameter gegeneinander aufgerechnet werden können, die in einem inneren sachlichen Zusammenhang stehen (Dieterich 2002).[16]

Damit soll verhindert werden, dass die im Vergleich zu den streikberechtigten Gewerkschaften durchsetzungsschwächeren Betriebsräte zum Verzicht auf tarifliche Ansprüche gedrängt werden und damit die Tarifautonomie materiell ausgehöhlt wird. Eine Betriebsvereinbarung ohne Beteiligung der Tarifpartner, die im Tausch gegen Beschäftigungsgarantien Tarifkonzessionen ohne entsprechende Öffnungsklausel vorsieht, ist somit rechtlich unzulässig. Nach dem „Burda-Beschluss" des BAG aus dem Jahre 1999 haben die Gewerkschaften einen Unterlassungsanspruch und können mit einer Verbandsklage gegen eine rechtswidrige Vereinbarung vorgehen (Annuß 2000; Buchner 1999; Flatau 2005: 127-129).

Das monistische System der USA kennt dagegen keine vertikale Aufgabenteilung zwischen alternativen Regulierungsebenen mit unterschiedlichen Funktionslogiken. Gewerkschaften bzw. ihre örtlichen Untergliederungen sind sowohl für die Aushandlung („Collective Bargaining") wie auch die Implementation („Contract Administration") der Kollektivvereinbarungen zuständig (Erd 1989). In detaillierten und meist mehrere hundert Seiten umfassenden Tarifwerken werden neben den Kernparametern Einkommen und Arbeitszeit auch Detailfragen der betrieblichen Arbeitsorganisation geregelt, die in Deutschland der betrieblichen Mitbestimmung vorbehalten sind (BNA 1995). Auf betrieblicher Ebene können Management und Gewerkschaft damit weitgehend autonom die Gegenstände der „Bargaining Agenda" definieren und verfügen im Unterschied zu den Betriebsparteien in Deutschland über einen wesentlich größeren Handlungsspielraum.

Potentiell steht damit auf Betriebsebene der gesamte tarifliche Regelungskanon zur Disposition, so dass US-amerikanische „Local Unions" über keine verlässliche Rückfallposition verfügen. Dagegen bietet der gesetzliche Tarifvor-

16 Zur aktuellen rechtswissenschaftlichen Diskussion um die Zulässigkeit eines erweiterten Vergleichs qualitativ unterschiedlicher Tauschgüter vgl. Kaden 2003; Körner 2000; Schliemann 2003; Zachert 2004.

behalt in Deutschland den Betriebsräten die Möglichkeit, sich bei tariflichen Konzessionsforderungen auf das Veto der Gewerkschaften und die rechtliche Unzulässigkeit tarifabweichender Vereinbarungen zu berufen. Das Tarifrecht sorgt somit in Deutschland für eine quantitative wie qualitative Begrenzung des Konzessionsspektrums.

Für die vergleichende Analyse konzessionärer Beschäftigungsvereinbarungen ist von Bedeutung, dass der Betriebsrat im Gegensatz zur US-amerikanischen „Local Union" nicht ausschließlich Interessenvertreter der Beschäftigten ist. Als von den Gewerkschaften formal unabhängige „Grenzinstitution" (Fürstenberg 1958) kommt dem Betriebsrat nach dem Betriebsverfassungsgesetz eine intermediäre Funktion zu, die ihn zur vertrauensvollen Zusammenarbeit mit dem Arbeitgeber zum Wohl der Arbeitnehmer wie auch des Betriebs verpflichtet (§ 2 Abs. 1 BetrVG). Folgerichtig steht dem Betriebsrat ein Streikrecht zur konfliktorischen Lösung von Verteilungsfragen ausdrücklich nicht zu (§ 74 Abs. 2 BetrVG).

Aufgrund dieser „Externalisierung der entscheidenden Verteilungskonflikte in die überbetriebliche Arena der Tarifautonomie" (Schmidt/Trinczek 1999: 109) sind die betrieblichen Arbeitsbeziehungen im internationalen Vergleich durch weitgehende Kooperation und Konfliktfreiheit gekennzeichnet (Bosch 1997; Hauser-Dietz/Kluge 2001). Der Betriebsrat übernimmt vielfach die Rolle eines „Co-Managers" (Müller-Jentsch 1995a) und leistet neben der Vertretung der Arbeitnehmerinteressen einen Beitrag zur Steigerung der betrieblichen Produktivität und Wettbewerbsfähigkeit.[17] Nach wie vor bewertet denn auch die überwiegende Mehrheit der Unternehmensvertreter die kollektive Interessenaushandlung auf betrieblicher Ebene positiv (De Santana 2005: 371-374; Nienhüser 2005).

Vergleichbare „high trust – low conflict relations" (Jacobi et al. 1998: 221) werden dagegen im US-amerikanischen Arbeitsbeziehungssystem durch die Tatsache verhindert, dass die Betriebsgewerkschaften widersprüchliche Rollen im Spannungsfeld von Konflikt und Kooperation auf sich vereinen. Während in Deutschland die funktionale Arenentrennung konfliktbegrenzend wirkt, gilt für die USA, dass

> „the type of labor-management relationship that the Wagner Act fosters is adversarial (as opposed to cooperative), sporadic (rahter than continual), and zero sum (versus positive sum)." (Wever 1995: 10)

Trotz des fehlenden Streikrechts und der „dominant kooperativen Interaktionsbeziehungen" (Schmidt/Trinczek 1999: 115) verfügt der Betriebsrat über erheb-

---

17 Zu den ökonomischen Folgen der Mitbestimmung, vgl. Addison et al. 1996; Addison et al. 2004; Hübler 2003; Freeman/Lazear 1995; Frege 2002; Kittel 2000; Jirjahn 2003; Wagner et al. 2004.

lichen Einfluss auf die betriebliche Personalpolitik.[18] Seine Mitwirkungsrechte und Vetooptionen leiten sich anders als jene der „Local Unions“ nicht lediglich aus dem Tarifvertrag ab, sondern beruhen auf staatlich gesetztem Recht als „sekundärer Machtressource“ (Jürgens 1983), auf die sich der Betriebsrat auch in wirtschaftlichen Krisenzeiten stützen kann (Artus 2001: 72). Die gesetzlichen Mitbestimmungsrechte können damit in machtpolitischer Hinsicht als funktionale Äquivalente zum gewerkschaftlichen Streikrecht interpretiert werden. Ebenso wie ein Streik kann die Kooperationsverweigerung des Betriebsrats erhebliche Kosten verursachen und auf Unternehmensseite die Bereitschaft zur konsensuellen Einigung erhöhen.

3.2 Kündigungsschutz

Kündigungsschutzvorschriften erhöhen die unternehmerischen Transaktionskosten und schränken den personalpolitischen Handlungsspielraum ein (Schellhaaß/Nolte 1999). In betrieblichen Konzessionsverhandlungen stellen sie daher eine wichtige Machtressource der Arbeitnehmerseite dar (Manzini/Snower 2002: 1): Je höher die Entlasskosten, desto unbedenklicher können Konzessionsforderungen des Arbeitgeber zurückgewiesen werden.

Im deutsch-amerikanischen Vergleich bestehen auch hier bedeutsame institutionelle Unterschiede (Eger 2002; Jahn 2004). Internationale Vergleiche weisen die USA regelmäßig als das Land mit dem geringsten Kündigungsschutzniveau aus, wohingegen Deutschland zumeist einen mittleren Rangplatz einnimmt (Bertola et al. 2000; Botero et al. 2003). Der US-amerikanische Arbeitsmarkt zeichnet sich durch ein hohes Maß an externer Flexibilität bei gleichzeitig interner Rigidität aus, wohingegen dem deutschen Arbeitsmarkt ein höheres Maß an interner bei relativ geringer externer Flexibilität attestiert wird (Ganßmann/Haas 1999). Während im hochgradig „verrechtlichten“ (Keller 1999: 58) deutschen Arbeitsbeziehungssystem Kündigungsschutzvorschriften auf gesetzlicher Grundlage allgemein verbindlich sind, finden sich im voluntaristischen System der USA effektive Kündigungsschutzvorschriften lediglich auf tarifvertraglicher Basis.

18 Mit der Novellierung des Betriebsverfassungsgesetzes im Jahre 2001 wurde Beschäftigungssicherung auch explizit in den Aufgabenkanon des Betriebsrats aufgenommen, ohne allerdings mit erzwingbaren Mitbestimmungsrechten ausgestattet zu sein (§ 92a BetrVG).

3.2.1 Gesetzlicher Kündigungsschutz

In Deutschland sind ordentliche Kündigungen bei Vorliegen personen-, verhaltens- oder betriebsbedingter Gründe zulässig, wobei insbesondere betriebsbedingte Kündigungen für die Analyse von KBV von entscheidender Bedeutung sind. Danach steht es dem Arbeitgeber grundsätzlich frei, Entlassungen vorzunehmen, wenn „ein Überhang an Arbeitskräften entstanden ist, durch den das Bedürfnis zur Weiterbeschäftigung eines oder mehrerer Arbeitnehmer entfallen ist" (Jahn 2004: 182).

Während die unternehmerische Entscheidung, die zum Wegfall der Arbeitsplätze geführt hat, nicht näher begründet werden muss, ist der Arbeitgeber bei der Auswahl der zu entlassenden Mitarbeiter verpflichtet, die sozialen Gesichtspunkte Alter, Betriebszugehörigkeit, Unterhaltspflichten und Schwerbehinderung zu berücksichtigen. Durch die Sozialauswahl soll sichergestellt werden, dass die Mitarbeiter mit den höchsten Abwanderungskosten einen besonderen Schutz erfahren (Eger/Weise 2001: 57). Eine Kontrollfunktion kommt dem Betriebsrat insoweit zu, als ihm die Gründe für die Kündigung mitzuteilen sind und er vor jeder Kündigung angehört werden muss (§ 102 Abs. 1 BetrVG).

Bei Massenentlassungen hat der Betriebsrat weiterhin die Möglichkeit, die Aufstellung eines Sozialplans zu verlangen, der die wirtschaftlichen Nachteile für die betroffenen Arbeitnehmer mildert (§§ 112, 112a BetrVG). Vereinbart werden üblicherweise Abfindungszahlungen sowie Qualifizierungsmaßnahmen, die die Wiederbeschäftigungschancen erhöhen sollen.[19] Aufgrund der damit verbundenen hohen Entlasskosten sind Kündigungen zumindest bei kurzfristigem Nachfrageausfall ökonomisch unattraktiv. Viele Unternehmen sind daher daran interessiert, konjunkturelle Schwankungen durch interne Personalflexibilität auszugleichen (Grund 2003).

Ein eigenständiges Kündigungsschutzrecht ist dagegen in den USA unbekannt (Addison 1986; Eger 2002; Tödtmann/Schauer 2003). Im US-amerikanischen „Common Law"-System gilt vielmehr das „Employment at Will"-Prinzip, wonach

> „men must be left without interference to buy and sell where they please, and to discharge or retain employees at-will for good cause or for no cause, or even for bad cause without thereby guilty of an unlawful act per se." (Payne versus Western and Atlantic Railroad, 1894)

Die unternehmerische Handlungsfreiheit wird lediglich bei personen- bzw. verhaltensbedingten Kündigungen durch gesetzliche Vorgaben eingeschränkt. Grundlage hierfür sind die mit der Bürgerrechtsbewegung in den 1960er Jahren

---

19 Die durchschnittlichen Abfindungszahlungen im Rahmen von Sozialplänen liegen bei 10.175 € (Jahn 2004: 188).

eingeführten Antidiskriminierungsgesetze sowie die auf einzelstaatlicher Gesetzgebung bzw. richterlicher Rechtsfortbildung beruhenden „Wrongful Discharge"-Doktrinen (Jahn 2004; Kittner/Kohler 2002). Damit sollen Entlassungen unterbunden werden, die auf offene Diskriminierung, unternehmerische Willkür oder aber die Bestrafung von Mitarbeitern für „Whistleblowing" zurückzuführen sind.[20]

Im Bereich der Massenentlassungen legt der 1988 in Kraft getretene „Worker Adjustment and Retraining Notification Act" (WARN) einige wenige Verfahrensvorgaben fest (Addison/Blackburn 1994; Addison/Portugal 1991). Danach müssen in Betrieben mit mehr als 100 Arbeitnehmern Entlassungen mindestens 60 Tage im Voraus angekündigt werden, falls mindestens ein Drittel der Belegschaft oder aber mehr als 500 Beschäftigte hiervon betroffen sind. Anders als im Falle der deutschen Sozialpläne ist der Arbeitgeber in den USA dagegen nicht verpflichtet, finanzielle Ausgleichszahlungen zu leisten.

3.2.2 *Tarifvertraglicher Kündigungsschutz*

Tarifvertragliche Kündigungsschutzbestimmungen gehen vielfach über die rudimentären gesetzlichen Vorschriften hinaus (Addison 1986; Block 2003).[21] Meist definieren sie allerdings lediglich Verfahrensgrundsätze, um unternehmerische Willkür und die gezielte Benachteiligung von Gewerkschaftsaktivisten zu verhindern (Addison 1986: 384).[22] Von besonderer Bedeutung sind „Just Cause"-Klauseln, die vorschreiben, dass Kündigungen bei Vorliegen eines „vernünftigen und gerechten" Grundes zulässig sind. Gleichermaßen weit verbreitet sind „Outsourcing"-Beschränkungen, die systematische Fremdvergabe und damit die indirekte Umgehung des Tarifvertrages verhindern sollen. Ein funktionales Äquivalent zur deutschen Sozialauswahl stellt schließlich das im „Union"-Sektor praktisch universell angewandte Senioritätsprinzip dar, das bei Entlassungen das „Last In-First Out"-Prinzip vorschreibt (Cross 1981; Gersuny 1982). Die Stammbelegschaft mit langer Betriebszugehörigkeit wird somit systematisch bevorzugt.

Anders als in Deutschland führen Entlassungen („Temporary Layoff") im US-amerikanischen Tarifsektor nicht zwingend zur dauerhaften Auflösung des Arbeitsverhältnisses. Meist behalten die ehemaligen Beschäftigten für gewisse

---

20 Zur Anti-Diskriminierungs-Gesetzgebung und zur „Wrongful Discharge"-Doktrin vgl. Kirstein et al. 2001; Kittner/Kohler 2002; Krueger 1991.

21 Im Jahre 2002 galt in 89% der gewerkschaftlich organisierten Unternehmen neben dem Senioritätsprinzip mindestens eine weitere Tarifbestimmung zur Beschäftigungssicherung (BNA 2003: 46; vgl. auch BNA 1995; Gray et al. 1999).

22 Block stellt fest, dass „there is very little administered job protection or job security developed through the U.S. collective bargaining system" (Block 2003: 39).

Zeit ihren Anspruch auf tarifliche Sozialleistungen sowie auf Wiedereinstellung im Falle eines steigenden Personalbedarfs. Der damit geschaffene unternehmensnahe Arbeitsmarkt hat sowohl für die Arbeitgeber wie auch die Arbeitnehmer Vorteile. So erhalten sich die Unternehmen einen Pool betriebsspezifisch qualifizierter Mitarbeiter, der über die Konjunkturzyklen hinweg als personalpolitische Schwankungsreserve genutzt werden kann. Den Beschäftigten wiederum bieten die „Recall Rights" bei „normalen" Konjunkturschwankungen einen hinreichenden Schutz gegen den dauerhaften Arbeitsplatzverlust.

In der Vergangenheit konnten die Gewerkschaften in einigen wenigen stark organisierten Wirtschaftszweigen zusätzliche „Job Security Provisions" durchsetzen, die in ihrer Wirkung mitunter sogar über das gesetzliche Niveau in Deutschland hinausgehen (Block 2001: 707-710; BNA 1995: 41-47). Lediglich rund 2% der Tarifverträge sehen allerdings ein explizites Verbot betriebsbedingter Kündigungen vor (Gray et al. 1999: 37). Den umfassendsten Kündigungsschutz genießen die Beschäftigten der großen Zeitungsverlage, die ihren Mitarbeitern in den 1970er und 1980er Jahren lebenslange Beschäftigung zusicherten um im Gegenzug freie Hand im Rationalisierungsprozess zu haben (Stanger 2002: 199-202).

Die Beschäftigungssicherungsprogramme in der Automobilindustrie haben den langfristigen Erhalt der Tarifarbeitsplätze bei den inländischen Fahrzeugherstellern zum Ziel (Block 2003: 39; Katz et al. 2002: 72-76). Die Tarifverträge schreiben seit Anfang der 1990er Jahre verbindliche Beschäftigungsziele auf Werksebene fest. Werden die tariflichen Mindestbeschäftigungszahlen („Secured Employment Levels") unterschritten, so sind die Unternehmen zu Neueinstellungen verpflichtet. Damit soll die langfristige Erosion der gewerkschaftlichen Mitgliederbasis wenn nicht gestoppt, so doch wenigstens in ihrem Ausmaß und ihrer Geschwindigkeit kontrolliert werden.

Im Rahmen der ebenfalls in der Automobilindustrie vereinbarten „Employment Security Systems" sind freigesetzte Mitarbeiter berechtigt, bei Fortzahlung der vollen Bezüge beschäftigt bzw. weitergebildet zu werden. Vorläufer dieser Regelung sind die erstmals 1984 eingeführten „Jobs Banks", die ähnlich wie deutsche Beschäftigungsgesellschaften den internen Personalaustausch organisieren sollen (Hansen 1984). In der Tarifrunde 1999 wurden schließlich verbindliche Standortgarantien und der Verzicht auf Werksschließungen („Plant Closing Moratorium") vereinbart. Angesichts enormer Überkapazitäten und akuter Absatzschwierigkeiten wurden diese Standortgarantien allerdings bereits im Jahre 2003 wieder deutlich eingeschränkt (McAllinden 2004).

Weitreichende Kündigungsschutzbestimmungen finden sich ebenso in der Stahlindustrie (Rubinstein 2003: 119-122). Die erstmals 1993 in den so genannten „Cooperative Partnership Agreements" vereinbarten „Employment Security Plans" sichern allen Beschäftigten mit mindestens zweijähriger Betriebszugehörigkeit eine garantierte Mindestbeschäftigung von 40 Wochenstunden zu (Arthur/Smith 1994; Mangum/McNabb 1997: 133-144). Der Schutz vor Kündigungen und Arbeitszeitverkürzungen greift auch bei Nachfrageausfällen und kann lediglich in existenzbedrohenden Unternehmenskrisen mit Zustimmung der Gewerkschaft außer Kraft gesetzt werden. Zusätzlich enthalten viele Tarifverträge in der Stahlindustrie seit den 1990er Jahren verbindliche Investitionszusagen, mit denen der technologische Rückstand gegenüber den tariffreien Wettbewerbern verringert und die Arbeitsplätze dauerhaft gesichert werden sollen.

Anders als in Deutschland werden in den USA tarifliche Beschäftigungsklauseln weniger in Unternehmenskrisen zur Abwendung eines drohenden Beschäftigungsabbaus als vielmehr parallel zu Einkommenssteigerungen als Bestandteil „normaler" Tarifrunden vereinbart. Unternehmen akzeptieren die geforderten „Job Security Provisions" zumeist dann, wenn angesichts stabiler Konjunkturaussichten die Beschäftigungsgarantien leicht zu erfüllen und die Kosten eines Arbeitskampfes vergleichsweise hoch sind. Trübt sich dagegen die konjunkturelle Situation ein, werden in den USA die tariflichen Beschäftigungsklauseln häufig wieder zur Disposition gestellt (vgl. Kapitel 5).

3.3 Soziale Sicherung

Während Kündigungsvorschriften die unternehmerischen Entlasskosten beeinflussen, hängt das Lohnersatzeinkommen der Arbeitnehmer von der Ausgestaltung der sozialen Sicherungssysteme ab. In der international vergleichenden Sozialstaatsforschung werden Deutschland und die USA zwei unterschiedlichen Wohlfahrtsstaatstypen zugeordnet (Castles/Mitchell 1993; Esping-Andersen 1990). Während Deutschland in der klassischen Terminologie von Esping-Andersen als korporatistisch geprägter „konservativer" Wohlfahrtsstaat gilt, stellen die USA das nahezu idealtypische Beispiel eines „liberalen" Wohlfahrtsstaates dar.

Bereits Ende des 19. Jahrhunderts wurden in Deutschland die Grundlagen für ein staatliches Sozialversicherungssystem zur Absicherung gegen die Risiken Krankheit, Unfall und Alter etabliert und nach dem Zweiten Weltkrieg hinsichtlich des Leistungsumfangs deutlich ausgeweitet (Kaufmann 2001; Schmid 2002: 105-116). Demgegenüber sind die sozialen Sicherungssysteme in den USA allenfalls rudimentär ausgebaut und überwiegend marktförmig organisiert (Seeleib-Kaiser 2000). Im Gegensatz zu Deutschland ist somit der Zugang zu und der Umfang an sozialer Sicherheit im „marktfreundlichen US-amerikanischen Sozialstaat" (Piven 1999) weitaus ungleicher verteilt.[23]

---

23 Für eine Überblick über die staatlichen Sozialversicherungssysteme in Deutschland und den USA vgl. Social Security Administration 2003; Social Security Administration 2004.

3.3.1 Soziale Absicherung bei Arbeitslosigkeit

Sowohl hinsichtlich der Zugangsvoraussetzungen wie auch der Höhe der Lohnersatzleistungen ist das deutsche Arbeitslosenversicherungssystem nach wie vor wesentlich großzügiger als das US-amerikanische (Schmid/Reissert 1996).[24] Abhängig von der Zahl der Beitragsmonate und dem Lebensalter werden in Deutschland maximal 67% (mit Kind) bzw. 60% (ohne Kind) des früheren Nettoentgelts bis zu einer Dauer von maximal 32 Monaten gezahlt. Im Falle der Bedürftigkeit besteht auch nach Auslaufen des Arbeitslosengeldes der zeitlich unbeschränkte Anspruch auf Arbeitslosenhilfe bzw. Arbeitslosengeld II.

In den USA liegt dagegen die Lohnersatzrate bei lediglich rund 50%. Auch sind die Leistungen auf maximal sechs Monaten begrenzt und können lediglich bei außergewöhnlich hoher Arbeitslosigkeit um weitere dreizehn Wochen verlängert werden (Werner/Winkler 2003).[25] Die Beschäftigten sind somit deutlich schlechter gegen die finanziellen Folgen der Arbeitslosigkeit abgesichert als in Deutschland (Gangl 2003: 84). Insbesondere im Tarifsektor werden allerdings die staatlichen Lohnersatzleistungen mitunter deutlich aufgestockt (BNA 1995: 44-47). Diese „Supplemental Unemployment Benefits" (SUB) können einen Großteil der Einkommensverluste ausgleichen, so dass zumindest im Falle des lediglich vorübergehenden Arbeitsplatzverlustes („Temporary Layoff") nicht pauschal davon auszugehen ist, dass Tarifbeschäftigten durch Arbeitslosigkeit in den USA umfangreichere Einkommenseinbußen entstehen als in Deutschland.

Ebenso wie in Deutschland lassen auch in den USA einzelne Bundesstaaten Kurzarbeit zu, mit der temporäre Nachfrageausfälle ausgeglichen und Entlassungen vermieden werden sollen (Mosley/Kruppe 1996). Vorläufer war das erstmals 1978 in Kalifornien eingeführte „Worksharing"-Programm, das zwischenzeitlich in 17 weiteren Bundesstaaten angewandt wird (Best 1988; Department of Labor 2005; Mesa 1984). Nach wie vor machen allerdings lediglich wenige Unternehmen hiervon Gebrauch (Abraham/Houseman 1993; Walsh et al. 1997). Während in Deutschland Kurzarbeit seit den 1970er Jahren zur Überbrückung konjunktureller Schwankungen und ab Anfang der 1990er Jahre insbesondere zur sozialen Abfederung des vereinigungsbedingten Strukturwandels umfassend genutzt wurde (Linke 1993: 81-103), nehmen in den USA jährlich weniger als 1% der Betriebe Kurzarbeitergeld in Anspruch (Walsh et al. 1997: i).

Houseman und Abraham führen die geringe Inanspruchnahme der staatlich geförderten Kurzarbeit darauf zurück, dass „in the United States the structure of

---

24 Die Darstellung bezieht sich auf den Stand 2003. Zu den nachfolgenden Reformen vgl. Steffen 2005.

25 Bei der Möglichkeit zur Leistungsverlängerung bestehen in den USA große regionale Unterschiede vgl. Department of Labor 2005; Glismann/Schrader 2001.

the UI system encourages the use of temporary layoffs rather than short-time work during downturns in demand" (Houseman/Abraham 1995: 299). Die Kosten der betrieblichen Sozialleistungen haben in den USA überwiegend Fixkostencharakter und variieren nicht mit der Arbeitszeit, so dass sich durch Kurzarbeit die Lohnstückkosten erhöhen. Auch die Gewerkschaften sprechen sich meist gegen Kurzarbeit aus, da die solidarische Arbeitszeitverkürzung nicht im Interesse der geschützten „Senior Workers" liegt. Obwohl bereits Mitte der 1990er Jahre immerhin 17% der Tarifverträge „Worksharing" zuließen, setzen die Gewerkschaften bei Nachfrageausfällen nach wie vor überwiegend auf „Temporary Layoffs" bzw. Frühpensionierungen anstelle interner Arbeitsumverteilung (Kassalow 1984: 63; Mosley/Kruppe 1996: 600).

3.3.2 Soziale Absicherung im Alter

Auch die Altersvorsorge ist in den USA im Unterschied zu Deutschland weitaus stärker marktförmig organisiert. Die staatliche Altersvorsorge („Social Security") als Äquivalent zur gesetzlichen Rentenversicherung in Deutschland stellt lediglich eine Grundsicherung dar (Seeleib-Kaiser 2002). Der betrieblichen Säule kommt damit in den USA entscheidende Bedeutung zu, wobei die Leistungen im Tarifsektor sowohl quantitativ als auch qualitativ deutlich umfangreicher sind als in den tariffreien Betrieben (vgl. Tabelle 5).[26]

Tab. 5: Betriebliche Sozialleistungen in den USA, 2004

	Tarifsektor	Tariffreier Sektor
Krankenversicherung		
– Verbreitung (für aktive Beschäftigte)1)	84%	62%
– Verbreitung (für Pensionäre)1)	77%	60%
– Kosten pro Arbeitsstunde	3,01$	1,31$
Pensionszusagen		
– Verbreitung (gesamt)1)	81%	47%
– Verbreitung („Defined Benefit")1)	69%	15%
– Verbreitung („Defined Contribution")1)	42%	42%
– Kosten pro Arbeitsstunde	1,80$	0,57$

1) In % aller Beschäftigten

Quelle: BLS Employee Benefits Survey

26 Zur Reichweite und Entwicklung betrieblicher Sozialleistungen in den USA vgl. EBRI 2003a; EBRI 2003b; Wiatrowski 2004. Zu den Leistungsunterschieden zwischen „Union"- und „Non-Union"-Sektor vgl. Buchmueller et al. 2005; Budd 2004.

Im internationalen Vergleich existieren große Unterschiede hinsichtlich der Möglichkeit eines vorzeitigen Ausscheidens aus dem Erwerbsleben (Casey 1996). Während die deutschen Betriebspartner in den 1980er und 1990er Jahren auf ein umfangreiches Instrumentarium an attraktiven Frühverrentungsoptionen zurückgreifen konnten (Vorruhestandsgeld, Altersrente wegen Arbeitslosigkeit, Altersübergangsgeld, Altersteilzeit), existieren vergleichbare staatlich geförderte Programme in den USA nicht (Latulippe/Turner 2000; Mares 2001). Zwar haben auf tariflicher Basis viele US-amerikanische Unternehmen ebenfalls Frühverrentungsprogramme eingeführt (BNA 1995: 29-30; Mitchell/Luzadis 1988; Sheppard 1991); die so genannten „Early Retirement Incentive Programs“ werden allerdings überwiegend von den Unternehmen selbst finanziert und tragen damit anders als in Deutschland nicht dazu bei, die Kosten des Beschäftigungsabbaus auf die staatlichen Sicherungssysteme zu externalisieren (Streeck 2001a).

3.3.3 Soziale Absicherung bei Krankheit

Im Gegensatz zu Deutschland existiert in den USA kein universelles staatliches Krankenversicherungssystem. Krankenversicherungsschutz als betriebliche Sozialleistung ist vielmehr unmittelbar an den Arbeitsplatz gekoppelt (Buckley/Van Giezen 2004: 51). Der Verlust des Arbeitsplatzes führt damit regelmäßig auch zum Verlust des Krankenversicherungsschutzes und belastet insbesondere Beschäftigte mit Familienangehörigen ohne eigenständigen Versicherungsschutz erheblich (Financial Times Deutschland, 28.10.2003). Damit gilt, dass „health insurance is an important factor in almost every labor market decision made by individuals“ (Madrian 2006: 27).

Ebenso wie alle übrigen Sozialleistungen ist auch der Krankenversicherungsschutz in gewerkschaftlich organisierten Unternehmen wesentlich umfangreicher als im tariffreien Sektor. So sind in tariffreien Unternehmen Familienangehörige seltener mitversichert, der Eigenbeitrag der Arbeitnehmer ist meist höher und der Leistungskatalog stärker eingeschränkt (Buchmueller et al. 2002). Unter Opportunitätskostenüberlegungen sind daher Tarifbeschäftigte in den USA insbesondere dann zu umfangreichen Lohnzugeständnissen bereit, wenn im Falle des Arbeitsplatzverlustes eine spätere Rückkehr an den angestammten Arbeitsplatz im Unternehmen unwahrscheinlich und auch eine Alternativbeschäftigung mit vergleichbaren Sozialleistungen nicht verfügbar ist (Buchmueller/Valletta 1996).

4. Konzessionäre Beschäftigungsvereinbarungen in Deutschland

Als qualitativ neuartige Regelungsinstrumente sind konzessionäre Beschäftigungsvereinbarungen sichtbares Ergebnis tief greifender Veränderungsprozesse im deutschen Arbeitsbeziehungssystem. Zwar waren bereits seit den späten 1960er Jahren so genannte „Rationalisierungsschutzabkommen" zur sozialen Abfederung des technologischen Wandels vereinbart worden (Blenk 1989). Anders als die Konzessionsvereinbarungen der 1990er Jahre sahen diese allerdings weniger Zugeständnisse der Beschäftigten als vielmehr weitreichende Besitzstandsgarantien der Arbeitgeber vor. Auch boten Rationalisierungsschutzabkommen lediglich einen Schutz vor den Folgen des technologischen Wandels, nicht jedoch gegen konjunkturelle Nachfrageausfälle. Vielmehr hatten sie die Funktion, die Kooperation der Mitarbeiter bei der Einführung arbeitssparender Technologien sicherzustellen.

Qualitativ neue Beschäftigungsvereinbarungen wie etwa bei der Volkswagen AG und der Lufthansa AG wurden in der ersten Hälfte der 1990er Jahre zunächst noch als befristete Ausnahmeerscheinungen interpretiert und auf die außergewöhnlichen branchen- bzw. unternehmensspezifischen Problemkonstellationen zurückgeführt. Entgegen der anfänglichen Erwartung, dass „dieses neue Instrument [...] auch in prekären Beschäftigungssituationen weiterhin zur Ausnahme und nicht zur Regel betrieblicher Beschäftigungspolitik gehören." (Rosdücher 1997: 257) dürfte, haben betriebliche „Bündnisse für Arbeit" als deutsche Variante konzessionärer Beschäftigungsvereinbarungen in der zweiten Hälfte der 1990er Jahre deutlich an Bedeutung gewonnen (Ackermann/Vollmer 1999; Berthold et al. 2003b; Rehder 2003a) und sich von einem „Notnagel" (Süddeutsche Zeitung, 04.09.2005) für Krisenbetriebe zur „regelungspolitischen Normalität" entwickelt (Mauer/Seifert 2001).

Auslöser sind vielfach ungünstige ökonomische Rahmendaten und die Verschärfung der Wettbewerbsbedingungen (Abschnitt 4.1). Auch vormals sicher geglaubte Arbeitsplätze sind nunmehr gefährdet und machen Beschäftigungssicherung zum wichtigsten Thema auf betrieblicher Ebene.[1] Erst die Neujustierung des arbeitsteiligen Verhältnisses zwischen tariflicher und betrieblicher Interessenvertretung hat allerdings die institutionellen Voraussetzungen dafür geschaffen, dass ebenso wie in den USA betriebliche Konzessionsvereinbarungen in größerem Umfang möglich wurden. In Abschnitt 4.2 wird gezeigt, wie mit

1 Anfang 2005 gaben 59% der Betriebsräte an, dass Beschäftigungssicherung der wichtigste Bereich ihrer Arbeit sei (Schäfer 2005: 296). Zugleich vertraten 93% der Betriebsräte die Meinung, dass beim Thema Beschäftigungssicherung großer tarifpolitischer Handlungsbedarf bestehe (Bispinck 2005: 306).

der Ausweitung tariflicher Öffnungsklauseln zentrale tarifpolitische Entscheidungskompetenzen von der Branchen- auf die Unternehmensebene verlagert und der materielle Gestaltungsspielraum auf betrieblicher Ebene sukzessive erweitert wurde. Inwieweit die Betriebsparteien diese Kompetenzerweiterung auch tatsächlich zur Vereinbarung konzessionärer Beschäftigungsvereinbarungen nutzen, wird auf Basis einer Betriebsrätebefragung in Abschnitt 4.3 analysiert. Die Frage nach der Situation in tarif- bzw. betriebsratsfreien Unternehmen, in denen die institutionellen Voraussetzungen für den Abschluss von Kollektivvereinbarungen fehlen, wird in Abschnitt 4.4 aufgegriffen.

4.1 Auslösende Faktoren

Mehrere parallel verlaufende und sich verstärkende Entwicklungsprozesse werden in der einschlägigen Literatur für die zunehmende Verbreitung betrieblicher Konzessionsvereinbarungen im deutschen Arbeitsbeziehungssystem verantwortlich gemacht (vgl. Grahl/Teague 2004; Hassel/Schulten 1998; Rehder 2003a; Schmierl 2003; Streeck 1997b; Streeck/Hassel 2003; Tüselmann/Heise 2000). Die folgende Diskussion macht deutlich, dass die unterschiedlichen Faktoren nicht für alle Branchen und Beschäftigtengruppen gleichermaßen von Bedeutung sind. Erst in ihrer Summe können sie die in der letzten Dekade sich beschleunigenden Dezentralisierungs- und Differenzierungsprozesse hinreichend erklären.

Globalisierung/Internationalisierung

Mit dem Ende des Systemkonflikts und dem sukzessiven Abbau von Handels- und Investitionsbeschränkungen hat die Internationalisierung deutscher Unternehmen in den 1990er Jahren eine neue Qualität erreicht. Die Erschließung bisheriger Schwellenländer nicht nur als Rohstoff- und Absatzmärkte sondern auch als Produktionsstandorte hat die unternehmerischen Optionen zur Verfolgung international diversifizierter Produktionsstrategien erweitert. Daten zur Auslandsaktivität deutscher Unternehmen belegen diesen Internationalisierungstrend. Lag der Bestand deutscher Direktinvestitionen im Ausland im Jahre 1989 noch bei 114 Mrd. €, so stieg er preisbereinigt auf 529 Mrd. € im Jahre 2001 an. Die ausländische Beschäftigtenzahl deutscher Unternehmen hat sich im selben Zeitraum von 2,2 Mio. auf 4,5 Mio. mehr als verdoppelt (Becker et al. 2005: 25).

Beschäftigungspolitisch ist diese Entwicklungsdynamik durchaus ambivalent zu bewerten (Davidson/Matusz 2004; Henneberger/Graf 1996; Tüselmann 1998). Auslandsaktivitäten, die der Umgehung von Handelsschranken oder der Markterschließung durch den Aufbau von Vertriebs- und Servicenetzen dienen, gefährden in aller Regel nicht die inländischen Arbeitsplätze und können im Gegenteil zu einem Beschäftigungsaufbau beitragen. Die überwiegende Mehrheit der neueren Unternehmensbefragungen kommt denn auch zu dem Ergebnis, dass das Ziel der Markterschließung gegenüber Arbeitskostenmotiven dominiert und das Auslandsengagement deutscher Unternehmen per Saldo zur Arbeitsplatzsicherung im Inland beigetragen hat (für eine umfangreiche Metaanalyse vgl. Pull 2003: 32-39).[2]

Gleichwohl hat sich in den 1990er Jahren die Struktur des internationalen Anlageportfolios deutlich verändert. Nicht nur in den osteuropäischen EU-Mitgliedsländer bieten signifikante Lohnkostenvorteile, attraktive Unternehmenssteuersätze und liberale Regulierungsvorschriften starke Anreize, insbesondere arbeitsintensive Produktionsumfänge dorthin zu verlagern (Becker et al. 2005: 30-31). Hielten sich viele deutsche Unternehmen aufgrund der anfänglichen Rechtsunsicherheit und ungewissen politischen Stabilität bis Mitte der 1990er Jahre mit Investitionen noch zurück,[3] so haben die Angleichungsprozesse im Zuge der EU-Osterweiterung die Bedenken zwischenzeitlich deutlich relativiert und dem Aufbau transnationaler Wertschöpfungsketten zusätzlichen Schub verliehen (DIHK 2003; DIHK 2005; Grömling 2004). Gemessen am Bestand ausländischer Direktinvestitionen wie auch der Beschäftigung hat sich der Anteil Osteuropas am gesamten Auslandsportfolio deutscher Unternehmen überproportional erhöht (Becker et al. 2005: 25-26). Gegenüber Alternativstandorten in Übersee verfügen die osteuropäischen Standorte nicht nur über gut ausgebildete Fachkräfte. Die geographische Nähe lässt darüber hinaus auch anspruchsvolle „Just-in-Time"-Konzepte und damit die nahtlose Integration der ausländischen Tochterunternehmen in die unternehmerische Wertschöpfungskette zu.

Auch bei kostenorientierten Auslandsinvestitionen sind allerdings nicht alle Beschäftigtengruppen in Deutschland gleichermaßen bedroht. Vielfach können mit der Verlagerung arbeitsintensiver Massenfertigung qualifizierte Arbeitsplätze im Inland erst erhalten werden (Hüther 2005: 9-13). Während durch die internationale Arbeitsteilung Beschäftigung in Bereichen wie Forschung und Entwicklung, Marketing sowie der strategischen Unternehmenssteuerung gesichert wird, geraten insbesondere produktionsnahe Arbeitsplätze in Gefahr.

Doch nicht erst die faktische Verlagerung, sondern bereits die „strategische Option" (Dörre 1997) hierzu ist für die Durchsetzung von Konzessionen von entscheidender Bedeutung. So setzen

2 Zur Bedeutung des Faktors Arbeit in der internationalen Standortentscheidung vgl. Götze 2003.

3 Zur Bedeutung von Rechtssicherheit und der Sicherstellung von „Property Rights" bei ausländischen Direktinvestitionen vgl. Markusen 2001; Schmidt/Maßmann 1999.

> „internationale Schlüsselunternehmen [...] ihre aus dem erweiterten Mobilitätsdifferential resultierende Verhandlungsmacht mehr oder minder gezielt ein, um Produktivitäts- und Verteilungskoalitionen an der heimischen Operationsbasis zu beeinflussen." (Dörre 1998: 121)

Entsprechende Aushandlungsprozesse, bei denen der inländische Beschäftigungserhalt von weiteren Kostensenkungen abhängig gemacht wird, finden bei anstehenden Modellwechseln in der Automobilindustrie bereits seit vielen Jahren routinemäßig statt (Haipeter/Lehndorff 2005; Kädtler/Sperling 2002; Zagelmeyer 2001). In den 1990er Jahren hat sich dieser „Investitionswettbewerb" (Rehder 2005) mit der fortschreitenden Internationalisierung im gesamten verarbeitenden Gewerbe fest etabliert.

Kapitalmarkt

Bis weit in die 1990er Jahre hinein war die „Deutschland AG" charakterisiert durch wechselseitige Personen- und Kapitalverflechtungen und die strategische Einbindung der Banken und Versicherungen in die Unternehmenskontrolle und -finanzierung. Als langfristig orientierte Kapitalgeber waren diese weniger an kurzfristiger Renditemaximierung, als vielmehr an der dauerhaften Steigerung des Unternehmenswertes interessiert.

Mit der Liberalisierung des internationalen Kapitalmarktes (Simmons 1999) lösten sich ab Mitte der 1990er Jahre diese Unternehmensverflechtungen schrittweise auf und ein „Markt für Unternehmenskontrolle" (Höpner/Jackson 2001) entstand. Finanzinstitute zogen sich aus den vormals strategisch begründeten Unternehmensbeteiligungen zurück und wandten sich dem renditeträchtigeren Investmentbanking zu. In dem Maße, wie langfristig orientierte Investoren an Bedeutung verloren und kurzfristige institutionelle Anleger wie Aktien- und Pensionsfonds an Einfluss gewannen, rückte das Ziel der kurzfristigen Ertragssteigerung in den Mittelpunkt der Unternehmensstrategie. Die anspruchsvolleren Anteilseigner üben nun über die Exit-Drohung „Kapitalentzug" Druck auf das Management aus, die Kostenstruktur zu optimieren und die auf dem internationalen Kapitalmarkt üblichen Renditen zu erwirtschaften (Urban 2005: 46).

Gleichzeitig schwächt der graduelle Übergang vom „Stakeholder"- zum „Shareholder"-Kapitalismus die Einflussmöglichkeiten der Arbeitnehmervertreter, da das Management nicht mehr als weitgehend autonom agierender Prinzipal, sondern als von Marktimperativen gesteuerter Agent volatiler Kapitalgeber wahrgenommen wird. Konzessionsvereinbarungen dienen so nicht mehr allein der Überwindung akuter Unternehmenskrisen, sondern vielmehr der kontinuierlichen Ertragssteigerung angesichts gestiegener Renditeerwartungen (vgl. Beyer 2003a; Beyer/Höpner 2003; Höpner 2003; Jürgens et al. 2000; Kädtler/Sperling 2003; Lane 2005; Vitols 2003; Zugehör 2003).

Wiedervereinigung/Ostdeutschland

Mit der Wiedervereinigung wurden die etablierten Strukturen des westdeutschen Arbeitsbeziehungssystems nahezu identisch auf die neuen Bundesländer übertragen (Artus 1996; Henneberger 1993; Schroeder 2000). Ziel des von den westdeutschen Akteuren initiierten „Institutionentransfers" (Lehmbruch 1996) war es, möglichst kurzfristig eine spürbare Angleichung der Lebensverhältnisse herbeizuführen. Damit sollte sowohl der drohende massenhafte Exodus qualifizierter Arbeitskräfte aus Ostdeutschland als auch das Entstehen einer inländischen Niedriglohnkonkurrenz verhindert werden.

Das Tempo des Transformationsprozesses überforderte allerdings viele der ohnehin bereits angeschlagenen Betriebe. Auch wenn die Tarifangleichung nach der Kündigung des Stufenvertrages in der Metallindustrie 1993 zeitlich gestreckt wurde, stiegen doch die ostdeutschen Einkommen weit stärker als die Produktivität (Bellmann/Brussig 1998). Lag im Jahre 2004 das ostdeutsche Pro-Kopf-Einkommen bereits bei 82% des Westniveaus, so erreichte die reale Wirtschaftsleistung immer noch lediglich 64% des westdeutschen Referenzwertes (Heilemann 2005: 505).

Mit der Währungsaufwertung verloren weite Teile der DDR-Wirtschaft ihre internationale Konkurrenzfähigkeit, so dass ein Großteil der osteuropäischen Absatzmärkte wegbrach und die industriellen Zentren Ostdeutschlands ihre Zukunftsperspektiven verloren. Allein in den ehemaligen Treuhandunternehmen wurden bis 1995 rund 3 Mio. Arbeitsplätze abgebaut (Wahse et al. 1996: 109). Während in einigen Branchen die anfänglichen Arbeitsplatzverluste zunächst durch Neugründungen kompensiert werden konnten, gingen im Produzierenden Gewerbe zwischen 1991 und 1995 eine Million Arbeitsplätze und damit die Hälfte der ursprünglichen Beschäftigung dauerhaft verloren (Lehmann 1996: 584).

Trotz umfangreicher Programme zur regionalen Wirtschaftsförderung ist die industrielle Basis in Ostdeutschland nach wie vor nur schwach entwickelt. Zwar existieren vereinzelt durchaus hochproduktive und -profitable Betriebe wie etwa in der Automobil-, Solar- und Optikindustrie. Bei diesen handelt es sich allerdings „gleichsam um ‚Produktivitätsinseln' in der Wüste der Deindustrialisierung und mangelnder Wettbewerbsfähigkeit" (Artus et al. 2000: 36), die keinen Ersatz für den massenhaften Wegfall der Industriebeschäftigung darstellen. In Ostdeutschland zeigt sich damit in weitaus stärkerem Maße als in Westdeutschland „die Verfestigung eines Segments instabiler und prekärer Beschäftigungsverhältnisse sowie eines dauerhaften Segments von Arbeitslosigkeit Betroffener" (Lohr 2004: 244). Fehlende Beschäftigungsalternativen lassen „Überlebenspakte und Notgemeinschaften" zwischen Betriebsrat und Management mit ausgeprägt kooperativ-konsensuellen Beziehungsmustern entstehen (Lohr/Schmidt 1997). Die zumeist geringe Bindung der Betriebsräte an die Gewerkschaften trägt mit dazu bei, dass vielfach in ostdeutschen Betrieben nicht erst bei akuter Arbeitsplatzgefährdung umfangreiche Zugeständnisse auch jenseits des tarifvertraglich sanktionierten Flexibilitätsspielraums akzeptiert werden (Schmidt et al. 2003).

Liberalisierung und Privatisierung

Die Liberalisierung und Privatisierung vormals kartellierter Märkte hat in den 1990er Jahren den (Kosten-)Wettbewerb in zentralen Infrastrukturbranchen deutlich erhöht bzw. vielfach überhaupt erst geschaffen. Neben der Energieversorgung waren die Bereiche Post und Telekommunikation sowie der Schienenverkehr hiervon betroffen. Bundespost und Bundesbahn wurden unter betriebswirtschaftlichen Gesichtspunkten umstrukturiert, in Kapitalgesellschaften umgewandelt und im Falle von Post und Telekommunikation bereits schrittweise privatisiert. Mit der Zulassung privater Wettbewerber ließen sich die bisherigen Monopolpreise nicht länger aufrechterhalten, so dass deutliche Kosteneinsparungen notwendig wurden. Durch die Rekrutierung des neuen Führungspersonals aus Industrieunternehmen wurden die dort bereits erprobten Kostensenkungsstrategien auch in den ehemaligen Staatsunternehmen nachgeahmt (Rehder 2003a: 147-148).

Strukturelle Personalüberhänge, die durch Produktivitätssteigerungen und den Rückzug aus einzelnen Geschäftsbereichen entstanden waren, machten umfangreichen Beschäftigungsabbau unumgänglich. Während bei der Deutschen Telekom seit Anfang 1995 rund 110.000 der ursprünglich 230.000 inländischen Arbeitsplätze abgebaut wurden, sind bei der Deutschen Bahn seit Beginn der Bahnreform im Jahre 1994 rund 150.000 der 343.000 Stellen weggefallen. Auch bei der Deutschen Post ging die Zahl der inländischen Beschäftigten im gleichen Zeitraum von 260.000 auf rund 160.000 zurück (Frankfurter Allgemeine Zeitung, 22.04.2005).

Ein Beschäftigungsabbau dieser Größenordnung konnte nicht allein durch Fluktuation und Vorruhestandsprogramme bewerkstelligt werden. Zusätzlich schränkte der hohe Beamtenanteil den personalpolitischen Handlungsspielraum stark ein. Gleichzeitig sollten im Interesse des staatlichen Hauptaktionärs betriebsbedingte Massenentlassungen unter allen Umständen vermieden werden. Um einerseits den strategischen Restrukturierungsprozess zu forcieren, andererseits aber den Personalabbau weitgehend sozialverträglich abzufedern wurden daher wiederholt langfristige Beschäftigungsvereinbarungen abgeschlossen (Rehder 2003a). Neben Vorruhestandsregelungen wurden insbesondere Transfer- bzw. interne Vermittlungsgesellschaften eingerichtet, die systematische Umsetzungen zwischen Bereichen mit unterschiedlichen Personalbedarfen organisieren und externe Beschäftigungsalternativen erschließen sollen.

Arbeitsmarkt: Massenarbeitslosigkeit und Beschäftigungswandel

Arbeitslosigkeit wurde bis Anfang der 1970er Jahre als Problem der Vergangenheit angesehen, das im Zuge der rasanten wirtschaftlichen Entwicklung während der Nachkriegszeit nachhaltig überwunden zu sein schien.[4] Problematisch war lange Zeit nicht ein Nachfrage- sondern vielmehr ein Angebotsdefizit. Mit Beginn der ersten Ölpreiskrise 1974 folgte allerdings das Erwachen aus dem „kurzen Traum immerwährender Prosperität" (Lutz 1984). Der deutsche Arbeitsmarkt ist seitdem durch eine hysteretische Zunahme der Sockelarbeitslosigkeit gekennzeichnet, die über die Konjunkturzyklen hinweg stetig anwuchs (vgl. Abb. 2).[5]

Abb. 2: Arbeitslosigkeit in Deutschland

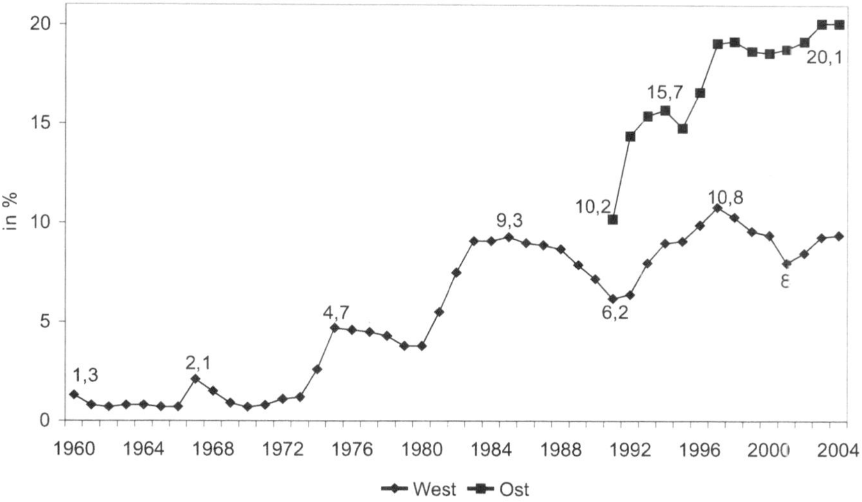

Quelle: Statistisches Bundesamt, Lange Reihe „Registrierte Arbeitslose, Arbeitslosenquote"

Weiter verschärft hat sich die Arbeitsmarktlage mit der Wiedervereinigung. Nach der vereinigungsbedingten Sonderkonjunktur, die in erster Linie dem westdeutschen Arbeitsmarkt zugute kam, wurde im Jahre 1997 mit einer Arbeitslosenquote von 10,8% in Westdeutschland ein Höchststand in der Nachkriegsgeschichte erreicht. Während zwischenzeitlich die Arbeitslosigkeit in Westdeutschland leicht zurückging, hat sich der ansteigende Trend in Ostdeutschland ungebrochen fortgesetzt. Insbesondere Ältere und Geringqualifizierte haben ange-

4 Für einen historischen Überblick vgl. Promberger 2002: 24-37.

5 Zum Konzept der Hysteresis in der Arbeitsmarkttheorie vgl. Wagner/Jahn 2004: 58-61.

sichts des Überangebots am Arbeitsmarkt und gestiegener Qualifikationsanforderungen nur sehr geringe Wiederbeschäftigungschancen, so dass der Anteil der Langzeitarbeitslosen in dieser Personengruppe deutlich zugenommen hat (Allmendinger et al. 2005: 18-19). Die strukturell verfestigte Massenarbeitslosigkeit setzt „den Mechanismus der Reservearmee in Kraft und schränkt durch die Verschärfung der Konkurrenzbedingungen auf den Arbeitsmärkten die Verhandlungsposition der Gewerkschaften in Betrieb und Gesellschaft“ (Urban 2005: 46) ein.

Ausschlaggebend für die zunehmende Konzessionsbereitschaft der Beschäftigten ist die Tatsache, dass angesichts betrieblicher Restrukturierungs- und Internationalisierungsprozesse und der stärkeren Fokussierung auf das strategische Kerngeschäft die „Zone unsicherer Beschäftigungsverhältnisse“ (Dörre 2005: 254) wächst und die bislang weitgehend geschützten „Systemregulierer“ (Schumann et al. 1994) nun ebenso bedroht sind wie die traditionell als „Rationalisierungsverlierer“ (Kern/Schumann 1984) identifizierten Geringqualifizierten.

Der beschleunigte Strukturwandel erzwingt insbesondere im industriellen Sektor ein höheres Maß an beruflicher Mobilität. Branchenspezifisches Humankapital wird vielfach entwertet, während gleichzeitig die Qualifikationsanforderungen in den expandierenden tertiären Wirtschaftszweigen zunehmen (Reinberg/Hummel 2002b).

In der Arbeitsmarktforschung ist allerdings nach wie vor unklar, inwieweit sich Beschäftigungsstabilität und -sicherheit in den 1990er Jahren tatsächlich gewandelt haben und welche Auswirkungen sich hieraus für die Beschäftigten ergeben. Längsschnittsstudien deuten darauf hin, dass ein grundlegender Strukturwandel auf dem deutschen Arbeitsmarkt nicht erkennbar ist. Bis Mitte der 1990er Jahre haben weder die Beschäftigungsstabilität dramatisch ab- noch das Ausmaß unfreiwilliger Beschäftigungswechsel deutlich zugenommen (Erlinghagen 2005; Erlinghagen/Knuth 2004: 27-30; Winkelmann/Zimmermann 1998). Andere Studien weisen jedoch nach, dass diese Einschätzung in der zweiten Hälfte der 1990er Jahre nicht mehr uneingeschränkt zu gelten scheint. Für den Zeitraum ab 1998 finden etwa Diewald und Sill eine deutliche Zunahme der zwischenbetrieblichen Mobilität. Mit Blick auf die individuellen Folgen des Beschäftigungsverlustes kommen sie zu dem Ergebnis, „dass sich die Risiken der externen Flexibilisierung in Form von Arbeitslosigkeit [...] und Abstiegen signifikant erhöht haben“ (Diewald/Sill 2004: 53).

Auch Grotheer und Struck belegen eine „stetige Erosion stabiler und sicherer Beschäftigung“ (Grotheer/Struck 2003: 318). Ein hohes Maß an Frühfluktuation deutet zudem auf Eingliederungsschwierigkeiten und die abnehmende Normalität stabiler Beschäftigungsverhältnisse hin. Zwar ist es angesichts des derzeitigen Umfangs atypischer Beschäftigungsformen (noch) verfrüht vom „Normalarbeitsverhältnis“ (Mückenberger 1985) als einem „Auslaufmodell“ (Hoffmann/Walwei 1998) zu sprechen (Oschmiansky/Oschmiansky 2003; Schäfer 2001). Aus Sicht der Beschäftigten sind jedoch weniger die absoluten Bestands- als vielmehr die Stromgrößen von entscheidender Bedeutung.[6] Betriebliche „Ports of Entry“ werden für externe Arbeitskräfte vielfach nur noch befristet angeboten und stabile Arbeitsverhältnisse durch flexible Beschäftigungsformen substituiert. Der Verlust eines Normalarbeitsverhältnisses droht damit immer seltener in eine statusäquivalente Anschlussbeschäftigung und stattdessen in eine weitaus geringer abgesicherte Flexi-Beschäftigung zu münden.

Frey et al. weisen darüber hinaus auf eine sozialpsychologisch bedingte „Diskrepanz zwischen subjektiver Verunsicherung und makroanalytischen Ergebnissen“ (Frey et al. 2004: 274) hin. So nehmen risikoaverse Beschäftigte die Arbeitsmarktrisiken stärker als die -chancen wahr. Entscheidend für die Konzessionsbereitschaft der Belegschaften ist damit weniger die objektive Situation auf dem externen Arbeitsmarkt als vielmehr deren subjektive Wahrnehmung. Aktuelle Befragungsergebnisse belegen, dass sowohl die Arbeitsplatzsicherheit als auch die Beschäftigungschancen überwiegend pessimistisch beurteilt werden (Financial Times Deutschland, 30.05.2003). Die subjektive Wahrnehmung der prekären Arbeitsmarktlage schlägt sich in der Folge in einer hohen Konzessionsbereitschaft nieder (Gerlach et al. 2005; Stephan 2006).

4.2 Tarifpolitik in den 1990er Jahren

Die deutsche Tarifpolitik ist seit Mitte der 1990er Jahre durch eine vergleichsweise moderate Einkommensentwicklung gekennzeichnet. Durch die Teilnahme am nationalen Bündnis für Arbeit sahen sich die Gewerkschaften wenn nicht formal, so doch de facto auf eine zurückhaltende Lohnpolitik verpflichtet (Besenthal 2004; Bispinck 2002: 31-34).

Zumindest in der Reallohnbetrachtung trug die Tariflohnpolitik in den 1990er Jahren über weite Strecken die Züge eines „Concession Bargaining“. Der verteilungspolitisch neutrale Verhandlungsspielraum aus Arbeitsproduktivität und Preisentwicklung wurde in sieben der zehn Jahre zwischen 1995 und 2004 teils deutlich unter- und lediglich im Jahre 1999 mit einem Prozentpunkt deutlich überschritten (Bispinck/Schulten 2005: 468). Hinzu kommt, dass den Stufenerhöhungen zunehmend Nullmonate zu Beginn der Tariflaufzeit voraus gehen. Waren verzögerte Tarifanpassungen noch zu Beginn der 1990er Jahre im deutschen Tarifsystem weithin unbekannt, so sind sie heute fester Bestandteil der Tarifabschlüsse. Während selbst im Rezessionsjahr 1993 erst für 11% der Be-

6 So lag etwa der Anteil befristeter Arbeitsverhältnisse im Jahre 2004 zwar erst bei 6%, gleichzeitig erfolgten allerdings bereits 46% aller Neueinstellungen lediglich auf Zeit (Meyer/Pfeifer 2005: 177).

schäftigten Nullmonate vereinbart wurden, sind im Jahre 2004 bereits 88% hiervon betroffen (Bispinck/WSI-Tarifarchiv 1994: 143; Bispinck/WSI-Tarifarchiv 2005: 61).

Die Effektivlohnentwicklung spiegelt auch die veränderten Kräfteverhältnisse auf betrieblicher Ebene wider. Ebenfalls in sieben der zehn Jahre zwischen 1995 und 2004 sind die Effektivlöhne hinter den ausgehandelten Tariflöhnen zurückgeblieben (Bispinck/Schulten 2005: 468). Neben der rückläufigen Tarifbindung und der Zunahme atypischer Beschäftigungsformen spielen hierfür konzessionäre Beschäftigungsvereinbarungen eine entscheidende Rolle. In diesen werden nicht nur Sonderzahlungen gekürzt oder mit fälligen Tariferhöhungen verrechnet, sondern auch Maßnahmen wie etwa die Ausweitung von Arbeitszeitkonten und der Wegfall von Überstundenzuschlägen vereinbart, die zumindest indirekt die Einkommen senken.

Für die Ausweitung betrieblicher Konzessionsvereinbarungen sind allerdings weniger die materiellen Tarifabschlüsse als vielmehr die institutionellen Veränderungsprozesse im Tarifvertragssystem von entscheidender Bedeutung. Der Wandel vollzieht sich sowohl quantitativ wie auch qualitativ und wird unter den Schlagworten der „äußeren" bzw. „inneren" Erosion des Flächentarifvertrages diskutiert.

4.2.1 Quantitativer Institutionenwandel: Rückläufige Flächentarifbindung

In quantitativer Hinsicht ist seit den 1990er Jahren die Reichweite des Flächentarifvertrages deutlich zurückgegangen. Waren im Jahre 1996 noch 69% bzw. 56% der Beschäftigten in West- bzw. Ostdeutschland von einem Flächentarif erfasst, so liegen die entsprechenden Anteilswerte im Jahre 2004 bei 61% bzw. 41% (Ellguth/Kohaut 2005: 399). Während sich seit Beginn des neuen Jahrtausends zumindest für Westdeutschland die Flächentarifbindung zu stabilisieren scheint, setzt sich in Ostdeutschland der rückläufige Trend, wenn auch verlangsamt, weiter fort.

Die rückläufige Tarifbindung hat in erster Linie strukturelle Ursachen, allen voran die wirtschaftliche Tertiarisierung und die im Zuge von Aus- und Neugründungen zunehmende Bedeutung kleinbetrieblicher Strukturen (Kohaut/Schnabel 2003c). Entgegen der öffentlichen Wahrnehmung spielt dagegen „Tarifflucht", d.h. der Austritt der Unternehmen aus dem Arbeitgeberverband bzw. der Wechsel in eine Verbandsmitgliedschaft ohne Tarifbindung („OT-Mitgliedschaft") (Schroeder/Ruppert 1996; Völkl 2002) nach Ergebnissen des IAB-Betriebspanels zumindest für Westdeutschland quantitativ keine bedeutende Rolle (Ellguth 2004: 177-178).[7] Dagegen kehrt in Ostdeutschland eine wachsende

7 Diese neueren Ergebnisse von Ellguth auf Basis des IAB-Betriebspanels revidieren teils frühere Einschätzungen, die in Westdeutschland „Verbandsflucht" und in Ostdeutsch-

Zahl an Unternehmen den tarifschließenden Arbeitgeberverbänden bewusst den Rücken. Mit der Auflösung einheitlicher Branchenstandards sehen hier viele Unternehmen die Möglichkeit zur betriebsautonomen Gestaltung der Arbeits- und Beschäftigungsbedingungen.

Die rückläufige Tarifbindung stellt aus Sicht der Beschäftigten insofern eine Bedrohung dar, als das Alternativregime „Tariffreiheit“ in der betrieblichen Interessenaushandlung zunehmend zur Referenzfolie wird. Ebenso wie die Exit-Option „Standortverlagerung“ entfaltet die Androhung der Tarifauflösung seine machtpolitische Wirkung nicht erst bei der faktischen Realisierung, sondern bereits bei deren glaubhaften Ankündigung.

Allerdings mündet der Verbandsaustritt nicht zwangsläufig in einen tariflosen Zustand. Wie der gleichzeitig wachsende Anteil der Haustarifverträge belegt, wird die Flächentarifbindung vielfach durch die Interessenaushandlung auf Unternehmensebene ersetzt. Dabei stellt der Haustarifvertrag nicht immer eine absichtsvoll geplante Unternehmensstrategie dar, sondern folgt vielfach gezwungenermaßen unter dem Druck von nach wie vor durchsetzungsfähigen Gewerkschaften.

4.2.2 Qualitativer Institutionenwandel: Tarifliche Öffnungsklauseln

In qualitativer Hinsicht sind die 1990er Jahre durch umfangreiche tarifpolitische Differenzierungs- und Dezentralisierungsprozesse gekennzeichnet (Bispinck 2004; Schroeder/Weinert 1999). Öffnungsklauseln zur betriebsspezifischen Abweichung von tariflichen Arbeitszeit- und Entgeltregelungen sowie Korridorlösungen bei der ertragsabhängigen Gestaltung tariflicher Sonderzahlungen haben den zwingenden Charakter überbetrieblicher Tarifnormen deutlich relativiert.

Mit der Flexibilisierung der Flächentarifstandards wird der Tatsache Rechnung getragen, dass sich im Zuge der zunehmenden Kostenkonkurrenz in vielen Branchen die ökonomische Leistungsfähigkeit der Unternehmen auseinander entwickelt hat. Die Tarifparteien erhoffen sich davon eine Stabilisierung der Flächentarifbindung. Mit der kontrollierten Dezentralisierung und dem Angebot an die Betriebsparteien, innerhalb vorgegebener Bandbreiten tarifkonform von Flächentarifstandards abweichen zu können, soll die Abwanderung von Unternehmen aus den Arbeitgeberverbänden sowie die wildwüchsige und unkontrollierbare Tarifunterschreitung verhindert werden (Schroeder/Weinert 1999).

Mit der Lockerung vormals fixer Flächentarifstandards werden den betrieblichen Akteuren Verhandlungs- und zunehmend auch abschließende Regelungskompetenzen in tarifpolitischen Kernfragen übertragen, die bislang in der allei-

land in erster Linie passive „Verbandsabstinenz“ sehen, vgl. Ettl/Heikenroth 1996; Langer 1994.

nigen Verantwortung der Tarifvertragsparteien lagen. Die tarifpolitische Dezentralisierung stellt somit zwar nicht den eigentlichen Auslöser, wohl aber den entscheidenden Katalysator für die zunehmende Verbreitung konzessionärer Beschäftigungsvereinbarungen dar. Durch die Erweiterung des betrieblichen Themenspektrums um tarifliche Arbeitszeit- und Entgeltfragen gewinnen Betriebsräte zusätzliche Möglichkeiten, den Unternehmen attraktive Tauschgüter anzubieten. Gleichzeitig können auf betrieblicher bzw. Unternehmensebene verbindliche Beschäftigungs-, Standort- und Produktionsgarantien zugesagt werden, die auf überbetrieblicher Ebene aufgrund des fehlenden Verhandlungsmandats der Arbeitgeberverbände nicht möglich sind.

Die breite Palette tariflicher Öffnungsklauseln variiert nach den Regelungsgegenständen, den auslösenden Kriterien, der Beteiligung der Tarifpartner und den erforderlichen Gegenleistungen, die der Arbeitgeber bei der Tarifabweichung zu erbringen hat (Bispinck 1997: 556-558) (vgl. Tabelle 6).[8]

Tab. 6: Varianz tariflicher Öffnungsklauseln

Regelungsbereiche	Auslöser	Beteiligung der Tarifpartner	Gegenleistungen
• Arbeitszeit (Verkürzung, Verlängerung, Zeitkonten) • Entgelt (Aussetzen v. Tariferhöhungen, Absenkung von tarifl. Einkommensbestandteilen, Entgeltkorridor, Einsteigertarife) • Sonstige	• Wirtschaftliche Lage (z.B. Härtefallklausel) • Unternehmensgröße (z.B. Kleinbetriebsklausel) • Personen- und Beschäftigtengruppen (z.B. Langzeitarbeitslose, Berufsanfänger)	• Unmittelbare Beteiligung (z.B. Ergänzungstarifvertrag) • Mittelbare Beteiligung (Information bzw. Vetorecht) • Keine Beteiligung	• Häufig: Ausschluss betriebsbedingter Kündigungen • Selten: Neueinstellungen, zusätzliche Ausbildungsplätze • Keine Gegenleistungen erforderlich

Quelle: In Anlehnung an Bispinck/WSI-Tarifarchiv 1999

Regelungsbereiche

Inhaltlich sehen viele Öffnungsklauseln die Möglichkeit zur Verkürzung, Verlängerung bzw. Flexibilisierung der Arbeitszeit vor (vgl. Tabelle 7). Vorbildfunktion hat der 1994 in der Metallindustrie erstmals vereinbarte „Tarifvertrag

8 Die nachfolgende Diskussion ist angesichts der Vielfalt real existierender Öffnungsklauseln notwendigerweise stark verkürzt. Für ausführliche Darstellungen, die auf die chronologische Entwicklung und die branchspezifische Varianz tariflicher Öffnungsklauseln eingehen vgl. Bispinck 2004; Bispinck/WSI-Tarifarchiv 2004.

Tab. 7: Ausgewählte tarifliche Öffnungs- und Härtefallklauseln

Branche	*Regelungsinhalt*
Bankgewerbe	Absenkung der Wochenarbeitszeit von 39 auf bis zu 31 Std. (ab 2004: Entgeltausgleich in Höhe von 20% für die gekürzte Zeit) Sonderzahlung: Möglichkeit, das 13. Gehalt in einer Bandbreite von 94,9 bis 110,2% (Erhöhung auf 90 bis 120% in nachfolgenden Tarifverhandlungen) vom Unternehmenserfolg abhängig zu machen und Möglichkeit zur Verschiebung der Auszahlung des variablen Teils in die ersten sechs Monate des darauf folgenden Kalenderjahres
Bauhauptgewerbe	Absenkung der Tarifvergütungen um bis zu 10% (Ostdeutschland) bzw. 5% (Berlin-West und –Ost) zur Sicherung der Beschäftigung, zur Verbesserung der Wettbewerbsfähigkeit; Absenken der Jahressonderzahlung auf bis zu €780 (West inkl. Berlin)
Chemische Industrie	Arbeitszeitkorridor +/- 2,5 Std. bei einer Wochenarbeitszeit von 37,5 Std. (nur in Westdeutschland); Möglichkeit zur erfolgsabhängigen Gestaltung der tariflichen Jahresleistung (West: 95%, Ost: 65% eines Monatsgehalts) mit einer Bandbreite zwischen 80 und 120% (West) bzw. 50 und 95% (Ost); bei Jahresleistung, Urlaubsgeld und vermögenswirksamen Leistungen können bei tief greifenden wirtschaftlichen Schwierigkeiten mit Zustimmung der TV-Parteien Ausnahmelösungen bezüglich Höhe oder Auszahlungszeitpunkten vereinbart werden; Einstellungstarife: 90% für Langzeitarbeitslose (nur West) und 95% für Neueingestellte bzw. Berufsanfänger in bestimmten Entgeltgruppen; Absenken der tariflichen Grundentgelte um max. 10% zur Sicherung der Beschäftigung oder zur Verbesserung der Wettbewerbsfähigkeit
Einzelhandel	Verlängerung der Wochenarbeitszeit auf bis zu 40 Std. möglich (ohne Mehrarbeitszuschlag) (Ost, einige Bereiche West) Mittelstandsklausel: Unternehmen mit bis zu 25/15/5 Beschäftigten können max. 4/6/8% geringere Entgelte zahlen (in den überwiegenden Tarifbereichen Ost)
Groß- und Außenhandel	Unterschreitung von tariflichen Mindesteinkommen, wenn Zahlung nachweislich nicht möglich ist (Nordrhein-Westfalen) In Unternehmen mit bis zu 20 Beschäftigten Unterschreitung der Tariflöhne und -gehälter um 5% möglich (Sachsen)
Metallindustrie	Verlängerung der regelmäßigen Wochenarbeitszeit für 13 bzw. 18% (in besonderen Fällen bis zu 50%) der Beschäftigten auf bis zu 40 Std.; Absenkung der Wochenarbeitszeit von 35 auf bis zu 30/29 Std., in Ostdeutschland von 38 auf 33/32 Std.; zur Sicherung einer nachhaltigen Verbesserung der Beschäftigungsentwicklung können die Tarifvertragsparteien nach gemeinsamer Prüfung mit den Betriebsparteien ergänzende Tarifregelungen vereinbaren oder es kann einvernehmlich befristet von Mindeststandards abgewichen werden (z.B. Kürzung von Sonderzahlungen, Stundung von Ansprüchen, Erhöhung oder Absenkung der Arbeitszeit mit oder ohne vollen Lohnausgleich)
Textil- und Bekleidungsindustrie West	Arbeitszeitkorridor von +/- 6,75% (130 Stunden) der Jahresarbeitszeit Befristetes Aussetzen der Tariferhöhung in schwieriger wirtschaftlicher Situation möglich Abweichender Auszahlungsmodus bei Jahressonderzahlung möglich
Versicherungsgewerbe	Verlängerung/Verkürzung der Wochenarbeitszeit (38 Std.) auf max. 42/20 Std. für 10% der Beschäftigten Zur Beschäftigungssicherung Verkürzung der Wochenarbeitszeit um bis zu 8 Std. auf 30 Std.

Quelle: Bispinck/WSI-Tarifarchiv 2004

zur Beschäftigungssicherung“, der die Absenkung der Arbeitszeit von 35 auf bis zu 30 Wochenstunden ohne Lohnausgleich zulässt, falls gleichzeitig auf betriebsbedingte Kündigungen verzichtet wird (vgl. Promberger 2002: 178-180). Auch die Flexibilisierung der Arbeitszeitverteilung über Arbeitszeitkonten ist schon seit Jahren fester Bestandteil vieler Tarifverträge. Die Regelungen unterscheiden sich in der Frage der Ausgleichszeiträume, der zulässigen Bandbreite von Plus- und Minusstunden und dem Ausgleich der Zeitsalden (vgl. Seifert 2001).

Im Bereich der einkommensbezogenen Öffnungsklauseln finden sich die weitreichendsten Regelungen in der Chemieindustrie. Neben Einstiegstarifen im ersten Beschäftigungsjahr ist eine generelle Kürzung des Tarifentgelts um bis zu 10% möglich (Frey 2005). Darüber hinaus sind ebenso wie im Bankgewerbe in Abhängigkeit von der wirtschaftlichen Lage und innerhalb vorgegebener Bandbreiten betriebsspezifische Abweichungen bei der Höhe sowie dem Auszahlungszeitpunkt der tariflichen Sonderzahlung zulässig.

Auslösende Faktoren

Bei der Legitimierung der Tarifabweichungen lässt sich im Zeitverlauf eine deutliche Liberalisierung feststellen. Blieb anfänglich wie bei der 1993 vereinbarten Härtefallklausel in der ostdeutschen Metallindustrie die Möglichkeit zur Abweichung vom Tarifvertrag auf nachweislich existenzbedrohte Betriebe beschränkt, so ist zwischenzeitlich der Begründungszusammenhang vielfach von der reinen Beschäftigungssicherung auf die Förderung der Wettbewerbs- und Innovationsfähigkeit ausgeweitet worden (Bispinck 2004: 244). Exemplarisch für diese neue Generation tariflicher Öffnungsklauseln ist der „Pforzheimer Abschluss“ in der Metallindustrie vom Februar 2004. Angesichts der zeitgleich von der Politik geforderten Ausweitung betrieblicher Bündnisse und vor dem Hintergrund der drohenden Einführung gesetzlicher Öffnungsklauseln verständigten sich die Tarifpartner darauf, zum „Erhalt und der Verbesserung der Wettbewerbsfähigkeit, der Innovationsfähigkeit und der Investitionsbedingungen“ einzelfallbezogen in allen tariflichen Regelungsbereichen Abweichungen zuzulassen.

Tarifliche Sonderklauseln, die unabhängig von der wirtschaftlichen Lage in Anspruch genommen werden können, finden sich vereinzelt für Kleinbetriebe (z.B. Mittelstandsklausel im ostdeutschen Einzelhandel) sowie spezifische Beschäftigtengruppen wie Arbeitslose und Auszubildende in den ersten Monaten nach dem Ausbildungsende. Diese Tarifdifferenzierung gilt allerdings meist zeitlich befristet und wird humankapitaltheoretisch mit der geringeren Arbeitsproduktivität und den notwendigen Qualifizierungskosten für Berufsanfänger begründet.

Beteiligung der Tarifpartner

Die Beteiligung der Tarifpartner variiert systematisch nach dem inhaltlichen Regelungsbereich. Während die Flexibilisierung der Arbeitszeitverteilung über Arbeitszeitkonten meist vollständig an die Betriebsebene delegiert wurde bzw. lediglich eine nachträgliche Informationspflicht besteht, haben sich Gewerkschaften und Arbeitgeberverbände bei der Variation der Arbeitszeitdauer sowie in der Frage der Entgeltkürzung regelmäßig Vetorechte vorbehalten. Im Falle weit gefasster und noch nicht abschließend definierter Öffnungsklauseln wie etwa dem „Pforzheimer" Metalltarif werden die Abweichungen gar direkt von den Tarifpartnern auf Basis betriebsspezifischer Ergänzungstarifverträge ausgehandelt.

Der Versuch der Tarifpartner, den Prozess der tarifpolitischen Dezentralisierung und Differenzierung über die Schaffung formaler Vetopositionen zu kontrollieren, übersetzt sich allerdings nicht automatisch in eine faktische Vetomacht. Die Verpflichtungsfähigkeit der Tarifvertragsparteien gegenüber prinzipiell kooperationswilligen Betriebspartnern ist aufgrund des eingeschränkten Sanktionspotentials vergleichsweise gering. Dieser latente vertikale Solidaritätskonflikt zeigt sich offen im Tarifvertrag in der ostdeutschen Bauindustrie. Das Veto der Tarifparteien gegen eine allgemeine Tarifabsenkung um 10% kann dort notfalls mit einer Dreiviertelmehrheit im Betriebsrat außer Kraft gesetzt werden. Von dieser Möglichkeit wird inzwischen flächendeckend Gebrauch gemacht, so dass faktisch die betriebliche von der tariflichen Entgeltfindung abgekoppelt wurde (Bispinck 2004: 242).

Erforderliche Gegenleistungen

Tarifliche Öffnungsklauseln werden von den Gewerkschaften zumeist nicht voraussetzungslos akzeptiert. Bereits die mit dem Leber-Kompromiss im Jahre 1984 eingeleitete Arbeitszeitflexibilisierung war an die Bedingung gekoppelt, gleichzeitig auch in die schrittweise Arbeitszeitverkürzung einzusteigen. Mit der qualitativen Ausweitung tariflicher Öffnungsklauseln hat in den 1990er Jahren auch der Umfang der geforderten Arbeitgeberleistungen zugenommen. Nach dem Vorbild des Beschäftigungssicherungstarifvertrages bei der Volkswagen AG sehen Flächentarifverträge bei der Verkürzung der Wochenarbeitszeiten ohne Lohnausgleich regelmäßig den Verzicht auf betriebsbedingte Kündigungen vor. Gleiches gilt zumeist bei allgemeinen Grundlohnkürzungen, nicht dagegen bei der lediglich selektiven Entgeltabsenkung im Falle von Einstiegstarifen. Ebenso wenig ist ein verbindlicher Kündigungsverzicht bei der Flexibilisierung der Arbeitszeitverteilung im Rahmen von Arbeitszeitkonten erforderlich.

4.2.3 Betriebliche Nutzung tariflicher Öffnungsklauseln

Die Ausweitung tariflicher Öffnungsklauseln hat dazu geführt, dass für viele Beschäftigte die Tarifstandards inzwischen nicht mehr eine absolute sondern vielmehr eine verhandelbare und damit relative Größe geworden sind und „Tarifverträge mit einheitlichen, ausnahmslos verbindlichen Bestimmungen in allen zentralen Regelungsbereichen seit langem der Vergangenheit angehören“ (Bispinck 2004: 237). Fand sich im Jahre 1993 erst für 600.000 Arbeitnehmer eine Öffnungsklausel im einschlägigen Flächentarifvertrag (Streeck/Rehder 2003: 353), so waren im Jahre 2001 bereits knapp 13 Mio. Beschäftigte hiervon betroffen (vgl. Tabelle 8).[9]

Tab. 8: Verbreitung tariflicher Öffnungsklauseln

Regelungsbereich	Zahl der Tarifbereiche/ Wirtschaftszweige	Zahl der Beschäftigten
Allgemeine Klauseln	4	2.204.800
Lohn, Gehalt (zusammen)	56	5.376.160
Allgemein	7	234.600
Erhöhung	15	654.800
Absenkung	12	2.767200
Neue Vergütungsgruppen	15	2.910.700
Einstiegstarif	17	1.831.160
Weitere Vergütungsbestandteile (zusammen)	45	5.087.740
Sonderzahlung	35	4.257.740
Urlaubsgeld	13	2.033.000
Zulagen/Zuschläge	10	3.004.900
Sonstige Vergütungsbestandteile	1	1.437.800
Arbeitszeit (zusammen)	69	7.954.360
Arbeitszeitkorridor	18	1.100.500
Arbeitszeitverlängerung	14	4.077.200
Verkürzung ohne Lohnausgleich	30	4.799.300
Verkürzung mit Lohnausgleich	7	854.260
Sonstige Arbeitszeitregelungen	10	4.201.900
Sonstige Bestimmungen	10	1.245.900
Gesamt	128	12.905.100

Gesamt- und Zwischensummen jeweils bereinigt um mögliche Mehrfachnennungen

Quelle: Nagel 2001

9 Die Zahl der von einer tariflichen Öffnungsklausel betroffenen Beschäftigten hat sich auf 15 Mill. im Jahre 2004 erhöht, die in 80 Tarifbereichen von mehreren hundert tariflichen Öffnungsklauseln erfasst werden (Bispinck/WSI-Tarifarchiv 2004: ii).

Während der quantitative und qualitative Funktionswandel des deutschen Flächentarifvertragssystems in der Literatur umfassend dokumentiert ist, besteht nach wie vor nicht nur in der empirischen Forschung, sondern auch bei den Tarifvertragsparteien selbst erhebliche Unsicherheit hinsichtlich der tatsächlichen Nutzung tariflicher Öffnungsklauseln. Selbst bei Vereinbarungen auf Basis des „Pforzheimer Abschlusses", die von den Tarifpartnern direkt verhandelt werden und damit vergleichsweise gut dokumentiert sind, gehen die Einschätzungen weit auseinander. Während die IG Metall im Oktober 2005 bereits von 470 Anwendungsfällen ausging, zählte der Arbeitgeberverband Gesamtmetall zum gleichen Zeitpunkt lediglich rund 280 Vereinbarungen in seinen 5.000 Mitgliedsfirmen (Handelsblatt, 21.10.2005).

Repräsentative Befunde zur Nutzung tariflicher Öffnungsklauseln liefert die WSI-Betriebsrätebefragung. Danach nutzten im Jahre 2005 75% aller tarifgebundenen Betriebe mindestens eine tarifliche Öffnungsklausel. Gegenüber 41% im Jahre 2002 hat sich der Anteil der tarifabweichenden Betriebe damit nahezu verdoppelt.[10] Inhaltlich steht nach wie vor die Gestaltung der Arbeitszeit im Vordergrund (vgl. Tabelle 9).

Tab. 9: Betriebliche Nutzung tariflicher Öffnungsklauseln

Regelungsbereiche	in % aller tarifgebundenen Betriebe
Variable Arbeitszeiten	51
Arbeitszeitverlängerung	26
Einstiegstarife	19
Kürzung/Aussetzung von Jahressonderzahlungen	17
Befristete Arbeitszeitverkürzung	15
Aussetzen von Tariferhöhungen	12
Absenken von tariflichen Grundvergütungen	8
Kürzung/Aussetzung des Urlaubsgeldes	6
Allgemeine Härtefallklausel	5
Sonstige Klausel	3
Keine Anwendung einer Öffnungsklausel	25

Mehrfachnennungen möglich

Quelle: WSI-Betriebsrätebefragung 2005, wiedergegeben in Bispinck 2005

10 Der von Bispinck und Schulten für das Jahr 2002 berichtete Anteilswert von 35% bezieht sich auf alle Betriebe unabhängig von ihrem Tarifstatus (Bispinck/Schulten 2003: 160). Da die beiden Erhebungen nicht über ein Längsschnittsdesign miteinander verbunden sind und sich das Erhebungsinstrument geändert hat, sind die Werte nicht direkt miteinander vergleichbar. Zu den methodischen Grundlagen vgl. Schäfer 2003a; Schäfer 2005.

Die explosionsartige Zunahme ist nicht allein auf die quantitative und qualitative Ausweitung tariflicher Öffnungsklauseln oder eine generelle Verschlechterung der wirtschaftlichen Rahmenbedingungen zurückzuführen. Zur erweiterten Nutzung tariflicher Öffnungsklauseln hat auch die öffentliche Diskussion über betriebliche Bündnisse beigetragen, die durch die Regierungserklärung Bundeskanzler Schröders zur Agenda 2010 am 14.03.2003 angestoßen wurde. Die intensive Debatte um die Notwendigkeit betriebsspezifischer Bündnisvereinbarungen hat deren Legitimität erhöht und über kollektive Lernprozesse entscheidend zur Diffusion betrieblicher Bündnisse beigetragen.

4.2.4 Nutzung konzessionärer Beschäftigungsvereinbarungen

Analytisch ist zu berücksichtigen, dass die Inanspruchnahme einer tariflichen Öffnungsklausel für sich genommen kein verlässliches Indiz für eine konzessionäre Beschäftigungsvereinbarung im hier verstandenen Sinne ist. Die Nutzung einer tariflichen Öffnungsklausel, z.B. zur Einführung von Arbeitszeitkonten oder zur Arbeitszeitverlängerung mit vollem Lohnausgleich für einzelne Beschäftigte, muss keineswegs immer mit materiellen Verschlechterungen verbunden sein und von den Betroffenen als Zugeständnis interpretiert werden.

Umgekehrt können Arbeitnehmerzugeständnisse auch außerhalb des tariflichen Normenbereichs liegen, etwa wenn übertarifliche Einkommensbestandteile reduziert oder die betrieblichen Arbeitsabläufe flexibilisiert werden. Auch ohne Eingriff in die materiellen Bestimmungen des Flächentarifvertrages können somit konzessionäre Beschäftigungsvereinbarungen vorliegen. Bei der Beschränkung auf Abweichungen vom Flächentarifvertrag würden schließlich auch jene Fälle unberücksichtigt bleiben, bei denen die Tarif- und Beschäftigungsstandards auf Basis eines Haus- bzw. Ergänzungstarifvertrages abgesenkt bzw. flexibilisiert werden. Als Referenzfolie für die weitere Analyse dient somit nicht die Empirie zur betrieblichen Nutzung tariflicher Öffnungsklauseln, sondern vielmehr jene, die sich explizit auf betriebliche Bündnisse für Arbeit bzw. konzessionäre Beschäftigungsvereinbarungen konzentriert.

Repräsentative empirische Erkenntnisse liegen hierzu kaum vor (Rehder 2003a: 72). Vergleichsweise umfangreich ist die Liste der deskriptiven Fallstudien (vgl. Büttner/Kirsch 2002; Dettmer 2002; DGFP 1998; Richter et al. 2001). Ebenso wie bei der qualitativen Inhaltsanalyse von Betriebsvereinbarungen (vgl. Heidemann 1999) stehen meist die vereinbarten Tauschgüter im Mittelpunkt der Betrachtung. Darüber hinaus werden die Entstehungszusammenhänge sowie die Handlungsrationalitäten der Akteure beleuchtet sowie Befunde hinsichtlich der Verhandlungsdynamik geliefert.

Sektorstudien versuchen für Brancheneffekte zu kontrollieren und die Diffusion von Vereinbarungen in spezifischen Wirtschaftszweigen nachzuzeichnen.

Analysen auf Basis von Fallstudien und Unternehmensbefragungen liegen für die Metall- und Elektroindustrie (Ackermann/Vollmer 1999; Berthold et al. 2003b; Richter 2002), die Energiewirtschaft (Müller 2002; Telljohann 2001), die Automobilindustrie (Whittall 2004; Zagelmeyer 2001), die Chemieindustrie (Paprotny 2005) und die Luftfahrtbranche (Arrowsmith 2001; Zagelmeyer 2002) vor. Ende der 1990er Jahre dokumentierte schließlich eine international vergleichende Studie die große Varianz derartiger Vereinbarungen in Europa (Freyssinet/Seifert 2001; Sisson/Artiles 2000; Sisson et al. 1999).

Nach wie vor liegt allerdings die gesamtwirtschaftliche bzw. sektorspezifische Verbreitung von KBV in Deutschland weitgehend im Dunkeln. Einen Überblick über die wenigen empirischen Arbeiten, die gesamtwirtschaftlich oder zumindest größen- oder sektorspezifisch repräsentative Aussagen treffen können, liefert Tabelle 10.

Tab. 10: Empirische Studien zur Verbreitung von KBV in Deutschland

Studie	Jahr der Erhebung	Sample/Grundgesamtheit	Verbreitung	Anmerkungen
Rehder 2003a	1985-2000	Vollerhebung der 100 größten Unternehmen	52%	Inhaltsanalysen, Interviews; Großunternehmen
Scharr 2005	1997	891 Unternehmen in Thüringen	23%	Unternehmensbefragung
Seifert 1999	1997/98	1.931 Betriebe aller Branchen mit Betriebsrat	24%	Betriebsrätebefragung
Ackermann/ Vollmer 1999	1998	108 Unternehmen der Metall- und Elektroindustrie in Baden-Württemberg (VDMA/VMI)	57%	Unternehmensbefragung; Großbetriebe überrepräsentiert; Branchenstudie
Seifert 2000	1999/00	1.390 Betriebe aller Branchen mit Betriebsrat	30% (3%: laufende Verhandlungen)	Betriebsrätebefragung
Berthold et al. 2003b	2003	484 Unternehmen der Metall- und Elektroindustrie (VDMA)	40% (4%: laufende Verhandlungen)	Unternehmensbefragung; schließt auch individuelle Bündnisse mit ein; Branchenstudie

Eigene Darstellung

Eine vergleichende Interpretation der Verbreitungswerte ist aufgrund unterschiedlicher Definitionen sowie aufgrund der oftmals geringen und selektiven Stichproben nur eingeschränkt möglich. Die ermittelten Verbreitungsgrade schwanken zwischen einem knappen Viertel (WSI-Betriebsrätebefragung, 1997/98) und mehr als der Hälfte aller Betriebe (Unternehmensbefragung in der baden-württembergischen Metall- und Elektroindustrie, 1998).

Auf einen ähnlich hohen Verbreitungsgrad kommt Rehder bei einer Vollerhebung der 100 größten deutschen Unternehmen. Hierbei ist zu berücksichtigen, dass ihre Untersuchung nicht als Querschnittserhebung angelegt ist, sondern alle 156 Vereinbarungen berücksichtigt werden, die in 52 Großunternehmen zwischen 1985 und 2000 angewandt wurden. Damit relativiert sich der zunächst hohe Verbreitungsgrad. Unterstellt man, dass Rehder tatsächlich sämtliche Vereinbarungen in allen Betrieben der in ihrer Analyse einbezogenen Unternehmen erfasst hat, so deuten ihre Ergebnisse darauf hin, dass immerhin knapp die Hälfte der Großunternehmen in Deutschland im Untersuchungszeitraum in keinem einzigen ihrer Betriebe eine KBV vereinbart hatte.

Konzessionsvereinbarungen haben somit zwar aktuell weite Verbreitung gefunden und sich ausgehend von der prototypischen Beschäftigungsvereinbarung bei der Volkswagen AG Anfang der 1990er Jahre zu einem weithin praktizierten Instrument entwickelt (Promberger 2002); gleichwohl kann von einer flächendeckenden Verbreitung zum jetzigen Zeitpunkt noch nicht gesprochen werden.

4.3 KBV in Betriebsratsbetrieben

4.3.1 Methode

Verbreitung und Ausgestaltung betrieblicher Konzessionsvereinbarungen werden im Folgenden auf Basis einer postalischen Betriebsrätebefragung analysiert, die im Spätsommer 2003 in privatwirtschaftlichen Betrieben aller Branchen mit mindestens 20 Mitarbeitern durchgeführt wurde. Auf Betriebe mit weniger als 20 Beschäftigten wurde bewusst verzichtet, da aufgrund der geringen Verbreitung von Betriebsräten in Kleinstbetrieben keine ausreichend große Fallzahl in dieser Größenklasse zu erwarten war. Die vorliegenden Studien zur betrieblichen Mitbestimmungspraxis deuten zudem darauf hin, dass formelle Betriebsvereinbarungen in Kleinstbetrieben nur eine untergeordnete Rolle spielen (Kotthoff/Reindl 1990).

Die postalische Befragung von Betriebsräten ist hinsichtlich der Stichprobenziehung mit erheblichen methodischen Schwierigkeiten verbunden. Da Betriebsräte nicht zentral erfasst werden ist es nicht ohne weiteres möglich, eine repräsentative Stichprobe aus der interessierenden Grundgesamtheit zu ziehen. Daher wurden zwei Adressdatensätze mit Betrieben verwendet, von denen erwartet werden konnte, dass sie mit hoher Wahrscheinlichkeit über einen Betriebsrat verfügen: Zum einen wurden 1.108 Betriebe kontaktiert, die bereits an vorangegangenen Betriebsrätebefragungen teilgenommen hatten. Ergänzend hierzu wurde der Fragebogen an weitere 13.892 Betriebe aus der Kundendatei eines auf Publikationen zur Betriebsratsarbeit spezialisierten Verlages versandt. Von den insgesamt 15.000 im Juli 2003 kontaktierten Betrieben sandten 2.057 einen auswertbaren Fragebogen zurück. Eine schriftliche Mahnaktion im September 2003, bei der 4.917 der ursprünglich befragten Betriebe erneut um ihre Teilnahme gebeten wurden, führte zu 420 weiteren Fragebögen. In die Auswertung gingen somit insgesamt 2.477 Fragebögen ein, was einer Rücklaufquote von 16,5% entspricht.

Da die realisierte Stichprobe hinsichtlich der Merkmale Branchenzugehörigkeit, Betriebsgröße und Ost/West-Verteilung geringfügig von den vom IAB für Betriebsratsbetriebe berichteten Strukturdaten abweicht, wurden die Ergebnisse auf Basis des IAB-Betriebspanels 2002 hinsichtlich dieser drei Strukturgrößen gewichtet. Die im Folgenden präsentierten deskriptiven Statistiken beziehen sich stets auf die gewichteten Ergebnisse, wohingegen den multivariaten Logit-Analysen der ungewichtete Datensatz zugrunde gelegt wurde.

4.3.2 Verbreitung

Im Spätsommer 2003 wandten 23% aller untersuchten Betriebe eine KBV an, 3% befanden sich zum Befragungszeitpunkt in laufenden Verhandlungen (vgl. Tabelle 11). Weitere 6% der Betriebe hatten in den vergangenen fünf Jahren vorübergehend eine Vereinbarung praktiziert, diese aber zwischenzeitlich wieder beendet. Während sich im Ost-West-Vergleich keine auffallenden Unterschiede zeigen, besteht ein deutlicher linear-positiver Zusammenhang hinsichtlich der Betriebsgröße. Wird die Verbreitung betrieblicher KBV nicht nach dem Anteil der Betriebe sondern nach dem der Beschäftigten gemessen, so liegt der Verbreitungsgrad folglich mit 49% deutlich höher.

Die geringe Nutzung kollektiver Konzessionsvereinbarungen in Kleinbetrieben erklärt sich dadurch, dass Betriebsvereinbarungen hier ohnehin seltener geschlossen werden und stattdessen informelle Regelungsabreden oder ad hoc getroffene Einzelfallentscheidungen dominieren (Kotthoff 1994). Hinzu kommt, dass in klein- und mittelständischen Unternehmen beide Verhandlungspartner vielfach nicht über die notwendigen arbeits- und tarifrechtlichen Kenntnisse verfügen oder aber faktisch nicht die Möglichkeit besteht, die auf die Flexibilitätsbedürfnisse von Großbetrieben zugeschnittenen Öffnungsklauseln im kleinbetrieblichen Kontext auch tatsächlich zu nutzen (Streeck/Rehder 2005: 69).

Tab. 11: Verbreitung von KBV in Deutschland

	KBV wird angewandt
Lage	
West	22%
Ost	28%
Betriebsgröße	
20-50 Mitarbeiter	10%
51-100 Mitarbeiter	9%
101-200 Mitarbeiter	14%
201-500 Mitarbeiter	22%
501-1000 Mitarbeiter	28%
> 1000 Mitarbeiter	42%
Keine Angabe	18%
Branche	
Baugewerbe	22%
Produzierendes Gewerbe	29%
Banken und Versicherungen	31%
Verkehr und Nachrichten	34%
Handel	9%
Unternehmensdienstleistungen	37%
Sonstige Dienstleistungen	14%
Sonstige Branchen	9%
Keine Angabe	27%
Tarifstatus	
Keine Tarifbindung	9%
Flächentarifbindung	24%
Haustarifbindung	33%
Keine Angabe	35%
Gesamt	23%

In % aller Betriebe (Zeilenprozente)
Cramér's V (Lage) = 0,047 ($p \leq 0,05$)
Cramér's V (Betriebsgröße) = 0,275 ($p \leq 0,001$)
Cramér's V (Branche) = 0,213 ($p \leq 0,001$)
Cramér's V (Tarifbindung) = 0,180 ($p \leq 0,001$)

Quelle: WSI-Betriebsrätebefragung 2003 (gewichtetes Ergebnis)

Verbreitung nach Wirtschaftszweigen

Während in mehr als jedem dritten Betrieb aus dem Bereich der Unternehmensdienstleistungen eine KBV vereinbart wurde, liegt der Anteil im Bereich des Groß- und Einzelhandels bei lediglich 9%. (vgl. Tabelle 11). Die gleichfalls überdurchschnittlich hohe Verbreitung im Sektor Verkehr und Nachrichtentechnik ist auf Vereinbarungen bei den ehemaligen Staatsunternehmen zurückzuführen, die im Rahmen ihrer Privatisierung konzernweite Beschäftigungsvereinbarungen zur sozialverträglichen Abfederung der Unternehmensrestrukturierungen abgeschlossen haben und aufgrund ihrer Unternehmensgröße jeweils mit mehreren Einzelbetrieben in der Stichprobe vertreten sind (vgl. (Rehder 2003a: 137-172).

Die geringe Verbreitung im Handel erklärt sich durch die Tatsache, dass in diesem Wirtschaftszweig tarifliche Öffnungsklauseln weitgehend fehlen. Die spezifischen Branchenprobleme wie die schwache Binnennachfrage und der ruinöse Preiswettbewerb sind nicht in erster Linie Folge zu hoher Arbeitskosten. Da die Tarifsätze bereits vergleichsweise niedrig und übertarifliche Zulagen wenig verbreitet sind, ist das monetäre Tauschpotential der Arbeitnehmer eng begrenzt (Schäfer 2003b). Auch eine weitere Absenkung der Löhne und Gehälter würde die Wettbewerbsfähigkeit der Betriebe im Einzelhandel nicht nachhaltig verbessern und im Gegenteil den Konkurrenzkampf weiter verschärfen. Mit Ausnahme einer Mittelstandsklausel in Ostdeutschland hat sich daher die Dienstleistungsgewerkschaft ver.di bislang geweigert, Öffnungsklauseln im Einzelhandel zuzustimmen (Bispinck 2004: 243).[11]

Die notwendige Personalflexibilität wird in dieser Branche stattdessen über ein hohes Maß an Fluktuation und den bedarfsgenauen Einsatz flexibler Beschäftigungsformen abgedeckt (Pohlmann et al. 2003). Verbindliche Beschäftigungsgarantien würden damit im Widerspruch zu den bislang genutzten externen Flexibilitätsstrategien stehen (Rehder 2003a: 99).

Verbreitung nach Tarifbindung

KBV werden im Tarifsektor deutlich häufiger vereinbart als in tariffreien Betrieben (vgl. Tabelle 11). Dies überrascht zunächst, schränken doch Tarifverträge den betrieblichen Handlungsspielraum ein und werden vielfach für die wahrgenommene Rigidität des deutschen Arbeitsbeziehungssystems verantwortlich gemacht (Franz 2003b; Möschel 1996; Siebert 1997). Folgt man der Argumentation der Kritiker des Flächentarifvertrages, dann sollten die Betriebsparteien im tariffreien Sektor auf geringere Restriktionen treffen und folglich betriebliche Vereinbarungen zur Flexibilisierung der Personalpolitik in größerem Umfang vereinbaren.

Berücksichtigt man allerdings, dass Tarif- und Betriebsvereinbarungen im dualen Arbeitsbeziehungssystem in einem komplementären und keinem substitutiven Verhältnis zueinander stehen, löst sich der scheinbare Widerspruch auf. Erst aufgrund der überbetrieblichen Standardisierung von Arbeitszeit und Ent-

---

11 Mit der Härtefallklausel im Berliner Einzelhandel erfolgte im Januar 2006 auch im Handel der Einstieg in eine weitergehende Tarifflexibilisierung (Handelsblatt, 06.01.2006).

gelt werden Vereinbarungen zur Flexibilisierung dieser Parameter auf betrieblicher Ebene notwendig. Dagegen sind KBV in tariffreien Betrieben aufgrund der unilateralen Normsetzungskompetenz des Arbeitgebers in geringerem Maße erforderlich. Nach der Regelungssperre des § 77 Abs. 3 BetrVG wären in tariffreien Betrieben kollektivrechtliche KBV zu tariflichen Themenbereichen sogar unzulässig.

Rechtliche Form der Vereinbarungen

KBV werden mehrheitlich in Form von Betriebsvereinbarungen abgeschlossen (61%). Tarifvertragliche Konzessionsvereinbarungen (31%) finden sich insbesondere in Großunternehmen, in denen durch Haus- bzw. Ergänzungstarifverträge der einschlägige Flächentarifvertrag unternehmensspezifisch angepasst wird (Rehder 2003a: 205). Alternative kollektivrechtliche Instrumente wie Interessenausgleich oder Sozialplan werden in 14% der Fälle genutzt (vgl. Tabelle 12). Mitunter werden mehrere Instrumente auch flexibel miteinander kombi-

Tab. 12: Rechtliche Form, Initiator und Auslöser für KBV in Deutschland

	Trifft zu in ... % der Betriebe
Rechtliche Form	
Betriebsvereinbarung	61
Tarifvertrag	31
Sonstige Vereinbarung/Regelungsabrede	14
Keine Angabe	4
Initiator	
Betriebsrat	59
Arbeitgeber	42
Gewerkschaft	26
Keine Angabe	3
Auslösende Faktoren	
Drohender Beschäftigungsabbau	60
Betriebliche Umstrukturierung	48
Unbefriedigende Ertragssituation	30
Drohende Standortverlagerung	24
Sonstige Gründe	10
Keine Angabe	3
Gesamt	100

In % aller Betriebe mit KBV, Mehrfachantworten möglich (Spaltenprozente)

Quelle: WSI-Betriebsrätebefragung 2003 (gewichtetes Ergebnis)

niert. So können Ergänzungstarifverträge den Spielraum für nachfolgende Betriebsvereinbarungen schaffen. Mitunter werden auch der Personalabbau in einem Sozialplan geregelt, gleichzeitig aber die verbleibenden Arbeitsplätze auf Basis einer Betriebsvereinbarung gesichert.

Initiator und auslösende Faktoren

Befragt nach dem Initiator der Vereinbarung geben die meisten Betriebsräte an, dass der entscheidende Anstoß von ihnen selbst ausgegangen sei (vgl. Tabelle 12). Dieses Ergebnis steht im Widerspruch sowohl zu früheren Forschungsergebnissen wie auch der öffentlichen Wahrnehmung, wonach die weit überwiegende Mehrheit der Bündnisvereinbarungen vom Management ausgeht und die Arbeitnehmervertreter in aller Regel zurückhaltend bis ablehnend auf die Arbeitgeberforderungen reagieren (Ackermann/Vollmer 1999: 197; Rehder 2002: 90).

In diesem Ergebnis zeigt sich die Ambivalenz betrieblicher KBV, mit denen die nicht notwendigerweise deckungsgleichen Ziele der betrieblichen Effizienzsteigerung einerseits und der Beschäftigungssicherung andererseits verfolgt werden. So geht zwar die Forderung nach verbindlichen Beschäftigungszusagen zumeist von der Belegschaft aus. Vielfach ist dies allerdings erst eine Reaktion auf die Pläne des Unternehmens, Personal abzubauen oder den Standort bzw. Teile der Produktion zu verlagern. Befragt nach den Gründen für den Abschluss der KBV geben denn auch 60% der Betriebsräte drohenden Beschäftigungsabbau und 48% betriebliche Umstrukturierungen an. Eine unbefriedigende Ertragssituation und die Androhung von Standortverlagerungen werden von 30% bzw. 24% der Betriebsräte als Auslöser der Konzessionsvereinbarungen genannt (vgl. Tabelle 12).

Verbreitung nach Wirtschaftslage

Eine erstaunliche Varianz zeigt sich hinsichtlich des ökonomischen Kontextes. KBV sind insbesondere dann zu erwarten, wenn in der subjektiven Einschätzung der Beschäftigten die Arbeitsplätze akut gefährdet sind, was regelmäßig bei schlechter Auftrags- und Ertragslage der Fall sein sollte. Allerdings ist die betriebsspezifische Wirtschaftslage kein durchgehend überzeugender Prädiktor für den Abschluss einer Konzessionsvereinbarung. So wenden 27% der Betriebe mit einer zum Befragungszeitpunkt sehr schlechten, aber auch 24% derjenigen mit einer sehr guten Auftragslage eine KBV an (vgl. Tabelle 13). Lediglich beim Indikator Ertragslage ist ein signifikanter, wenn auch recht schwacher Zusammenhang erkennbar.

Hier stellt sich allerdings ein Endogenitätsproblem, da ex post nicht ausgeschlossen werden kann, dass die KBV zur zwischenzeitlichen Verbesserung

Tab. 13: Verbreitung von KBV nach Auftrags- und Ertragslage in Deutschland

	Auftragslage	Ertragslage
Sehr gut	24%	18%
Gut	22%	22%
Schlecht	26%	25%
Sehr schlecht	27%	28%
Keine Angabe	16%	19%
Gesamt	23%	23%

In % aller Betriebe (Zeilenprozente)
Cramér's V (Auftragslage) = 0,065 ($p \leq 0{,}05$)
Cramér's V (Ertragslage) = 0,070 ($p \leq 0{,}05$)
Quelle: WSI – Betriebsrätebefragung 2003 (gewichtetes Ergebnis)

der ökonomischen Kennziffern beigetragen hat.[12] Dass diese potentielle Verzerrung zu vernachlässigen ist, zeigt allerdings die Tatsache, dass den Angaben der Betriebsräte zufolge in immerhin 57% bzw. 41% der Bündnisbetriebe die Auftrags- bzw. die Ertragslage bereits unmittelbar vor Abschluss der Vereinbarung gut oder sogar sehr gut gewesen ist (vgl. Tabelle 14).[13]

Tab. 14: Wirtschaftliche Lage unmittelbar vor Abschluss der KBV in Deutschland

	Auftragslage	Ertragslage
Sehr gut	14%	13%
Gut	43%	28%
Schlecht	31%	33%
Sehr schlecht	6%	18%
Keine Angabe	7%	8%
Gesamt	100%	100%

In % aller Betriebe (Spaltenprozente)
Quelle: WSI – Betriebsrätebefragung 2003 (gewichtetes Ergebnis)

12 Auf Basis des vorliegenden Datensatzes hat Hübler versucht wirkungsanalytisch nachzuweisen, dass eine KBV unter bestimmten Umständen zur Beschäftigungssicherung und der Verbesserung der wirtschaftlichen Lage beitragen kann (Hübler 2005b).

13 Zu berücksichtigen ist, dass die Vereinbarungen zu unterschiedlichen Zeitpunkten abgeschlossen wurden und somit nicht für die gesamtwirtschaftliche Konjunkturlage kontrolliert werden kann. Allerdings wurde der Großteil der Vereinbarungen in den Jahren 2001-2003 abgeschlossen, so dass eine Verzerrung aufgrund überdurchschnittlich positiver konjunktureller Rahmendaten ausgeschlossen werden kann.

Bei der Befragung von Betriebsräten können sich weiterhin Validitätsprobleme dadurch ergeben, dass die Arbeitnehmervertreter aufgrund von Informationsasymmetrien die ökonomische Situation des Betriebes falsch einschätzen. Das Unternehmen sollte allerdings die wirtschaftliche Lage im Vorfeld gegenüber dem Betriebsrat tendentiell eher zu negativ darstellen, um so möglichst umfangreiche Arbeitnehmerzugeständnisse durchsetzen zu können. Stellt man diesen Informationsbias in Rechnung, dann dürfte die objektive wirtschaftliche Situation in Betrieben mit KBV eher noch positiver gewesen sein als dies von den Betriebsräten berichtet wurde.

Den Ergebnissen zufolge werden KBV somit nicht ausschließlich als Rettungsmaßnahmen in Krisenbetrieben eingesetzt. Berthold et al. differenzieren das breite Spektrum der Vereinbarungen nach „Anpassungs-" und „Präventionsbündnissen" und weisen darauf hin, dass „Anpassungsbündnisse vorwiegend dem Erhalt bestehender Arbeitsplätze dienen und Präventionsbündnisse den Spielraum für Einstellungen und die Schaffung neuer Arbeitsplätze erhöhen sollen" (Berthold et al. 2003b: 37). Die schrittweise Generalisierung tariflicher Öffnungsklauseln von reinen Notfall- zu allgemeinen Wettbewerbsklauseln schlägt sich somit in der Diffusion betrieblicher KBV unabhängig von der Wirtschaftslage nieder.

Verbreitung nach betrieblichen Sozialbeziehungen

Der „politischen Kultur der Austauschbeziehungen" (Bosch et al. 1999) zwischen Betriebsrat und Management kommt bei der Aushandlung betrieblicher Konzessionsvereinbarungen entscheidende Bedeutung zu. Grundlegende personal- und organisationspolitische Veränderungen setzen Kooperationsbereitschaft und ein Mindestmaß an Vertrauen zwischen den Akteuren voraus (Hübler 2006). Die Belegschaft muss davon überzeugt sein, dass der Arbeitgeber mit offenen Karten spielt und Beschäftigungs- und Standortzusagen auch eingehalten werden (Berthold et al. 2003b: 56). Beschäftigungsvereinbarungen sollten somit insbesondere in solchen Betrieben häufiger vereinbart werden, in denen das Management eine „partnerschaftlich-kooperative" bzw. „intermediär-konsensuelle" Orientierung verfolgt (Trinczek 2004).

Als Proxy für die Qualität der betrieblichen Sozialbeziehungen dient die Häufigkeit der Behinderung der Betriebsratsarbeit durch das Management sowie dessen Informationspolitik gegenüber dem Betriebsrat. Für beide Indikatoren gilt, dass KBV signifikant häufiger von jenen Betriebsräten abgeschlossen werden, die dem Unternehmen eine sozialpartnerschaftliche Mitbestimmungspolitik attestieren (vgl. Tabelle 15). Dies ist umso erstaunlicher, als die zumeist emotional aufgeladenen Konzessionsverhandlungen durchaus zu einem verschlechterten Verhältnis zwischen den Betriebsparteien führen und damit die Beurteilung des Arbeitgeberverhaltens negativ beeinflussen können.

Tab. 15: Verbreitung von KBV nach Verhalten des Arbeitgebers in Deutschland

	KBV wird angewandt
„Der Arbeitgeber versucht die Mitwirkungsrechte des BR ... zu behindern."	
...immer...	8%
...häufig...	14%
...manchmal...	26%
...nie...	24%
Keine Angabe	20%
Informationsverhalten des Arbeitgebers	
„Der BR muss Informationen erst mit Hinweis auf gesetzliche Rechte einfordern."	12%
„Der BR muss meist um Informationen bitten."	19%
„Der BR bekommt Informationen meist bei der 1. Anfrage."	23%
„Der BR bekommt Informationen meist unaufgefordert."	32%
Keine Angabe	46%
Gesamt	23%

In % aller Betriebe (Zeilenprozente)
Cramér's V (Behinderung) = 0,127 ($p \leq 0{,}001$)
Cramér's V (Informationsverhalten) = 0,162 ($p \leq 0{,}001$)

Quelle: WSI-Betriebsrätebefragung 2003 (gewichtetes Ergebnis)

Logistische Regressionsanalyse zur Verbreitung betrieblicher Vereinbarungen

Die Stichprobengröße erlaubt es, die bivariaten Ergebnisse auch multivariat zu überprüfen und damit die relative Stärke alternativer Einflussfaktoren zu bestimmen.[14] In Tabelle 16 werden die im Modell verwendeten Variablen definiert sowie die deskriptiven Statistiken präsentiert. Aus den Variablen „Behinderung der BR-Arbeit durch den Arbeitgeber" und „Informationsverhalten des Arbeitgebers gegenüber dem BR" wurde ein einfacher additiver Index der Qualität der betrieblichen Sozialbeziehungen gebildet. Darüber hinaus wurden die ökonomischen Variablen aufgrund der geringen Fallzahlen in den Extremkategorien dichotomisiert.

Die bivariaten Ergebnisse werden auch in der multivariaten Analyse weitgehend bestätigt (vgl. Tabelle 17). Die Strukturvariablen Betriebsgröße und Tarifbindung haben dabei die stärksten Einflüsse. Der im Vergleich zur Flächentarifbindung überdurchschnittlich starke positive Effekt der Haustarifbindung spiegelt die Tatsache wider, dass eigentlich verbandsgebundene Unternehmen

14 Zum Verfahren der logistischen Regressionsanalyse vgl. etwa Andreß et al. 1997; Backhaus et al. 2000; Greene 2003; Long 1997.

Konzessionsvereinbarungen als firmenspezifische Ergänzungstarifverträge abgeschlossen haben.

Auch bei Kontrolle der ökonomischen Lage des Betriebes bleibt die Ost-/West-Variable hochsignifikant. Offensichtlich ist für die höhere Verbreitung von KBV in Ostdeutschland nicht allein die prekäre Wirtschaftslage verantwortlich. Stattdessen kann das Ergebnis auf weitergehende Öffnungsklauseln bzw. die ausgeprägtere Konzessionsbereitschaft der Belegschaften in Ostdeutschland

Tab. 16: Variablendefinitionen zum Logit-Modell „Verbreitung"

Variablenname	Variablendefinition	Mittelwert (Standardabweichung)
AGBRBEZ	Additiver Index aus den Variablen „Behinderung der BR-Arbeit durch den AG" (1 = immer; 2 = häufig; 3 = manchmal; 4 = nie) + der Variablen „Informationsverhalten des AG gegenüber dem BR" (1 = Informationen nur mit Hinweis auf Rechte des BR; 2 = BR muss um Informationen bitten; 3 = BR bekommt Informationen bei der ersten Anfrage; 4 = BR bekommt Informationen unaufgefordert) -1 => Wertebereich von AGBRBEZ von 1 bis 7	4,628 (1,547)
AUFTRAGH	Betriebliche Auftragslage zum Befragungszeitpunkt (1 = Gut/Sehr gut; 0 = Schlecht/Sehr schlecht)	0,636 (0,481)
GEWINNH	Betriebliche Ertragslage zum Befragungszeitpunkt (1 = Gut/Sehr gut; 0 = Schlecht/Sehr schlecht)	0,491 (0,500)
FLÄCHTV	1 = Betrieb ist an einen Flächentarifvertrag gebunden	0,651 (0,477)
HAUSTV	1 = Betrieb ist an einen Haustarifvertrag gebunden	0,146 (0,353)
OSTDTL	1 = Betrieb liegt in Ostdeutschland	0,136 (0,343)
BAU	1 = Betrieb im Bereich Bauwirtschaft	0,027 (0,163)
HANDEL	1 = Betrieb im Bereich Handel	0,075 (0,263)
VERKNACH	1 = Betrieb im Bereich Verkehr und Nachrichtenwesen	0,071 (0,257)
BANKVERS	1 = Betrieb im Bereich Banken und Versicherungen	0,046 (0,208)
UNTERNDL	1 = Betrieb im Bereich Unternehmensnahe Dienstleistungen	0,036 (0,187)
SONSTDL	1 = Betrieb im Bereich Sonstige Dienstleistungen	0,196 (0,397)
SONSTBR	1 = Betrieb im Bereich Sonstige Branchen	0,022 (0,147)
51-100	1 = Betrieb mit 51-100 Beschäftigten	0,140 (0,347)
101-200	1 = Betrieb mit 101-200 Beschäftigten	0,202 (0,402)
201-500	1 = Betrieb mit 201-500 Beschäftigten	0,322 (0,467)
501-1.000	1 = Betrieb mit 501-1.000 Beschäftigten	0,137 (0,344)
> 1.000	1 = Betrieb mit mehr als 1.000 Beschäftigten	0,099 (0,298)

Quelle: WSI-Betriebsrätebefragung 2003 (ungewichtetes Ergebnis)

Tab. 17: Determinanten der Verbreitung von KBV in Deutschland

	Regressionskoeffizient	Effektkoeffizient	Marginaler Effekt
AGBRBEZ	0,187***	1,206	0,041
AUFTRAGH	–0,104	0,901	–0,015
GEWINNH	–0,457***	0,633	–0,065
FLÄCHTV1)	0,878***	2,407	0,124
HAUSTV1)	1,403***	4,066	0,198
OSTDTL	0,645***	1,905	0,091
BAU2)	–0,071	0,931	–0,010
HANDEL2)	–0,837***	0,433	–0,118
VERKNACH2)	0,131	1,139	0,019
BANKVERS2)	0,039	1,040	0,006
UNTERNDL2)	0,645**	1,906	0,091
SONSTDL2)	–0,625***	0,535	–0,088
SONSTBR2)	–0,484	0,616	–0,068
51-100 3)	0,091	1,095	0,013
101-200 3)	0,251	1,286	0,035
201-500 3)	0,856***	2,353	0,121
501-1.000 3)	1,215***	3,369	0,172
> 1.000 3)	1,629***	5,100	0,230
KONSTANTE	–3,524***	0,029	-
N		2046	
LR Chi^2		305,231	
Prob > Chi^2		0,000	
McFadden R^2		0,138	
Nagelkerke R^2		0,211	

*** p ≤ 0,01 / ** p ≤ 0,05 / * p ≤ 0,10

1) Referenzkategorie: Keine Tarifbindung
2) Referenzkategorie: Produzierendes Gewerbe
3) Referenzkategorie: 20 – 50 Beschäftigte

Marginale Effekte bei dichotomen Variablen: 0/1-Änderungen auf Basis der Variablenmittelwerte
Marginaler Effekt bei metrischer Variable (AGBRBEZ): Änderung um eine Standardabweichung auf Basis der Variablenmittelwerte

Quelle: WSI-Betriebsrätebefragung 2003 (ungewichtetes Ergebnis)

zurückgeführt werden. Hierfür spielt in machttheoretischer Hinsicht die hohe Arbeitslosigkeit eine entscheidende Rolle. Da in weiten Teilen Ostdeutschlands attraktive Beschäftigungsalternativen auf dem externen Arbeitsmarkt fehlen, sind die Beschäftigten bei vergleichbarer betrieblicher Wirtschaftslage eher als ihre westdeutschen Kollegen bereit, Konzessionen zur Arbeitsplatzsicherung zu akzeptieren.

Die überdurchschnittliche Verbreitung von KBV in Ostdeutschland kann darüber hinaus auf die von Artus festgestellte „defiziente Kooperation von Betriebsräten und Gewerkschaften" (Artus 2003: 252) und die stärker betriebssyndikalistische Orientierung ostdeutscher Betriebsräte zurückgeführt werden. Sorgt die nach wie vor enge personelle Verflechtung zwischen Betriebsräten und Gewerkschaften in Westdeutschland für eine tarifpolitische Verhaltenskoordinierung, so kann aufgrund der mangelnden gewerkschaftlichen Präsenz in vielen ostdeutschen Betrieben ein unkontrolliertes Unterlaufen tariflicher Rahmenvorgaben im Sinne einer „Wildcat Cooperation" (Streeck 1995: 317) vielfach nicht mehr verhindert werden (Frege 1999).

Von den ökonomischen Einflussvariablen hat lediglich die Gewinnvariable einen hochsignifikanten Einfluss, der allerdings hinsichtlich seiner marginalen Effektstärke im Vergleich zu den Betriebsgrößen- und Tarifvariablen deutlich schwächer ausfällt. Einen ebenso schwachen aber hochsignifikanten Einfluss hat die Qualität der betrieblichen Sozialbeziehungen. Das Ergebnis der bivariaten Analyse, wonach in sozialpartnerschaftlichen Kontexten KBV häufiger zustande kommen, ist somit nicht allein ein sekundärer Betriebsgrößen- bzw. Brancheneffekt.

Laufzeiten der Vereinbarungen

Dass mit Konzessionsvereinbarungen zumeist nachhaltige Veränderungen in der betrieblichen Beschäftigungspolitik einhergehen und „es mehrheitlich nicht um die Überbrückung konjunktureller, sondern vorrangig um die Bewältigung struktureller Anpassungsprobleme" (Seifert 2002: 75) geht, belegen bereits die vergleichsweise langen Laufzeiten von durchschnittlich 36 Monaten. Die Werte streuen breit zwischen fünf und 132 Monaten, wobei der Median bei 25 Monaten liegt. In immerhin 34% der Fälle legten sich die Verhandlungspartner noch nicht auf eine konkrete Vertragslaufzeit fest. So ist bei vielen arbeitsorganisatorischen Maßnahmen oder einmaligen Investitionszusagen eine sinnvolle Befristung nicht möglich.

Auffällig ist der systematische Zusammenhang zwischen der Laufzeit und der wirtschaftlichen Lage des Betriebes. Kurzfristige Vereinbarungen werden zumeist in Krisensituationen getroffen, wohingegen sich langfristige Vereinbarungen gehäuft in prosperierenden Betrieben finden (vgl. Abbildung 3). KBV scheinen somit in Abhängigkeit vom betrieblichen Kontext unterschiedliche Funktionen zu erfüllen. Während Konzessionsvereinbarungen in akuten Krisensituationen der kurzfristigen Arbeitsplatzsicherung dienen, werden sie in wirtschaftlich gesunden Unternehmen präventiv zur Sicherung der langfristigen Wettbewerbsfähigkeit eingesetzt (Berthold et al. 2003b: 37; Massa-Wirth/Seifert 2006).

Abb. 3: Laufzeit der KBV nach Auftrags- und Ertragslage in Deutschland

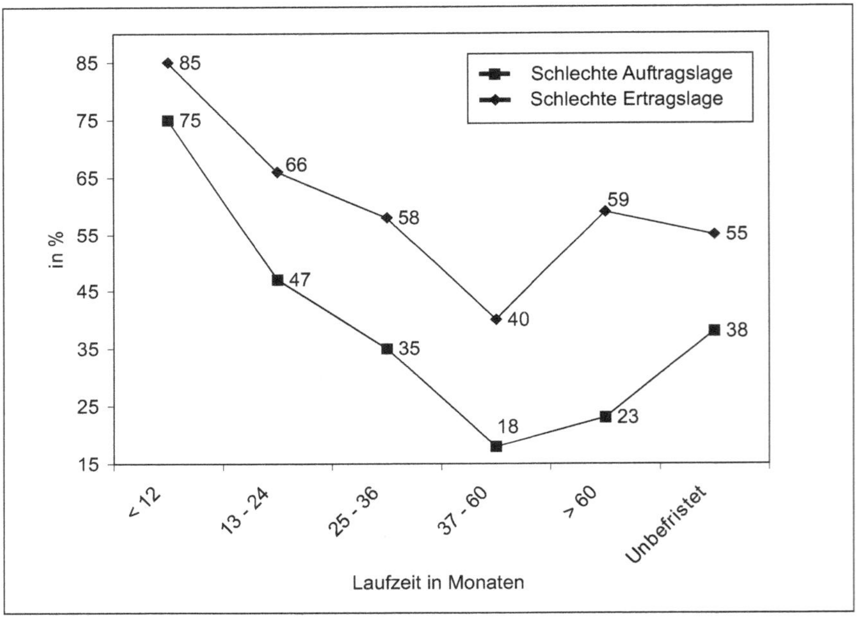

In % aller Betriebe mit KBV

Quelle: WSI – Betriebsrätebefragung 2003 (gewichtetes Ergebnis)

Das Spannungsverhältnis zwischen betrieblicher und tariflicher Ebene

Konzessionsvereinbarungen stehen in einem natürlichen Spannungsverhältnis zur überbetrieblichen Tarifregulierung. Während der Flächentarifvertrag Löhne und Arbeitsbedingungen branchenweit standardisiert, wird mit KBV die Kartellfunktion des Tarifvertrages zumindest partiell wieder in Frage gestellt (Bispinck 2004). In rund einem Drittel (32%) aller tarifgebundenen Betriebe beruht die Vereinbarung auf einer Öffnungsklausel (vgl. Tabelle 18). Gleichzeitig zeigt dieses Ergebnis allerdings auch, dass KBV nicht allein von tariflichen Vorgaben abweichen. So greifen 53% der Vereinbarungen weder auf eine tarifliche Öffnungsklausel zurück noch stehen sie im Widerspruch zum einschlägigen Tarifvertrag. Vielmehr wird hier ausschließlich über Regelungsgegenstände wie übertarifliche Zulagen oder betriebliche Restrukturierungsmaßnahmen verhandelt, die von den Betriebsparteien autonom, d.h. ohne formale Beteiligung der Tarifpartner justiert werden können.

Immerhin 17% der KBV stehen nach Aussage der Betriebsräte komplett (5%) oder zumindest in Teilen (12%) im Widerspruch zum Tarifvertrag und sind damit prototypische Fälle der „wilden Dezentralisierung“ (Oppolzer/Zachert 2000: 219). Hierdurch werden Tarifstandards auch ohne legitimierende Öffnungsklausel unter- oder der im Tarifvertrag eingeräumte Flexibilisierungsspielraum überschritten.

Tab. 18: Verhältnis zwischen KBV, Tarifvertrag und Gewerkschaft in Deutschland

	Trifft zu in ... % der Betriebe
KBV beruht auf einer Öffnungsklausel	
Ja	32
Nein	61
Keine Angabe	7
KBV steht im Widerspruch zum Tarifvertrag	
Ganz	5
Teilweise	12
Nein	79
Keine Angabe	4
Gesamt	100
Gewerkschaft hat der KBV zugestimmt1)	
Ja	84
Nein	15
Keine Angabe	1
Gesamt	100

In % aller tarifgebundenen Betriebe mit einer KBV (Spaltenprozente)
1) Falls KBV ganz oder teilweise im Widerspruch zum Tarifvertrag steht
Quelle: WSI – Betriebsrätebefragung 2003 (gewichtetes Ergebnis)

Tarifwidrige KBV finden sich in erster Linie in Klein- und Mittelbetrieben, deutlich seltener dagegen in Großbetrieben, die in stärkerem Maße dem Monitoring der Tarifpartner ausgesetzt sind (vgl. Tabelle 19). Tarifwidrige Bündnisse sind darüber hinaus insbesondere in der Baubranche weit verbreitet, wohingegen kein signifikanter Unterschied im Ost-West-Vergleich festzustellen ist.[15]

15 Zur nachlassenden Tariftreue in der Bauindustrie vgl. Bosch/Zühlke-Robinet 2000 123-128.

Tab. 19: Tarifwidrige KBV in Deutschland

	KBV verstößt ganz oder in Teilen gegen den Tarifvertrag
Lage	
West	18%
Ost	19%
Betriebsgröße	
20-50 Mitarbeiter	40%
51-100 Mitarbeiter	37%
101-200 Mitarbeiter	26%
201-500 Mitarbeiter	25%
501-1000 Mitarbeiter	16%
> 1.000 Mitarbeiter	11%
Keine Angabe	20%
Branche	
Baugewerbe	47%
Produzierendes Gewerbe	22%
Banken und Versicherungen	4%
Verkehr und Nachrichten	11%
Handel	19%
Unternehmensdienstleistungen	9%
Sonstige Dienstleistungen	15%
Sonstige Branchen	17%
Keine Angabe	50%
Gesamt	18%

In % aller tarifgebundenen Betriebe (Zeilenprozente)
Cramér's V (Lage) = nicht signifikant
Cramér's V (Betriebsgröße) = 0,221 ($p \leq 0,001$)
Cramér's V (Branche) = 0,217 ($p \leq 0,001$)

Quelle: WSI-Betriebsrätebefragung 2003 (gewichtetes Ergebnis)

Hält man sich vor Augen, dass auch in der Vergangenheit Tarifstandards nicht flächendeckend eingehalten wurden und insbesondere bei der Arbeitszeitgestaltung die betriebliche Ebene vielfach die spätere Tarifflexibilisierung bereits vorweg genommen hat (Becker/Wiedemeyer 2001; Höland et al. 2001; Maier/Schautis 2000: 19), erscheint der Anteil tarifwidriger KBV, der in dieser Größenordnung auch in anderen Untersuchungen bestätigt wird, nicht außergewöhnlich hoch (Bispinck 2005: 303; Bispinck/Schulten 2003: 159; Rehder 2003a: 202). Nicht auszuschließen ist allerdings, dass mitunter aufgrund sozialer Erwünschtheit der Tarifbruch verschwiegen wurde und die Tarifwidrigkeit somit systematisch unterschätzt wird.

Mit tarifwidrigen Konzessionsvereinbarungen gehen die Gewerkschaften meist ausgesprochen pragmatisch um und praktizieren einen „verschwiegenen Standortkorporatismus“ (Bergmann 2003: 75). In 84% der zunächst tarifwidrigen Vereinbarungen hat die zuständige Gewerkschaft nachträglich ihre Zustimmung erteilt. Lediglich 3% der tarifabweichenden KBV kamen ohne das Plazet der Gewerkschaften zustande. Während Gewerkschaften den um sich greifenden „Betriebsegoismus“ beklagen, scheinen sie gleichwohl erkannt zu haben, dass angesichts von Beschäftigungsabbau und Massenarbeitslosigkeit bestehende Tarifstandards gegen den erklärten Willen von Arbeitgebern, Betriebsräten und Belegschaften nicht dauerhaft zu verteidigen sind.

Gründe für das Fehlen einer KBV

In der Mehrzahl jener Betriebe ohne KBV sehen die Arbeitnehmervertreter schlichtweg keinen Bedarf (41%) oder geben an, dass trotz des prinzipiell bestehenden Bedarfs der Abschluss einer KBV von den Betriebsparteien bislang noch nicht thematisiert worden ist (32%). Der durchaus wahrgenommene Problemdruck deutet darauf hin, dass auch zukünftig mit einer weiteren Zunahme betrieblicher Konzessionsvereinbarungen gerechnet werden muss.

Es überrascht nicht, dass sich der Betriebsrat selbst nur in den wenigsten Fällen als Hindernis für den Abschluss einer KBV wahrnimmt (< 1%), deutlich häufiger dagegen der Geschäftsführung die Verantwortung am Scheitern der Verhandlungen zugewiesen wird (14%, vgl. Tabelle 20). Spiegelbildlich werden

Tab. 20: Gründe für das Fehlen einer KBV in Deutschland

	Wird als Grund genannt in ... der Fälle
Kein Bedarf	42
KBV war bisher noch kein Thema, obwohl Bedarf besteht	32
Eine Initiative des BR scheiterte am Widerstand der Geschäftsführung	14
Beschäftigungssicherung ist am Standort nicht möglich (Entlassungen/Standortverlagerung bereits beschlossen)	12
Vereinbarung ist ausgelaufen und wurde nicht verlängert	6
Sonstige Gründe	6
Eine tarifliche Öffnungsklausel fehlt	5
Eine Initiative der Geschäftsführung scheiterte am Widerstand des BR	< 1
Keine Angabe	5
Gesamt	100

In % aller Betriebe ohne KBV, Mehrfachantworten möglich (Spaltenprozente)

Quelle: WSI-Betriebsrätebefragung 2003 (gewichtetes Ergebnis)

in Arbeitgeberbefragungen zumeist die mangelnde Kompromissbereitschaft der Gewerkschaften bzw. arbeits- und tarifrechtliche Rigiditäten als Grund für das Scheitern von Bündnisverhandlungen angeführt (Ackermann/Vollmer 1999: 197; Berthold et al. 2003b: 57). Die wechselseitige Schuldzuweisung deutet darauf hin, dass für das Scheitern einer Beschäftigungsvereinbarung nicht ein Verhandlungspartner allein verantwortlich zu machen ist und KBV voraussetzungsvolle Tauscharrangements darstellen, die auf die Kooperationsbereitschaft beider Parteien angewiesen sind.

4.3.3 Arbeitnehmerleistungen

Inhaltlich befassen sich KBV mit einer breiten Palette an Maßnahmen und gehen in aller Regel weit über die bloße Absenkung bzw. Flexibilisierung von Tarifparametern hinaus. Es dominieren intern-numerische Maßnahmen zur Arbeitszeitanpassung (75%), gefolgt von intern-funktionalen Veränderungen im Bereich der Arbeitsorganisation (59%) (vgl. Tabelle 21).[16] Monetäre Zugeständnisse, bei denen die Arbeitnehmer auf Zulagen oder zukünftige Tariferhöhungen verzichten, finden sich in 42% der Vereinbarungen. Knapp die Hälfte (47%) der Vereinbarungen sieht zusätzlich vor, dass der Beschäftigungsabbau sozialverträglich über staatlich subventionierte Frühverrentungsprogramme gestaltet wird.

Gegenüber den Ergebnissen der WSI-Betriebsrätebefragung 1999 fällt der nunmehr höhere Anteil monetärer Konzessionen auf, während spiegelbildlich der Anteil intern-numerischer und vor allem intern-funktionaler Flexibilisierungsinstrumente merklich zurückgegangen ist.[17] Auch wenn die beiden Querschnittserhebungen nicht direkt miteinander vergleichbar und damit Trendaussagen methodisch nicht zulässig sind, so liefern die Ergebnisse doch zumindest erste Hinweise auf einen inhaltlichen Gestaltwandel betrieblicher Konzessionsvereinbarungen in Deutschland.

Dieser dürfte seine Ursache nicht allein in der quantitativen wie auch qualitativen Ausweitung tariflicher Öffnungsklauseln oder in einer Verschlechterung der wirtschaftlichen Lage der Betriebe haben, sondern gleichermaßen auf Sättigungseffekte und einen zwischenzeitlichen „Reifeprozess" (Massa-Wirth/Seifert 2004: 250) zurückzuführen sein. Konnte bei Beschäftigungsbündnissen

---

16 Zu berücksichtigen ist, dass nicht die tatsächlich angewandten, sondern lediglich neu vereinbarte Instrumente berücksichtigt werden. Wenn etwa ein Betrieb bereits Arbeitszeitkonten oder Altersteilzeit nutzt und in der KBV nicht neu regelt, so spiegelt sich dies nicht in den Daten wider.

17 Die Befragung 1999/2000 ergab folgende Häufigkeitsanteile: Intern-numerische Instrumente (82%), intern-funktionale Instrumente (72%), intern-monetäre Instrumente (19%), vgl. Seifert 2002: 72.

Tab. 21: Flexibilisierungsinstrumente in KBV in Deutschland

	Vereinbart in ... % aller KBV
Intern-numerische Instrumente	75
Freizeitausgleich für Mehrarbeit	38
Einführung von Arbeitszeitkonten	36
Abbau von Mehrarbeit	22
AZ-Verkürzung ohne/mit (Teil-)Lohnausgleich	19
Ausweitung von Teilzeitarbeit	15
Verlängerung der Regelarbeitszeiten	13
Sonderurlaubsmöglichkeiten	8
Kurzarbeit	7
Zusätzliche Samstagsarbeit	6
Zusätzliche Sonntagsarbeit	2
Intern-funktionale Instrumente	59
Betriebliche Umsetzungen/Versetzungen	46
Qualifizierung von Beschäftigten	31
Modernisierung der Arbeitsorganisation	24
Monetäre Instrumente	42
Kürzungen bei Sonderzahlungen/Zulagen	20
Anrechnung übertariflicher Einkommensbestandteile auf Tariferhöhungen	11
Mehrarbeit ohne Zuschläge	11
Aussetzen von Tariferhöhungen	10
Verschlechterung bei Eingruppierungen	6
Kürzungen beim Grundlohn	2
Kürzungen bei Ausbildungsvergütungen	1
Extern-numerische Instrumente	47
Vorruhestand	35
Einführung von Altersteilzeit	30
Gesamt	100

In % aller Betriebe mit einer KBV, Mehrfachantworten möglich (Spaltenprozente)

Quelle: WSI-Betriebsrätebefragung 2003 (gewichtetes Ergebnis)

der ersten Generation die betriebliche Wettbewerbsfähigkeit zunächst noch durch den Einsatz vergleichsweise „sanfter“ Maßnahmen wie etwa die Einführung von Arbeitszeitkonten oder die Modernisierung der Arbeitsorganisation verbessert werden, so sind diese Optionen inzwischen in vielen Betrieben weitgehend ausgeschöpft. Einschnitte in das Lohn- und Gehaltsgefüge, die aufgrund negativer Motivations- und Produktivitätseffekte von beiden Betriebspartnern bislang bewusst ausgespart geblieben waren, rücken nunmehr verstärkt auf die Verhandlungsagenda. Mit der zunehmenden Nutzung von Konzessionsvereinbarungen auch in wirtschaftlich erfolgreichen Unternehmen sehen akut krisenbedrohte Betriebe nur noch über die direkte Senkung der Lohnkosten eine Möglichkeit, sich im verstärkten Kostenwettbewerb nachhaltig Luft zu verschaffen.

Bei den Arbeitszeitmaßnahmen kann differenziert werden nach solchen, mit denen die Arbeitszeit reduziert oder ausgeweitet oder aber die Verteilung des gegebenen Arbeitsvolumens flexibilisiert wird. Wird die Arbeitszeit verkürzt (19%), so erfolgt dies im Gegensatz zur schrittweisen Wochenarbeitszeitverkürzung der 1980er und frühen 1990er Jahre erstens zeitlich befristet, zweitens in weitaus größerem Umfang und geht drittens nicht mehr mit einem vollen Lohnausgleich einher (Herrmann et al. 2001; Richter et al. 2001). Grundlage sind vielfach tarifliche Öffnungsklauseln nach dem Vorbild des erstmals in der Metallindustrie 1994 vereinbarten Beschäftigungssicherungstarifvertrages. Ebenso wie beim Abbau von Mehrarbeit (22%) bzw. der Vereinbarung von Freizeit- statt Geldausgleich für geleistete Mehrarbeit (38%) sollen durch die solidarische Verteilung des Arbeitsvolumens Entlassungen vermieden oder aber zumindest in ihrem Umfang begrenzt werden.

Arbeitszeitverlängerungen (13%) werden ebenfalls in aller Regel ohne bzw. lediglich mit teilweisem Lohnausgleich vereinbart. Zwischenzeitlich haben sie als Folge des Pforzheimer Metalltarifvertrages vom Frühjahr 2004 weiter an Bedeutung gewonnen (Bispinck 2005). Eine Vorbildfunktion kommt der im Juni 2004 beschlossenen unbezahlten Arbeitszeitverlängerung um fünf Wochenstunden in den Siemens-Werken Bocholt und Kamp-Lintfort zu (Financial Times Deutschland, 25.06.2004). Im Unterschied zur Arbeitszeitverkürzung steht hier weniger der Beschäftigungssicherungs- als vielmehr der Kostensenkungsaspekt im Vordergrund (Spitznagel/Wanger 2004). Über die Senkung der Lohnstückkosten können Unternehmen mit einer positiven Auftragslage kosteneffizient ihre Produktion ausweiten (Seifert/Massa-Wirth 2005). Gleiches gilt für die Ausweitung der Samstags- (6%) bzw. Sonntagsarbeit (2%), durch die die Maschinenlaufzeiten verlängert und die Kapitalstückkosten gesenkt werden können. Mit Arbeitszeitkonten, die in 36% der Fälle eingeführt bzw. ausgeweitet wurden, erhalten Unternehmen die Möglichkeit, das vorgegebene Arbeitsvolumen flexibel an kurzfristig schwankende Auftragszyklen anzupassen (Carstensen 2000). Mehrarbeitszuschläge können so ebenso vermieden werden wie Unterbeschäftigung bei konjunkturellen Nachfragerückgängen.

Bei den direkten Entgeltanpassungen dominieren Kürzungen bei tariflichen Sonderzahlungen (Weihnachts-, Urlaubsgeld) und übertariflichen Zulagen (20%) sowie das Aussetzen (10%) bzw. die Verrechnung zukünftiger Tariferhöhungen mit übertariflichen Einkommensbestandteilen (11%). Ebenfalls in 11% der Vereinbarungen werden Mehrarbeitszuschläge gestrichen und in weiteren 6% die Eingruppierung einzelner Beschäftigtengruppen verschlechtert. Beispielhaft hierfür ist die Einigung bei DaimlerChrysler vom Sommer 2004, bei der das Kanntinen- und Wachpersonal in einen kostengünstigeren und flexibleren Dienstleistungstarif ausgelagert wurde (Handelsblatt, 26.07.2004).

Direkte Einschnitte bei den tariflichen Grundlöhnen und Ausbildungsvergütungen sind dagegen noch lediglich auf Einzelfälle beschränkt. Dies ist nicht allein darauf zurückzuführen, dass bislang von wenigen Ausnahmen abgesehen generelle Öffnungsklauseln zur Tariflohnkürzung fehlen, sondern hat gleichermaßen motivations- und effizienzlohntheoretische Ursachen (Franz/Pfeiffer 2003; Pfeiffer 2003b).

Paketlösungen

KBV sind meist komplexe Paketlösungen, in denen mehrere funktional komplementäre Anpassungsinstrumente kombiniert werden (vgl. Seifert 2002). Lediglich 13% der Vereinbarungen sehen nur eine einzige Maßnahme vor, durchschnittlich werden vier der in Tabelle 21 aufgeführten Instrumente kombiniert (vgl. Tabelle 22).

Tab. 22: Kombination von Flexibilisierungsinstrumenten in KBV in Deutschland

Kombination	Anteilswert
Intern-numerisch + intern-funktional + intern-monetär	24%
Intern-numerisch + intern-funktional	35%
Intern-numerisch + intern-monetär	9%
Intern-funktional + intern-monetär	2%
Intern-numerisch	16%
Intern-funktional	9%
Intern-monetär	4%
Gesamt	100%

In % aller Betriebe mit einer KBV (Spaltenprozente)

Quelle: WSI – Betriebsrätebefragung 2003 (gewichtetes Ergebnis)

Die relative Häufung intern-numerischer und intern-funktionaler Konzessionsinstrumente überrascht nicht, hat doch bereits Seifert auf die Komplementarität numerischer und funktionaler Anpassungsparameter hingewiesen: „Flexible Arbeitszeitmuster lassen sich letztlich kaum erfolgreich implementieren, wenn nicht gleichzeitig auch die Arbeitsorganisation angepasst wird. Die kostenmindernden und produktivitätssteigernden Potenziale flexibler Arbeitszeitmuster lassen sich besser erschließen, wenn die Reorganisation der Arbeitszeiten mit entsprechenden arbeitsorganisatorischen Umstrukturierungen verknüpft ist" (Seifert 2002: 74; vgl. hierzu gleichermaßen Bosch 2000).

Arbeitnehmerleistungen nach regionaler Lage

Teils variieren die Vereinbarungsinhalte stark nach der regionalen Lage, der Betriebsgröße, den wirtschaftlichen Rahmenbedingungen des Betriebes sowie der Laufzeit der Vereinbarung. So wird in westdeutschen signifikant häufiger als in ostdeutschen Betrieben das Überstundenvolumen begrenzt (Freizeitausgleich für Mehrarbeit bzw. Abbau von Mehrarbeit), um so das Arbeitsvolumen gleichmäßig auf die Beschäftigten zu verteilen und Entlassungen zu vermeiden (vgl. Tabelle 23). Aufgrund des ohnehin geringen Mehrarbeitsvolumens in den neuen Bundesländern wäre die beschäftigungspolitische Wirkung eines Überstundenverzichts in den meisten ostdeutschen Betrieben ohnehin vergleichsweise gering.

Die gleichermaßen unterproportionale Vereinbarung von Qualifizierungsmaßnahmen kann ein Zeichen für „Crowding Out"-Effekte in Ostdeutschland sein, bei der betriebliche Weiterbildung durch staatlich subventionierte Qualifizierungsprogramme im Rahmen der aktiven Arbeitsmarktpolitik substituiert wird.

Arbeitnehmerleistungen nach Betriebsgrößen

Entgeltanpassungen finden sich durchweg häufiger in Klein- als in Großbetrieben (vgl. Tabelle 24). In Kleinbetrieben unter 100 Beschäftigten werden Tariferhöhungen rund dreimal so häufig ausgesetzt und Sonderzahlungen doppelt so häufig gekürzt wie in Großbetrieben mit mehr als 500 Mitarbeitern. Letzteres ist insofern bemerkenswert, als der Umfang übertariflicher Zulagen mit der Betriebsgröße steigt und daher der monetäre Verhandlungsspielraum in Kleinbetrieben ohnehin vergleichsweise gering ist (Kohaut/Schnabel 2003b).

Für die auffälligen Betriebsgrößenunterschiede sind mehrere Alternativerklärungen denkbar. Möglich ist, dass Kleinbetriebe aufgrund ihrer geringeren Marktmacht größeren ökonomischen Schwierigkeiten ausgesetzt sind. Kleinere Zulieferer sehen sich heute vielfach mit der Forderung großer Endabnehmer konfrontiert, kontinuierliche Preisnachlässe in einer Größenordnung zu gewähren, die langfristig nur durch Lohnkostensenkungen realisiert werden können. Hinzu kommt, dass in Kleinbetrieben Gewerkschaften durchweg schwächer vertreten sind. Betriebsräte und Belegschaft können somit im kleinbetrieblichen Kontext nur begrenzt auf gewerkschaftliche Unterstützung bei der Aushandlung von Konzessionsvereinbarungen zurückgreifen. Einschneidende Lohnkonzessionen, die in Großbetrieben am Veto der Tarifpartner scheitern, treffen in gewerkschaftsfernen Betrieben auf weit geringeren Widerstand.

Im Gegensatz zu Klein- greifen Großbetriebe stärker auf Instrumente zur Produktivitätssteigerung und sozialverträglichen Reduzierung des Arbeitsvolumens durch Frühverrentungsprogramme zurück. Letzteres erklärt sich damit, dass die Aushandlung und Implementation von Vorruhestandsprogrammen um-

Tab. 23: Flexibilisierungsinstrumente in Abhängigkeit vom Standort des Betriebes in Deutschland

	Standort des Betriebes	
	Westdeutschland	Ostdeutsch and
Intern-numerische Instrumente	75%	74%
Freizeitausgleich für Mehrarbeit	42%**	23%**
Einführung von Arbeitszeitkonten	37%	30%
Abbau von Mehrarbeit	25%**	9%**
AZ-Verkürzung ohne/mit (Teil-)Lohnausgleich	17%*	27%*
Ausweitung von Teilzeitarbeit	13%**	23%**
Verlängerung der Regelarbeitszeiten	14%*	7%*
Sonderurlaubsmöglichkeiten	8%	8%
Kurzarbeit	7%	7%
Zusätzliche Samstagsarbeit	7%	4%
Zusätzliche Sonntagsarbeit	2%	1%
Intern-funktionale Instrumente	60%	52%
Betriebliche Umsetzungen/Versetzungen	46%	45%
Qualifizierung von Beschäftigten	34%**	14%**
Modernisierung der Arbeitsorganisation	25%*	16%*
Monetäre Instrumente	42%	40%
Kürzungen bei Sonderzahlungen/Zulagen	20%	19%
Anrechnung übertariflicher Einkommensbestandteile auf Tariferhöhungen	11%	10%
Mehrarbeit ohne Zuschläge	12%	6%
Aussetzen von Tariferhöhungen	8%**	18%**
Verschlechterung bei Eingruppierungen	5%	8%
Kürzungen beim Grundlohn	2%	0%
Kürzungen bei Ausbildungsvergütungen	1%	<1%
Extern-numerische Instrumente	49%	39%
Vorruhestand	36%	29%
Einführung von Altersteilzeit	32%*	21%*

In % aller Betriebe mit einer KBV, Mehrfachantworten möglich (Spaltenprozente)
** Unterschiede signifikant mit $p \leq 0{,}01$
* Unterschiede signifikant mit $p \leq 0{,}05$

Quelle: WSI-Betriebsrätebefragung 2003 (gewichtetes Ergebnis)

Tab. 24: Flexibilisierungsinstrumente in Abhängigkeit von der Betriebsgröße in Deutschland

	Betriebsgröße nach Beschäftigtenzahl[1)]		
	20-100	101-500	> 500
Intern-numerische Instrumente	82%	74%	74%
Freizeitausgleich für Mehrarbeit	43%	39%	37%
Einführung von Arbeitszeitkonten	42%	36%	35%
Abbau von Mehrarbeit	28%	22%	22%
AZ-Verkürzung ohne/mit (Teil-)Lohnausgleich	24%	18%	18%
Ausweitung von Teilzeitarbeit	4%*	12%*	18%*
Verlängerung der Regelarbeitszeiten	16%	14%	12%
Sonderurlaubsmöglichkeiten	6%**	3%**	11%**
Kurzarbeit	20%**	8%**	4%**
Zusätzliche Samstagsarbeit	6%	8%	5%
Zusätzliche Sonntagsarbeit	2%	3%	2%
Intern-funktionale Instrumente	51%	57%	61%
Betriebliche Umsetzungen/Versetzungen	41%	46%	47%
Qualifizierung von Beschäftigten	24%**	24%**	36%**
Modernisierung der Arbeitsorganisation	26%	22%	25%
Monetäre Instrumente	60%**	48%**	35%**
Kürzungen bei Sonderzahlungen/Zulagen	31%*	22%*	16%*
Anrechnung übertariflicher Einkommensbestandteile auf Tariferhöhungen	20%	12%	10%
Mehrarbeit ohne Zuschläge	26%**	13%**	7%**
Aussetzen von Tariferhöhungen	17%**	16%**	6%**
Verschlechterung bei Eingruppierungen	10%	4%	6%
Kürzungen beim Grundlohn	4%	0%	2%
Kürzungen bei Ausbildungsvergütungen	4%**	>1%**	0%**
Extern-numerische Instrumente	26%**	39%**	55%**
Vorruhestand	22%**	25%**	42%**
Einführung von Altersteilzeit	10%**	25%**	36%**

In % aller Betriebe mit einer KBV, Mehrfachantworten möglich (Spaltenprozente)
1) ohne fehlende Werte
* Unterschiede signifikant mit $p \leq 0{,}05$
** Unterschiede signifikant mit $p \leq 0{,}01$

Quelle: WSI-Betriebsrätebefragung 2003 (gewichtetes Ergebnis)

fassende personalwirtschaftliche sowie arbeits- und sozialrechtliche Kenntnisse sowohl auf Seiten des Managements wie auch des Betriebsrats voraussetzt, die in Kleinbetrieben nicht durchweg vorhanden sein dürften (Klammer/Weber 2001; Schäfer 1998).

Arbeitnehmerleistungen nach wirtschaftlicher Lage

Mit Blick auf die wirtschaftlichen Rahmendaten werden frühere Befunde bestätigt, wonach Flexibilisierungsinstrumente als funktionale Antwort auf betriebsspezifische ökonomische Problemlagen zu interpretieren sind (Berthold et al. 2003b; Mauer/Seifert 2001).[18] Maßnahmen zur Reduzierung des Arbeitsvolumens werden in erster Linie bei schlechter Auftragslage eingesetzt, wohingegen in Betrieben mit einer guten Nachfragesituation signifikant häufiger die Arbeitszeit ausgeweitet wird (vgl. Tabelle 25). Die Gewinnvariable ist dagegen ein guter Prädiktor für monetäre Konzessionsinstrumente. Ertragsschwache Betriebe vereinbaren durchweg häufiger Zugeständnisse bei den Arbeitsentgelten, die in profitablen Betrieben gegen den Widerstand der Beschäftigten nicht durchsetzbar sind.[19]

Weitgehend unabhängig von der Wirtschaftslage werden Frühverrentungsprogramme vereinbart, die je nach ökonomischer Lage unterschiedliche Funktionen erfüllen. In Krisenbetrieben wird hierdurch der Personalbestand kosteneffizient reduziert und der Restrukturierungsprozess beschleunigt. Betriebsbedingte Kündigungen, die insbesondere jüngere Arbeitnehmer treffen würden, können so vermieden werden. Dagegen setzen erfolgreiche Betriebe die Frühverrentungsoption zur Erhöhung der betrieblichen Fluktuationsrate ein, um so die Alters- und Qualifikationsstruktur in der Belegschaft schneller anzupassen (Schäfer 1998: 61).

Arbeitnehmerleistungen nach Laufzeiten

Kurzarbeit und Arbeitszeitverkürzung finden sich zumeist in kurzfristigen Vereinbarungen. Dies überrascht nicht, sind doch diese Instrumente in aller Regel auf gesetzlicher bzw. tarifvertraglicher Basis zeitlich begrenzt. Umgekehrt werden intern-funktionale Instrumente sowie Zeitkonten und Frühverrentungsprogramme in erster Linie in mehrjährigen bzw. unbefristeten KBV eingeführt (vgl. Tabelle 26). Diese Maßnahmen setzen meist umfangreiche arbeitsorganisatorische Anpassungen voraus und sind nur langfristig sinnvoll. Bei zusätzlichen

---

18 Für eine weitergehende Diskussion sowie multivariate Analysen zur Erklärung alternativer Maßnahmenbündel vgl. Massa-Wirth/Seifert 2006; Seifert/Massa-Wirth 2005.

19 Auftrags- und Ertragslage korrelieren stark miteinander (Kendall's Taub = 0,59), so dass zwischen auftrags- und ertragsabhängigen Instrumenten nicht immer trennscharf differenziert werden kann.

Weiterbildungsmaßnahmen hat zudem der Betrieb ein unmittelbares Interesse daran, die Beschäftigten langfristig zu binden.

Tab. 25: Flexibilisierungsinstrumente in Abhängigkeit von der wirtschaftlichen Lage des Betriebes in Deutschland

	Auftragslage[1), 2)]		Ertragslage[1), 2)]	
	Gut/Sehr gut	Schlecht/ Sehr schlecht	Gut/Sehr gut	Schlecht/ Sehr schlecht
Intern-numerische Instrumente	71%**	84%**	66%**	85%**
Freizeitausgleich für Mehrarbeit	34%**	49%**	32%**	44%**
Einführung von Arbeitszeitkonten	33%*	42%*	28%**	43%**
Abbau von Mehrarbeit	20%*	28%*	20%	26%
AZ-Verkürzung ohne/mit (Teil-)Lohnausgleich	10%**	34%**	11%**	26%**
Ausweitung von Teilzeitarbeit	17%	11%	18%	14%
Verlängerung der Regelarbeitszeiten	17%**	8%**	11%	13%
Sonderurlaubsmöglichkeiten	10%	5%	12%**	6%**
Kurzarbeit	4%**	12%**	4%*	9%*
Zusätzliche Samstagsarbeit	8%*	3%*	5%	5%
Zusätzliche Sonntagsarbeit	3%*	> 1%*	3%	2%
Intern-funktionale Instrumente	60%	59%	61%	59%
Betriebliche Umsetzungen/Versetzungen	45%	46%	48%	46%
Qualifizierung von Beschäftigten	35%*	25%*	38%**	25%**
Modernisierung der Arbeitsorganisation	22%	29%	20%	27%
Monetäre Instrumente	39%*	49%*	30%**	52%**
Kürzungen bei Sonderzahlungen/Zulagen	17%*	25%*	12%**	27%**
Anrechnung übertariflicher Einkommensbestandteile auf Tariferhöhungen	9%*	16%*	7%*	12%*
Mehrarbeit ohne Zuschläge	10%	13%	9%	14%
Aussetzen von Tariferhöhungen	9%	13%	4%**	16%**
Verschlechterung bei Eingruppierungen	6%	5%	4%	8%
Kürzungen beim Grundlohn	3%	1%	< 1%	1%
Kürzungen bei Ausbildungsvergütungen	< 1%	1%	< 1%	1%
Extern-numerische Instrumente	49%	47%	50%	47%
Vorruhestand	35%	36%	35%	36%
Einführung von Altersteilzeit	31%	29%	29%	31%

In % aller Betriebe mit einer KBV, Mehrfachantworten möglich (Spaltenprozente)
1) Ohne fehlende Werte; 2) Auftrags- und Ertragslage zum Zeitpunkt des Abschlusses der Vereinbarung
* Unterschiede signifikant mit $p \leq 0{,}05$; ** Unterschiede signifikant mit $p \leq 0{,}01$

Quelle: WSI-Betriebsrätebefragung 2003 (gewichtetes Ergebnis)

Tab. 26: Flexibilisierungsinstrumente in Abhängigkeit von der Dauer in Deutschland

	Dauer der Vereinbarung1		
	< 1 Jahr	> 1 Jahr	Unbefristet
Intern-numerische Instrumente	81%	77%	80%
Freizeitausgleich für Mehrarbeit	19%**	36%**	52%**
Einführung von Arbeitszeitkonten	21%**	29%**	55%**
Abbau von Mehrarbeit	15%	21%	27%
AZ-Verkürzung ohne/mit (Teil-)Lohnausgleich	40%**	21%**	16%**
Ausweitung von Teilzeitarbeit	2%**	18%**	12%**
Verlängerung der Regelarbeitszeiten	13%*	19%*	8%*
Sonderurlaubsmöglichkeiten	6%	9%	8%
Kurzarbeit	15%*	6%*	4%*
Zusätzliche Samstagsarbeit	2%	8%	6%
Zusätzliche Sonntagsarbeit	0%	2%	3%
Intern-funktionale Instrumente	38%**	70%**	55%**
Betriebliche Umsetzungen/Versetzungen	31%**	56%**	45%**
Qualifizierung von Beschäftigten	10%**	36%**	34%**
Modernisierung der Arbeitsorganisation	15%*	24%*	32%*
Monetäre Instrumente	52%	46%	39%
Kürzungen bei Sonderzahlungen/Zulagen	30%	23%	18%
Anrechnung übertariflicher Einkommensbestandteile auf Tariferhöhungen	6%	14%	8%
Mehrarbeit ohne Zuschläge	8%*	14%*	6%*
Aussetzen von Tariferhöhungen	17%	11%	8%
Verschlechterung bei Eingruppierungen	4%	6%	7%
Kürzungen beim Grundlohn	2%	3%	0%
Kürzungen bei Ausbildungsvergütungen	0%	0%	< 1%
Extern-numerische Instrumente	27%*	47%*	48%*
Vorruhestand	17%**	34%**	43%**
Einführung von Altersteilzeit	15%**	27%**	37%**

In % aller Betriebe mit einer KBV, Mehrfachantworten möglich (Spaltenprozente)
1) Ohne fehlende Werte; * Unterschiede signifikant mit $p \leq 0,05$; ** Unterschiede signifikant mit $p \leq 0,01$

Quelle: WSI-Betriebsrätebefragung 2003 (gewichtetes Ergebnis)

4.3.4 Arbeitgeberleistungen

Den Arbeitnehmerkonzessionen stehen in aller Regel explizite und verbindliche Arbeitgeberleistungen gegenüber, so dass sich „ein Bild des wechselseitigen Gebens und Nehmens“ (Heidemann 1999: 20) bietet (vgl. Tabelle 27).[20] Ebenso wie die Arbeitnehmerleistungen werden auch die Arbeitgeberzusagen häufig im Paket vereinbart. Zu differenzieren ist hier nach direkten Beschäftigungszusagen auf der einen und indirekt die Beschäftigung sichernden Standortzusagen auf der anderen Seite. Bei ersteren dominiert der Verzicht auf betriebsbedingte Kündigungen (71%) vor dem Erhalt der Belegschaftsstärke (26%). Neueinstellungen werden dagegen lediglich in 8% der KBV festgeschrieben. Letzteres überrascht nicht, ist doch die Subventionierung zusätzlicher Arbeitsplätze für Outsider durch Konzessionen der beschäftigten Insider höchst unwahrscheinlich (Lindbeck/Snower 2001).

Standortzusagen werden zumeist ergänzend zu direkten Beschäftigungszusagen vereinbart. An erster Stelle steht die Zusicherung, den Standort oder einzelne Betriebsteile für die Dauer der Vereinbarung nicht zu schließen oder zu

Tab. 27: Stabilisierungsinstrumente in KBV in Deutschland

	Vereinbart in ...% aller KBV
Beschäftigungszusagen	82
Ausschluss betriebsbedingter Kündigungen	71
Erhalt der gegenwärtigen Belegschaftsstärke	26
Übernahme von Auszubildenden	26
Erhalt von Ausbildungskapazitäten	26
Neueinstellungen	8
Standortzusagen	53
Erhalt des Standortes	44
Investitionen am Standort	20
Verzicht auf Outsourcing	14
Garantie von Produktlinien	12
Keine Zusagen seitens des Arbeitgebers	13
Gesamt	100

In % aller Betriebe mit einer KBV, Mehrfachantworten möglich (Spaltenprozente)

Quelle: WSI-Betriebsrätebefragung 2003 (gewichtetes Ergebnis)

20 Ebenso wie bei den Arbeitnehmerzugeständnissen kann auch bei den Arbeitgeberzusagen keine Aussage über ihren Umfang getroffen werden. So ist bspw. lediglich bekannt, dass in rund 20% der Vereinbarungen zusätzliche Investitionen am Standort zugesagt wurden, nicht jedoch in welchem Umfang.

verlagern (44%). Zusätzliche Erhaltungs- oder Erweiterungsinvestitionen zur langfristigen Zukunftssicherung werden in rund 20% der Fälle festgeschrieben. Der Verzicht auf Outsourcing (14%) und die Garantie bestehender Produktlinien (12%) stellen schließlich sicher, dass der Standort auch substantiell erhalten bleibt und nicht durch die schleichende Auslagerung von Arbeitsumfängen sukzessive ausgezehrt wird.

Einseitige Vereinbarungen

In 13% der untersuchten Konzessionsvereinbarungen wurden keine konkreten Arbeitgeberzusagen geleistet. Das Ziel der Beschäftigungssicherung wird hier nur indirekt über die Verbesserung der betrieblichen Wettbewerbsfähigkeit erreicht. Gegenüber der Befragung 1999/2000, bei der der Anteil einseitiger KBV noch bei lediglich 6% lag, deutet sich eine tauschpolitische Prekarisierung an (Mauer/Seifert 2001: 492). Einseitige Vereinbarungen finden sich insbesondere in tariffreien sowie in Kleinbetrieben (vgl. Tabelle 28). Fehlt der Tarifvertrag als Rückfallposition, dann können sich Betriebsräte nicht auf extern gesetzte Rechtsnormen berufen und Arbeitgeberleistungen als sine qua non für den Abschluss einer Konzessionsvereinbarung einfordern. In Kleinbetrieben wiederum fehlt zumeist die aktive Unterstützung der Gewerkschaft, die in Großbetrieben eine wesentliche Machtressource des Betriebsrats darstellt (Müller 2005: 555). Betriebsräte und Belegschaften können somit nur sehr eingeschränkt auf professionelle Beratungs- und Unterstützungsleistungen zurückgreifen und unkonditionierten Konzessionsforderungen des Arbeitgebers nicht wirkungsvoll begegnen.

Auch im Branchenvergleich zeigen sich große Unterschiede. Während im Produzierenden Gewerbe Einseitigkeit vergleichsweise selten (8%) ist, bleibt jede zweite KBV im Baugewerbe ohne Arbeitgeberzusage. Neben branchenspezifischen Sonderproblemen hat dies auch institutionelle Ursachen. Anders als in den meisten übrigen Branchen lässt die Beschäftigungssicherungsklausel in der Bauindustrie eine Tarifabweichung bereits ohne Kündigungsverzicht zu (Bosch/Zühlke-Robinet 2000: 146).

Logistische Regressionsanalyse zur Einseitigkeit von KBV

Die relative Stärke der Einflussfaktoren zur Erklärung asymmetrischer Konzessionsvereinbarungen wird wiederum durch ein logistisches Regressionsmodell bestimmt (vgl. Tabelle 29 und Tabelle 30).

Anders als in der deskriptiven Statistik tritt im multivariaten Modell kein signifikanter Betriebsgrößeneffekt mehr auf. Dagegen wird weiterhin der hochsignifikante Einfluss der Tarifbindung bestätigt. Die höhere Verbreitung einseitiger Vereinbarungen in Kleinbetrieben ist somit nicht auf einen eigenständigen

Tab. 28: Einseitigkeit von KBV in Deutschland

	Keine Zusagen des Arbeitgebers
Lage	
West	12%
Ost	19%
Betriebsgröße	
20-100 Mitarbeiter	24%
101-500 Mitarbeiter	18%
> 500 Mitarbeiter	9%
Keine Angabe	14%
Branche	
Baugewerbe	50%
Produzierendes Gewerbe	8%
Banken und Versicherungen	11%
Verkehr und Nachrichten	12%
Handel	9%
Unternehmensdienstleistungen	17%
Sonstige Dienstleistungen	20%
Sonstige Branchen	14%
Keine Angabe	29%
Tarifbindung	
Keine Tarifbindung	35%
Flächentarifbindung	12%
Haustarifbindung	10%
Keine Angabe	5%
Auftragslage[1)]	
Sehr gut	13%
Gut	11%
Schlecht	17%
Sehr schlecht	9%
Keine Angabe	14%
Ertragslage[1)]	
Sehr gut	7%
Gut	11%
Schlecht	14%
Sehr schlecht	15%
Keine Angabe	19%
Gesamt	13%

Legende zu Tabelle 28

In % aller Betriebe mit einer KBV (Zeilenprozente)
1) Auftrags- und Ertragslage zum Zeitpunkt des Abschlusses der Vereinbarung
Cramér's V (Lage) = 0,087 ($p \leq 0{,}05$)
Cramér's V (Betriebsgröße) = 0,152 ($p \leq 0{,}001$)
Cramér's V (Branche) = 0,236 ($p \leq 0{,}001$)
Cramér's V (Tarifbindung) = 0,190 ($p \leq 0{,}001$)
Cramér's V (Auftragslage) = nicht signifikant
Cramér's V (Ertragslage) = nicht signifikant

Quelle: WSI-Betriebsrätebefragung 2003 (gewichtetes Ergebnis)

Tab. 29: Variablendefinition zum Logit-Modell „Einseitigkeit"

Variablenname	Variablendefinition	Mittelwert (Standardabweichung)
AGBRBEZ	Additiver Index aus den Variablen „Behinderung der BR-Arbeit durch den AG" (1 = immer; 2 = häufig; 3 = manchmal; 4 = nie) + der Variablen „Informationsverhalten des AG gegenüber dem BR" (1 = Informationen nur mit Hinweis auf Rechte des BR; 2 = BR muss um Informationen bitten; 3 = BR bekommt Informationen bei der ersten Anfrage; 4 = BR bekommt Informationen unaufgefordert) – 1 = > Wertebereich von AGBRBEZ von 1 bis 7	4,888 (1,399)
AUFTRAGV	Betriebliche Auftragslage unmittelbar vor Abschluss der Vereinbarung (1 = Gut/Sehr gut; 0 = Schlecht/Sehr schlecht)	0,568 (0,496)
GEWINNV	Betriebliche Ertragslage unmittelbar vor Abschluss der Vereinbarung (1 = Gut/Sehr gut; 0 = Schlecht/Sehr schlecht)	0,382 (0,486)
FLÄCHTV	1 = Betrieb ist an einen Flächentarifvertrag gebunden	0,687 (0,464)
HAUSTV	1 = Betrieb ist an einen Haustarifvertrag gebunden	0,203 (0,403)
OSTDTL	1 = Betrieb liegt in Ostdeutschland	0,179 (0,383)
BAU	1 = Betrieb im Bereich Bauwirtschaft	0,022 (0,150)
HANDEL	1 = Betrieb im Bereich Handel	0,037 (0,188)
VERKNACH	1 = Betrieb im Bereich Verkehr und Nachrichtenwesen	0,123 (0,329)
BANKVERS	1 = Betrieb im Bereich Banken und Versicherungen	0,039 (0,194)
UNTERNDL	1 = Betrieb im Bereich Unternehmensnahe Dienstl.	0,053 (0,224)
SONSTDL	1 = Betrieb im Bereich Sonstige Dienstleistungen	0,119 (0,324)
SONSTBR	1 = Betrieb im Bereich Sonstige Branchen	0,014 (0,117)
101-500	1 = Betrieb mit 101-500 Beschäftigten	0,483 (0,500)
> 500	1 = Betrieb mit mehr als 500 Beschäftigten	0,389 (0,438)
KEINEZUS	1 = KBV enthält keine Arbeitgeberzusagen	0,142 (0,349)

Quelle: WSI-Betriebsrätebefragung 2003 (ungewichtetes Ergebnis)

Tab. 30: Determinanten der Verbreitung einseitiger KBV in Deutschland

	Regressionskoeffizient	Effektkoeffizient	Marginaler Effekt
AGBRBEZ	–0,289***	0,749	–0,040
AUFTRAGV	–0,365	0,694	–0,037
GEWINNV	–0,401	0,670	–0,039
FLÄCHTV1)	–1,217***	0,296	–0,146
HAUSTV1)	–1,067**	0,344	–0,084
OSTDTL	0,366	1,442	0,040
BAU2)	2,124***	8,362	0,394
HANDEL2)	–0,049	0,953	–0,005
VERKNACH2)	0,103	1,108	0,011
BANKVERS2)	1,105**	3,018	0,159
UNTERNDL2)	0,695	2,004	0,087
SONSTDL2)	0,315	1,370	0,034
SONSTBR2)	0,280	1,324	0,031
101-5003)	0,239	1,270	0,024
> 5003)	–0,193	0,825	–0,019
KONSTANTE	0,469	1,598	-
N	437		
LR Chi2	47,867		
Prob > Chi2	0,000		
McFadden R^2	0,130		
Nagelkerke R^2	0,177		

*** p ≤ 0,01 / ** p ≤ 0,05 / * p ≤ 0,10
1) Referenzkategorie: Keine Tarifbindung
2) Referenzkategorie: Produzierendes Gewerbe
3) Referenzkategorie: 20 – 100 Beschäftigte
Marginale Effekte bei dichotomen Variablen: 0/1-Änderungen auf Basis der Variablenmittelwerte
Marginaler Effekt bei metrischer Variable (AGBRBEZ): Änderung um eine Standardabweichung auf Basis der Variablenmittelwerte

Quelle: WSI-Betriebsrätebefragung 2003 (ungewichtetes Ergebnis)

Betriebsgrößeneffekt, sondern vielmehr auf die geringere Tarifbindung von Kleinbetrieben zurückzuführen. Gleichermaßen ist die ursprünglich schwach signifikante Häufung einseitiger KBV in Ostdeutschland Folge der geringeren Tarifbindung ostdeutscher Betriebe. Überraschend ist, dass die Koeffizienten der beiden ökonomischen Variablen zwar in die erwartete Richtung weisen, sie aber weder in der bivariaten Statistik noch im multivariaten Modell signifikante Prädiktoren für die Erklärung einseitiger KBV sind. Das Fehlen verbindlicher Arbeitgeberzusagen kann somit nicht allein darauf zurückgeführt werden, dass in wirtschaftlichen Krisensituationen Beschäftigungs- und Standortgarantien nicht mehr möglich sind.

Implementation

KBV werden in der Hoffnung auf „Kompensation und Reziprozität in der Zukunft" und im Vertrauen darauf abgeschlossen, „daß das Management als Gläubiger kreditwürdig ist" (Kotthoff 1998: 79). Auch wenn verbindliche Arbeitgeberleistungen festgeschrieben werden ist allerdings nicht sichergestellt, dass die vereinbarten Zusagen auch tatsächlich eingehalten werden. Während die Beschäftigten bei Vertragsabschluss in Vorleistung treten, erweist sich erst in der Zukunft, ob auch der Arbeitgeber seine Zusagen einhält. Die Frage, ob tatsächlich betriebsbedingte Kündigungen verhindert werden oder der Standort entgegen der ursprünglichen Zusicherung nicht doch verlagert wird, ist erst ex post, d.h. nach Ablauf der Vertragslaufzeit eindeutig zu beantworten (Massa-Wirth/ Seifert 2005: 39).

Dabei ist nicht notwendigerweise zielgerichteter Opportunismus der Grund dafür, dass das Management seine Verpflichtungen nicht einhält (Hübler 2006: 97-98). Unerwartete Nachfrageausfälle oder die zwischenzeitliche Aufkündigung von Finanzierungszusagen externer Kapitalgeber können zur akuten Existenzbedrohung für den Betrieb werden und dazu führen, dass die Anpassung der ursprünglich getroffenen Vereinbarung auch im Interesse der Beschäftigten liegt und von den Arbeitnehmervertretern gebilligt wird.

In 9% aller zweiseitigen KBV wurde von einzelnen oder mehreren der vereinbarten Zusagen im Laufe der Vereinbarung abgewichen (vgl. Tabelle 31). Dieser auf den ersten Blick hohe Anteil rührt in erster Linie von Verstößen gegen Outsourcingbeschränkungen und Ausbildungsplatzzusagen her. Dagegen wird von dem aus Arbeitnehmersicht besonders wichtigen Verzicht auf betriebsbedingte Kündigungen nur in Ausnahmefällen (3%) abgewichen. Die Vertragstreue der Unternehmen bei den Beschäftigungsgarantien ist darauf zurückzuführen, dass diese im Gegensatz zu allen anderen Arbeitgeberleistungen auch individualarbeitsrechtlich justitiabel sind und ein Verstoß für den Arbeitgeber mit erheblichen Risiken verbunden wäre.

Mehr als doppelt so häufig wie in West- findet sich vertragswidriges Verhalten in Ostdeutschland (vgl. Tabelle 32). Neben der prekäreren wirtschaftlichen Situation ostdeutscher Betriebe ist dies auch Folge der geringeren Tarifbindung, fehlender gewerkschaftlicher Unterstützung und der schwachen Ver-

Tab. 31: Verstoß des Arbeitgebers gegen Zusagen in Deutschland

	Verstoß gegen diese Zusage in ...% der Fälle[1)]
Beschäftigungszusagen	
Ausschluss betriebsbedingter Kündigungen	3
Erhalt der gegenwärtigen Belegschaftsstärke	4
Übernahme von Auszubildenden	3
Erhalt von Ausbildungskapazitäten	7
Neueinstellungen	2
Standortzusagen	
Erhalt des Standortes	6
Investitionen am Standort	3
Verzicht auf Outsourcing	13
Garantie von Produktlinien	1
Gesamt	9

In % aller Betriebe mit einer zweiseitigen KBV, Mehrfachantworten möglich (Zeilenprozente)
1) Ohne fehlende Werte

Quelle: WSI-Betriebsrätebefragung 2003 (gewichtetes Ergebnis)

handlungsposition ostdeutscher Betriebsräte (Artus 2003). So ist die Vertragstreue in Betrieben mit Flächentarifbindung außergewöhnlich hoch. Überraschend ist dagegen, dass Abweichungen in Haustarif gebundenen Betrieben noch häufiger auftreten als in tariffreien Betrieben. Die Beteiligung der Gewerkschaften als unmittelbare Vertragspartei hätte ein effektiveres Monitoring zur Verhinderung abweichenden Verhaltens erwarten lassen.

Nicht immer sind verschlechterte ökonomische Rahmenbedingungen die Ursache für Abweichungen von Beschäftigungs- und Standortzusagen. In Betrieben mit einer zwischenzeitlich verschlechterten Auftragslage kommt es zwar doppelt so häufig zu Arbeitgeberverstößen als in jenen, in denen die Nachfragesituation zumindest konstant geblieben ist. Doch ist dieser Befund lediglich auf dem 10%-Niveau signifikant.

Komplementäre Personalstrategien

Konzessionäre Beschäftigungsvereinbarungen dienen nicht notwendigerweise dem dauerhaften Erhalt aller Arbeitsplätze, sondern werden vielfach parallel zu einem strategisch angelegten Personalabbau eingesetzt. In 38% der untersuchten Betriebe wurde im Vorfeld der Vereinbarung die Beschäftigung reduziert (vgl. Tabelle 33). Neben „sanftem" Personalabbau über natürliche Fluktuation oder das Auslaufenlassen von Befristungen werden Arbeitsplätze auch aktiv über

Tab. 32: Verstoß des Arbeitgebers gegen Zusagen nach Strukturmerkmalen in Deutschland

	Verstoß gegen Zusage[1)]
Lage	
West	7%
Ost	15%
Betriebsgröße	
20 – 100 Mitarbeiter	17%
101 – 500 Mitarbeiter	4%
> 500 Mitarbeiter	9%
Keine Angabe	8%
Branche	
Baugewerbe	20%
Produzierendes Gewerbe	7%
Banken und Versicherungen	0%
Verkehr und Nachrichten	10%
Handel	21%
Unternehmensdienstleistungen	11%
Sonstige Dienstleistungen	15%
Sonstige Branchen	0%
Keine Angabe	0%
Tarifbindung	
Keine Tarifbindung	15%
Flächentarifbindung	5%
Haustarifbindung	17%
Keine Angabe	6%
Verschlechterung der Auftragslage seit Vereinbarungszeitpunkt	
Ja	15%
Nein	8%
Keine Angabe	4%
Verschlechterung der Ertragslage seit Vereinbarungszeitpunkt	
Ja	12%
Nein	8%
Keine Angabe	8%
Gesamt	9%

In % aller Betriebe mit einer zweiseitigen KBV (Zeilenprozente)
1) Ohne fehlende Werte; 2) Auftrags- und Ertragslage zum Befragungszeitpunkt
Cramér's V (Lage) = 0,098 ($p \leq 0,05$)
Cramér's V (Betriebsgröße) = 0,118 ($p \leq 0,1$)
Cramér's V (Branche) = 0,181 ($p \leq 0,05$)
Cramér's V (Tarifbindung) = 0,185 ($p \leq 0,001$)
Cramér's V (Verschlechterung Auftragslage) = 0,110 ($p \leq 0,1$)
Cramér's V (Verschlechterung Ertragslage) = nicht signifikant

Quelle: WSI-Betriebsrätebefragung 2003 (gewichtetes Ergebnis)

Tab. 33: Beschäftigungsreduzierung vor Abschluss der KBV in Deutschland

	Trifft zu in ... % aller Fälle
Wurde unmittelbar vor Abschluss der KBV die Beschäftigung reduziert?	
Ja	38
Nein	57
Keine Angabe	5
Gesamt	100
Falls Beschäftigung reduziert wurde, in welcher Form geschah dies?	
Fluktuation/Nicht-Wiederbesetzung von Stellen	74
Vorruhestandsregelungen/Altersteilzeit	70
Auslaufen befristeter Beschäftigung	59
Aufhebungsverträge	59
Betriebsbedingte Kündigungen	32
Ausgliederung/Verkauf von Betriebsteilen	27
Abbau von Leiharbeit	23
Sonstige Instrumente	3
Gesamt	100

In % aller Betriebe mit einer KBV (Spaltenprozente)

Quelle: WSI-Betriebsrätebefragung 2003 (gewichtetes Ergebnis)

Aufhebungsverträge, betriebsbedingte Kündigungen oder den Verkauf bzw. die Ausgliederung von Betriebsteilen abgebaut.

Auch während der Laufzeit einer KBV wird die Möglichkeit der externen Personalanpassung meist nicht vollständig aufgegeben. 56% der Betriebe reduzieren auch parallel zur Konzessionsvereinbarung weiterhin ihren Personalbestand (vgl. Tabelle 34). Im Gegensatz zur Situation vor Abschluss der KBV dominieren nun weiche Anpassungsinstrumente wohingegen betriebsbedingte Kündigungen deutlich seltener ausgesprochen werden. Es vollzieht sich somit ein personalpolitischer Strategiewechsel, bei dem externe zumindest partiell durch interne Flexibilisierungsformen substituiert werden (Massa-Wirth/Seifert 2006).

Tab. 34: Beschäftigungsreduzierung während der Laufzeit der KBV in Deutschland

	Trifft zu in ...% aller Fälle
Wurde während der Laufzeit der KBV die Beschäftigung reduziert?	
Ja	56
Nein	40
Keine Angabe	4
Gesamt	100
Falls Beschäftigung reduziert wurde, in welcher Form geschah dies?	
Fluktuation/Nicht-Wiederbesetzung von Stellen	75
Vorruhestandsregelungen/Altersteilzeit	73
Auslaufen befristeter Beschäftigung	63
Aufhebungsverträge	51
Abbau von Leiharbeit	23
Ausgliederung/Verkauf von Betriebsteilen	17
Betriebsbedingte Kündigungen	13
Sonstige Instrumente	2
Gesamt	100

In % aller Betriebe mit einer KBV, in der Arbeitgeberleistungen zugesagt wurden (Spaltenprozente)

Quelle: WSI-Betriebsrätebefragung 2003 (gewichtetes Ergebnis)

4.4 KBV ohne kollektive Interessenvertretung?

Auch wenn kollektivvertragliche KBV ex definitione nur in Betrieben mit kollektiver Interessenvertretung auftreten können, soll doch angesichts des Anwachsens der „mitbestimmungsfreien Zonen" (Kommission Mitbestimmung 1998) auch die Situation in betriebsratslosen Betrieben anhand stilisierter Fakten mit berücksichtigt werden. Als Alternativregime beeinflussen diese die Handlungsrationalität der Akteure in mitbestimmten Betrieben, da „Betriebsratslosigkeit", d.h. der Aufbau betriebsratsloser Betriebe zulasten mitbestimmter Standorte, eine ökonomisch attraktive Exit-Option darstellen kann. Solche explizite Vermeidungsstrategien scheinen gleichwohl noch nicht in größerem Umfang angewandt zu werden und bleiben bislang auf einzelne Branchen wie etwa den Einzelhandel beschränkt.[21]

In methodischer Hinsicht dienen betriebsratslose Betriebe als Referenzfolie, vor deren Hintergrund Konzessionsvereinbarungen in Betriebsratsbetrieben nor-

21 Für dezidierte Vermeidungsstrategien vgl. etwa die Betriebsschließungen nach einer Betriebsratsgründung bei Lidl und Schlecker.

mativ zu bewerten sind. Analytisch zu differenzieren ist einerseits zwischen den Einkommens- und Beschäftigungsstandards in Betrieben ohne Betriebsrat und andererseits der Frage, inwieweit dort als Reaktion auf betriebliche Beschäftigungskrisen unterschiedliche Anpassungsstrategien verfolgt werden. Angesichts der erst spärlich vorliegenden empirischen Forschungsergebnisse können hierzu lediglich erste Hinweise präsentiert werden.

4.4.1 Tarifstandards in Betrieben ohne Betriebsrat

Trinczek fasst den gegenwärtigen Stand der Forschung zusammen, wenn er feststellt, dass „nur unzureichend theoretische und empirische Vorarbeiten zur Frage der Interessenregulierung in betriebsratslosen Betrieben" (Trinczek 2002a: 3) existieren. Die vorliegende Empirie zu betriebsratslosen Betrieben beschränkt sich im Wesentlichen auf qualitative Fallstudien in Klein- und Mittelbetrieben (Hilbert et al. 1999; Kotthoff/Reindl 1990; Wassermann 2004). Meist steht die Frage im Mittelpunkt, inwieweit in Betrieben ohne Betriebsrat alternative Interessenvertretungsstrukturen existieren bzw. in welcher Form die Beschäftigten an der Formulierung der betrieblichen Personalpolitik partizipieren (Schnabel/ Wagner 2001).

Hinsichtlich der Entlohnungs- und Beschäftigungsbedingungen im betriebsratsfreien Sektor hat Artus auf Basis von Betriebsfallstudien eine breite Varianz nachgewiesen (Artus 2005). Das Kontinuum reicht von einer stabilen Integration in das Tarifsystem, die insbesondere auf Großunternehmen anzutreffen ist, bis hin zu Betrieben jenseits des Tarifsystems, in denen überbetriebliche Tarifnormen praktisch keine Bedeutung haben. In letzteren herrschen allerdings nicht notwendigerweise prekäre Entlohnungsstandards vor. Die betriebliche Entgeltpolitik orientiert sich vielmehr in erster Linie am Markt und nicht am einschlägigen Flächentarifvertrag.

Indirekte Hinweise auf die Einkommens- und Beschäftigungsstandards in betriebsratslosen Betrieben liefern multivariate Analysen, die sich mit den ökonomischen Folgen der betrieblichen Mitbestimmung beschäftigen (vgl. für Überblicke Addison et al. 2004; Müller 2005). Überwiegend kommen diese zu dem Ergebnis, dass sich Betriebe ohne Betriebsrat durch niedrigere Lohnkosten, gleichzeitig aber auch durch eine geringere Arbeitsproduktivität und Innovationsfähigkeit auszeichnen (Addison et al. 1996; Addison et al. 2001; Frick 2005; Hübler/Jirjahn 2003). Da sich beide Effekte in der Lohnstückkostenbetrachtung tendentiell wieder ausgleichen ist nicht pauschal davon auszugehen, dass betriebsratsfreie Betriebe gegenüber solchen mit Betriebsrat über signifikante Kostenvorteile verfügen.

Während mit Blick auf die Lohnstandards generalisierende Aussagen nicht möglich sind, liegt der entscheidende Unterschied zwischen betriebratsfreien

Betrieben und solchen mit betrieblicher Interessenvertretung in der prozeduralen Gestaltung der betrieblichen Beschäftigungspolitik. Die gesetzlichen Mitwirkungsrechte des Betriebsrats schränken ebenso wie die tariflichen „Work Rules" in den USA die betriebliche Personalflexibilität ein und stellen eine Machtressource der Arbeitnehmervertreter in betrieblichen Aushandlungsprozessen dar. Demgegenüber sind sind die „Management Prerogatives" in betriebsratslosen Betrieben weit weniger stark beschnitten. Die betriebliche Entgelt- und Beschäftigungsstandards können hier notfalls auch gegen den Widerstand der Beschäftigten unilateral angepasst werden. Gleichermaßen sind Entlassungen aufgrund der fehlenden Verpflichtung zum Abschluss von Sozialplänen deutlich kostengünstiger.

Ökonometrische Studien weisen denn auch nach, dass in betriebsratslosen Betrieben die Fluktuationsrate höher ist und in größerem Umfang auf Entlassungen zurückgegriffen wird (Addison et al. 2001; Backes-Gellner et al. 1997; Dilger 2002; Frick 1997; Frick/Möller 2003; Frick/Sadowski 1995).[22] Gleichzeitig finden in Betrieben ohne Betriebsrat in geringerem Maße interne Flexibilisierungsstrategien wie Teamarbeit, Qualifizierung und flexible Arbeitszeitmodelle Anwendung, die in Betrieben mit Betriebsrat häufig Gegenstand betrieblicher Konzessionsvereinbarungen sind (Dilger 2002; Frick 2002). Die Ergebnisse deuten somit auf einen unterschiedlichen Flexibilitätsmix in Betrieben mit und ohne Betriebsrat hin, wobei in letzteren in stärkerem Maße auf externe statt interne Flexibilisierung zurückgegriffen wird.

4.4.2 KBV in betriebsratslosen Betrieben?

Hieran schließt sich die Frage an, ob und in welcher Form in betriebsratslosen Betrieben funktionale Äquivalente zu den bislang untersuchten Konzessionsvereinbarungen existieren. Auch in Betrieben ohne Betriebsrat sind KBV auf Basis von Haustarifverträgen durchaus möglich. Allerdings ist diese Konstellation (Haustarifbindung ohne Betriebsrat) äußerst selten und trifft lediglich auf 1% der westdeutschen und 4% der ostdeutschen Beschäftigten zu (vgl. Tabelle 35). Hierunter fallen insbesondere kleine Filialbetriebe, die Teil eines haustarifgebundenen Konzerns sind. Inhaltlich dürften rein tarifliche KBV weniger komplex sein als jene, die auf Basis einer Betriebsvereinbarung abgeschlossen werden. So können qualitative Fragen der betrieblichen Arbeitsorganisation zumeist nur betriebsspezifisch, nicht aber betriebsübergreifend auf Basis uniformer Tarifnormen geregelt werden.

---

22 Allerdings wird nicht immer eindeutig zwischen beiden Dimensionen unterschieden, so dass unklar bleibt, ob der Betriebsrat tatsächlich Entlassungen aktiv verhindert oder aber Arbeitnehmerkündigungen („Exit") aufgrund der Partizipationsfunktion des Betriebsrats („Voice") zurückgehen.

Tab. 35: Tarifbindung und Betriebsrat in Deutschland

Betriebstyp	Westdeutschland	Ostdeutschland
Betriebsrat und Flächentarif	35%	20%
Betriebsrat und Haustarif	6%	10%
Betriebsrat und kein Tarif	6%	9%
Kein Betriebsrat und Flächentarif	24%	16%
Kein Betriebsrat und Haustarif	1%	4%
Kein Betriebsrat und kein Tarif	27%	42%
Gesamt	100%	100%

In % der Beschäftigten in der Privatwirtschaft (2004)

Quelle: Ellguth/Kohaut 2005: 402

Im Unterschied zu betriebsratslosen Betrieben mit Haustarifvertrag fehlen in solchen mit Flächentarifbindung die institutionellen Voraussetzungen zur Tarifflexibilisierung. Zwar können hier übertarifliche und außertarifliche Parameter leichter angepasst werden, da das Direktionsrecht des Arbeitgebers nicht durch die kollektive Mitbestimmung eingeschränkt wird. Die Möglichkeiten zur Anpassung der tariflichen Entgelt- und Arbeitszeitparameter sind dagegen äußerst gering, da viele der tariflichen Öffnungsklauseln, die substantiell in den tariflichen Kernbereich eingreifen, zwingend die Beteiligung des Betriebsrats voraussetzen.

In flächentarifgebundenen Betrieben ohne Betriebsrat laufen somit all jene Reformvorschläge ins Leere, die einerseits eine stärkere Verlagerung tarifpolitischer Kompetenzen auf die betriebliche Ebene zum Ziel haben, andererseits aber einer Individualisierung der Interessenaushandlung insoweit entgegenwirken wollen, als sie gleichzeitig die Rolle des Betriebsrats als „Co-Manager" stärken und ihm die zentrale Funktion der kollektiven Umsetzung der tarifpolitischen Dezentralisierung zuweisen wollen (Trinczek 2002b).

Angesichts fehlender institutioneller Voraussetzungen haben Arbeitgeber in tarifgebundenen Betrieben ohne Betriebsrat nur die Möglichkeit, sich das im Flächentarifvertrag vorgesehene Flexibilitätspotential auf dem Wege der „wilden Dezentralisierung" zu erschließen (Höland et al. 2000). Ein solcher Tarifbruch vollzieht sich in betriebsratslosen Betrieben weitgehend unbemerkt, da Gewerkschaften zur Überwachung der Tariftreue zumindest in klein- und mittelständischen Unternehmen ohne Betriebsrat faktisch nicht präsent sind. Dabei kann durchaus der im Flächentarifvertrag vorgesehene Abweichungskorridor eingehalten werden, so dass der prozedurale Tarifbruch nicht notwendigerweise eine materielle Tarifunterschreitung zur Folge haben muss.

Empirisch relevant und im Wachsen begriffen ist schließlich der tarif- und betriebsratsfreie Sektor und damit jener Bereich, in dem weder eine betriebliche noch eine überbetriebliche Interessenvertretung existiert (vgl. Tabelle 35). Hier sind lediglich einzelvertragliche Konzessionsvereinbarungen möglich. Unternehmensbefragungen in der Metall- und Elektroindustrie deuten auf eine breite Nutzung impliziter Absichtserklärungen, Regelungsabreden oder individualrechtlicher Konstruktionen etwa in Form von Änderungskündigungen hin. So werden nach Berthold et al. bei 23% der von ihnen untersuchten Konzessionsvereinbarungen Eingriffe im Einzelarbeitsvertrag vorgenommen (Berthold et al. 2003b: 54). Auch in der Studie von Ackermann und Vollmer beruhen jeweils 10% der Pakte auf mündlicher bzw. einzelvertraglicher Grundlage (Ackermann/ Vollmer 1999: 194).[23] Keine der Studien lässt allerdings Rückschlüsse auf die materiellen Inhalte individualrechtlicher KBV zu.

Fraglich ist, ob bei individualrechtlichen Konzessionsabkommen tatsächlich noch von bilateraler Interessenaushandlung und nicht vielmehr, wie etwa im Falle von Änderungskündigungen, von unilateraler Interessendurchsetzung gesprochen werden muss. Weder überbetriebliche Tarifnormen noch betriebliche Mitbestimmungsrechte schränken hier die unternehmerische Entscheidungsfreiheit ein. Die Beschäftigten verfügen somit über keine attraktiven Tauschgüter, die korrespondierende Zugeständnisse des Arbeitgebers notwendig machen würden. Im Gegensatz hierzu stellen gesetzliche bzw. tarifvertragliche Rechtspositionen in tarifgebunden Betriebsratsbetrieben eine zentrale Machtressource zur Durchsetzung symmetrischer Tauschvereinbarungen dar. Somit ist davon auszugehen, dass sich auch in betriebsratsfreien Betrieben der für tariffreie Betriebe festgestellte Befund bestätigen sollte, dass einerseits materiell einschneidendere Arbeitnehmerzugeständnisse und andererseits in geringerem Umfang korrespondierende Arbeitgeberleistungen vereinbart werden.

23 Individualrechtliche werden vielfach komplementär zu kollektivrechtlichen Vereinbarungen eingesetzt, so dass der Anteil der ausschließlich einzelvertraglichen KBV deutlich darunter liegen dürfte.

5. Konzessionäre Beschäftigungsvereinbarungen in den USA

Konzessionsvereinbarungen sind in den USA im Gegensatz zu Deutschland nicht ausschließlich ein Phänomen der jüngeren Vergangenheit. Bereits während der Weltwirtschaftskrise in den 1920er und 1930er Jahren waren Nominallohnkürzungen keine Seltenheit (Freeman/Medoff 1984: 55-56; Mitchell 1985c: 265). In der Nachkriegszeit finden sich Fälle von „Distressed Bargaining" (Gay 1984: 846) nicht nur unmittelbar nach dem Korea-Krieg 1953/54, sondern auch während konjunktureller Abschwünge in den späten 1950er und frühen 1960er Jahren (Mitchell 1982b: 172-176). So sahen in den Jahren 1962 und 1963 22% bzw. 25% aller Tarifverträge nominale Nullrunden vor. Allerdings führte das Einfrieren der Tariflöhne noch nicht zu massiven Reallohnverlusten, da die Preise bei Inflationsraten von unter 2% weitgehend konstant blieben (Mitchell 1985b: 576).

Eine erste Ausnahme stellen in den 1960er Jahren die umfangreichen Tariflohnkürzungen in der Fleisch verarbeitenden Industrie dar (Greenberg 1968: 199-200). Auslöser waren nicht in erster Linie Nachfrageausfälle, sondern vielmehr das Auftreten gewerkschaftsfreier Wettbewerber mit deutlich günstigeren Lohn- und Gehaltsniveaus, geringeren Sozialleistungen und größerer Beschäftigungsflexibilität (Juris 1969: 248). Selbst umfangreiche Arbeitnehmerzugeständnisse konnten nicht verhindern, dass in dieser einstigen Gewerkschaftshochburg stabile Tarifstrukturen langfristig erodierten (Craypo 1994: 75).

In der Rezession 1970/71 stellt die Kündigung von Tarifverträgen durch die Arbeitgeber ein qualitativ neues Phänomen in den US-amerikanischen Arbeitsbeziehungen dar (Henle 1973: 956-957). Bereits vor Ablauf der vereinbarten Vertragslaufzeit wurden vor allem im verarbeitenden Gewerbe Tarifvereinbarungen neu verhandelt und die tariflichen Arbeits- und Entlohnungsstandards teils deutlich abgesenkt. Nach wie vor blieb diese Entwicklung allerdings auf Einzelfälle beschränkt. Auch der Konjunktureinbruch nach dem ersten Ölpreisschock 1973-75 mündete noch nicht in flächendeckende Konzessionsverhandlungen. Da Entlassungen auf die „Junior Workers" beschränkt blieben und die Wirtschaftskrise als vorübergehendes Phänomen angesehen wurde, stellten befristete „Layoffs" noch keine echte Bedrohung für die Mehrheit der Tarifbeschäftigten dar. Die von einigen Unternehmen bereits geforderten umfangreichen Lohnzugeständnisse waren zum damaligen Zeitpunkt noch nicht durchsetzbar (Mitchell 1982b: 177).

5.1 Tarifpolitik in den 1980er Jahren: Concession Bargaining

5.1.1 Auslösende Faktoren

Mit der zweiten Ölpreiskrise Ende der 1970er Jahre änderte sich die Situation dramatisch. Der Konjunktureinbruch war allerdings lediglich der unmittelbare Auslöser für die nachfolgende Konzessionswelle. Die tieferen Gründe für die außergewöhnliche Intensität der Tarifkürzungen liegen ebenso wie in Deutschland in institutionellen und strukturellen Umwälzungen, die den Wettbewerb in einer Reihe der Schlüsselbranchen intensivierten und die gewerkschaftliche Machtposition entscheidend schwächten (BNA 1982; Linsenmayer 1986; Mitchell 1986a).

Ölpreisschock, Rezession und Massenarbeitslosigkeit

Der Rezession im Jahre 1979 folgte ein weiterer Konjunktureinbruch in den Jahren 1981/82. Die reale Wirtschaftsleistung stagnierte bis Anfang 1983 auf dem bereits zu Beginn des Jahrzehnts erreichten Niveau (vgl. Abbildung 4). Gleichzeitig stieg die Arbeitslosenquote von rund 6% im Jahre 1979 auf knapp 11% Ende 1982 an. Insbesondere das konjunkturabhängige und gleichzeitig stark gewerkschaftlich organisierte verarbeitende Gewerbe war vom Anstieg der Energiepreise besonders betroffen. Allein hier gingen in den Jahren 1980 bis 1983 2,5 Mio. Arbeitsplätze verloren, davon die Hälfte in gewerkschaftlich organisierten Unternehmen (Harris 1984: 16). Während die Beschäftigtenzahl insgesamt lediglich um rund 4% zurückging, sank das Beschäftigungsniveau in der Automobilindustrie um 36%, in der Stahlindustrie um 44% und in der stark konjunkturabhängigen Baumaschinenindustrie gar um knapp 60% (Gay 1984: 851).

Die Rezession erwies sich für die Gewerkschaften deshalb als Bedrohung, weil die Unternehmen Überkapazitäten zuerst an den Standorten mit den höchsten Arbeitskosten abbauten. Die Beschäftigungsverluste konzentrierten sich daher insbesondere auf die gewerkschaftlich stark organisierten Industriezentren an der Ostküste und im Mittleren Westen (Bluestone/Harrison 1982). Neue Arbeitsplätze entstanden dagegen vorzugsweise im schwach organisierten Süden und Westen sowie in Dienstleistungsbranchen mit deutlich geringeren Tarifstandards (Kutscher/Personick 1986; Plunkert 1990).

Der Beschäftigungsabbau führte erstmals auch zu einem deutlichen Anstieg der strukturellen Arbeitslosigkeit. Der Anteil Langzeitarbeitsloser stieg auf den höchsten Stand seit der Depression in den 1920er Jahren (Rones 1984). Auch langjährige Tarifbeschäftigte konnten nicht mehr sicher sein, nach einem „Temporary Layoff“ wieder auf ihren bisherigen Arbeitsplatz zurückkehren zu können (Bednarzik 1983: 10; Harris 1984: 16). Allein in der Automobilindustrie waren im Januar 1983 270.000 und damit rund ein Drittel der ursprünglich 800.000 Arbeitnehmer dauerhaft beschäftigungslos („Permanent Layoff") geworden (Erd 1989: 101-102). Da die meisten Unternehmen während der Rezession Personal abgebaut und ihren ehemaligen Beschäftigten verbindliche Rückkehrrechte („Preferential Hiring Rights") eingeräumt hatten, blieben externe Neueinstellungen in gewerkschaftlich organisierten Unternehmen die seltene Ausnahme.

Abb. 4: Reales BIP und Arbeitslosenquote in den USA

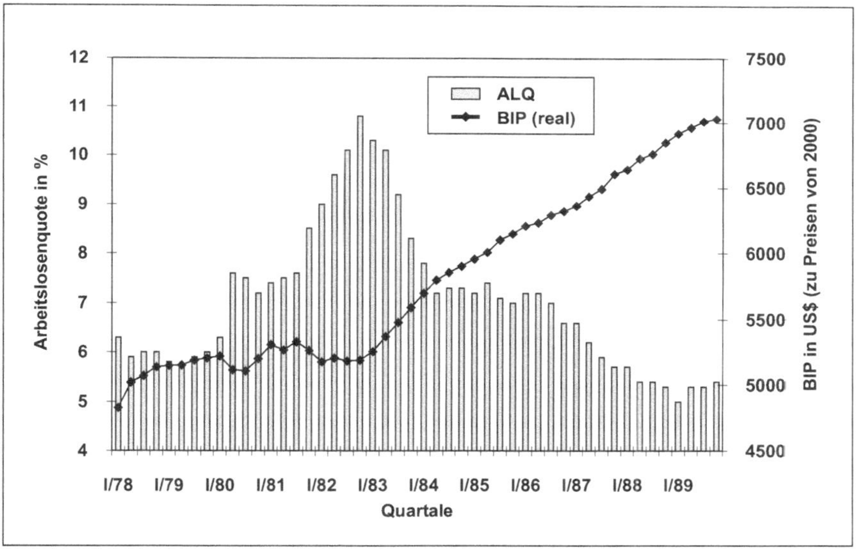

Quelle: Bureau of Economic Analysis, National Income and Product Accounts Tables (Tabelle 1.1.6); Bureau of Labor Statistics, Online Data (Series ID: LNS14000000)

Importkonkurrenz/Dollaraufwertung

Zeitgleich wertete der Dollar gegenüber den wichtigsten Handelspartnern deutlich auf, so dass die US-amerikanische Exportwirtschaft dramatisch an Wettbewerbsfähigkeit einbüßte und gleichzeitig ausländische Wettbewerber Marktanteile in den USA hinzugewinnen konnten (Mitchell 1986a: 96). So stieg in der Automobilindustrie der Importanteil von 6% Ende der 1960er Jahre auf knapp 22% im Jahre 1981 an (Gay 1984: 652). Insbesondere japanische Hersteller konnten sich auf dem US-Markt etablieren. Anders als die inländischen Hersteller verfügten sie über eine breite Palette kleinerer und verbrauchsärmerer Modelle, die angesichts gestiegener Kraftstoffpreise auf eine wachsende Nachfrage trafen (Fieleke 1982; Katz 1985: 49-52; Katz/Sabel 1985: 296-297).

Auch in der Stahlindustrie stieg der Importanteil zwischen 1960 und 1984 von 5% auf 26% an (Linsenmayer 1986: 209). Die US-amerikanischen Stahlhersteller hatte es in der Nachkriegszeit versäumt, notwendige Modernisierungsinvestitionen vorzunehmen. So litten die gewerkschaftlich organisierten Hersteller Anfang der 1980er Jahre nicht nur unter den hohen Tariflohnkosten und einem ungünstigen Wechselkursniveau, sondern hatten gegenüber der ausländischen Konkurrenz auch entscheidende Produktivitäts- und Qualitätsdefizite (Mueller 1982).

Deregulierung/Liberalisierung

Viele der am stärksten gewerkschaftlich organisierten Branchen waren bis Ende der 1970er Jahre hochgradig reguliert (Breyer 1990). Marktzutrittsbarrieren und staatliche Preiskartelle begünstigten oligopolistische Wettbewerbskonstellationen. Hiervon profitierten Unternehmen und Belegschaften gleichermaßen, da hohe Tarifabschlüsse problemlos über Preiserhöhungen an die Kunden weitergeben werden konnten (Peoples 1998).

Ab Mitte der 1970er Jahre wurden allerdings die überhöhten Monopolpreise von einer zunehmend kritischen Öffentlichkeit nicht länger akzeptiert (Breyer 1990: 15-19). Bereits Ende der 1970er Jahre wurden Marktzugangsbeschränkungen und zentral gesteuerte Preiskartelle sukzessive aufgehoben (vgl. Tabelle 36). In der Telekommunikationsindustrie endete im Jahre 1982 ein Kartellverfahren gegen AT&T mit der Aufspaltung des Monopolisten (Lüthje 1993: 319-323).[1] Gewerkschaftsfreie Konkurrenten sorgten in der Folge für eine deutliche Intensivierung des Wettbewerbs. Die neuen Anbieter verfügten aufgrund günstigerer Lohnkosten und größerer Personalflexibilität über deutliche Kostenvorteile. Die Niedriglohnkonkurrenz schwächte damit die Verhandlungsmacht der Gewerkschaften und sorgte für ein rasches Ausbreiten von Konzessionsvereinbarungen (Cappelli/Harris 1985; Peoples 1998: 112-114).

Ökonometrische Studien belegen, dass die Produktmarktderegulierungen zu einer dramatischen Erosion der gewerkschaftlichen Lohnprämie wie auch der absoluten Einkommensniveaus geführt haben (Belzer 1995; Cappelli/Harris 1985; Crémieux 1996; Hirsch 1988; Hirsch/Macpherson 2000). So brachen die Einkommen im Straßengüterverkehr seit 1977 um rund 30% ein und lagen Ende der 1990er Jahre real wieder auf dem Niveau des Jahres 1958 (Belzer 2002: 325).

---

1 Zu den deutsch-amerikanischen Parallelen in der Telekommunikationsderegulierung vgl. Batt/Darbishire 2001.

Tab. 36: Deregulierungsmaßnahmen in den USA

Sektor	Deregulierungsinstrument	Zentrale Maßnahmen
Luftverkehr	Airlines Deregulation Act (1978)	Schrittweise Aufhebung von Zugangsbeschränkungen und weitgehende Freigabe der Preisgestaltung; Auflösung des Civil Aeronautics Board (1985)
Straßengüterverkehr	Motor Carrier Act (1980)	Aufhebung von Zugangsbeschränkungen und Auflösung der Preiskartelle auf Basis der Interstate Commerce Commission
Eisenbahn	Railroad Revitalization Reform Act (1976); Staggers Rail Act (1980)	Teilweise Aufhebung der administrierten Preisfestsetzung; Vereinfachte Möglichkeit der Stilllegung unwirtschaftlicher Routen
Telekommunikation	Antitrust-Gerichtsbeschluss (1982)	Aufspaltung von AT&T (Trennung in Fern- und Ortsgespräche => AT&T und regionale „Baby Bells"); Zulassung von Wettbewerbern im Bereich der Ferngespräche

Quellen: Borenstein 1992; Crandall 1990; Morrison 1989; Pustay 1989; Talley/Schwarz-Miller 1998

Gewerkschaftliche Lohnprämie

Die gewerkschaftliche Lohnprämie, d.h. die Spanne zwischen Tarif- und vergleichbarem Marktlohn, hatte Anfang der 1980er Jahre einen historischen Höchststand erreicht. Lagen die relativen Einkommensvorteile im Tarifsektor Anfang der 1970er Jahre noch bei 19%, so stiegen sie zum Ende des Jahrzehnts auf rund 30% an (Freeman/Medoff 1984: 53). Verantwortlich war insbesondere der in vielen Tarifverträgen vorgesehene automatische Inflationsausgleich (COLA: „Cost of Living Adjustment"). Anders als die Beschäftigten in tariffreien Betrieben waren damit jene im Tarifsektor gegen die rasante Entwertung der Nominallöhne als Folge der hohen Teuerungsraten in den 1970er Jahren weitgehend geschützt (Mitchell 1986a: 102).

Viele tarifgebundene Unternehmen reagierten auf die überproportionale Erhöhung der Tariflöhne mit der schrittweisen Substitution gewerkschaftlich organisierter durch unorganisierte Beschäftigte (Mitchell 1986a: 102). Angesichts massiver Beschäftigungs- und Mitgliederverluste akzeptierten auch die Gewerkschaften die Notwendigkeit von Tarifkonzessionen, um so die Lohnkostennachteile zu begrenzen und die unternehmerische Wettbewerbsfähigkeit zu sichern. Die Konzessionsvereinbarungen stellen somit „an especially dramatic instance of a return to more normal union-wage premiums" (Freeman/Medoff 1984: 56) dar.

5.1.2 Der erste Präzedenzfall

Die Verhandlungen zwischen der Automobilarbeitergewerkschaft UAW und Chrysler im Jahre 1979 markieren den Beginn der „Concession Bargaining"-Ära. Der drittgrößte US-amerikanische Autohersteller stand aufgrund des dramatischen Nachfrageeinbruchs kurz vor dem Konkurs. Staatliche Kreditgarantien in Höhe von 1,5 Mrd. $ wurden unter dem Vorbehalt eingeräumt, dass neben Banken und Zulieferern auch die Arbeitnehmer auf Ansprüche verzichteten. In drei Verhandlungsrunden (Oktober 1979, Januar 1980 und Januar 1981) einigten sich die Tarifvertragsparteien auf die schrittweise Aussetzung, Kürzung und schließlich vollständige Streichung der ursprünglich vorgesehenen Tariferhöhungen. Gleichzeitig wurde die Zahl der bezahlten Urlaubstage sowie der Anstieg der Pensionszusagen gekappt (Katz 1985: 53-55). Die Beschäftigten verzichteten damit auf Tarifansprüche in Höhe von rund 600 Mio. $. Hatten sich infolge des branchenweiten „Pattern Bargaining" die Tarifeinkommen bei den drei großen Automobilherstellern bisher weitgehend identisch entwickelt, so lag der durchschnittliche Stundenlohn eines Chrysler-Beschäftigten im Jahre 1982 bereits rund 2,50 $ unter dem bei GM oder Ford (Katz 1985: 55).

Beschäftigungszusagen als Gegenleistung für Arbeitnehmerzugeständnisse waren nicht vorgesehen. Vielmehr kam es auch nach Abschluss der Vereinbarungen zu umfangreichen Entlassungen. Chrysler stimmte lediglich der Einrichtung eines Belegschaftsaktienprogrammes (ESOP) zu und gewährte der UAW einen Sitz im Kontrollorgan („Board of Directors") des Unternehmens.

Der Präzedenzfall bei Chrysler diente in den nachfolgenden Verhandlungen in der Automobilindustrie als Vorbild (Flanagan 1984: 184; Mitchell 1982b: 171). Unter Verweis auf eigene Absatzschwierigkeiten und die Zugeständnisse bei Chrysler konnten auch GM und Ford im März 1982 Konzessionen bei ihren Beschäftigten durchsetzen (Köhnen 2000: 131-132). Auch hier verzichteten die Beschäftigten auf Tariferhöhungen und Urlaubsansprüche und akzeptierten die vorübergehende Aussetzung des automatischen Inflationsausgleichs (COLA). Qualifizierungsprogramme und die 1984 eingeführte „Job Opportunity Bank" (JOB) sollten darüber hinaus die intern-funktionale Flexibilität erhöhen (Cappelli/Sterling 1988; Hansen 1984).[2]

Im Unterschied zur ungleich dramatischeren Situation bei Chrysler konnten die Beschäftigten bei GM und Ford eine Reihe wichtiger Zusagen des Managements erzielen. Neben Gewinnbeteiligungsprogrammen und einem Einkommenssicherungsprogramm („Guaranteed Income Stream Benefit Program") für Beschäftigte mir mehr als 15 Jahren Betriebszugehörigkeit sahen die Vereinba-

---

2 Parallelen zeigen sich zu den Beschäftigungsgesellschaften und internen Personalvermittlungsagenturen in deutschen Großunternehmen.

rungen auch den Verzicht auf Standortschließungen vor. Zwar wurde ebenso wie bei Chrysler nicht explizit auf Kündigungen verzichtet. In einigen der am stärksten gefährdeten Standorte wurde aber verbindlich festgelegt, dass das Beschäftigungsniveau während der Laufzeit des Tarifvertrages nicht um mehr als 20% unterschritten werden durfte (Katz 1985: 56-57). Faktisch kam dies einer verbindlichen Beschäftigungsgarantie für „Senior Workers" mit hinreichend langer Betriebszugehörigkeit gleich, während sich gleichzeitig die Unternehmen weiterhin ein hohes Maß an personalpolitischer Flexibilität sicherten. Der exklusive Beschäftigungs- und Einkommensschutz für die Stammbelegschaften stellte gleichzeitig sicher, dass in den Ratifizierungsabstimmungen eine hinreichend große Zustimmung erreicht werden konnte (Kaufman/Martinez-Vazquez 1988).

5.1.3 Verbreitung

Konzessionsvereinbarungen sprangen schnell auf die übrigen Branchen über. Die zahlreichen empirischen Untersuchungen datieren übereinstimmend den Höhepunkt des US-amerikanischen „Concession Bargaining" auf Mitte der 1980er Jahre. Gleichwohl streuen die Schätzungen hinsichtlich der quantitativen Reichweite der Konzessionsvereinbarungen aufgrund unterschiedlicher Definitionsansätze relativ breit (vgl. Tabelle 37).

Der Ansatz von Bell kommt dem in der vorliegenden Untersuchung verwendeten Konzept betrieblicher KBV am nächsten. Bell berücksichtigt nicht ausschließlich Einkommenskonzessionen, sondern auch qualitative Maßnahmen wie Anpassungen bei den betrieblichen Beschäftigungsstandards („Work Rules") zur Erhöhung der internen Personalflexibilität (Bell 1989: 45). Danach sahen in den Jahren 1982 bis 1988 jeweils mindestens rund die Hälfte der Tarifverträge Einschnitte bei den Tarif- und Beschäftigungsstandards vor, wobei der Höhepunkt mit 76% erst im Jahre 1986 erreicht wurde (vgl. Tabelle 37).

Die überwiegende Mehrzahl der einschlägigen US-amerikanischen Studien verwendet dagegen einen sehr engen Definitionsansatz und berücksichtigt lediglich jene Vereinbarungen, bei denen der Tariflohn zu Beginn der Vertragslaufzeit eingefroren bzw. abgesenkt wurde. Folgt man diesem Konzept, dann waren in den Jahren 1982 bis 1988 zwischen einem Viertel (1988: 22%) und knapp der Hälfte (1982: 44%) der Beschäftigten in Großbetrieben von Nullrunden bzw. Nominallohnkürzungen betroffen (Mitchell 1994: 439). Der durchschnittliche Umfang der Lohnkürzungen ist durchaus beträchtlich und liegt durchweg im zweistelligen Prozentbereich (Freeman/Medoff 1984: 56). In der Stahl- und Luftfahrtindustrie waren Nominallohnkürzungen von 20% keine Seltenheit (Bell 1989: 45; Flanagan 1984: 191-192). Continental Airlines kürzte die Einkommen der Piloten und Flugbegleiter gar um 45% (Sloane/Witney 2001: 305).

Tab. 37: Verbreitung von Konzessionsvereinbarungen in den USA

Studie	1978	1979	1980	1981	1982	1983	1984	1985	1986	1987	1988	1989	1990	1991	Definition
nach Beschäftigten															
Mitchell 1985b	2 (0)	4 (0)	0 (0)	8 (5)	44 (2)	37 (13)	23 (5)	26 (4)	–	–	–	–	–	–	NR oder LK im 1. Jahr (LK im 1. J.)
Mitchell 1985b	31	52	50	13	45	37	25	28	–	–	–	–	–	–	Reallohnkürzungen um mehr als 3,3%[1]
Mitchell 1994	–	–	–	8 (5)	44 (2)	37 (15)	23 (5)	37 (3)	30 (9)	27 (4)	22 (2)	8 (1)	4 (0,5)	11 (0,5)	NR oder LK im 1. Jahr (LK im 1. J.)
Borum/Conley 1986	–	0 (0)	0 (0)	1 (5)	35 (1)	14 (13)	12 (4)	12 (3)	–	–	–	–	–	–	NR (LK), gesamte Laufzeit
Bell/Neumark 1993	< 0,5 / 1	< 0,5 / 0	< 0,5 / 0	3 / 7	45 / 36	40 / 13	15 / 14	70 / 17	67 / 14	21 / 24	20 / 31	–	–	–	NR oder LK im 1. Jahr (Verarb. Gew./Dienstl.)
Bell 1989	–	–	3	15	50	48	61	71	76	74	48	–	–	–	Weite Definition[2]
nach Tarifverträgen															
Mitchell 1994	–	–	–	3 (1)	12 (1)	29 (6)	27 (7)	25 (4)	37 (5)	34 (4)	27 (2)	18 (0,5)	10 (0,5)	10 (1)	NR oder LK im 1. Jahr (LK im 1. J.)

In % aller Beschäftigten bzw. aller Tarifverträge in der Privatwirtschaft; *NR:* Nominale Nullrunde; *LK:* Nominallohnkürzung

Datenbasis Beschäftigte: BLS, Current Wage Developments (> 1.000 Beschäftigte); Datenbasis Tarifverträge: BNA, Daily Labor Report (> 50 Beschäftigte)

1) Anteil der Arbeitnehmer mit Tarifabschlüssen, die mindestens 3,3% unter der Inflationsrate CPI-W liegen.

2) "A contract is defined to be "concessionary" [...] if any of the following outcomes occur – a nominal wage reduction or zero wage increase in any year of the contract; a reduction in the generosity of the COLA provision, including diversions, deferrals, and unfavourable adjustments to COLA ceilings or floors; a net reduction in the benefit package offered to workers; a stated relaxation of existing work rules, including worker per machine requirements and restrictions on outside contracting, as well as stated reductions in job classification or union progressions; the adoption of a "two-tier" wage structure; and the payment of a "lump-sum" or profit-sharing bonus in lieu of the more standard wage increase." (Bell 1989: 45)

Werden nicht allein Großunternehmen mit mehr als 1.000 Mitarbeitern, sondern auch Kleinunternehmen mit mehr als 50 Beschäftigten berücksichtigt und die Verbreitung nicht nach dem Beschäftigten- sondern nach dem Unternehmenskonzept gemessen, so erreicht „Concession Bargaining" seinen Höhepunkt nicht schon im Jahre 1982, sondern erst im Jahre 1986 (Mitchell 1994: 439). Konzessionsvereinbarungen scheinen somit in Großunternehmen ihren Anfang genommen zu haben. Nicht zuletzt unter dem Druck der zunehmenden Lohnkonkurrenz sind klein- und mittelständische Unternehmen diesem Vorbild ab Mitte der 1980er Jahre gefolgt. Die Phasenverschiebung kann weiterhin auf unterschiedliche Branchenkonjunkturen zurückgeführt werden. Konzentrierte sich „Concession Bargaining" Anfang der 1980er Jahre noch auf großbetrieblich geprägte Wirtschaftszweige wie die Automobil-, Stahl- und Luftfahrtindustrie, so nahmen Mitte des Jahrzehnts Einkommenskonzessionen auch in den übrigen Sektoren zu (Mitchell 1994: 457).

Zu berücksichtigen ist, dass US-amerikanische Tarifverträge zumeist mehrjährige Laufzeiten besitzen und anfängliche Nullrunden durch Tarifsteigerungen in den Folgejahren kompensiert werden können.[3] Wird lediglich auf die Tarifentwicklung im ersten Jahr der Laufzeit abgestellt, so führt dies zu einer systematischen Überschätzung der Nominallohnstagnation. Werden dagegen lediglich jene Vereinbarungen berücksichtigt, in denen während der gesamten Vertragslaufzeit auf Einkommenserhöhungen verzichtet wurde, so ändert sich das Bild geringfügig. Sahen die im Jahre 1982 abgeschlossenen Konzessionsvereinbarungen zumeist noch das Einfrieren der Löhne über die gesamte Tariflaufzeit hinweg vor, so gingen die Tarifparteien bereits ab dem Jahre 1983 mehrheitlich dazu über, Nullrunden auf das erste Jahr der Vertragslaufzeit zu begrenzen (Borum/Conley 1986: 27).

Verbreitung nach Wirtschaftszweig und wirtschaftlicher Lage

KBV wurden im Verarbeitenden Gewerbe häufiger vereinbart als im Dienstleistungssektor (Tabelle 38).[4] Ein eindeutiger Längsschnittstrend ist allerdings nur in den wenigsten Branchen erkennbar, so dass Mitchell zu dem Ergebnis kommt, dass

---

3 Tarifverträge haben eine durchschnittliche Laufzeit von knapp drei Jahren (BNA 2002: 16; Mitchell 1994: 448). Mehrjährige Tarifverträge liegen insbesondere im Interesse des Arbeitgebers, da die Häufigkeit von Tarifkonflikten reduziert und die vergleichsweise hohen Transaktionskosten der dezentralen Tarifaushandlung gesenkt werden können (Jacoby/Mitchell 1984).

4 Nicht berücksichtigt wird die Baubranche, in der in den Jahren 1981 bis 1984 rund 40% der insgesamt abgeschlossenen KBV vereinbart wurden (Mitchell 1985a).

> „it is more important to stress the sectoral diversity and [...] the pervasiveness of union wage concessions than to determine precise sectoral determinants of concession intensity.“ (Mitchell 1994: 456)

Jene Wirtschaftszweige, in denen Konzessionen gehäuft auftraten, weisen gleichzeitig einen deutlich stärkeren Beschäftigungsabbau auf. Ging die Industriebeschäftigung im Tarifsektor in den Jahren 1979 bis 1985 um insgesamt 26% zurück, so waren die Beschäftigungsverluste in den am stärksten von „Concession Bargaining“ betroffenen Sektoren mit 32% deutlich umfangreicher als in jenen, in denen Konzessionsvereinbarungen die Ausnahme blieben (11%) (Mitchell 1986a: 104). Bestätigt wird dieses Ergebnis auch in der disaggregierten Betrachtung. In 90% der von Cappelli Anfang der 1980er Jahre untersuchten Fälle war es unmittelbar vor Abschluss der Vereinbarung bereits zu Personalabbau oder Standortschließungen gekommen, so dass

> „it is difficult to think of a major example of concession negotiations that has not been accompanied by massive layoffs of union members and – most importantly – threats of more to come.“ (Cappelli 1982: 364)

Einzelfallstudien belegen, dass insbesondere dann weitreichende Konzessionen vereinbart wurden, wenn große Teile der Arbeitsplätze durch Standortverlagerung, Konkurs oder strukturellen Personalabbau dauerhaft bedroht erschienen (Abboushi 1987; Cappelli/Sterling 1988; Dworkin et al. 1988). Mehrheitsfähig waren Konzessionsvereinbarungen allerdings nur in jenen Betrieben, in denen die Aussicht bestand, einen Großteil der Arbeitsplätze auch tatsächlich erhalten zu können (Kaufman/Martinez-Vazquez 1988).

Angesichts der Schwäche der Gewerkschaften verfolgte vielerorts das Management eine offensivere Strategie gegenüber den Belegschaften und machte die Vergabe von Produktionsumfängen und zukünftigen Investitionen von Personalkostensenkungen abhängig (Cappelli 1985; Craft et al. 1985). Strategische Verlagerungsdrohungen und der Aufbau neuer Werke außerhalb der stark organisierten Landesteile führten den Belegschaften die Arbeitsplatzgefährdung deutlich vor Augen (Verma 1985; Verma/Kochan 1985).

Konzessionsvereinbarungen in Krisenbetrieben intensivierten die Kostenkonkurrenz und dienten auch in prosperierenden Betrieben als Benchmark (Gay 1984). Solche Spillover-Effekte erklären, weshalb Konzessionsvereinbarungen Mitte der 1980er Jahre auch in wirtschaftlich erfolgreichen Unternehmen weit verbreitet waren (Linsenmayer 1986: 218; Mitchell 1985b: 584). Konzessionsforderungen konnten in prosperierenden Unternehmen insbesondere dann durchgesetzt werden, wenn ein glaubwürdiges Abwanderungsszenario bestand.

Tab. 38: Verbreitung von KBV in den USA nach Wirtschaftszweigen

Branche	1975	1980	1981	1982	1983	1984	1985	1986	1987	1988[1)]
Verarbeitendes Gewerbe	6,1	4,5	25,7	50,7	52,2	79,3	84,4	76,0	86,4	91,4
Lebensmittelindustrie	8,0	2,5	5,2	65,2	49,9	39,2	78,8	58,0	42,0	87,3
Tabakwaren	0	0	--	0	58,4	--	0	100,0	--	--
Textilindustrie	25,5	0	--	0	62,2	15,5	42,7	50,0	0	--
Bekleidungsindustrie	0	0	0	0,3	51,3	0	96,7	40,0	7,3	--
Holzverarbeitende Industrie	--	0	0	0	94,9	0	100,0	96,4	0	100,0
Möbelindustrie	0	0	0	10,6	61,9	--	39,8	52,6	0	--
Papierindustrie	0	0	7,7	0	21,9	23,3	65,7	89,7	85,8	100,0
Druckindustrie	17,9	0	20,4	53,8	50,1	10,9	0	0	43,4	100,0
Chemische Industrie	0	0	21,4	16,7	28,0	28,1	69,1	56,8	42,3	0
Mineralöl und Kohlebergbau	0	--	--	14,2	0	0	0	100,0	100,0	100,0
Kautschukindustrie	0	46,5	100,0	91,1	--	0	7,1	100,0	68,4	100,0
Lederwarenindustrie	37,0	0	0	0	0	33,2	100,0	100,0	100,0	--
Steine, Erden und Glas	9,1	0	66,3	83,4	39,8	100,0	100,0	39,3	0	0
Eisen- und Stahlerzeugung	0	7,9	13,2	77,8	100,0	85,3	94,3	100,0	100,0	70,2
Eisen- und Stahlverarbeitung	0	9,6	15,6	20,7	71,7	92,7	32,7	84,2	100,0	--
Maschinenbau	7,3	3,4	15,8	66,6	93,0	57,0	85,5	90,8	100,0	--
Elektronikindustrie	0	17,3	48,0	9,2	23,3	69,5	93,3	51,3	72,3	0
Fahrzeugbau	15,3	100,0	41,8	92,7	39,3	97,4	95,3	45,2	100,0	100,0
Apparate- und Anlagenbau	--	10,2	0	9,1	45,7	40,0	0	87,6	--	100,0
Sonstige	0	0	0	0	68,4	0	74,6	68,0	0	100,0
Dienstleistungen	5,2	2,0	13,3	49,7	43,2	51,2	60,6	75,9	60,6	47,7
Transport und Versorgung	4,4	3,9	20,2	66,0	39,3	43,5	80,4	80,7	76,2	72,4
Groß- und Einzelhandel	7,5	0,4	6,7	15,5	58,2	76,8	54,5	71,6	75,7	64,1
Banken und Versicherungen	0	0	31,1	20,1	0	47,5	9,8	8,5	45,4	100,0
Sonstige Dienstleistungen	0,4	0	0	6,3	33,6	42,0	29,4	68,3	24,6	0
Gesamt	5,6	3,3	15,4	50,2	47,8	60,5	71,2	75,9	73,5	47,7

1) Bis Mai 1988; -- = keine Tarifverhandlungen in diesem Wirtschaftszweig in diesem Jahr

Quelle: Bell 1989

5.1.4 Arbeitnehmerleistungen

Die US-amerikanischen Konzessionsvereinbarungen der 1980er Jahre beschränkten sich nicht allein auf Tariflohnzugeständnisse. Vielfach wurden darüber hinaus weitere kostensenkende und produktivitätssteigernde Maßnahmen vereinbart, die mitunter langfristig nachhaltigere Wirkung entfalteten als die direkten Lohnkürzungen (vgl. Tabelle 39).[5] Anders als im deutschen Arbeitsbeziehungssystem spielten allerdings intern-numerische Instrumente zur Flexibilisierung der Arbeitszeit praktisch keine Rolle.

COLA-Klauseln zur automatischen Anpassung der Tariflöhne an die Inflationsentwicklung während der Vertragslaufzeit setzten sich in der Nachkriegszeit in der Mehrzahl der US-amerikanischen Tarifverträge durch (Hendricks/ Kahn 1983). Erstmals bei GM im Jahre 1948 vereinbart enthielten bereits Ende der 1950er Jahre mehr als 50% aller Tarifvereinbarungen entsprechende Klauseln (American Social History Project 1992: 510). Anders als ihre Kollegen in tariffreien Unternehmen waren damit die Beschäftigten im Tarifsektor weitgehend gegen volatile Preisentwicklungen abgesichert.

Vor dem Hintergrund der zunehmenden Wettbewerbsintensität und der hohen Inflationsraten als Folge der ersten Ölpreiskrise konnten viele tarifgebundene Unternehmen in den späten 1970er Jahren die exogen bedingten Arbeitskostensteigerungen nicht länger an ihre Konsumenten weitergeben. Um die Lohn-Preis-Spirale zu unterbrechen, setzten sie vielfach die Modifikation der COLA-Formeln mit dem Ziel durch, die Lohn- von der Inflationsentwicklung abzukoppeln (vgl. Tabelle 39). Glichen die COLA-Klauseln in den Jahren 1981 und 1982 noch durchschnittlich 67% bzw. 70% der Teuerung aus, so ging diese „Inflationsersatzquote“ bereits in den Jahren 1983 auf 53% und 1984 auf 50% zurück (Devine 1996: 29).

Ab Mitte der 1980er Jahre gingen die Tarifparteien zunehmend dazu über, COLA-Klauseln ganz aus den Tarifverträgen zu streichen. Auch wenn der garantierte Inflationsausgleich für die Gewerkschaften einen hohen Symbolwert hatte, war doch dessen materieller Wert angesichts der spürbar gesunkenen Inflationsraten nur noch gering. Vielerorts wurden COLA-Klauseln daher von den Beschäftigten als Tauschinstrument eingesetzt, um im Gegenzug direkte Lohnerhöhungen als Kompensation für vorangegangene Lohneinbußen durchzusetzen (Devine 1996). Heute spielen COLA-Klauseln in US-amerikanischen Tarifverträgen nur noch eine marginale Rolle (vgl. Abbildung 5).

---

5 Die Werte in Tabelle 39 geben die Anteile der Tarifverträge (bzw. der Beschäftigten) an, bei denen das entsprechende Instrument angewandt bzw. modifiziert wurde.

Tab. 39: Einführung bzw. Modifikation ausgewählter Tarifparameter in den USA

Studie	1980	1981	1982	1983	1984	1985	1986	1987	1988	1989	1990	1991	Bemerkung
COLA-Anpassung/Streichung													
Bell 1989[1]	3 (3 / 2)	8 (21 / 4)	41 (38 / 44)	24 (19 / 27)	35 (65 /14)	34 (44 / 27)	38 (44 / 35)	16 (10 / 21)	8 (17 / 8)	–	–	–	COLA-Kürzung (Verarb. Gew./ Dienstl.)
Mitchell 1994[2]	–	14 (25)	25 (57)	13 (62)	13 (63)	14 (52)	41 (68)	33 (62)	20 (38)	18 (39)	20 (38)	23 (27)	COLA-Streichung (Kürzung)
Einmalzahlungen													
Bell 1989[1]	0,5 (0,5 / 0)	6 (17 / 2)	1 (2 / =0	3 (6 / 1)	38 (70 / 15)	38 (57 / 23)	50 (34 / 58)	63 (75 / 50)	32 (67 / 26)	–	–	–	(Verarb. Gew./ Dienstl.)
Mitchell 1994[2]	–	0	0	4	14	49	58	62	69	74	66	49	
Einstiegstarife													
Bell 1989[1]	0,5 (0,5 / 0)	2 (3 / 1)	31 (30 / 32)	8 (10 / 7)	15 (6 / 25)	33 (26 / 39)	20 (10 / 25)	11 (5 / 17)	9 (3 / 22)	–	–	–	(Verarb. Gew./ Dienstl.)
Mitchell 1994[2]	–	0	5	13	15	17	13	16	7	2	3	0	
Erfolgsbeteiligungen													
Bell 1989[1]	0,5 (1 / 0)	5 (17 / 0)	20 (37,5 / 0)	9 (12 / 8)	289 (61 / 2)	6 (12 / 2)	7 (17 / 3)	30 (58 / 2)	4 (12 / 0)	–	–	–	(Verarb. Gew./ Dienstl.)
Mitchell 1994[2]	–	10	8	8	5	8	8	6	10	2	1	6	

1) In % aller Beschäftigten in Unternehmen mit > 1.000 Beschäftigten (BLS, Current Wage Developments)
2) In % aller Tarifverträge in Unternehmen mit > 50 Beschäftigten (BNA, Daily Labor Report)

Abb. 5: COLA-Klauseln in US-amerikanischen Tarifverträge

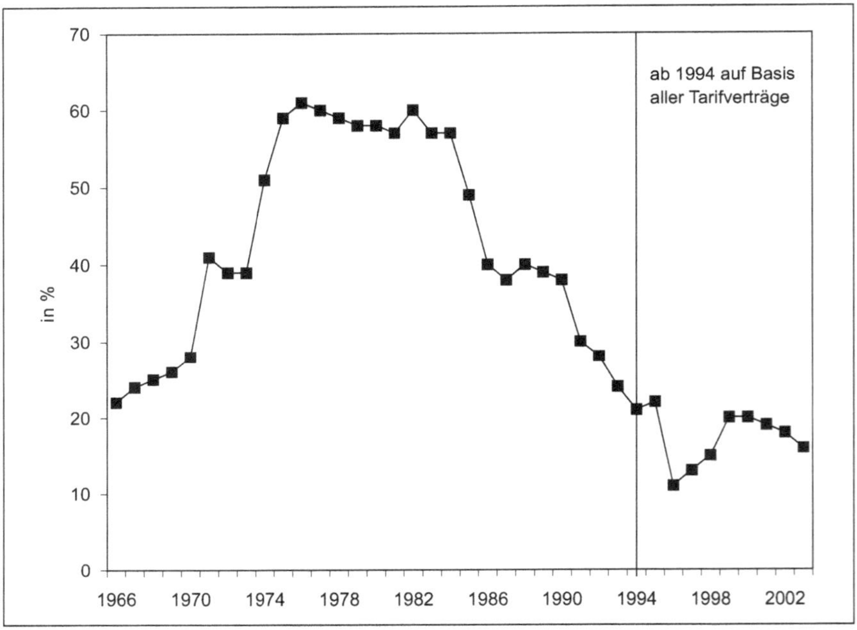

Quelle: 1966-1993: Devine 1996; ab 1994: BNA 2003, Daily Labor Report (verschiedene Ausgaben) in % aller Beschäftigten; ab 1994: in % aller Tarifverträge

Einmalzahlungen („Lump Sum Bonuses")

Noch Ende der 1970er Jahre waren „Lump Sum Bonuses", d.h. Einmalzahlungen anstelle von Tariflohnerhöhungen, in US-amerikanischen Tarifverträgen weithin unbekannt. Ihre Verbreitung nahm in der Hochphase des „Concession Bargaining" jedoch sprunghaft zu, so dass ab Mitte der 1980er Jahre mehr als die Hälfte aller Tarifverträge Einmalzahlungen anstelle von Tabellenerhöhungen vorsahen (vgl. Tabelle 39). Durchschnittlich lagen die Zahlungen bei rund 3% des Bruttolohns und damit in der Größenordnung der ansonsten üblichen Grundlohnerhöhungen (Bell/Neumark 1993: 611). Für Arbeitgeber war insbesondere die „Option of Non-Renewal" (Erickson/Ichino 1994: 189) interessant. Da Einmalzahlungen nicht dauerhaft den Grundlohn erhöhen und nachfolgende Verhandlungen wieder beim niedrigeren Ausgangsniveau starten, konnte die langfristige Dynamisierung der Lohnentwicklung entscheidend gebremst werden (Bell 1989: 49). Kosteneinsparungen ergaben sich weiterhin dadurch, dass Mehrarbeitszuschläge sowie Sozialleistungsbeiträge in der Regel auf Basis des tariflichen Grund- und nicht des tatsächlichen Effektivlohns einschließlich von Einmalzahlungen berechnet werden (Bell/Neumark 1993: 609)

Auch wenn die Gewerkschaften die langfristig negativen Effekte von Einmalzahlungen im Blick hatten und vielfach massiven Widerstand mobilisierten (Erickson/Ichino 1994: 212), setzte sich dieses Instrument in der beginnenden Aufschwungphase ab Mitte der 1980er Jahre immer stärker durch. Unter dem Eindruck vorangegangener Einkommenskürzungen empfanden viele Beschäftigte die Einmalzahlungen als substantielle Verbesserung und nicht in erster Linie als Zugeständnis an das Unternehmen (Mitchell 1986a: 99). Angesichts beträchtlicher Pauschalzahlungen, die als „Signing Bonus" gleich zu Beginn der Tariflaufzeit ausgezahlt wurden, unterschätzten viele Beschäftigte die langfristigen Einkommensrisiken (Martin/Heetderks 1994). Gleichwohl ist die Bedeutung von Einmalzahlungen in den 1990er Jahren als Folge der wieder erstarkten Verhandlungsmacht der Gewerkschaften spürbar zurückgegangen (vgl. Abbildung 6).

Abb. 6: Einmalzahlungen in US-amerikanischen Tarifverträgen

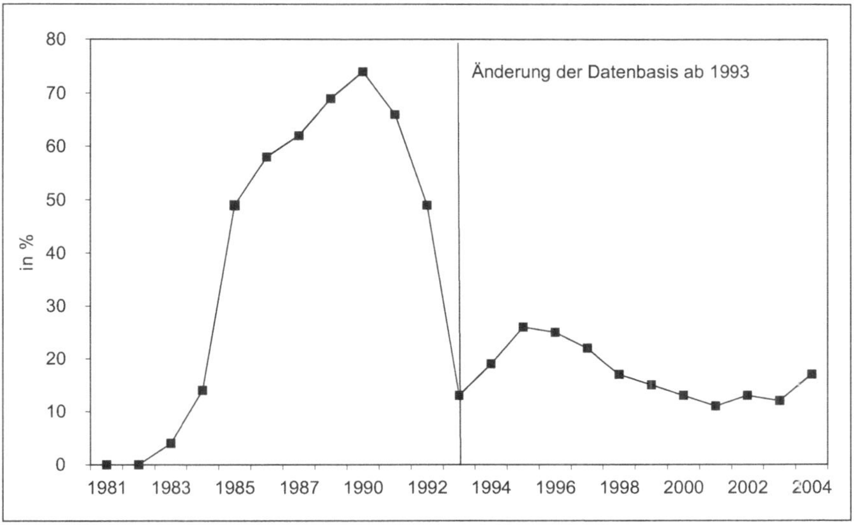

Quelle: Mitchell 1994 (bis 1992); BNA Source Book on Collective Bargaining, verschiedene Ausgaben (ab 1993), in % aller Tarifverträge

Zweistufige Tarifmodelle („Two-tier Wage Plans")

Abgesenkte Tarife für neue Mitarbeiter bzw. solche mit geringer Betriebszugehörigkeit sind gleichfalls ein Instrument, das erst Anfang der 1980er Jahre Einzug in US-amerikanische Tarifverträge fand (vgl. Tabelle 39). Es brach radikal mit dem bis dato geltenden Solidarprinzip, wonach gleiche Arbeit gleich entlohnt werden sollte. Die Einkommensabstriche waren durchaus beträchtlich und lagen bei durchschnittlich 15% (Kühl 1986: 412). Spitzenreiter war die Luftfahrtindustrie, in der sich die Kürzungen in einer Bandbreite zwischen 20% und 45% bewegten und durchschnittlich 28% betrugen (Walsh 1988: 53).[6] Die Modelle unterschieden sich hinsichtlich des Personenkreises sowie der Dauer und des Gegenstandes der Tarifabsenkung (Martin 1990: 2-7). Mehrstufige Tarifsysteme wurden schwerpunktmäßig in Dienstleistungssektoren wie dem Einzelhandel und der Luftfahrtindustrie und damit in Branchen eingeführt, die sich durch hohe Fluktuationsraten auszeichnen. Anders als bei langfristig stabiler Beschäftigung ließen sich hier die erhofften Kosteneinsparungen vergleichsweise rasch realisieren (Cappelli/Sherer 1990: 226; Walsh 1988). Um den Personalaustausch zusätzlich zu beschleunigen, wurden zweistufige Tarifsysteme vielfach mit Abfindungs- und Frühverrentungsprogrammen kombiniert (Linsenmayer 1986: 213).

Die Popularität abgesenkter Einstiegstarife erklärt sich in den 1980er Jahren damit, dass im Gegensatz zu Grundlohnkürzungen die aktuellen Beschäftigten weitgehend verschont blieben (Martin 1990: 41). Allerdings traten bereits mit dem wirtschaftlichen Aufschwung Mitte der 1980er Jahre sowohl aus Sicht der Arbeitgeber wie auch der Gewerkschaften die hiermit verbundenen Probleme offen zutage. Unternehmen hatten nicht nur mit Motivations- und Fluktuationsproblemen, sondern angesichts der spürbar verbesserten Arbeitsmarktlage in der zweiten Hälfte der 1980er Jahre auch mit großen Schwierigkeiten bei der Personalrekrutierung zu kämpfen (Heetderks/Martin 1991: 292).[7]

Auch in der Gewerkschaften kam es zu Konflikten, da sich die Beschäftigten in den abgesenkten Tarifgruppen mit der Entgeltbenachteiligung nicht dauerhaft abfinden wollten (Craft et al. 1985: 170). In dem Maße, wie sich die Belegschaftsanteile zugunsten der abgesenkten Vergütungsgruppen verschoben, gerieten die Gewerkschaftsführungen unter Druck, Nachbesserungen bei den Einstiegstarifen auszuhandeln. Gleichzeitig zeigten sich auch die „Senior Workers“ unzufrieden da sie fürchten mussten, langfristig aus dem Unternehmen verdrängt zu werden (Cappelli/Sherer 1990).

---

6 Mitte der 1980er Jahre lag die Bezahlung neuer Piloten bei American Airlines um 50% unter dem bisherigen Niveau (Sloane/Witney 2001: 307).

7 In einer Unternehmensbefragung zeigten sich bereits Mitte der 1980er Jahre 50% der Manager überzeugt, dass zweistufige Tarifverträge zu einer Verschlechterung der Mitarbeitermoral geführt hätten wohingegen lediglich 5% von einer Verbesserung ausgingen (Jacoby/Mitchell 1986: 233). Für eine equity-theoretische Analyse zweistufiger Tarifverträge vgl. Martin/Peterson 1987.

Bereits Ende der 1980er Jahre wurden viele Einstiegstarife insoweit entschärft, als mit zunehmender Beschäftigungsdauer die Mitarbeiter in den abgesenkten Tarifklassen schrittweise an die privilegierten Entgeltgruppen herangeführt wurden (Martin 1990: 55-57). Gleichwohl scheinen abgesenkte Einstiegstarife auch in den 1990er Jahren nicht vollständig verschwunden zu sein (vgl. Abbildung 7).[8] Entsprechende Klauseln fanden sich im Jahre 1996 noch in immerhin 38% der Tarifvereinbarungen (Daily Labor Report, 10.03.1997). Als Reaktion auf die gestiegenen Gesundheits- und Pensionskosten sind sie in den 1990er Jahren in der Variante abgestufter Sozialleistungsansprüche als Kostensenkungsinstrument wieder entdeckt worden (LRA Online, 28.01.2005).

Abb. 7: Einstiegstarife in US-amerikanischen Tarifverträgen

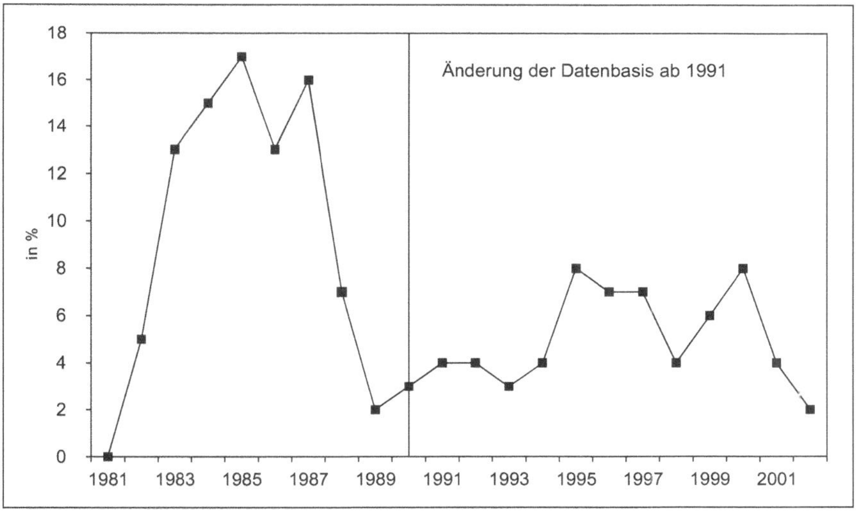

Quelle: Mitchell 1994 (bis 1990); BNA Source Book on Collective Bargaining, verschiedene Ausgaben (ab 1991), in % aller Tarifverträge

Intern-funktionale Instrumente („Work Rule Changes")

Neben Einkommenskonzessionen gehörte die intern-funktionale Flexibilisierung zu den am häufigsten vereinbarten Arbeitnehmerzugeständnissen (Chaison/Plovnick 1986: 56; Freedman 1985: 12). „One finds that firms almost always

8 Abbildung 7 gibt den Anteil der Tarifabschlüsse wider, in denen abgesenkte Tarifsysteme erwähnt werden. Die tatsächliche Verbreitung abgesenkter Tarifsysteme wird somit systematisch unterschätzt.

include demands for work-rule changes in concession bargaining" (Cappelli/McKersie 1985: 232). So lockerten die Tarifparteien bestehende Beschäftigungsvorschriften („Work Rules"), reduzierten die Zahl der Berufs- und Entgeltgruppen („Job Classifications") und schufen zusätzliche Möglichkeiten, Produktionsumfänge an Subunternehmen auszulagern (Kochan et al. 1986: 117-118). Ziel war es, die Flexibilitäts- und Produktivitätsdefizite gegenüber dem tariffreien Sektor zu verringern.

Die Rückgewinnung personalpolitischer Handlungsautonomie hatte für viele Unternehmen neben dem unmittelbaren Kostensenkungsaspekt auch hohe strategische Bedeutung (Strauss 1984: 10). Ursprünglich entwickelt um unternehmerische Willkür zu verhindern (Jacoby 2004), diente das ausgeklügelte System des „Job Control Unionism"[9] den Arbeitnehmervertretungen als Instrument, um Zugeständnisse auch in jenen Regelungsbereichen durchzusetzen, die nach wie vor exklusiv dem Management vorbehalten waren. Von der Lockerung der „Work Rules" versprachen sich die Unternehmen somit nicht alleine Produktivitätsvorteile, sondern auch eine nachhaltige Stärkung ihrer Verhandlungsposition gegenüber den Gewerkschaften (Lüthje/Scherrer 1994; Strauss 1984).

Auch wenn die Liberalisierung der „Work Rules" für die Gewerkschaften machtpolitisch problematisch war und sie vielfach intensiven Widerstand mobilisierten (Katz 1988) konnten sie doch die nachhaltige Flexibilisierung der Personalpolitik nicht dauerhaft verhindern (Strauss 1984: 10). Da im Unterschied zu direkten Grundlohnkürzungen die kurzfristigen finanziellen Nachteile für die Belegschaften vergleichsweise gering blieben, war der Abbau tariflicher Personalrigiditäten vergleichsweise einfach gegenüber den Beschäftigten durchzusetzen (Fulmer 1982: 399).

5.1.5 Arbeitgeberleistungen

In der US-amerikanischen Forschung zu „Concession Bargaining" sind Arbeitgeberleistungen nur sporadisch untersucht worden.[10] Hauptaugenmerk wurde stets auf die Einkommenszugeständnisse der Beschäftigten gelegt. Dies verweist auf die unterschiedliche konzeptionelle Herangehensweise an das Phänomen konzessionärer Beschäftigungsvereinbarungen in beiden Forschungstraditionen: Während in der deutschen Diskussion um „Betriebliche Bündnisse für Arbeit" der Untersuchungsgegenstand über die beschäftigungssichernden Arbeitgeberleistungen her definiert wird, stellt die US-amerikanische Literatur schwer-

---

9 „Job control steht […] für die Politik der US-amerikanischen business unions, die Stellung der Gewerkschaft sowie ihrer Mitglieder im Betrieb durch ein vertraglich vereinbartes Regelsystem defensiv abzusichern" (Lüthje/Scherrer 1994: 19; Hervorhebungen im Original).

10 Für die wenigen Ausnahmen vgl. Becker 1988; Cappelli 1983; Plovnick/Chaison 1985.

punktmäßig auf die Konzessionen der Beschäftigten und damit die Arbeitnehmerleistungen ab.

Die Tatsache, dass Arbeitgeber- im Unterschied zu Arbeitnehmerleistungen unterbelichtet und nicht systematisch untersucht wurden mag daran liegen, dass gemessen am Umfang der Arbeitnehmerkonzessionen die ausgehandelten Arbeitgeberzusagen zumeist äußerst bescheiden waren. Freedman bringt die Erfolglosigkeit der Gewerkschaften auf den Punkt: „In general, the unions did not ask for very much, and they got even less“ (Freedman 1985: 12). In ihrer Untersuchung konzessionärer Vereinbarungen in den Jahren 1982 und 1983 kommt Freedman zu dem Ergebnis, dass lediglich in 20% der Fälle Maßnahmen zur Beschäftigungssicherung vereinbart worden waren (Freedman 1985: 13). Anstelle verbindlicher Beschäftigungszusagen finden sich in der Mehrzahl der Fälle lediglich informelle Abreden und unverbindliche Absichtserklärungen (Cutcher-Gershenfeld/McHugh 1994: 253).

Auch Cappelli sieht in den frühen 1980er Jahren eine „reduced ability of local unions to secure improvements on some items, such as explicit employment guarantees, in return for granting concessions on other items, such as wages“ (Cappelli 1985: 100). In der zweiten Jahreshälfte 1982 enthielten lediglich rund ein Drittel der Konzessionsvereinbarungen verbindliche Zugeständnisse der Arbeitgeberseite (Cappelli 1983). Arbeitgeberzusagen konnten insbesondere dann durchgesetzt werden, wenn die Verhandlungen nicht lediglich auf einzelbetrieblicher Ebene sondern unternehmensweit geführt wurden. So erklären sich die Gewerkschaftserfolge in der Automobilindustrie durch die Zentralisierung des Verhandlungsprozesses (Katz/MacDuffie 1994: 203-205). Der unternehmensinterne Standortwettbewerb konnte damit begrenzt und taktische Abwanderungsdrohungen weitgehend entkräftet werden (Cappelli 1983: 298).[11]

Auch in den USA gehörten Beschäftigungszusagen zu den am häufigsten vereinbarten Gegenleistungen (vgl. Tabelle 40). Allerdings wurde meist nicht auf zukünftige Entlassungen verzichtet, sondern lediglich ein bereits geplanter Personalabbau zurückgenommen bzw. in seinem Umfang reduziert (Cappelli/McKersie 1985: 240). Gleichzeitig erlaubten es großzügige Revisions- und Ausnahmeklauseln, die Zusagen bei verschlechterter Wirtschaftslage auszusetzen.

Nicht nur blieben verbindliche Beschäftigungsgarantien die seltene Ausnahme, sondern der bestehende Kündigungsschutz wurde vielfach durch die parallele Lockerung der „Work Rules“ weiter eingeschränkt (Keefe/Boroff 1994: 358). Aufgrund von Senioritätsklauseln blieben jüngere Mitarbeiter, die ohnehin

11 Cappelli führt die höhere Verbreitung von Arbeitgeberzusagen in unternehmensweiten Verhandlungen darauf zurück, dass die Arbeitnehmervertreter auf Unternehmensebene in größerem Umfang als jene auf Betriebsebene dem Unternehmen substantielle Gegenleistungen anbieten konnten (Cappelli 1983: 298).

dem größten Entlassrisiko ausgesetzt waren, von den Beschäftigungsgarantien ausgenommen (Kassalow 1982: 376-377). Beschäftigungszusagen dienten damit in erster Linie dazu, die organisationspolitisch einflussreichen Stammbelegschaften abzusichern und deren Zustimmung in den Ratifizierungswahlen zu gewährleisten.

Tab. 40: Arbeitgeberleistungen in den USA

Art der Arbeitgeberleistung	Vereinbart in ... % aller Konzessionsvereinbarungen
Beschäftigungssicherung	20
Erweiterte Mitbestimmungsrechte	12
Standortsicherung	10
Erfolgsbeteiligungsmodelle	8
Begrenzung von Fremdvergabe	5
Organisationshilfen für die Gewerkschaft	2

In % aller Konzessionsvereinbarungen 1982-83, Mehrfachantworten möglich; N = 133

Quelle: Freedman 1985

Unter den Arbeitgeberleistungen nehmen Ertrags- („Profit Sharing") und Unternehmensbeteiligungen („Employee Stock Ownership Plans") eine Sonderstellung ein. Als finanzielle Kompensation in der Zukunft stellen sie zwar eine Gegenleistung des Managements dar, gleichzeitig wurden allerdings zumeist die fixen Tarifeinkommen in gleichem Umfang abgesenkt und damit das unternehmerische Risiko stärker auf die Beschäftigten übertragen (Cappelli 1983: 303; Donn/Lipsky 1987: 320) (vgl. Tabelle 39). Auch wenn „Profit Sharing"-Modelle von einflussreichen Ökonomen als konjunkturelles Stabilisierungsinstrument zur Vermeidung von Lohn-Preis-Spiralen in den 1980er Jahren propagiert wurden (Mitchell 1982a; Weitzmann 1984), blieben sie doch auf wenige Sektoren wie die Automobil-, Stahl- und Luftfahrtindustrie beschränkt (Bell/Neumark 1993; Mitchell 1985a: 49).

Während Gewinnbeteiligungsmodelle als „Sweeteners" (Mitchell 1986a: 99) die Wirkung der Tarifkürzungen abmildern und die Zustimmung der Beschäftigten sicherstellen sollten (Cappelli 1983: 303), wurden mit den weitergehenden Unternehmensbeteiligungsmodellen die Beschäftigten direkte Miteigentümer am Unternehmen. In der Regel wurden auch die gewerkschaftlichen Mitbestimmungsrechte deutlich ausgeweitet. Prominente Beispiele sind die Übernahme der Rath Packing Company (1980) und der Weirton Stahlwerke (1983) durch ihre Beschäftigten sowie die Minderheitsbeteiligungen bei Chrysler, Pan-Am und Eastern Airlines (Hammer/Stern 1986; Whyte/Blasi 1984; Woodworth

1982). Bei den Gewerkschaften nährte diese Entwicklung zunächst die Hoffnung auf einen Paradigmenwechsel zugunsten einer stärkeren Berücksichtigung von Belegschaftsinteressen (Kassalow 1988: 581-589). Die hohen Erwartungen wurden allerdings zumeist nicht erfüllt, blieben doch die in die Kontrollgremien entsandten Arbeitnehmervertreter isoliert und ohne Chance auf substantielle Einflussnahme (Appelbaum/Hunter 2005; Hunter 1998; McHugh et al. 1999; McKersie 2003). Die ambitionierten Beteiligungsmodelle scheiterten vielfach daran, dass trotz einschneidender Konzessionen der spätere Konkurs nicht verhindert werden konnte und die Beschäftigten nicht nur ihre Arbeitsplätze, sondern auch die für ihre Altersvorsorge vorgesehenen Unternehmensanteile verloren (Weinstein/Kochan 1995: 14).[12]

Eine Reihe der Arbeitgeberleistungen hatte schließlich lediglich symbolischen Charakter. Dazu gehört etwa die Zusicherung, neben den Tarifkürzungen gleichermaßen Einschnitte beim Management und den nicht gewerkschaftlich organisierten Belegschaftsteilen vorzunehmen („Equality of Sacrifice") (Cappelli/McKersie 1985: 238; Chaison/Plovnick 1986: 56-57). Trotz ihres geringen materiellen Nutzens für die Beschäftigten waren diese symbolischen Gegenleistungen für die Ratifizierung der Abkommen von großer Bedeutung, unterstrichen sie doch den Ernst der Lage und vermittelten den Belegschaften das Gefühl, fair behandelt worden zu sein (Abboushi 1987: 55-56; Cappelli 1983: 300).

5.2 Tarifpolitik in den 1990er Jahren: Concession Bargaining auf dem Rückzug?

5.2.1 Überblick

So rasch „Concession Bargaining" Anfang der 1980er Jahre um sich gegriffen hatte, so schnell ging das neue tarifpolitische Phänomen gegen Ende des Jahrzehnts auch wieder zurück. Auf dem Höhepunkt des konjunkturellen Aufschwungs im Jahre 1990 waren Konzessionsvereinbarungen aus dem US-amerikanischen Tarifsystem praktisch vollständig verschwunden (Bell 1995: 261; Mitchell 1994: 439). Nicht nur sahen nahezu alle Tarifabschlüsse wieder substantielle Einkommensverbesserungen vor. Angesichts der wieder erstarkten Verhandlungsmacht der Gewerkschaften wurden vielerorts die ursprünglich vereinbarten Lohnzugeständnisse gar wieder revidiert.

---

12 Jüngstes Beispiel ist United Airlines, wo die im Jahre 1994 vereinbarte 55-prozentige Mehrheitsbeteiligung der Belegschaft durch den Konkurs im Jahre 2003 wertlos geworden war (Daily Labor Report, 08.07.2003).

So wurden in der Stahlindustrie bereits mit den Tarifabschlüssen 1989 und 1990 die wenige Jahre zuvor vereinbarten Einkommenskürzungen vollständig zurückgenommen (Mangum/McNabb 1997: 126-133; Ruben 1990: 21-22). Auch in der Automobilindustrie waren die direkten Lohnkonzessionen nur von vergleichsweise kurzer Dauer. Bereits im Jahre 1982 hatte die Automobilarbeitergewerkschaft UAW unter dem Schlagwort „Restore and More" bei Chrysler die Rückkehr zur traditionellen Tarifformel „3% plus COLA" durchgesetzt. Im Jahre 1985 folgte eine pauschale Ausgleichszahlung („Equity Recovery") in Höhe von 2.120 $, mit der die Beschäftigten für die zurückliegenden Einkommensverluste entschädigt wurden (Cullen 1985: 301; Katz 1987: 35). Auch bei GM und Ford verbesserte sich die Einkommenssituation der Beschäftigten spürbar. Auf Basis der kurz zuvor vereinbarten Gewinnbeteiligungsprogramme erhielten die Beschäftigten zusätzliche Bonuszahlungen, deren Höhe allerdings aufgrund der heterogenen Unternehmensperformanz erhebliche Unterschiede aufwies (Katz/Meltz 1991).[13]

Die Tariferfolge der Gewerkschaften sind zunächst überraschend, hatte sich doch an der grundlegenden Machtasymmetrie zwischen den Tarifparteien auch in den 1990er Jahren nichts geändert (Clark et al. 2002b: 2). Nach wie vor war die Zukunft vieler tarifgebundener Standorte alles andere als gesichert. Angesichts der nach wie vor hohen Tariflohnkosten setzten die Unternehmen ihre langfristige Strategie der schrittweisen Produktionsverlagerung von tarifgebundenen an gewerkschaftsfreie Standorte weiter fort (Bodah/Cutcher-Gershenfeld 1997; Fallick/Hassett 1999). Der Spielraum hierfür erweiterte sich in den 1990er Jahren zusätzlich durch den Aufbau der nordamerikanischen Freihandelszone NAFTA (Scherrer 1998).

Auch in den 1990er Jahren hatte der dauerhafte Arbeitsplatzverlust für die große Mehrheit der Tarifbeschäftigten hohe Einkommenseinbußen zur Folge. Zwar waren die Wiederbeschäftigungschancen anders als in den 1980er Jahren vergleichsweise günstig. Nach wie vor war allerdings die Arbeitsmarktmobilität dadurch eingeschränkt, dass ein Wechsel in den tariffreien Sektor zumeist mit deutlichen Lohneinbußen und dem Verlust von Sozialleistungen einherging. Während sich somit die Exit-Optionen US-amerikanischer Arbeitgeber in den 1990er Jahren weiter verbesserten, blieben die Handlungsalternativen der Beschäftigten weiterhin vergleichsweise beschränkt.

Der wesentliche Unterschied gegenüber den 1980er Jahren besteht darin, dass in der stabilen Prosperitätsphase der 1990er Jahre Massenentlassungen und

---

13 Während die Beschäftigten bei Ford im Zeitraum 1982 bis 1989 mit insgesamt 13.365 $ an den Gewinnen des Unternehmens beteiligt wurden, beliefen sich die durchschnittlichen Zahlungen bei GM und Chrysler im selben Zeitraum auf lediglich 1.754 $ bzw. 3.752 $ (Katz/MacDuffie 1994: 203).

existentielle Unternehmenskrise vergleichsweise selten waren. Konjunkturelle und saisonale Schwankungen ließen sich mit dem bewährten Instrument der „Temporary Layoffs" bewältigen. Auch in schrumpfenden Branchen konnte der langfristige Beschäftigungsrückgang über natürliche Fluktuation und ergänzende Frühverrentungsprogramme gesteuert werden. Angesichts der hohen Kapazitätsauslastung waren somit die Arbeitsplätze der organisationspolitisch einflussreichen Stammbelegschaften nicht unmittelbar bedroht und einschneidende Tarifkonzessionen nicht länger flächendeckend durchsetzbar.

Gleichwohl sind Konzessionsvereinbarungen auch in den 1990er Jahren nicht vollständig verschwunden (Belman/Voos 2004: 491-492; Cutcher-Gershenfeld et al. 1996: 202). Anders als in den 1980er Jahren konzentrierten sich die Fälle im folgenden Jahrzehnt allerdings auf einzelne Unternehmen, in denen branchenspezifische Sonderprobleme die wirtschaftliche Existenz der Unternehmen unmittelbar bedrohten. Gemeinsames Merkmal dieser Fälle war, dass hier nicht allein die Arbeitsplätze der Randbelegschaften, sondern auch jene der einflussreichen „Senior Workers" unmittelbar und dauerhaft gefährdet schienen.

Konzessionsvereinbarungen wurden beim insolventen Stahlkonzern LTV (Cimini et al. 1993: 26) sowie bei den Fluglinien United Airlines, US Airways, Northwest, Eastern, TWA und Continental vereinbart. Diese verzeichneten aufgrund des ersten Irakkrieges und der daraufhin einsetzenden Verteuerung der Kerosinpreise allesamt hohe Verluste (Johnson 2002). Die umfangreichsten Zugeständnisse wurden im Jahre 1994 bei United Airlines vereinbart. Piloten und Mechaniker stimmten hier Lohnkürzungen in Höhe von 15% bzw. 8,25%, Einschnitten beim Krankenversicherungsschutz sowie abgesenkten Tarifen bei der Regionalfluglinie United Shuttle zu. Insgesamt verzichteten die Beschäftigten damit auf Einkommensansprüche in Höhe von 4,9 Mrd. $ (Cimini/Muhl 1995: 31). Im Gegensatz zu den Konzessionsvereinbarungen in den 1980er Jahren wurden allerdings gleichzeitig auch umfangreiche Gegenleistungen wie eine Beschäftigungssicherung bis ins Jahr 2000 sowie eine 55-prozentige Unternehmensbeteiligung festgeschrieben.

Im Jahre 1995 stimmten auch die Beschäftigten des Reifenherstellers Bridgestone/Firestone drastischen Lohnkonzessionen zu. Auslöser waren allerdings nicht eine akute Unternehmenskrise, sondern vielmehr strategische Fehleinschätzungen der Gewerkschaft. Nach zehnmonatigem Streik hatte das Unternehmen angekündigt, die zwischenzeitlich eingestellten Aushilfskräfte auch nach dem Ende des Arbeitskampfes dauerhaft weiter zu beschäftigen und die streikenden Mitarbeiter nicht auf ihre Arbeitsplätze zurückkehren zu lassen (Cimini 1996:

26-27).[14] Angesichts der Gefahr, neben dem Streik auch den Tarifarbeitsplatz dauerhaft zu verlieren, erklärten sich die Beschäftigten bereit, die Stundenlöhne von 17,34 $ auf 12,00 $ zu kürzen und die Einkommen der zukünftigen Beschäftigten um 30% abzusenken.

5.2.2 Qualitativer Wandel: Von Lohn- zu Sozialleistungskonzessionen

Im Längsschnittsvergleich zeigt sich ein qualitativer Wandel tariflicher Konzessionsvereinbarungen. Während der Umfang der Arbeitnehmerzugeständnisse insgesamt deutlich hinter dem Niveau der 1980er Jahre zurückblieb und sich umfangreiche Tariflohnkürzungen in den 1990er Jahren auf spektakuläre Einzelfälle beschränkten, traten an die Stelle direkter Einkommenskürzungen vermehrt Einschnitte bei den tariflichen Sozialleistungen (Cutcher-Gershenfeld et al. 1996: 201).

Rührte der Wettbewerbsnachteil tarifgebundener Unternehmen in den 1980er Jahren in erster Linie von der kontinuierlich angewachsenen Tariflohnprämie her, so sehen sich die Unternehmen in den 1990er Jahren durch die explodierenden Sozialleistungskosten unter Druck gesetzt (Süddeutsche Zeitung, 03.04.2004). Im Tarifsektor stiegen diese wesentlich schneller als die direkten Lohnkosten (Buckley/Van Giezen 2004; Glied 2003). Während bei den Krankenversicherungsleistungen der Fortschritt in der Medizintechnik und in der Pharmaindustrie kostentreibend wirkte, ist der Anstieg der Pensionskosten Folge der höheren Lebenserwartung sowie der in der Vergangenheit massiv genutzten Frühverrentungsprogramme (Schaffner/van Horn 2003: 21-24).[15]

Insbesondere in schrumpfenden Branchen hat der Anstieg der Sozialleistungskosten zu dramatischen Finanzierungsproblemen geführt. Besonders prekär ist seit Mitte der 1990er Jahre die Lage bei den drei großen Automobilherstellern, die das mit Abstand dichteste Sozialleistungsnetz aufgebaut hatten (Katz et al. 2002: 70). So mussten allein die drei großen Hersteller General Motors, Ford und Chrysler im Jahre 2004 rund 10 Mrd. $ für den Krankenversicherungsschutz ihrer Mitarbeiter und Pensionäre aufwenden (New York Times, 20.03.2005).[16]

---

14 Das US-amerikanische Arbeitsrecht erlaubt es, Streikende dauerhaft durch Aushilfskräfte („Permanent Replacements") zu ersetzen (Cramton/Tracy 1998; Singh/Jain 2001; Westfall/Thüsing 2003: 117).

15 Die „30-and-out-pensions" ermöglichen es in der Automobilindustrie, nach 30 Berufsjahren bei voller Pensionsleistung in Ruhestand zu gehen (Katz et al. 2002: 70).

16 GM ist mit Aufwendungen in Höhe von 5,2 Mrd. $ für rund 1,1 Mio. aktive und passive Mitarbeiter der größte private Krankenversicherer der USA (Washington Post, 11.02. 2005). Die Kosten für zukünftige Pensionsleistungen belaufen sich bei GM auf 63 Mrd. $ (New York Times, 15.09.2004).

Maßnahmen zur Kostenbegrenzung bei den Sozialleistungen avancierten in den 1990er Jahren zu den mit Abstand wichtigsten Verhandlungszielen (San Francisco Chronicle, 13.10.2004).[17] So wurden etwa im Jahre 1999 in 22% aller tarifgebundenen Unternehmen die tariflichen Sozialleistungen gekürzt (Cutcher-Gershenfeld/Kochan 2004: 9). Im Bereich des Krankenversicherungsschutzes werden Einsparungen sowohl auf der Einnahmen- wie auf der Ausgabenseite vereinbart (Hay Group 2004). Mit der Erhöhung des Arbeitnehmeranteils an den Versicherungsprämien sowie der Einführung der Zuzahlungspflicht („Co-Pay") werden die Mitarbeiter stärker als zuvor an der Finanzierung des Krankenversicherungsschutzes beteiligt. Auf der Ausgabenseite wird vielfach die Kostenerstattung für Medikamente gedeckelt und durch „Managed-Care"-Pläne die freie Arztwahl auf kostengünstigere Anbieter („Health Maintenance Organizations") begrenzt (Dietz 2004). Gleichermaßen schränken viele Unternehmen die Möglichkeit zur Familienmitversicherung ein und reduzieren den Versicherungsschutz für pensionierte Mitarbeiter (San Francisco Chronicle, 12.10.2004).

Die tariflichen Pensionszusagen werden seit Mitte der 1990er Jahre schrittweise von „Defined Benefit" (DB)- auf „Defined Contribution" (DC)-Pläne umgestellt (Burton/Mitchell 2003; Salisbury 2001). Dieser Prozess ist im tariffreien Sektor bereits weiter fortgeschritten als im tarifgebundenen, so dass die betriebliche Altersvorsorge nach dem risikoärmeren DB-Prinzip heute weitgehend auf den gewerkschaftlich organisierten Sektor beschränkt ist (Munnell et al. 2004). Anders als bei DB-Modellen, bei denen die Pensionshöhe garantiert wird, gewährt der Arbeitgeber bei DC-Plänen lediglich einen fixen Finanzierungsbeitrag, den die Beschäftigten im Rahmen steuerbegünstigter Ansparpläne („401 [k]"-Pläne) investieren können.

Der entscheidende Unterschied zwischen beiden Modellen liegt in der Risikoverteilung: Während bei DB-Modellen der Arbeitgeber das Investitionsrisiko trägt und nach Maßgabe des „Employee Retirement Income Security Act" (ERISA) Rückstellungen für die eingegangenen Pensionsverpflichtungen zu bilden hat, liegt bei der DC-Variante das Investitionsrisiko beim einzelnen Arbeitnehmer, der entsprechend seiner individuellen Risikopräferenzen zwischen mehr oder minder spekulativen Anlageformen zu wählen hat (FRB of Dallas 2004). Bestehende DB-Programme werden in aller Regel nicht vollständig aufgelöst,

17 „Health care, the cost of which has been rising by double digits for the past couple of years, has replaced salaries as the No. 1 issue in labor negotiations" (San Francisco Chronicle, 31.08.2003). Die Dramatik dieser Entwicklung spiegelt sich in der folgenden Aussage von Jim Bowen, Präsident der West Virginia Labor Federation wider: „In labor negotiations now, the first day you talk about health-care coverage, and the last day you talk about health-care coverage. […] It's the No. 1 issue and the last issue. The costs are spiraling, and health insurance considerations come ahead of everything else." (Zitiert in Sunday Gazette-Mail, 16.11.2003)

sondern vielmehr eingefroren und die Altersvorsorge nach dem DC-Prinzip fortgeführt (COFFI, 07.04.2004: 10). Die Neuordnung der Pensionsprogramme hat somit in erster Linie Konsequenzen für jüngere Mitarbeiter.

Einschneidende Kürzungen beim Krankenversicherungsschutz sind meist nur in außergewöhnlichen Krisensituationen möglich. Dagegen traf in der Vergangenheit die Umstellung der Pensionssysteme auf deutlich geringeren Widerstand der Beschäftigten. Während Kürzungen im Bereich der Krankenversicherung von den Arbeitnehmern eindeutig als Verschlechterung wahrgenommen werden, kommt die Umstellung der Pensionsprogramme von DB- auf DC-Modelle durchaus den Präferenzen eines Großteils der Beschäftigten entgegen. Nicht zuletzt vor dem Hintergrund der kräftigen Kursgewinne am Aktienmarkt Ende der 1990er Jahre erhofften sie sich von aktienbasierten Anlageformen im Vergleich zu DB-Plänen höhere Renditemöglichkeiten (Seeleib-Kaiser 2002: 13-14). Darüber hinaus verbessern individualisierte Pensionspläne die externe Arbeitsplatzmobilität, da angesammelte Ansprüche anders als bei DB-Modellen beim Austritt aus dem Unternehmen nicht verfallen (Clark 1999).

Um auch gegen den Widerstand der organisationspolitisch einflussreichen „Senior Workers" Kosteneinsparungen bei den Sozialleistungen durchsetzen zu können, wurde vielfach das in der Lohnpolitik bereits erprobte Modell der zweistufigen Tarifsysteme um abgestufte Sozialleistungsmodelle erweitert („Two Tier Benefit Plans"). Während die derzeit Beschäftigten weitgehend verschont werden, sehen viele Vereinbarungen überproportionale Leistungskürzungen und Kostenbeteiligungen für zukünftige Mitarbeiter vor. Zweistufige Sozialleistungssysteme stellen damit mehrheitsfähige Ausweichstrategien dar, mit denen die Kosteneinsparungen auf die nicht stimmberechtigten Outsider externalisiert werden können.

Im Folgenden werden mit der Stahl- und der Luftfahrtindustrie zwei Sektoren eingehender untersucht, die seit den späten 1990er Jahren Schauplatz umfangreicher Konzessionsverhandlungen geworden sind. Die Fokussierung auf diese zwei Schlüsselbranchen erlaubt es, für branchenspezifische Sondereffekte zu kontrollieren und damit das macht- und entscheidungstheoretische Erklärungskonzept eingehender zu überprüfen.

5.2.3 Konzessionsvereinbarungen in der Stahlindustrie

Die ausgesprochen konjunkturanfälligen Stahlunternehmen befanden sich Ende der 1990er Jahre in einer tiefen Krise. Nachdem sich die Stahlindustrie von dem Konjunktureinbruch der 1980er Jahre erholt und im Aufschwung der 1990er Jahre zwischenzeitlich stabilisiert hatte (Arthur/Smith 1994: 155-157; Mangum/McNabb 1997: 171-186), verschlechterte sich die wirtschaftliche Lage mit der Asienkrise in den Jahren 1998-2000 dramatisch. Auf die Nachfrageausfälle auf ihren Heimatmärkten reagierten die asiatischen Stahlproduzenten mit dem Export ihrer Überproduktion, die aufgrund der Währungsabwertungen gegenüber dem Dollar in erster Linie nach Nordamerika gelenkt wurde (Carbaugh/Olienyk 2004). In der Folge setzte auf dem internationalen Stahlmarkt ein Preisverfall ein, der durch die Rezession im Jahre 2001 noch zusätzlich beschleunigt wurde. Die gesamte US-amerikanische Stahlindustrie verbuchte zwischen 1999 und 2003 Verluste in Höhe von rund 13 Mrd. $, so dass sich Anfang 2004 bereits 32 Stahlunternehmen im Konkursverfahren befanden (Considine 2005; Hufbauer/ Goodrich 2003).

Branchenstruktur und Problemkonstellation

Der Preisverfall traf nicht alle Produzenten gleichermaßen.[18] Während sämtliche „integrierten" Stahlhütten zwischen 1999 und 2002 Verluste einfuhren, blieben die so genannten „Minimills" von der Branchenkrise weitgehend verschont und konnten jedes Jahr mit Gewinn abschließen (Hufbauer/Goodrich 2003: 10). Letztere gewinnen Stahl aus Schrott und operieren mehrheitlich tariffrei. Da mit den Rohstahlpreisen gleichzeitig auch die Preise für Stahlschrott als wichtigstem Inputfaktor der „Minimills" sanken, konnten diese den Rückgang der Erlöse weitgehend durch Einsparungen bei den Rohstoffkosten kompensieren (Carbaugh/Olienyk 2004: 90). Gleichzeitig erlaubt es die kosteneffiziente Produktionstechnologie der „Minimills", auf Nachfrageausfälle mit der flexiblen Reduzierung des Ausstoßes zu reagieren (Treado 2003: 6-8).

Demgegenüber sind die mehrheitlich tarifgebundenen Stahlunternehmen, die das traditionelle Verfahren der Stahlverhüttung aus Eisenerz und Kokskohle anwenden, zur Amortisation der hohen Fixkosten auf eine konstant hohe Kapazitätsauslastung angewiesen. Die tariflichen Beschäftigungsklauseln engten den Spielraum für Personal- bzw. Kapazitätsanpassungen weiter ein. Die fehlende Möglichkeit zur kurzfristigen Angebotsreduzierung beschleunigte somit Ende der 1990er Jahre zusätzlich den branchenweiten Preisverfall.

Parallel zur Konjunkturkrise traten bei den tarifgebundenen Stahlherstellern Ende der 1990er Jahre auch aufgestaute Strukturprobleme offen zutage (Carbaugh/Olienyk 2004). Die intensive Nutzung von Frühverrentungsprogrammen hatte die Zahl der versorgungsberechtigten Pensionäre seit Mitte der 1980er Jahre stark anwachsen lassen. Bei den sieben größten tarifgebundenen Stahlhütten summierten sich die auf den Gegenwartswert diskontierten zukünftigen Sozialleistungskosten („Legacy Costs") Ende der 1990er Jahre auf über 13 Mrd. $ (Hufbauer/Goodrich 2003: 12). So standen im Jahre 2002 bei Bethlehem Steel

18 Für eine ausführliche Diskussion der Branchensegmente vgl. Arthur/Smith 1994: 137-141.

den 75.000 Pensionären lediglich noch 13.000 aktive Beschäftigte gegenüber. Allein für deren Krankenversicherungsansprüche fielen jährlich Kosten in Höhe von 270 Mio. $ an. Die Pensions- und Krankenversicherungsleistungen für ausgeschiedene Mitarbeiter verursachten Mehrkosten in Höhe von 65 $ pro Tonne Rohstahl, was rund 14% des Markpreises entsprach (Carbaugh/Olienyk 2004: 91-92). Dagegen war die überwiegende Mehrzahl der Recyclingstahlhersteller erst Mitte der 1980er Jahre gegründet worden und verfügte über wesentlich jüngere Belegschaften. Sie hatten damit im Vergleich zu den traditionellen Stahlherstellern nicht nur ungleich geringere Pensions- sondern auch deutlich niedrigere Krankenversicherungslasten zu tragen.

Schutzzollpolitik und sektorale Restrukturierung

Die Stahlarbeitergewerkschaft USWA erkannte zwar die unmittelbar drohende Gefahr von Unternehmensliquidationen an, Eingriffe in die bestehenden Tarifverträge und umfangreiche Einkommenskürzungen lehnte sie allerdings zunächst ab (Daily Labor Report, 24.01.2001). Noch im Januar 2001 erklärte die USWA auf ihrer jährlichen „Basic Steel Industry Conference“:

> „We see no basis for re-opening our steel agreements. Companies will always look for concessions, but concessions are not the answer and most certainly are not the answer to the current crisis. [...] Our concessions would simply line the pockets of Wall Street financiers and the giant companies that buy steel, doing nothing for steel companies or the job security of our members.“ (USWA, 23.01.2001)

Da Ende der 1990er Jahre die Tariflohnprämie in der Stahlindustrie mit 7% ohnehin vergleichsweise gering war, stellten nach Ansicht der Gewerkschafter die Lohnkosten nicht das zentrale Wettbewerbsproblem tarifgebundener Stahlproduzenten dar (Belman/Voos 2004: 517).

Vielmehr sahen sie in der zunehmenden Importkonkurrenz die entscheidende Ursache für die Existenzbedrohung vieler Unternehmen. Im Schulterschluss mit den Arbeitgebern startete die USWA daher die Initiative „Stand up for Steel“ und forderte die Bundesregierung auf, Schutzzölle zu erheben (Daily Labor Report, 05.12.2001). Von der zuständigen Regierungskommission USITC wurden in der Tat Dumpingverstöße festgestellt (Daily Labor Report, 26.09. 2001; Daily Labor Report, 18.01.2002) und im März 2002 befristete Strafzölle verhängt (Daily Labor Report, 08.03.2002). Ursprünglich für drei Jahre vorgesehen nahm die Regierung diese allerdings bereits im Dezember 2003 wieder zurück. Nicht nur sah die WTO wiederholt internationale Freihandelsabkommen verletzt (New York Times, 27.03.2003; New York Times, 11.11.2003), sondern auch die US-amerikanischen Stahlkonsumenten, allen voran die Automobilindustrie und der Maschinenbau, klagten über die künstlich erhöhten Preise und reklamierten den Verlust von 200.000 Arbeitsplätzen (Daily Labor Report, 05.02. 2003).[19]

Die Schutzzollpolitik hatte gleichwohl den Unternehmen eine Atempause im Kostenwettbewerb verschafft. Innerhalb weniger Monate vollzog sich ein branchenweiter Konsolidierungsprozess, bei dem ein Großteil der insolventen Stahlhütten von größeren Wettbewerbern oder externen Kapitalgebern übernommen wurde (Chicago Tribune, 02.06.2004). So erwarb im Januar 2003 der Branchenführer U.S. Steel den Konkurrenten National Steel während die erst Anfang 2002 gebildete International Steel Group (ISG) zwischen April 2002 bis Juni 2004 die unter Gläubigerschutz operierenden Unternehmen LTV Steel, Acme Steel, Bethlehem Steel, Weirton Steel und Georgetown Steel zum größten Stahlkonzern der USA vereinte (Considine 2005: 18).

Angestoßen wurde der Konsolidierungsprozess durch die Tatsache, dass die Unternehmen sich ihrer ungedeckten Pensionsverpflichtungen weitgehend entledigen konnten. Neun Stahlkonzerne, darunter Bethlehem Steel, LTV Steel, National Steel und Weirton Steel, konnten in den Konkursverfahren glaubhaft machen, dass die Erfüllung der Pensionszusagen unweigerlich die Liquidation der Unternehmen zur Folge hätte. Um einerseits die Altersvorsorge der Pensionäre zu schützen, andererseits aber auch den Fortbestand der Unternehmen zu sichern, gestatteten die Konkursgerichte den Unternehmen, ihre Pensionsverpflichtungen an die „Pension Benefit Guaranty Corporation“ (PBGC) auszulagern. Diese war 1974 eingerichtet worden und hat als quasi-staatliches Rückversicherungssystem die Aufgabe, im Konkursfall die Fortzahlung der Rentenansprüche sicherzustellen. Mit den insolventen Stahl-Pensionsfonds übernahm die PBGC innerhalb weniger Monate Verpflichtungen in Höhe von rund 8 Mrd. $ (Considine 2005: 19).

Die Externalisierung der Pensionskosten auf das staatliche Rückversicherungssystem war die entscheidende Voraussetzung dafür, dass die Banken ihre Kreditzusagen aufrechterhielten und sich Investoren zur Weiterführung der Unternehmen bereit fanden (Warrian 2002: 364). Angesichts der Konjunkturlage waren die Stahlunternehmen zwar nach wie vor defizitär. Die neuen Eigentümer übernahmen aber Unternehmen, die vollständig von ihren Pensionsverpflichtungen befreit waren und damit die Voraussetzungen für eine Rückkehr in die Gewinnzone bei anziehender Stahlnachfrage erfüllten.

Konzessionsvereinbarungen

Die Auslagerung der Pensionslasten kam einer massiven staatlichen Subventionierung gleich und sorgte dafür, dass der Großteil der Beschäftigten von umfangreichen Einkommenseinbußen weitgehend verschont blieb. Zwar wurden im

19 Zu den gesamtwirtschaftlichen Auswirkungen der Schutzzölle vgl. auch USITC 2003.

Zuge der Restrukturierungsprozesse die Tarifverträge neu verhandelt. Gemessen am Ausmaß der Branchenkrise und in Anbetracht der drohenden Liquidation der Unternehmen sind die vereinbarten Arbeitnehmerkonzessionen allerdings vergleichsweise moderat (Carbaugh/Olienyk 2004: 102-103; Considine 2005: 19-20). Da die Tariflöhne nur unwesentlich über den Marktlöhnen lagen, wurden keine direkten Lohnkürzungen vorgenommen. Stattdessen wurden mit der Lockerung der „Work Rules“ und der Einschränkung von Sozialleistungen jene Parameter modifiziert, die die eigentliche Ursache des Wettbewerbsnachteils gegenüber den tariffreien Unternehmen waren.

Kernstück der Vereinbarungen bei ISG und U.S. Steel war die Konsolidierung der ursprünglich 32 Berufsgruppen in lediglich fünf breit definierte Entgeltgruppen. Damit wurden umfangreiche Personalumsetzungen möglich, die bislang an den starren Demarkationslinien zwischen den einzelnen Berufsgruppen gescheitert waren. Gleichzeitig wurde die Arbeitsproduktivität über die Flexibilisierung der „Work Rules“ erhöht. Mit einem neuen Frühverrentungsprogramm („Transitional Assistance Program“) sollte auch weiterhin das Beschäftigungsniveau sozialverträglich reduziert werden.

Parallel sahen die Tarifvereinbarungen auch Kürzungen bei den tariffreien Beschäftigtengruppen vor. Hierzu gehörten die Reduzierung der Hierarchieebenen sowie die Einführung von Gehaltsobergrenzen für leitende Angestellte. Durch die Einschränkung der Krankenversicherungsleistungen und die stärkere Kostenbeteiligung der Beschäftigten konnten die Sozialleistungskosten weiter reduziert werden. Schließlich wurden die bisherigen Pensionsfonds durch einen gewerkschaftlich verwalteten Pensionsplan („Steelworkers Pension Trust“) ersetzt.

Am einschneidendsten waren die Kürzungen für die Pensionäre und ihre Familienangehörigen. Die PBGC führte zwar die Pensionszahlungen fort, der bisherige umfangreiche Krankenversicherungsschutz wurde allerdings gekündigt. Die Unternehmen verpflichteten sich stattdessen, in Abhängigkeit von der zukünftigen Ertragslage Mittel für die neu eingerichteten „Voluntary Employee Benefits Associations“ (VEBAs) bereitzustellen, aus denen zukünftig die Krankenversicherungsleistungen für die Pensionäre finanziert werden sollen. Bereits bei Vertragsabschluss war allerdings klar, dass aufgrund der unzureichenden Finanzausstattung der VEBAs der gewohnte Krankenversicherungsschutz nicht zu halten sein würde (Union Labor Report, 14.01.2005).

Verbindliche Beschäftigungszusagen wurden auch in den Stahl-Konzessionsvereinbarungen der Jahre 2002 und 2003 nicht vereinbart sondern im Gegenteil bestehende Kündigungsschutzvorschriften gelockert. Die unkonditionierte Beschäftigungsgarantie („Employment Security Plan“) wurde durch einen „Layoff Minimization Plan“ ersetzt. Darin verpflichteten sich die Unternehmen, bei Beschäftigten mit mehr als drei Jahren Betriebszugehörigkeit im Vorfeld von Entlassungen Alternativen wie etwa Überstundenabbau, Insourcing und interne

Versetzungen zu prüfen und mit der Gewerkschaft hierüber zu verhandeln. Weiterhin wurden die Gewinnbeteiligungsprogramme erweitert und zusätzliche Investitionen von insgesamt 500 Mio. $ festgeschrieben. Ziel war es, über die Modernisierung der Anlagen den Produktivitätsrückstand gegenüber der „Minimill"-Konkurrenz zu reduzieren und damit die langfristige Wettbewerbsfähigkeit der Unternehmen zu sichern (Considine 2005: 44-45; USITC 2003: xi).

Rückblickend zeigt sich, dass die Branchenkrise rasch überwunden wurde und die Unternehmen gestärkt aus dem Restrukturierungsprozess hervorgingen. Mit dem Anziehen der weltweiten Stahlnachfrage insbesondere aus China erlebte auch in den USA die Stahlbranche einen deutlichen Aufschwung. Die zwischenzeitliche Beschäftigungsentwicklung zeigt allerdings, dass trotz der Konzessionsvereinbarungen das Beschäftigungsniveau nicht stabilisiert werden konnte. Deutliche Produktivitätssteigerungen als Folge der Personalflexibilisierung erlaubten es, die wachsende Nachfrage mit einer geringeren Mitarbeiterzahl zu befriedigen. Obwohl die Produktion deutlich ausgeweitet wurde, ging der Personalbestand bei den ISG-Unternehmen um 40% zurück (Considine 2005: 19).

Neben den Unternehmen profitierte auch die USWA von den Konzessionsvereinbarungen, konnte sie doch so den organisatorischen Fortbestand der Gewerkschaft sichern. Da die Stahlbeschäftigten den Kern ihrer Mitgliederbasis ausmachen, hätte die endgültige Liquidation der großen tarifgebundenen Stahlhersteller gleichzeitig die Mitgliederzahl der USWA deutlich reduziert und mittelfristig die Eigenständigkeit der Gewerkschaft gefährdet. Schließlich zählen auch die langjährig beschäftigten „Senior Workers" zu den Gewinnern der Vereinbarungen. Aufgrund umfangreicher Senioritätsrechte waren sie trotz fehlender formaler Beschäftigungsgarantien faktisch weiterhin vor Entlassungen geschützt. Zwar mussten auch sie aufgrund der Auflösung der Pensionsfonds Einbußen bei ihrer Altersversorgung hinnehmen. Die Regularien des PBGC sehen allerdings eine weitgehende Besitzstandssicherung für jene Beschäftigten vor, die bereits umfangreiche Pensionsansprüche erworben haben und kurz vor dem Renteneintritt stehen. Anders als für die jüngeren Beschäftigten hatte somit die Auslagerung der Pensionskosten für die geschützten „Senior Workers" nur begrenzte finanzielle Konsequenzen.

5.2.4 Konzessionsvereinbarungen in der Luftfahrtindustrie

Neben der Stahlindustrie ist die Luftfahrtbranche der zweite wichtige Wirtschaftszweig, in dem seit Anfang des neuen Jahrtausends weitreichende Konzessionsverhandlungen aufgetreten sind. Die Konjunkturanfälligkeit der Branche hat seit Beginn der Marktliberalisierung im Jahre 1978 stark zugenommen (Blyton et al. 2001: 449). Auch bei normaler Konjunkturlage sind die Profitmargen vergleichsweise gering. Nach den Branchenkrisen der 1980er Jahre gerieten die Luftfahrtunternehmen mit dem zweiten Golfkrieg und dem kurzzeitigen Anstieg der Kerosinpreise Anfang der 1990er Jahre erneut unter Druck (Johnson 2002: 30-31). Die abermals vereinbarten Arbeitnehmerkonzessionen konnten allerdings nicht verhindern, dass traditionsreiche Unternehmen wie Eastern Airlines und PanAm vom Markt verschwanden.

Im Unterschied zur Stahlindustrie ist die Akteurskonstellation in der Luftfahrtindustrie deutlich unübersichtlicher. Jede Beschäftigtengruppe wird von eigenständigen und vielfach untereinander rivalisierenden Gewerkschaften vertreten (vgl. Tabelle 41). Die heterogene Akteursstruktur hat durchaus ambivalente Effekte. Tarifrunden werden zeitlich verzögert, da die Unternehmen gleichzeitig mit mehreren Gewerkschaften Verhandlungen führen müssen (von Nordenflycht/Kochan 2003). Damit erhöhen sich aus Sicht der Unternehmen nicht nur die Streikrisiken sondern auch die Transaktionskosten der Interessenaushandlung.

Gleichzeitig erschwert die organisatorische Zersplitterung allerdings auch die Formulierung einer einheitlichen Arbeitnehmerstrategie und schwächt die gewerkschaftliche Verhandlungsmacht in wirtschaftlichen Krisenzeiten. Unternehmen sehen sich in der Lage, einzelne Beschäftigtengruppen mit unterschiedlichen Machtressourcen im Rahmen von Konzessionsverhandlungen gegeneinander auszuspielen. Zugeständnisse einer Beschäftigtengruppe haben präjudizie-

Tab. 41: Gewerkschaftliche Vertretung bei US-amerikanischen Fluglinien

Airline	Piloten	Flugbegleiter	Mechaniker	Bodenpersonal
American Airlines	APA	APFA	TWU	non-union
United Airlines	ALPA	AFA	AMFA*	IAM
Delta Airlines	ALPA	non-union	non-union	non-union
Northwest Airlines	ALPA	IBT	AMFA	IAM
Continental Airlines	ALPA	PFAA	IBT	non-union
US Airways	ALPA	AFA	IAM	CWA

* bis Juli 2003: IAM

AFA	Association of Flight Attendants (Fusion mit CWA zur AFA-CWA in 2004; AFL-CIO)
ALPA	Air Line Pilots Association (AFL-CIO)
AMFA	American Mechanics Fraternal Association
APA	Allied Pilots Association
APFA	Association of Professional Flight Attendants
CWA	Communications Workers of America (AFL-CIO)
IAM	International Association of Machinists and Aerospace Workers (AFL-CIO)
IBT	International Brotherhood of Teamsters (AFL-CIO)
PFAA	Professional Flight Attendants Association
TWU	Transport Workers Union (AFL-CIO)

Quelle: Aktualisierte Darstellung basierend auf Johnson 2002

rende Wirkung und setzen auch weniger konzessionsbereite Arbeitnehmer unter Zugzwang. In methodischer Hinsicht stellt der Luftfahrtsektor somit einen quasi-experimentellen Testfall dar, in dem unter Konstanthaltung exogener Rahmenbedingungen das Verhalten unterschiedlich handlungsmächtiger Arbeitnehmergruppen innerhalb eines Unternehmens studiert werden kann.

Branchenstruktur und Problemkonstellation

Ebenso wie in der Stahlindustrie lassen sich auch im Luftfahrtsektor zwei unterschiedliche Branchensegmente identifizieren (Gittell et al. 2004; Johnson 2002). Während die großen landesweit bzw. international operierenden Fluglinien nahezu ausnahmslos tarifgebunden sind und ein dichtes Streckennetz unterhalten, konzentrieren sich die kleinen aber meist weitaus profitableren „Low-Fare"-Airlines wie etwa Southwest, America West und Jet Blue auf vergleichsweise wenige dafür aber hoch frequentierte Direktflugstrecken (Government Accountability Office 2004: 4-6). Das flächendeckende „Hub-and-Spoke"-System der großen Fluglinien, bei dem zahlreiche kleine Regionalflughäfen über zentrale Umsteigeflughäfen an das internationale Streckennetz angeschlossen werden, kommt zwar den Flexibilitätsinteressen Geschäftsreisender entgegen, verursacht aber aufgrund der oftmals geringen Kapazitätsauslastung gleichzeitig hohe Kosten, die nur über hohe Ticketpreise zu finanzieren sind.

Mit der Streckenausweitung der Billigfluglinien und dem zunehmenden Kostenbewusstsein der Geschäftsreisenden nach dem Platzen der „New Economy"-Blase bekamen die großen Fluggesellschaften zunehmend Schwierigkeiten, das bisherige System der Preisdiskriminierung zwischen Privat- und Geschäftsreisenden aufrechtzuerhalten (Government Accountability Office 2004). Das Vordringen der Billigfluglinien in zuvor von „Legacy Carriers" dominierte Märkte führte zu einem Preisverfall, den die traditionellen Anbieter zunächst nicht durch kurzfristige Kostensenkungen kompensieren konnten (Goolsbee/Syverson 2005). Zusätzlich erhöhte der zunehmende Internethandel die Preistransparenz am Markt und ließ die Profitmargen sinken (General Accounting Office 2003).

Neben dem ineffizienten Geschäftsmodell stellen die Arbeitskosten der tarifgebundenen Airlines einen weiteren Wettbewerbsnachteil gegenüber der zumeist tariffreien „Low-Cost"-Konkurrenz dar. Die Tariflohnprämie lag in der Luftfahrtindustrie Ende der 1990er Jahre mit rund 27% deutlich über dem gesamtwirtschaftlichen Durchschnitt (Belman/Voos 2004: 512). Vor allem die tarifgebundenen Piloten hatten deutliche Einkommensvorteile und verdienten mit durchschnittlich 161.000 $ rund doppelt so viel als ihre tariffreien Kollegen (Johnson

2002: 23).[20] Darüber hinaus hatten die „Low-Cost"-Airlines, die mehrheitlich erst in den 1990er Jahren expandierten, deutlich jüngere Belegschaften und im Unterschied zu den traditionellen Fluglinien praktisch keine Pensionskosten zu tragen (Government Accountability Office 2004).

Höhere Sozialleistungen, kürzere Arbeitszeiten sowie umfangreichere Beschäftigungsregularien erhöhten die Lohnstückkosten der „Hub-and-Spoke"-Airlines und sorgten damit für einen entscheidenden Wettbewerbsnachteil gegenüber den Billigfluglinien (vgl. Tabelle 42).

Tab. 42: Lohnstückkosten US-amerikanischer Fluglinien in US-Cent

Traditionelle Airlines	Kosten pro Sitzmeile	„Low-Cost"-Airlines	Kosten pro Sitzmeile
Delta Airlines	4,5	Southwest Airlines	3,1
Northwest Airlines	4,2	America West Airlines	2,6
Alaska Airlines	3,9	American Trans Air	2,2
US Airways	3,8	Frontier Airlines	2,2
United Airlines	3,7	Jet Blue Airways	1,9
American Airlines	3,6		
Continental Airlines	3,3		

Stand: April 2004
Durchschnittliche Personalkosten: 3,7 US-Cent

Quelle: Financial Times Deutschland, 14.04.2004

Mehrere zeitgleich auftretende Sondereffekte waren schließlich zu Beginn des neuen Jahrtausends dafür verantwortlich, dass die gesamte US-amerikanische Luftfahrtindustrie in eine tiefe Krise stürzte und insbesondere die ohnehin finanziell angeschlagenen tarifgebundenen Airlines endgültig in ihrer Existenz bedroht wurden (Government Accountability Office 2004). Als Folge der Terroranschläge des 11. September 2001 sank das Passagieraufkommen rapide, so dass Flugzeuge stillgelegt wurden und die Fluggesellschaften bereits im Oktober 2001 insgesamt rund 100.000 Mitarbeiter entlassen mussten (Johnson 2002: 48). In den folgenden Monaten sanken die Umsätze um rund 20%. Bereits im Jahre 2001 verbuchte die gesamte Luftfahrtindustrie Verluste in Höhe von rund 8 Mrd. $ (Gittell et al. 2004: 177).

Die Anfang 2003 in Ostasien grassierende SARS-Epidemie sowie der Irak-Krieg sorgten weiterhin dafür, dass sich das Passagieraufkommen auch auf den bislang noch lukrativen Überseestrecken nach Asien und in den Mittleren Osten monatelang deutlich reduzierte. Zuletzt sorgte der in seinem Ausmaß unerwar-

---

20 Spitzenreiter waren die Piloten bei Delta Airlines, deren Einkommen im Jahre 2004 um 133% über den Löhnen bei Southwest, 193% über denjenigen bei JetBlue und 207% über den Pilotengehältern bei AirTran lagen (New York Times, 09.06.2004).

tete Anstieg der Kerosinpreise seit Mitte 2004 dafür, dass allein im Jahre 2004 branchenweit Verluste in Höhe von 6 Mrd. $ anfielen. Zwischen 2001 und Anfang 2005 summierten sich die Verluste bei den fünf größten Airlines auf 33 Mrd. $ (Handelsblatt, 11.03.2005).

Konzessionsvereinbarungen

Ebenso wie zuvor die Stahl- wurde auch die Luftfahrtbranche massiv durch staatliche Subventionen unterstützt.[21] Dennoch standen innerhalb kürzester Zeit einige der größten Fluglinien kurz vor der Liquidation. Kurz hintereinander beantragten US Airways im August 2002 und die zweitgrößte US-amerikanische Fluglinie United Airlines im Dezember 2002 Gläubigerschutz (Daily Labor Report, 10.12.2002). Nach einer ersten Konzessionsrunde und einer zwischenzeitlichen Erholung musste US Airways bereits im September 2004 erneut das Konkursverfahren eröffnen (Financial Times Deutschland, 14.09.2004). Trotz zwischenzeitlich ausgehandelter Zugeständnisse der Beschäftigten folgten schließlich im September 2005 auch Northwest Airlines sowie Delta Airlines.

Für die tarifgebundenen Unternehmen wurde der Gläubigerschutz unvermeidlich, da ansonsten der Flugbetrieb nicht hätte aufrechterhalten werden können. Neben der Sicherstellung einer ausreichenden Kapitaldecke stärkten die Konkursverfahren allerdings gleichzeitig auch die unternehmerische Verhandlungsposition gegenüber den Gewerkschaften. So gestattet das US-amerikanische Konkursrecht, bestehende Tarifverträge außer Kraft setzen und geringere Tarifstandards gerichtlich anordnen zu lassen (Brandow 1988; Smith/Bales 2001) (11 U.S.C. § 1113).

Die Unternehmen nutzten die Drohung mit der Eröffnung eines Konkursverfahrens, um die Neuverhandlung der bestehenden Tarifverträge durchzusetzen. Die Tatsache, dass US Airways und United Airlines wiederholt die angekündigte Annullierung der Tarifverträge wahr gemacht hatten, verlieh der Exit-Drohung zusätzliche Glaubwürdigkeit (vgl. Washington Post, 27.08.2002; Washington Post, 03.03.2003; Washington Post, 25.11.2004; New York Times, 13.11.2004). So hatte im Vorfeld der dritten Konzessionsrunde bei US Airways das Konkursgericht im Oktober 2004 eine viermonatige Kürzung der Löhne um 21% angeordnet (New York Times, 16.10.2004). Auch im Falle der Mechaniker bei United Airlines, die sich als einzige Beschäftigtengruppe einer weiteren Einkommenskürzungen verweigert hatten, wurden der Tarifvertrag Anfang 2005 aufgelöst und die Einkommen um rund 10% abgesenkt (Labor Relations Week, 03.02.2005).

---

21 Auf Basis des „Air Transportation Safety and System Stabilization Act" sowie des „Emergency Wartime Supplement Appropriations Act" erhielten die Luftfahrtunternehmen 5 Mrd. $ bzw. 2,3 Mrd. $ zum Ausgleich der Umsatzausfälle und der erhöhten Sicherheitskosten (Government Accountability Office 2004: 22).

Tab. 43: Ausgewählte tarifliche Öffnungs- und Härtefallklauseln

	Piloten	Flugbegleiter
US Airways	• 7/02: Gehaltskürzung in Höhe von 26% (465 Mio.´$ jährlich) • 12/02: Gehaltskürzung in Höhe von 8% (2003), 6,5% (2004), 5% (2005) (101 Mio. $ jährlich) • 10/04: Gehaltskürzung in Höhe von 18% (300 Mio. $ jährlich)	• 7/02: Gehaltskürzung in Höhe von 8,4% (76 Mio. $ jährlich) • 1/03: weitere Konzessionen (26 Mio. $ jährlich) • 1/05: Gehaltskürzung in Höhe von 10% (94 Mio. $ jährlich)
United Airlines	• 5/03: Gehaltskürzung in Höhe von 30% (1,1 Mrd. $ jährlich) • 1/05: Gehaltskürzung in Höhe von 11,8% (180 Mio. $ jährlich)	• 5/03: Gehaltskürzung in Höhe von 9% (314 Mio. $ jährlich) • 1/05: Gehaltskürzung in Höhe von 9,5% (131 Mio. $ jährlich)
American Airlines	• 5/03: Gehaltskürzung in Höhe von 23% (2003) und in Höhe von 17% in den folgen-den Jahren (660 Mio. $ jährlich)	• 5/03: Gehaltskürzung in Höhe von 15,6% (350 Mio. $ jähr-lich)
Northwest Airlines	• 12/04: Gehaltskürzung in Höhe von 15% (265 Mio. $ jährlich) • 11/05: Gehaltskürzung in Höhe von 24% (215 Mio. $ jährlich)	• 3/06: Gehaltskürzung in Höhe von 20% (195 Mio. $ jährlich)
Continental Airlines	• 4/05: Gehaltskürzung in Höhe von 8,9% (213 Mio. $ jährlich)	• 1/06: Einsparungen von 72 Mio. $ jährlich
Delta Airlines	• 11/04: Gehaltskürzung in Höhe von 32,5% (1 Mrd. $ jährlich) • 12/05: Gehaltskürzung in Höhe von 15% (153 Mrd. $ jährlich)	• non-union

Angesichts drohender oder bereits vollzogener Tarifannullierungen blieb den Beschäftigten faktisch keine Möglichkeit, sich dauerhaft der Neuverhandlung der Tarifverträge zu verweigern. Bei allen großen Fluglinien wurden daher seit 2002 teils mehrfach die Löhne gekürzt (vgl. Tabelle 43). Die umfangreichsten Einbußen nahmen dabei die Piloten hin, deren Einkommen in einigen Fällen um rund die Hälfte gekappt wurden.

Zusätzlich zu den Lohnkürzungen wurden regelmäßig die „Work Rules" gelockert, betriebliche Sozialleistungen gekürzt sowie die Arbeitszeiten ausgeweitet. Auch die Konzessionsvereinbarungen in der Luftfahrtbranche sahen trotz umfangreicher Einkommenskürzungen meist keinerlei Beschäftigungszusagen vor. Im Gegenteil wurden vielfach bestehende Kündigungsschutzvorschriften eingeschränkt und zusätzlich zu den Tarifkürzungen umfangreiche Entlassungen vorgenommen. Allein bei United Airlines wurden zwischen 2001 und 2005 38.000 Arbeitsplätze bzw. 40% der ursprünglichen Belegschaft abgebaut (Financial Times Deutschland, 21.06.2005). Zwar behielten die Mitarbeiter ihre temporären Rückkehrrechte („Recall Rights"). Aufgrund der strukturellen Über-

Tab. 43: (Fortsetzung)

	Bodenpersonal	Mechaniker	Sonstige
US Airways	• 7/02: Gehaltskürzung in Höhe von 8% (66 Mio. $ jährlich) • 1/03: weitere Konzessionen (14 Mio. $ jährlich) • 1/05: Gehaltskürzung in Höhe von 12,9%	• 7/02: Gehaltskürzung in Höhe von 6,8% (152 Mio. $ jährlich) • 1/03: weitere Konzessionen (59 Mio. $ jährlich) • 1/05: Gehaltskürzung in Höhe von 8% (353 Mio. $ jährlich)	• Fluglotsen: • 7/02: Gehaltskürzung in Höhe von 8% • 1/03: weitere Konzessionen • 10/04: Konzessionen (4,5 Mio. $ jährlich)
United Airlines	• 5/03: Gehaltskürzung in Höhe von 13% (794 Mio. $ jährlich) • 7/05: Gehaltskürzung in Höhe von 5,5% (176 Mio. $ jährlich)	• 5/03: Gehaltskürzung in Höhe von 13% (349 Mio. $ jährlich) • 5/05: Gehaltskürzung in Höhe von 4% (96 Mio. $ jährlich)	• Meteorologen und Fluglotsen: • 5/03: Gehaltskürzung in Höhe von 13%
American Airlines	• non-union	• Gehaltskürzung in Höhe von 6,6% bis 19% je nach Beschäftigtengruppe (620 Mio. $ jährlich)	
Northwest Airlines			
Continental Airlines	• 4/05: Gehaltskürzung in Höhe von 4%	• non-union	• Fluglotsen: • 4/05: Nullrunde bis 2007 (736.000 $)
Delta Airlines	• non-union	• non-union	• non-union

Quelle: Gewerkschaftsangaben und Branchenberichte; die Vereinbarungen enthalten neben Einkommenskonzessionen weitere Zugeständnisse der Beschäftigten bei „Work Rules“ sowie bei den betrieblichen Sozialleistungen, die in der Tabelle nicht aufgeführt werden; erwartete Kosteneinsparung in Klammern.

kapazitäten war allerdings absehbar, dass eine Wiederaufnahme der ursprünglichen Beschäftigung ausgeschlossen sein würde.

Anstelle verbindlicher Arbeitsplatzgarantien wurden ertragsabhängige Erfolgsbeteiligungen sowie Aktienoptionen vereinbart, die allerdings erst bei Erreichen anspruchsvoller Renditeziele zur Auszahlung fällig wurden und vom individuellen Senioritätsstatus abhängen. Beschäftigte mit langer Betriebszugehörigkeit wurden somit wiederum systematisch privilegiert.

Eine Ausnahme stellt Continental Airlines dar, die im Gegenzug für vergleichsweise moderate Arbeitnehmerzugeständnisse auf betriebsbedingte Kündigungen verzichtete (Labor Relations Week, 04.07.2005; New York Times, 30.01. 2006). Zurückzuführen ist das aus Arbeitnehmersicht vergleichsweise günstigere Verhandlungsergebnis auf die Tatsache, dass das Unternehmen bereits seit Mitte der 1990er Jahre ein Partnerschaftsprogramm mit den Gewerkschaften praktiziert (Gittell et al. 2004: 171-173). Die kollektiven Arbeitsbeziehungen bei Continental Airlines sind somit wesentlich sozialpartnerschaftlicher und längerfristig ausgerichtet als bei den übrigen tarifgebundenen Airlines.

Ebenso wie wenige Jahre zuvor die Stahlunternehmen froren auch die Fluglinien im Zuge der Konzessionsverhandlungen ihre Pensionspläne ein und wälzten die ungedeckten Pensionslasten auf die PBGC ab. Als Folge schwindender Barmittel hatten die Airlines zu geringe Rückstellungen für ihre Alterssicherungsfonds gebildet (Washington Post, 23.07.04). Wiesen die Pensionsfonds der großen Fluglinien noch im Jahre 1999 einen Überschuss von 700 Mio. $ aus, so war im Jahre 2004 aufgrund des zwischenzeitlichen Verfalls der Aktienkurse ein Defizit in Höhe von 21 Mrd. $ aufgelaufen (Los Angeles Times, 05.10.2005). Anfang 2005 stand bei United Airlines den Pensionsverpflichtungen in Höhe von 16,8 Mrd. $ nur noch ein Anlagevermögen in Höhe von 7 Mrd. $ gegenüber (San Francisco Chronicle, 12.05.2005).

Im März 2003 übernahm die PBGC den Pensionsplan der Piloten und im Januar 2005 schließlich auch jene der übrigen Beschäftigten bei US Airways. Auch United Airlines kündigte im März bzw. Juni 2005 sämtliche Vorsorgepläne für seine Mitarbeiter (Financial Times Deutschland, 12.05.2005). Mit dem Wegfall der Pensionsbelastungen verbesserte sich zwar die Liquiditätslage der Unternehmen spürbar. Die Auflösung der Pensionspläne war allerdings für jene Beschäftigten mit besonderen Härten verbunden, denen umfangreiche Pensionsansprüche zugesagt worden waren. Die PBGC garantiert Pensionsansprüche lediglich bis zu einer jährlichen Gesamtleistung in Höhe von 45.613 $.[22] Im Falle von United Airlines übernahm die PBGC daher lediglich 6,6 Mrd. $ der Deckungslücke in Höhe von 9,8 Mrd. $ (Financial Times Deutschland, 12.05. 2005). Während die Rentenleistungen der Flugbegleiter und des Bodenpersonals auch von der PBGC zukünftig ungeschmälert weitergeführt werden, gingen große Teile der Altersvorsorge der Piloten, deren Rentenansprüche regelmäßig weit über den Garantiebetrag hinausgehen, verloren.

In machttheoretischer Perspektive sind somit nicht allein die signifikanten Einkommensvorteile gegenüber dem tariffreien Sektor, sondern auch der drohende Verlust umfangreicher Pensionsansprüche für die ausgeprägte Konzessionsbereitschaft der Piloten verantwortlich. Sie nahmen stets als erste Beschäftigtengruppe Verhandlungen mit den Fluglinien auf, akzeptierten die mit Abstand umfangreichsten Zugeständnisse und ratifizierten die Vereinbarungen regelmäßig mit großer Mehrheit.

---

22 Allerdings werden die Ansprüche der Pensionäre und langjährig Beschäftigter privilegiert behandelt, so dass die realen Pensionszahlungen über den garantierten Maximalbetrag hinausgehen können (San Francisco Chronicle, 12.05.2005).

Dagegen gestalteten sich die Verhandlungen mit den übrigen Beschäftigtengruppen, die geringere Einbußen zu befürchten hatten und sich damit in einer günstigeren Verhandlungsposition befanden, weitaus schwieriger. So verweigerten Flugbegleiter und Mechaniker wiederholt ihre Zustimmung und ließen bereits ausgehandelte Vereinbarungen scheitern (USA Today, 01.09.2004). Bei Northwest Airlines gingen die Mechaniker im August 2005 gar in einen mehrmonatigen Streik, um Lohnkürzungen zu verhindern (Financial Times Deutschland, 22.08.2005; Labor Notes, 9/2005). Die geringere Konzessionsbereitschaft der Mechaniker führt Johnson nicht nur auf die geringeren Einkommensverluste sondern auch die Tatsache zurück, dass diese Beschäftigten aufgrund ihres allgemeineren Qualifikationsprofils anders als die Piloten nicht allein auf den Luftfahrtsektor festgelegt sind und über Beschäftigungsoptionen in benachbarten Wirtschaftszweigen verfügen (Johnson 2002: 24).

Dass die Konzessionsverhandlungen auch zu erheblichen Problemen im gewerkschaftlichen „Intraorganizational Bargaining“ (Walton/McKersie 1965) führten und die ablehnende Haltung der Mechaniker gegenüber Konzessionsforderungen nicht allein von den Gewerkschaftsführungen geschürt wurde, belegen die Ereignisse bei United Airlines im Juli 2003. Angesichts der kurz zuvor vereinbarten 13-prozentigen Entgeltkürzung wurde die Mechanikergewerkschaft IAM durch die rivalisierende AMFA abgelöst. Diese war in der Dezertifizierungswahl mit dem Versprechen angetreten, einen härteren Verhandlungskurs einzuschlagen und Lohnzugeständnisse kategorisch abzulehnen (Washington Post, 15.07.2003).

Letztlich konnte sich allerdings keine Beschäftigtengruppe den Kostensenkungen gänzlich verweigern. Da die Pilotengewerkschaft ALPA ihre Zustimmung zu Einkommenskürzungen stets an die Bedingung knüpfte, dass auch die übrigen Beschäftigtengruppen sich zu Zugeständnissen bereit zeigten, schufen die Pilotenkonzessionen Präzedenzfälle, die auch die übrigen Gewerkschaften unter Zugzwang setzten.

5.3 KBV ohne kollektive Interessenvertretung? Der tariffreie Sektor

Auch wenn in der vorliegenden Untersuchung ausschließlich kollektivvertragliche Konzessionsvereinbarungen untersucht werden, die im monistischen System der USA definitionsgemäß lediglich im gewerkschaftlich organisierten Sektor auftreten können, soll doch auch im US-amerikanischen Vergleichsfall die Entwicklung der Einkommens- und Beschäftigungsstandards im interessenvertretungsfreien Sektor mit berücksichtigt werden. Erst durch die Gegenüberstellung des tariffreien Sektors als Referenzgröße können die Lohn- und Gehaltskonzessionen im Gewerkschaftssektor angemessen bewertet werden.

Mills kommt auf Basis einer telefonischen Befragung von 276 S&P 500-Unternehmen zu dem Ergebnis, dass tariffreie Unternehmen auch während des Konjunktureinbruchs Anfang der 1980er Jahre nur in seltenen Ausnahmefällen die Löhne ihrer Mitarbeiter gekürzt haben.

> „Blue-collar concessions in recent years are primarily limited to the union sector of U.S. industry. […] Many nonunion companies report financial problems, yet virtually none reports employee concessions.“ (Mills 1983: 104)

Auf die wirtschaftlichen Schwierigkeiten reagierten tariffreie Unternehmen anstelle von Lohnsenkungen mit Entlassungen bzw. Arbeitszeitverkürzungen (Mills 1983: 105). In tarifgebundenen Unternehmen scheiterte dagegen die solidarische Arbeitszeitverkürzung in aller Regel am Widerstand der geschützten Belegschaftsmehrheiten (Freedman 1985: 20).

Mills führt die geringe Verbreitung von Einkommenskürzungen im tariffreien Sektor auf den gewerkschaftlichen „Threat-Effekt“ zurück.[23] Danach fürchteten tariffreie Unternehmen, dass Lohnkürzungen den Gewerkschaften regen Zulauf bescheren könnten.

> „Ironically, unions are being forced to negotiate give-backs from their own members, while employers' fear of the unions is protecting the pay scale and benefits of many nonunion employees.“ (Mills 1983: 104)

Allerdings ist fraglich, ob die Gewerkschaften angesichts ihrer tarif- und organisationspolitischen Schwäche Anfang der 1980er Jahre tatsächlich aus Arbeitgebersicht eine so große Bedrohung darstellten und das personalpolitische Handlungskalkül tariffreier Unternehmen soweit beeinflussten, dass diese flächendeckend auf Lohnsenkungen verzichtet hätten.

Alternativ könnte die geringe Verbreitung von Einkommenskürzungen im tariffreien Sektor auch auf die ausgeprägtere Konjunkturabhängigkeit der gewerkschaftlich organisierten Branchen zurückzuführen sein. Auch diese Erklärung wird allerdings von Freeman auf Basis der BLS-Statistiken verworfen (Freeman 1986). Auch wenn spezifischen Branchenproblemen als Auslöser der Konzessionsverhandlungen in einigen Wirtschaftszweigen große Bedeutung zukommt, so sind diese doch nicht allein für die unterschiedliche Lohnpolitik tarifgebundener und tariffreier Unternehmen Anfang der 1980er Jahre verantwortlich. So zeigt sich, dass auch innerhalb derselben Branchen Einkommenskürzungen in tariffreien Unternehmen weitaus seltener waren (Mills 1983: 105).

Indirekte Hinweise auf die Entgeltpolitik tariffreier Unternehmen liefern Längsschnittsdaten zur gesamtwirtschaftlichen Lohnentwicklung. Die Tarifabschlussraten gingen Anfang der 1980er Jahre deutlich schneller zurück als die

---

23 Zum „Threat Effekt“ vgl. Belman/Voos 1993; Blau/Kahn 1999; Corneo/Lucifora 1997; vgl. kritisch Farber 2005a.

Löhne im tariffreien Sektor. Dies deutet darauf hin, dass nicht notwendigerweise Lohnkürzung, zumindest aber Lohnzurückhaltung im Tarifsektor weiter verbreitet war (Flanagan 1984: 187; Gay 1984: 849).[24] Allerdings schlägt sich dieser Effekt in der Lohnkostenentwicklung erst mit zeitlicher Verzögerung nieder (vgl. Abbildung 8). Noch bis 1982 stiegen die Löhne im Tarifsektor stärker als im tariffreien Sektor. Verantwortlich für diesen Time-Lag sind die langen Tariflaufzeiten von zumeist drei bis vier Jahren. Während die Abschlussraten neuer Tarifverträge bereits zu Beginn der 1980er Jahre zurückgingen, wirkten noch bis in das Jahr 1981 jene Tariferhöhungen nach, die bereits Ende der 1970er Jahre vereinbart worden waren.

Abb. 8: Lohnkostensteigerung in der US-amerikanischen Privatwirtschaft

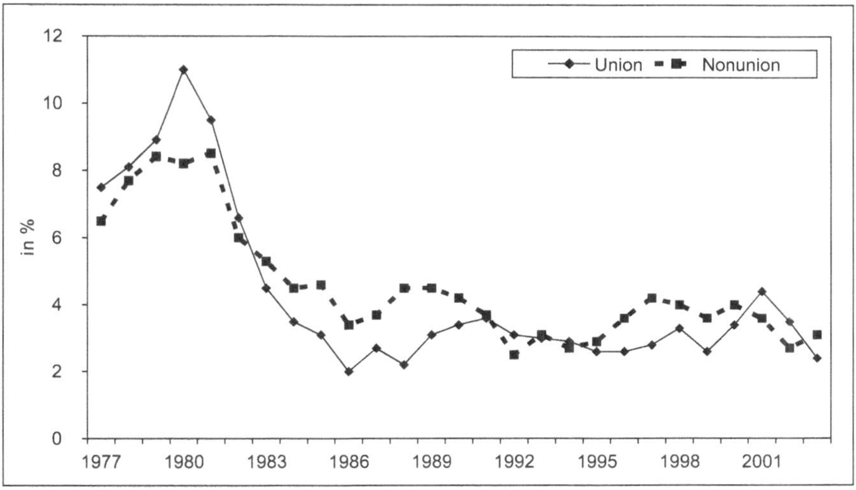

Quelle: Bureau of Labor Statistics: Employment Cost Index, Serien ECU 24002A und ECU25002A

Die langfristigen Folgen der Konzessionsvereinbarungen zeigen sich erst in der zweiten Hälfte der 1980er Jahre. Bis in die frühen 1990er Jahre stiegen die Lohnkosten im Tarifsektor deutlich langsamer als jene im gewerkschaftsfreien

24 Vgl. auch die Einschätzung von Mitchell, wonach „nonunion workers were less affected by the downward shift of the 1980s than were union workers" (Mitchell 1985b: 598). „The decline in the industrial relations climate in the early 1980s is associated with a dramatic change in union wage procyclicality, unmatched in the nonunion sector" (Grant 2001: 54).

Sektor. Das unterproportionale Tariflohnwachstum in der zweiten Hälfte der 1980er Jahre ist in erster Linie auf strukturelle Anpassungen im Tarifsystem (Einschnitte bei COLA-Klauseln, Einstiegstarife, Substitution von Grundlohnerhöhungen durch Einmalzahlungen und ertragsabhängige Entgeltbestandteile) zurückzuführen. Diese wurden zwar erst mittelfristig wirksam, dämpften dann aber den Einkommensanstieg im Tarifsektor wesentlich nachhaltiger als die meist befristet vereinbarten Lohn- und Gehaltskürzungen.

Erst Anfang der 1990er Jahre verlief die Lohnkostenentwicklung im „Union"- und „Non-Union"-Sektor wieder im Einklang. Der unterproportionale Anstieg in der zweiten Hälfte der 1990er Jahre ist im Unterschied zu den frühen 1980er Jahren nicht auf Tariflohnkonzessionen zurückzuführen. Vielmehr konnten die Gewerkschaften, die in den am schnellsten wachsenden High-Tech- und Dienstleistungssektoren („New Economy") kaum vertreten sind, an den überdurchschnittlichen Einkommenssteigerungen in den 1990er Jahren kaum partizipieren.

Ein zunächst widersprüchliches Bild zeigt sich bei der Entwicklung der aggregierten Tariflohnprämie (vgl. Abbildung 9). Zwar wird auch hier Ende der 1970er Jahre der rasante Anstieg der Lohnprämie als Auslöser der nachfolgenden Konzessionsvereinbarungen bestätigt (Freeman/Medoff 1984: 56; Mitchell 1986a: 102). Nach einem deutlichen Rückgang als Folge der Tariflohnkürzungen zu Beginn der 1980er Jahre stieg die Lohnprämie allerdings bereits im Jahre 1983 wieder auf über 20% an, obwohl die Tarifeinkommen nur unterproportional gegenüber den Einkommen in tariffreien Unternehmen angestiegen waren. Erst ab Mitte der 1980er Jahre begann sich die Spanne zwischen Tarif- und Marktlöhnen als Folge der längerfristig wirkenden Tarifkonzessionen zu schließen.

Der zunächst überraschende Anstieg der Tariflohnprämie Anfang der 1980er Jahre ist Folge der umfangreichen Entlassungen, die parallel zu den Einkommenskonzessionen vorgenommen wurden. Beschäftigte mit kurzer Betriebszugehörigkeit und damit vergleichsweise niedrigen Tarifeinkommen waren aufgrund der tariflichen Senioritätsbestimmungen als erstes betroffen. So lag die Tariflohnprämie gewerkschaftlich organisierter Arbeitnehmer, die zwischen 1979 und 1984 ihren Arbeitsplatz verloren, um 7,6 Prozentpunkte niedriger als jene der Tarifbeschäftigten, die im selben Zeitraum nicht entlassen wurden (Haggerty/Leigh 1993). Anfang der 1980er Jahre erhöhten sich somit die durchschnittliche Betriebszugehörigkeit und damit die Durchschnittseinkommen der Tarifbeschäftigten deutlich, so dass trotz der Einkommenskonzessionen der Lohnabstand gegenüber dem tariffreien Sektor wuchs. Der senioritätsgesteuerte Beschäftigungsabbau führt somit zu einer Überschätzung der gewerkschaftlichen Lohnprämie, ohne dass dies auf überproportionale Lohnsteigerungen (bzw. unterproportionale Lohnsenkungen) im Tarifsektor zurückzuführen wäre.

Abb. 9: Tariflohnprämie in den USA

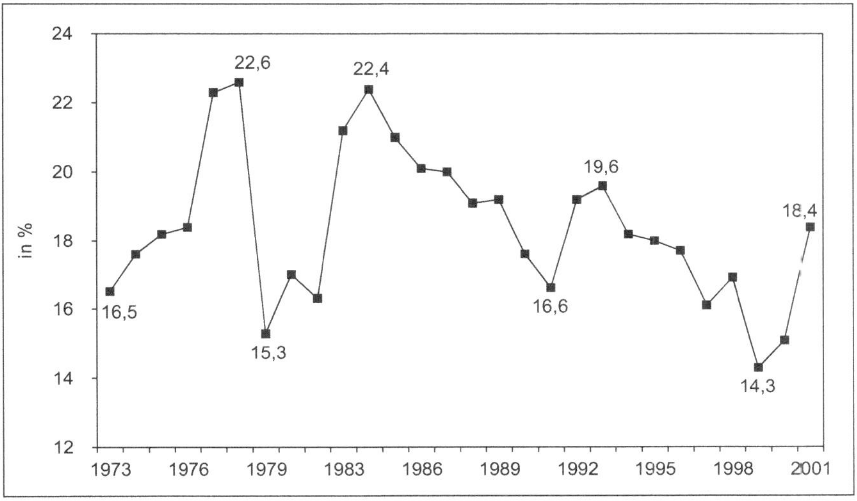

Quelle: Blanchflower/Bryson 2003a; Berechnungen auf Basis des Current Population Survey; Fehlender Wert 1982; Werte von 1973 bis 1979 sind in Blanchflower/Bryson (2003a) falsch wiedergegeben und wurden auf Nachfrage beim Autor entsprechend korrigiert, vgl. auch die Manuskriptversion unter: http://www.dartmouth.edu/~blnchflr/papers/CHAPTER%207.pdf (letzter Zugriff: 20.05.2005)

Die geringe Verbreitung von Einkommenskürzungen im tariffreien Sektor ist Unternehmensbefragungen zufolge in erster Linie auf die damit verbundenen personalpolitischen Risiken zurückzuführen. Die Gefahr von Motivationseinbußen, die drohende Zunahme der Fluktuation und das Problem adverser Selektion bei der Personalrekrutierung halten tariffreie Arbeitgeber auch in Krisenzeiten davon ab, die Entgelte ihrer Mitarbeiter in größerem Umfang zu kürzen (Bewley 1999; Blinder/Choi 1990; Campbell/Kamlani 1997). Unternehmen präferieren stattdessen Entlassungen, da hierdurch die Fairnesserwartungen der Beschäftigten nicht verletzt werden und Unzufriedenheit quasi externalisiert wird (Bewley 2004: 8).

In tarifgebundenen Unternehmen verursachen Entgeltkürzungen dagegen weitaus geringere negative Effekte. Die umfangreiche Tariflohnprämie erlaubt Lohnkürzungen, ohne dass es zur massenhaften Abwanderungen der Beschäftigten kommen würde. Da selbst nach umfangreichen Lohnkonzessionen die Tarifentgelte zumeist noch deutlich über dem Marktlohn im tariffreien Sektor liegen, ist ein Arbeitsplatzwechsel für gewerkschaftlich organisierte Beschäftigte ökonomisch unattraktiv.

6. Vergleichende Analyse: Die Reichweite alternativer Erklärungsansätze

Der Vergleich konzessionärer Beschäftigungsvereinbarungen in Deutschland und den USA hat gezeigt, dass die kollektivvertragliche Absenkung bzw. Flexibilisierung von Tarif- und Beschäftigungsstandards in beiden Arbeitsbeziehungssystemen auf grundlegende Veränderungen in den institutionellen und ökonomischen Rahmenbedingungen zurückzuführen ist. Ebenso wie in den USA haben sich auch in Deutschland gleichzeitig die Wettbewerbsintensität auf den Produkt- und die Beschäftigungsrisiken auf den Arbeitsmärkten erhöht und damit die Machtrelationen zwischen den Betriebsparteien soweit verändert, dass die Neujustierung der Tarif- und Beschäftigungsstandards politisch durchsetzbar wurde.

Jenseits dieser grundsätzlichen Parallelität werden jedoch zentrale Unterschiede hinsichtlich der Verbreitung und der Inhalte betrieblicher Konzessionsvereinbarungen deutlich, die in Abschnitt 6.1 kurz skizziert werden. Die Ausgestaltung konzessionärer Beschäftigungsvereinbarungen wird in Abschnitt 6.2 auf der Grundlage des ressourcenökonomischen Machtkonzepts analysiert. Die Leistungsfähigkeit des Ansatzes erweist sich nicht allein in international-komparativer, sondern gleichermaßen auch in der Längsschnittsperspektive. Abschnitt 6.3 thematisiert die strategischen Wahlhandlungen der Akteure und damit die Frage, inwieweit die Tarif- und Betriebsparteien die Ergebnisse konzessionärer Interessenaushandlung in den beiden Arbeitsbeziehungssystemen durch die gezielte Instrumentalisierung ihrer Handlungsoptionen zu ihren Gunsten zu beeinflussen suchen. Der international-komparativen Erklärung qualitativer Unterschiede in den Vereinbarungsinhalten ist Abschnitt 6.4 gewidmet, bevor in Abschnitt 6.5 auf die Unterschiede in den Entscheidungsregeln und ihre verteilungspolitischen Effekte eingegangen wird. Auf Basis der international-komparativen Ergebnisse wird diskutiert, welche materiellen Auswirkungen die aktuell diskutierten Änderungen im bundesdeutschen Tarif- und Betriebsverfassungsrecht mit sich bringen würden.

6.1 Vergleichende Zusammenfassung der empirischen Ergebnisse

Im Folgenden werden die systematischen Unterschiede konzessionärer Beschäftigungsvereinbarungen vergleichend diskutiert (vgl. Tabelle 44). Die knappe Zusammenfassung der empirischen Untersuchungsergebnisse liefert die deskriptive Grundlage, auf der in den nachfolgenden analytischen Abschnitten die Reichweite alternativer Erklärungsansätze herausgearbeitet wird.

Tab. 44: Synopse: KBV in Deutschland und den USA

Dimension	Deutschland	USA
Verbreitung	• Stetige Zunahme seit Mitte der 1990er Jahre	• Zyklische Schwankungen in Abhängigkeit von der Konjunkturlage • Höhepunkt in den frühen 1980er Jahren
Arbeitnehmerkonzessionen	• Arbeitszeitanpassung und -flexibilisierung • Absenkung übertariflicher Zulagen • Betriebliche Produktivitätssteigerung • Tariflohnkürzungen nur in Ausnahmefällen bei insgesamt moderater Tariflohnentwicklung	• Tariflohnkürzungen • Anpassung der Lohnstrukturen (zweistufige Tarifverträge, Modifikation Inflationsausgleich) • Liberalisierung der Beschäftigungsvorschriften • Kürzung der Sozialleistungen
Arbeitgeberkonzessionen	• Verbindliche Beschäftigungs- und Standortgarantien als Normalfall • Investitionszusagen • Langfristige Zusagen	• Verbindliche Arbeitgeberzusagen nur im Ausnahmefall • Symbolische Leistungen • Kurzfristige Zusagen
Tauschsymmetrie	• Symmetrisch	• Asymmetrisch
Verteilungswirkung	• Solidarische Lastenverteilung	• Asymmetrische Lastenverteilung zugunsten der „Senior Workers"

Eigene Darstellung

Verbreitung

Ein direkter Vergleich der Verbreitungsgrade ist aufgrund der unterschiedlichen Güte des verfügbaren Datenmaterials nicht möglich. Die vorliegende quantitative wie qualitative Evidenz deutet allerdings darauf hin, dass Konzessionsvereinbarungen in den USA während der 1980er Jahre weiter verbreitet waren als dies derzeit in Deutschland der Fall ist. Gleichwohl ist „Concession Bargaining" in den USA nicht zu einem dauerhaften Massenphänomen geworden. Mit dem Anziehen der Konjunktur und der infolge vorangegangener Lohnkonzessionen verbesserten Wettbewerbsposition tarifgebundener Unternehmen ging die Bedeutung konzessionärer Tarifpolitik bereits Ende der 1980er Jahre spürbar zurück. Anders als in Deutschland, wo betriebliche Konzessionsvereinbarungen unabhängig von den Konjunkturzyklen seit Mitte der 1990er Jahre stetig zunahmen, sind sie in den USA in den 1990er Jahren weitgehend auf Branchen bzw. Unternehmen mit spezifischen Sonderproblemen beschränkt geblieben.

Arbeitnehmerkonzessionen

Deutliche qualitative Unterschiede zeigen sich auch bei den Arbeitnehmerkonzessionen. Während in den USA Effizienzsteigerungen primär über Arbeitskostensenkungen realisiert werden, wird in Deutschland in stärkerem Maße eine Strategie der langfristigen Produktivitätssteigerung verfolgt. So finden sich in den USA anders als in Deutschland schwerpunktmäßig direkte Einkommenskonzessionen wie Tariflohnkürzungen. Ergänzt wird dies seit Anfang der 1990er Jahre durch die Begrenzung tariflicher Sozialleistungen. Dagegen hat die beschäftigungssichernde Arbeitszeitverkürzung im Unterschied zu Deutschland zu keiner Zeit eine bedeutende Rolle gespielt.

Allerdings werden seit Ende der 1990er Jahre auch im deutschen Arbeitsbeziehungssystem produktivitätssteigernde schrittweise durch Lohnkosten senkende Zugeständnisse abgelöst. Bislang beschränkt sich dies allerdings noch weitgehend auf den Bereich der übertariflichen Zulagen und tariflichen Sonderzahlungen.

In der Mehrebenenperspektive ist zu berücksichtigen, dass in Deutschland Einkommensfragen nicht in erster Linie auf betrieblicher, sondern durch die Tarifpolitik auf überbetrieblicher Ebene gelöst werden. Seit Mitte der 1990er Jahre weist die deutsche Tariflohnpolitik mit moderaten Abschlüssen, nominalen Nullrunden und der Ersetzung von Grundlohnerhöhungen durch Einmalzahlungen durchaus Parallelen zur US-amerikanischen Tarifpolitik der 1980er Jahre auf (WSI 2005). Die bislang noch bestehenden Unterschiede scheinen sich somit langsam zu relativieren.

Arbeitgeberkonzessionen

Während sich bei den Arbeitnehmerzugeständnissen ein Angleichungsprozess abzeichnet, überwiegen bei den Arbeitgeberleistungen nach wie vor die Unterschiede. Verbindliche und zumeist langfristige Beschäftigungs- und Standortzusagen stellen ein konstitutives Element betrieblicher KBV in Deutschland dar. Ähnlich weitreichende Arbeitgeberleistungen finden sich in den USA nur in Ausnahmefällen. Zumeist enthalten US-amerikanische Vereinbarungen neben Investitionszusagen und Erfolgsbeteiligungsprogrammen lediglich symbolische Zusagen. Zwar sehen auch US-amerikanische Tarifverträge mitunter weitreichende „Job Security Provisions“ vor, die funktionale Äquivalente zu den gesetzlichen Kündigungsschutzvorschriften in Deutschland darstellen. Tarifliche Beschäftigungsklauseln werden in den USA jedoch weniger in Unternehmenskrisen als vielmehr im wirtschaftlichen Aufschwung vereinbart und dienen in erster Linie der langfristigen Absicherung der Stammbelegschaften. In Konzessionsvereinbarungen werden sie häufig zur Disposition gestellt, um so die personalpolitische Anpassungsfähigkeit des Unternehmens zu erhöhen.

Tauschsymmetrie

Der Versuch einer objektiven Bewertung der Tauschrelationen scheitert an der unterschiedlichen Qualität der Vereinbarungsinhalte (Einkommenskürzung versus Beschäftigungssicherung), die nicht ohne weiteres auf einer eindimensionalen Nutzenskala objektiv gegeneinander aufgerechnet werden können. Die subjektive Nutzenbewertung der Tauschgüter ist abhängig von den Handlungsalternativen des einzelnen Arbeitnehmers und seiner Verhandlungsmacht gegenüber dem Arbeitgeber. Jenseits dieser methodischen Einschränkungen zeigt die Gegenüberstellung von Arbeitnehmer- und Arbeitgeberkonzessionen, dass in Deutschland zweiseitig-symmetrische, in den USA dagegen asymmetrische und in vielen Fällen gar einseitige Konzessionsvereinbarungen dominieren.

Innerbetriebliche Verteilungswirkungen

Schließlich weist der deutsch-amerikanische Vergleich auch hinsichtlich der Verteilungswirkungen deutliche Unterschiede auf. Während in Deutschland die Anpassungslasten in aller Regel solidarisch von allen Beschäftigten getragen werden, wirken US-amerikanische Konzessionsvereinbarungen in weitaus stärkerem Maße asymmetrisch zu Lasten der ohnehin besonders gefährdeten „Junior Workers“. Ähnliche Effekte zeigen sich bei den Arbeitgeberleistungen. Während in Deutschland zumeist sämtliche fest angestellten Beschäftigten unter den Schutz der Beschäftigungszusagen fallen, gelten in den USA verbindliche Beschäftigungsgarantien lediglich für jene Beschäftigten mit hinreichenden Senioritätsrechten. In Deutschland profitieren somit in erster Linie jüngere Belegschaftsgruppen von konzessionären Beschäftigungsvereinbarungen, wohingegen in den USA zumeist die einflussreichen „Senior Workers“ von den Vereinbarungen begünstigt werden.

6.2 Der machttheoretische Erklärungsansatz

Nach dem machttheoretischen Erklärungsansatz ist die Tauschrelation konzessionärer Beschäftigungsvereinbarungen Ausdruck der relativen Abhängigkeits- bzw. Machtverhältnisse zwischen den Betriebsparteien. Diese wiederum werden durch institutionelle, strukturelle und (sozio)ökonomische Rahmenbedingungen determiniert. In Abschnitt 2.1 wurde hergeleitet, dass jene Partei das Verhandlungsergebnis in dem Maße zu ihren Gunsten beeinflussen kann, wie sie einerseits über attraktivere externe Handlungsoptionen verfügt und ihr andererseits aus der Auflösung der bestehenden Austauschbeziehung geringere Kosten entstehen.

Asymmetrische Pakte können somit als Folge signifikanter Machtasymmetrien interpretiert werden, wohingegen symmetrische Vereinbarungen dann auftreten sollten, wenn beide Verhandlungsparteien über relevante Machtressourcen verfügen und eine Einigung nur auf dem Wege eines bilateralen Interessenausgleichs erzielt werden kann. Abbildung 10 fasst die nachfolgende Diskussion schematisch zusammen.

Abb. 10: Verteilung der relativen Verhandlungsmacht im Vergleich

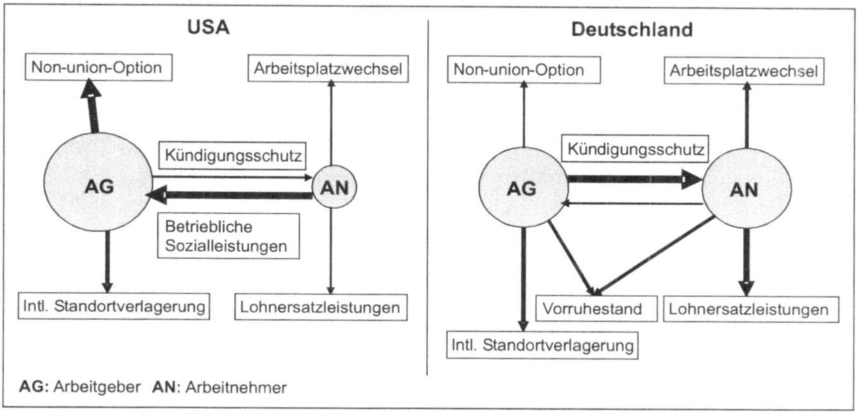

Eigene Darstellung

6.2.1 International vergleichende Perspektive

Unternehmerische Handlungsoptionen

Der größere Umfang der Arbeitnehmerkonzessionen und die Dominanz einseitig-asymmetrischer KBV in den USA können auf die starke Verhandlungsposition US-amerikanischer Arbeitgeber zurückgeführt werden. Die Möglichkeit, durch inländische Standortverlagerungen die Tarifbindung zu umgehen und sich dadurch signifikante Arbeitskostenvorteile zu verschaffen, stellt für tarifgebundene Unternehmen eine attraktive Exit-Option dar und erhöht deren Verhandlungsmacht gegenüber der Belegschaft. Im Unterschied zu Deutschland, wo der tariffreie Sektor noch vergleichsweise klein und der Lohnabstand gegenüber tarifgebundenen Unternehmen relativ gering ist, sind US-amerikanische Unternehmen damit in der Lage, eine „Standortkonkurrenz innerhalb nationaler Grenzen und innerhalb eines Regimes" (Rehder 2003a: 59) zu initiieren und damit ihre Belegschaften unter Druck zu setzen.

Die Tariflohnprämie eröffnet im US-amerikanischen Arbeitsbeziehungssystem einen weiten Verhandlungsspielraum, innerhalb dessen sich die Beschäftigten bei akuter Arbeitsplatzbedrohung auch zu umfangreichen Zugeständnissen bereit zeigen. Die potentielle Abwanderung von Leistungsträgern stellt anders als in Deutschland für US-amerikanische Arbeitgeber im Tarifsektor insoweit keine Restriktion dar, als ein Wechsel in den tariffreien Sektor auch aus Sicht hochqualifizierter Beschäftigter zumeist ökonomisch unattraktiv ist.

Zumindest im Inland verfügen deutsche Unternehmen bislang über kein vergleichbares Handlungsspektrum. „Union Avoidance" als Unternehmensstrategie und ihre taktische Instrumentalisierung in Kollektivverhandlungen ist nur bedingt Erfolg versprechend.[1] Zwar können auch deutsche Arbeitgeber die Tarifbindung durch den Austritt aus dem Arbeitgeberverband oder den Wechsel in eine tariffreie („OT"-)Verbandsmitgliedschaft unilateral auflösen (Schroeder/Ruppert 1996; Völkl 2002). Aufgrund der geringen Spanne zwischen Tarif- und Marktlöhnen sind die potentiellen Arbeitskostenvorteile einer solchen Exit-Strategie allerdings eng begrenzt (Bahnmüller 2002).[2] Vor allem Mittel- und Großunternehmen laufen zudem Gefahr, zum Abschluss eines Haustarifvertrages mit möglicherweise deutlich ungünstigeren Konditionen gezwungen zu werden. So zeigt Lehmann auf Basis des IAB-Betriebspanels, dass mehr als die Hälfte der Betriebe, die sich aus dem Flächentarifvertrag zurückziehen, diesen Schritt innerhalb von zwei Jahren wieder revidieren (Lehmann 2002: 305; vgl. ebenso Bellmann et al. 1999; Gerlach et al. 1998).

Gleichermaßen wirkt in Deutschland der Flächentarifvertrag als machtpolitisches Korrektiv, indem er einerseits die Bandbreiten der zulässigen Tarifabweichung definiert und andererseits abschließend die erforderlichen Arbeitgeberzusagen festlegt. Die geringe Bedeutung direkter Tariflohnkürzungen sowie die im Vergleich zu den USA weite Verbreitung von Beschäftigungszusagen sind entscheidend auf die Institution des Flächentarifvertrags zurückzuführen. Dieser schreibt als zentrale Wirksamkeitsvoraussetzung vielfach den Verzicht auf betriebsbedingte Kündigungen vor. Einseitige KBV finden sich den Ergebnissen der Betriebsrätebefragung zufolge daher in wesentlich größerem Umfang in tariffreien Betrieben, in denen die unternehmerische Handlungsautonomie nicht durch überbetriebliche Tarifnormen eingeschränkt wird.

Die Tarifauflösung im Konkursfall eröffnet US-amerikanischen Unternehmen eine weitere taktische Exit-Option, die deutschen Arbeitgebern nicht zur Verfügung steht (Labor Notes, 11/2005). Die Androhung, bilaterale Normaushandlung durch unilaterale Normsetzung zu ersetzen, erhöht die Konzessionsbe-

---

1 Für gegenteilige Hinweise vgl. Royle 1998. In Ostdeutschland haben sich die institutionellen Strukturen bereits soweit aufgelöst, dass die Umgehung kollektiver Arbeitsbeziehungen eine realistische Option zu werden scheint (Schmidt et al. 2003).

2 Zu den Folgewirkungen des Verbandsaustritts, insbesondere der tariflichen Nachwirkung vgl. Brunssen 2000.

reitschaft der Gewerkschaften, da diese nur durch die Zustimmung zu Neuverhandlungen ihre interessenpolitischen Beteiligungschancen wahren können (Smith/Bales 2001). So hat in der Stahl- und Luftfahrtindustrie die Drohung der Unternehmen, den Tarifvertrag auflösen zu lassen, die Pattsituation zwischen den Verhandlungspartnern beseitigt und die Einigung auf Arbeitnehmerzugeständnisse erheblich beschleunigt.

Schließlich ist aufgrund fehlender gesetzlicher Kündigungsschutzvorschriften und geringerer Beteiligungsrechte der Arbeitnehmervertretungen auch die Exit-Option „Arbeitsplatzabbau“ in den USA aus Arbeitgebersicht wesentlich attraktiver als in Deutschland. In Konzessionsverhandlungen ist die Drohung mit Massenentlassungen als Alternative zu Arbeitnehmerkonzessionen wesentlich glaubwürdiger. Begünstigt wird die Strategie der externen Personalanpassung auch durch die Tatsache, dass „Temporary Layoffs“ in den USA anders als in Deutschland auch von den Gewerkschaften akzeptiert und tarifvertraglich reguliert werden (Donn/Lipsky 1987: 323). Dagegen präferieren deutsche Unternehmen aufgrund der vergleichsweise hohen Entlasskosten interne Kostensenkungsstrategien zur Abfederung konjunktureller Schwankungen (Houseman/Abraham 1995: 307).

Handlungsoptionen der Arbeitnehmer

Während US-amerikanische Arbeitgeber über einen weiten externen Handlungsspielraum und attraktive Exit-Optionen verfügen, sind gleichzeitig die externen Handlungsalternativen der Arbeitnehmer in den USA im Vergleich zu Deutschland weit stärker eingeschränkt. Im Falle eines unfreiwilligen Arbeitsplatzverlustes stehen Beschäftigungsalternativen im Tarifsektor nur begrenzt zur Verfügung. Der Wechsel in den tariffreien Sektor geht in den USA mit hohen Einkommensverlusten einher, wohingegen in Deutschland der Flächentarifvertrag bislang noch für eine weitgehende Nivellierung der Einkommensverteilung sorgt (Stephan 2002) und die potentiellen Einkommensverluste eines erzwungenen Arbeitsplatzwechsels begrenzt (Burda/Mertens 2001; Couch 2001; Farber 2005b). Die Tatsache, dass KBV unabhängig von der Tarifbindung bzw. der Größe und wirtschaftlichen Lage des Betriebes in Ost- häufiger als in Westdeutschland vereinbart werden, ist damit einerseits auf die brüchigere Tarifbindung und andererseits auf den Mangel an externen Beschäftigungsalternativen in Ostdeutschland zurückzuführen.

Die höhere Konzessionsbereitschaft US-amerikanischer Arbeitnehmer ist weiterhin Folge der meist deutlich höheren Opportunitätskosten, die durch den Verlust betriebsspezifischer Pensions- und Senioritätsansprüche entstehen (Mitchell 1983). Auch der Verlust des umfassenden tariflichen Krankenversicherungsschutzes kann den Ausschlag für weitreichende Einkommenszugeständnisse geben (Buchmueller/Valletta 1996). So ist die Konzessionsführerschaft der Piloten in der US-amerikanischen Luftfahrtbranche in erster Linie auf die drohenden Einkommens- und insbesondere Pensionseinbußen zurückzuführen.

Auch Lohnersatzleistungen sind in den USA sowohl hinsichtlich ihrer Bezugsdauer wie auch ihrer Leistungshöhe deutlich unattraktiver als in Deutschland und stellen damit für US-amerikanische Arbeitnehmer lediglich eine schwache externe Rückfallposition in betrieblichen Konzessionsverhandlungen dar (Werner/Winkler 2003). Auch tarifliche Lohnersatzansprüche bieten im Unterschied zu den gesetzlichen Leistungszusagen in Deutschland keine verlässliche Einkommensquelle, da die Rückstellungen für unternehmensspezifische „Supplemental Unemployment Benefits" im Falle von Massenentlassungen meist in kurzer Zeit aufgebraucht sind (Sloane/Witney 2001: 339).

Schließlich ermöglichen die in Deutschland seit Mitte der 1980er Jahre intensiv genutzten Frühverrentungsprogramme die Externalisierung der Personalanpassungskosten und mindern die Kostenbelastung der Unternehmen (Casey 1996; Streeck 2001a). Entlassungen bzw. Tarifkürzungen können so wenn nicht vermieden, so doch in ihrem Umfang deutlich reduziert werden. Bei lediglich vorübergehenden Nachfrageausfällen erfüllt Kurzarbeit eine funktional äquivalente Funktion.

Auch US-amerikanische Arbeitgeber nutzen insbesondere in schrumpfenden Branchen wie der Stahl- und Automobilindustrie Frühverrentungsprogramme, um ihre Belegschaftsstärke langfristig zu reduzieren (Casey 1992). Anders als in Deutschland wird dieses Instrument allerdings in den USA ausschließlich von den Unternehmen finanziert und trägt damit nicht zur nachhaltigen Kostenentlastung bei. Im Gegenteil hat die intensive Nutzung von Frühverrentungsprogrammen in schrumpfenden Branchen wie der Stahlindustrie die unternehmerischen Liquiditätsprobleme verschärft und Konzessionsvereinbarungen vielfach erst notwendig gemacht.

6.2.2 Längsschnittsperspektive

Die Leistungsfähigkeit des machttheoretischen Ansatzes zeigt sich darin, dass er nicht nur einen Großteil der Varianz im international-komparativen sondern auch im Längsschnittsvergleich zu erklären vermag. So können sowohl die zyklischen Schwankungen in der Intensität des US-amerikanischen „Concession Bargaining" als auch die zunehmende Verbreitung konzessionärer Beschäftigungsvereinbarungen in Deutschland seit Mitte der 1990er Jahre auf im Zeitverlauf variierende Macht-Abhängigkeitsbeziehungen zwischen den Akteuren zurückgeführt werden.

Zyklische Macht-Abhängigkeitsentwicklung in den USA

Der steile Anstieg der Tariflohnprämie Anfang der 1980er Jahre brachte viele tarifgebundene Unternehmen in eine prekäre wirtschaftliche Lage. Gleichzeitig waren die externen Beschäftigungsalternativen für den Großteil der Beschäftigten im Tarifsektor eng begrenzt. Da angesichts von Massenentlassungen und Standortschließungen erstmals auch die Arbeitsplätze der einflussreichen „Senior Workers“ dauerhaft in Gefahr gerieten (Donn/Lipsky 1987: 321), konnten Unternehmen umfangreiche Konzessionsforderungen durchsetzen, die bislang am Veto der Stammbelegschaften gescheitert waren (Kochan et al. 1986: 119).

Bereits in der zweiten Hälfte der 1980er Jahre hatte sich allerdings die ökonomische Lage der tarifgebundenen Unternehmen wieder spürbar stabilisiert. Infolge der vorangegangenen Konzessionsabkommen war die Tariflohnprämie wieder auf ein vertretbares Maß zurückgegangen. Massenentlassungen oder gar Unternehmenskonkurse, die auch die Arbeitsplätze der organisationspolitisch einflussreichen „Senior Workers“ gefährdet hätten, waren aufgrund des stetigen Wirtschaftswachstums in den 1990er vergleichsweise selten (BLS 2004: 8). In machttheoretischer Perspektive sorgte somit das konjunkturell günstige Umfeld für eine spürbare Erweiterung der externen Handlungsoptionen der Beschäftigten.

Gleichwohl können die verbesserten ökonomischen Rahmenbedingungen allein noch nicht den deutlichen Rückgang in der Nutzung von KBV in den 1990er Jahren erklären. Weiterhin setzten viele Unternehmen ihre Strategie der gezielten Desinvestition an tarifgebundenen Standorten fort und suchten gewerkschaftlich organisierte durch tariffreie Belegschaften zu substituieren. Auch in den 1990er Jahren kam es weiterhin zu konjunkturellen Entlassungen, da die Möglichkeit zur externen Personalanpassung nur selten durch verbindliche Beschäftigungsgarantien substantiell eingeschränkt worden war.

Doch anders als in den frühen 1980er Jahren, als der akute Beschäftigungseinbruch auch die „Senior Workers“ gefährdete, vollzog sich der Beschäftigungsabbau in den 1990er Jahren schleichend. Er konzentrierte sich auf die Minorität der Randbelegschaften ohne hinreichenden Senioritätsschutz, die sich im innerorganisatorischen Willensbildungsprozess gegen die Einkommensinteressen der Stammbelegschaften nicht durchsetzen konnten. Die Gewerkschaften wollten (und konnten!) somit als Interessenvertreter der Belegschaftsmehrheiten den stetigen Rückgang der Tarifbeschäftigung in den 1990er Jahren nicht durch den Abschluss beschäftigungssichernder Konzessionsvereinbarungen verhindern. So weisen Kochan et al. darauf hin, dass

> „it is the threat of large employment declines that cut deep into union membership, not the hard-to-discern loss of potential future members or the layoff of small numbers of current members, that leads unions to lower their wage expectations.“ (Kochan et al. 1986: 114)

Die entscheidungstheoretische Erweiterung des Macht-Abhängigkeits-Ansatzes erlaubt es somit, auch das zunächst überraschende Verschwinden des „Concession Bargaining" in den 1990er Jahren zu erklären. Einschneidende Arbeitnehmerkonzessionen, die in den 1980er Jahren noch flächendeckend vereinbart wurden, blieben in den 1990er Jahren auf Branchen und Unternehmen beschränkt, in denen Konkurse unmittelbar bevorstanden. Wo die Arbeitsplätze und Pensionsansprüche der „Senior Workers" wie etwa in der Stahlindustrie und bei den gewerkschaftlich organisierten Fluglinien unmittelbar gefährdet waren, wurden trotz vergleichsweise günstiger gesamtwirtschaftlicher Rahmenbedingungen auch in den 1990er Jahren Arbeitnehmerzugeständnisse vereinbart, die hinsichtlich ihres Umfangs zum Teil deutlich über das Ausmaß der 1980er Jahre hinausgingen.

Macht-Abhängigkeitsentwicklung in Deutschland

In der bisherigen Analyse wurden die systematischen Unterschiede in den Macht-Abhängigkeitsbeziehungen zwischen den Arbeitsmarktparteien herausgestellt. Die zunehmende Bedeutung von Konzessionsvereinbarungen in Deutschland deutet allerdings darauf hin, dass sich die Unterschiede im deutsch-amerikanischen Vergleich zu relativieren beginnen und sich das relative Machtgleichgewicht auch im deutschen Arbeitsbeziehungssystem zugunsten der Unternehmen verschoben hat.

Insbesondere „der verschärfte Wettbewerb in nahezu allen Märkten und die zunehmenden Austrittsmöglichkeiten des Kapitals aus anspruchsvollen nationalen Regelsystemen" (Streeck 1998b: 186) hat den machtpolitischen Handlungsspielraum der Unternehmen entscheidend erweitert. Nationale Grenzen stellen zumindest im europäischen Maßstab keine relevanten Demarkationslinien mehr dar, die die unternehmerische Option zur Produktionsverlagerung substantiell einschränken würden (Cowling/Tomlinson 2005: 47). Während in den USA der „Non-Union"-Sektor als Benchmark dient, fällt in Deutschland diese Funktion den benachbarten Niedriglohnländern vor allem in Osteuropa zu.

Aber auch im Inland sind durch den institutionellen Erosionsprozess die Möglichkeiten gestiegen, einen strategischen Wettbewerb zwischen Standorten mit unterschiedlichen Regulierungsniveaus zu initiieren. Wenn sich auch die „äußere Erosion", d.h. die rückläufige Tarif- und Betriebsratsbindung, in den letzten Jahren verlangsamt und auf niedrigerem Niveau stabilisiert hat (Ellguth/Kohaut 2005), so schreitet doch die „innere Erosion", d.h. die abnehmende Verbindlichkeit der Tarifnormen weiter voran und hat nicht zuletzt aufgrund der zunehmenden Verbreitung von KBV deutlich an Dynamik gewonnen.[3] Mit der Öffnung der Tarifverträge und der schwindenden Verpflichtungsfähigkeit der

3 Zur konzeptionellen Differenzierung der inneren und äußeren Erosion vgl. Bispinck/Schulten 2003: 157.

Tarifvertragsparteien verliert das Flächentarifvertragssystem seine Standardisierungsfunktion nicht nur für den unmittelbaren Tarif-, sondern auch für den tariffreien Sektor. Im gesamtwirtschaftlichen Maßstab zeichnet sich somit eine „Erosion der Tarifsetzungsmacht" (Schmidt 2001) ab.

Zwar hat bislang die Einkommensungleichheit in Deutschland noch nicht das US-amerikanische Ausmaß erreicht (Bahnmüller 2002); in Ostdeutschland sowie einigen Wirtschaftszweigen wie etwa der Bauindustrie (Bosch/Zühlke-Robinet 2000: 123-128) ist allerdings durchaus das Entstehen eines „Non-union"-Sektors mit deutlich geringeren Lohn- und flexibleren Beschäftigungsstandards zu beobachten (Artus et al. 2000; Brenke 2004; Kohaut/Schnabel 2003a). Die Häufung einseitiger KBV in Ostdeutschland und in der Baubranche ist somit in erster Linie auf die vergleichsweise starke tariffreie Niedriglohnkonkurrenz zurückzuführen.

Während der unternehmerische Handlungsspielraum im Zeitverlauf zugenommen hat, haben sich gleichzeitig die externen Handlungsoptionen der Beschäftigten sukzessive verschlechtert. Sozialversicherungspflichtige Vollzeitstellen als adäquater Ersatz für den Verlust eines „Normalarbeitsverhältnisses" (Mückenberger 1985) stehen angesichts der anhaltenden Massenarbeitslosigkeit nur begrenzt zur Verfügung. Insbesondere die Arbeitsmarktchancen gering qualifizierter Belegschaften in schrumpfenden Branchen sind im Zuge der internationalen Auslagerung arbeitsintensiver Produktionsumfänge deutlich gesunken (Geishecker 2005). Zwar ist das inländische Stellenangebot regional höchst unterschiedlich verteilt, so dass Arbeitsplatzverlierer in benachteiligten Regionen mit Abwanderung reagieren können; für das Gros der Arbeitnehmer mit familiären und sozialen Bindungen ist die überregionale Arbeitsmarktmobilität allerdings stark eingeschränkt.

Gleichermaßen hat sich mit der „Transformation des keynesianischen Wohlfahrtsstaats zum kapitalorientierten Wettbewerbsstaat" (Urban 2005: 46) insbesondere in der zweiten Hälfte der 1990er Jahre die soziale Absicherung der Arbeitnehmer deutlich verschlechtert.[4] Mit dem Reservations- sinkt auch der Anspruchslohn der Beschäftigten, so dass Einschnitte bei den Tarif- und Beschäftigungsstandards zunehmend Akzeptanz finden. Während Bezugsdauer und Umfang der Lohnersatzleistungen aus der Arbeitslosenversicherung erst mit den Hartz-Reformen grundlegend eingeschränkt wurden, ist in der Rentenversicherung bereits ab Mitte der 1990er Jahre mit der Begrenzung der Frühverrentungsoptionen ein Paradigmenwechsel vollzogen worden. Suchte der Gesetzgeber noch bis weit in die 1990er Jahre hinein die schwierige Arbeitsmarktlage durch die staatlich subventionierte Reduzierung des Arbeitsvolumens zu verbessern

---

4 Für einen chronologischen Überblick über die Sozialreformen der letzten Jahre vgl. Steffen 2005.

(Teipen 2003: 86-93), so ist diese Strategie mittlerweile grundlegend revidiert worden.

Trotz (oder besser wegen) der breiten Nutzung der Frühverrentung wurde insbesondere mit dem Altersteilzeitgesetz im Jahre 1996 und der Einschränkung der Altersrente wegen Arbeitslosigkeit der Versuch unternommen, der bisherigen Frühverrentungspraxis ein Ende zu setzen und damit die angespannten Sozialversicherungshaushalte zu entlasten (Bäcker 1999; Klammer 2003). Die von beiden Betriebspartnern gleichermaßen favorisierte Externalisierung der Personalanpassungskosten steht heute nicht mehr im gewohnten Umfang zur Verfügung (Trampusch 2005).

Zwar trat an ihre Stelle die tarifliche Altersteilzeit, die einen vorgezogenen gleitenden Übergang in die Rente ermöglichen soll; anders als noch in den 1990er Jahren sind allerdings die hierfür anfallenden Kosten weitgehend von den Unternehmen selbst zu tragen und können nur bei der Wiederbesetzung der Stelle teilweise auf die Sozialversicherungshaushalte überwälzt werden. Die Begrenzung der Frühverrentungsprogramme hat insbesondere in Großbetrieben, die bislang am stärksten von diesem Instrument profitierten, den Kostensenkungsdruck deutlich erhöht. Die zunehmende Dynamik in der Nutzung betrieblicher KBV auch in den bislang überwiegend konsensual-sozialpartnerschaftlich geprägten Großunternehmen kann somit als Reaktion auf die partielle Schließung personalpolitischer Anpassungspfade interpretiert werden.

6.3 Strategisches Wahlhandeln der Akteure

Im vorangegangenen Abschnitt wurden die Einflussfaktoren diskutiert, von denen die machtpolitische Ressourcenausstattung der Akteure abhängt. Die materiellen Tarifergebnisse lassen sich allerdings nicht unmittelbar aus den institutionellen Rahmenbedingungen ableiten.

> „Although environmental pressures are important and serve as the starting point for a discussion of the determinants of an industrial relations system, these pressures do not strictly determine industrial relations outcomes." (Kochan et al. 1986: 14)[5]

Der ebenfalls Anfang der 1980er Jahre entwickelte „Strategic-Choice"-Ansatz gibt den institutionalistischen, ökonomischen und technologischen Determinismus früherer systemtheoretischer und funktionalistischer Ansätze[6] auf und gesteht den Akteuren ein hohes Maß an strategischer Handlungsfähigkeit zu (Ko-

5 Vgl. ähnlich Martin, nach dem „the environment does not determine power relationships; but it provides resources which the parties can mobilize" (Martin 1992: 46).

6 Vgl. hierzu Dunlop 1958; Kerr et al. 1960.

chan et al. 1984; Kochan et al. 1986). Quintessenz des Ansatzes ist die Annahme, dass

> „practices and outcomes are the result of the interactions of environmental forces *along with* the strategic choices and values of [...] managers, union leaders, workers, and public policy decision makers. [...] This interplay of the environment and choice is heavily conditioned by the institutional structure that has built up over time as a result of custom and law." (Chelius/Dworkin 1990a: 2, Hervorhebungen im Original)

Im Folgenden soll gezeigt werden, wie in beiden Arbeitsbeziehungssystemen Veränderungen in den institutionellen und ökonomischen Rahmenbedingungen einen Strategiewechsel auf Seiten des Managements initiierten, der im Ergebnis zur Ausweitung konzessionärer Beschäftigungsvereinbarungen geführt hat.

6.3.1 Strategisches Wahlhandeln US-amerikanischer Arbeitgeber

„Concession Bargaining" wird von der überwiegenden Mehrheit der Beobachter Anfang der 1980er Jahre als grundlegender tarifpolitischer Strategiewechsel der Arbeitgeber interpretiert (Freedman 1988; Kochan et al. 1986; Strauss 1984: 2-5).[7] Mit ihrer offensiveren Tarifpolitik wollten die Unternehmen manageriellе Handlungsautonomie zurückgewinnen und sich vom starren Korsett der Tarifverträge befreien.

Gleichwohl beruht dieser unternehmerische Strategiewechsel keineswegs auf einer grundlegenden Revision der normativen Grundsätze des US-amerikanischen Managements. Bereits Ende der 1950er Jahre fassen Brown und Myers die gewerkschaftsfeindliche Grundhaltung pointiert zusammen:

> „It may well be true that if American management, upon retiring one night, were assured that by the next morning the union [...] would have disappeared, more management people than not would experience the happiest sleep of their lives." (Brown/Myers 1957: 92)

Kochan et al. konstatieren, dass

> „the managerial opposition to unions fits into the broader set of American values that stress individual initiative, the centrality of one's right to defend individual property rights, and the desire to maintain managerial control and worker discipline." (Kochan et al. 1986: 14-15)[8]

---

7 Für eine prominente Ausnahme vgl. Dunlop 1988, der „no massive shifts in the methods of management" (33) sieht. Für einen Überblick über die „Strategic Choice"-Debatte vgl. die Beiträge in Chelius/Dworkin 1990b.

8 Vgl. auch Block/Berg 2003: 10. Auch Wever konstatiert eine im Zeitverlauf stabile „peculiarly American perspective emphasizing decentralized, market-driven, individual ac-

Gewerkschaften werden als notwendiges Übel betrachtet, das durch gute Unternehmensführung verhindert werden könne (Adams 1981: 278). Die Formierung einer Gewerkschaft im Betrieb wird folgerichtig als Versagen des Managements interpretiert und wirkt sich in der Regel negativ auf die Karrierechancen der verantwortlichen Führungskräfte aus (Adams 1981: 288; Freeman/Kleiner 1990: 363).

Bis in die 1970er Jahre hinein praktizierten tarifgebundene Unternehmen zwar keine sozialpartnerschaftliche aber eine doch weitgehend pragmatische Politik gegenüber den Gewerkschaften.

> „During the high-wage postwar decades, American managers accepted – however reluctantly – unions, collective bargaining and the strong wage patterns that prevailed." (Craypo 2003: 124)

Unternehmen zeigten sich an stabilen Arbeitsbeziehungen interessiert, galt es doch angesichts des robusten Wirtschaftswachstums kostspielige Arbeitskämpfe möglichst zu vermeiden. Der Preis für die tarifpolitische Stabilität waren branchenübergreifend standardisierte Tarifstrukturen und hohe Lohnabschlüsse, die allerdings in den vielfach oligopolistisch strukturierten Branchen mit starker Gewerkschaftspräsenz weitgehend auf die Konsumenten überwälzt werden konnten.

Mit der Rezession und der Intensivierung des Wettbewerbs konnten und wollten sich viele der tarifgebundenen Unternehmen nicht mehr mit dem überkommenen tarifpolitischen Grundmuster abfinden. Die tarifpolitische Kartellierung hatte angesichts der schwindenden Gefahr kostenträchtiger Arbeitskonflikte spürbar an Rationalität eingebüßt. Anfang der 1980er Jahre erhielten die Unternehmen erstmals die Möglichkeit, durch eine offensivere Tarifpolitik nicht nur kurzfristig die Arbeitskostennachteile gegenüber der tariffreien Konkurrenz zu relativieren, sondern die gewerkschaftlichen Machtressourcen durch die Lockerung der „Work Rules" auch langfristig zu beschneiden und einen Teil der verloren gegangenen „Management Prerogatives" zurückzugewinnen (Goldfield 1987: 189-190).

> „Often these negotiations involved whipsawing by management (that is, forcing plants to compete against each other through concessions), with local unions and workers being threatened with the prospect of a plant closing if adequate concessions were not granted." (Katz 2004: 196)

Die härtere Gangart gegenüber den Gewerkschaften spiegelt sich vielfach in dem Versuch wider, die Tarifbindung mit allen Mitteln zu umgehen bzw. unilateral aufzukündigen. Wenn auch unterschwellige „Union Avoidance"-Taktiken im voluntaristischen System der USA bereits zuvor an der Tagesordnung waren, so machte doch die Politik der neuen Reagan-Administration die gezielte Be-

---

tors, rather than groups and institutions capable of compensating for the deficiencies of markets" (Wever 1994b: 186).

kämpfung der Gewerkschaften erst gesellschaftsfähig (Farber/Western 2002; Rehmus 1984). Im Jahre 1981 entließ die Bundesregierung streikende Fluglotsen und ersetzte sie kurzerhand durch Militärpersonal. Durch den Einsatz von Streikbrechern wurde nicht nur der der Arbeitskampf unterlaufen, sondern die Lotsen-Gewerkschaft PATCO faktisch zerschlagen (Northrup 1984). Viele Unternehmen nutzten dieses staatlich sanktionierte „Union Busting“ als Vorbild für eine aggressivere Politik gegenüber den Arbeitnehmervertretungen (Klein/Wanger 1985).

> „Employers' willingness to close plants [...], to continue operating during strikes [...], and to threaten or actually declare bankruptcy [...] added to the perceived inability of the unions to effectively restrain employer actions to reduce wages and slash work rules.“ (Craft et al. 1985: 173)

Auch die Ernennung konservativer Vertreter in die für kollektivarbeitsrechtliche Streitigkeiten zuständige Schiedsstelle NLRB stärkte Anfang der 1980er Jahre die Position der Unternehmen gegenüber den Gewerkschaften. Entschied der durch die Carter-Administration eingesetzte NLRB noch in 27% der vorgebrachten Fälle gegen die Gewerkschaften, so erhöhte sich der Anteil der Gewerkschaftsniederlagen in den Jahren 1983 und 1984 bereits auf 60% (Lipset 1986: 430). Die zunehmend arbeitgeberfreundliche Rechtsprechung schränkte nicht nur den Spielraum des zulässigen Gewerkschaftshandelns ein, sondern sorgte gleichzeitig dafür, dass die „Union Avoidance“-Strategien der Unternehmen wenn nicht aktiv gefördert, so doch wenigstens nicht effektiv unterbunden wurden (Klein/Wanger 1985: 76).

Parallel zur legalen wie auch illegalen Bekämpfung der Gewerkschaften verfolgten die Unternehmen in den stark organisierten Industrieregionen des „Rustbelt“ mit der strategischen Umleitung von Investitionen und Produktionsumfängen aus dem Nordosten und Mittleren Westen in den schwach organisierten Süden und Südwesten eine schleichende, langfristig aber umso wirkungsvollere „Union Avoidance“-Strategie. Die Gefahr einer gewerkschaftlichen Organisierung der neuen Standort war infolge der liberalen „Right-to-Work“-Gesetzgebung und des traditionell konservativen und gewerkschaftsfeindlichen Klimas im US-amerikanischen Süden äußerst gering (Kochan et al. 1986: 55; Verma/Kochan 1985; Verma 1985). Durch den Aufbau tariffreier Konkurrenzstandorte konnten nicht nur die Arbeitskosten an den neuen, sondern auch jene an den alten Standorten gesenkt werden, da sich hier die Beschäftigten gezwungen sahen, die Tarif- und Beschäftigungsstandards an das neue „Non-union“-Benchmark anzupassen.

6.3.2 Strategisches Wahlhandeln US-amerikanischer Gewerkschaften

US-amerikanische Gewerkschaften standen der offensiven Strategie der Arbeitgeber Anfang der 1980er Jahre weitgehend machtlos gegenüber. „Eingezwängt zwischen ökonomisch reduzierten Verteilungsspielräumen und organisatorischer Schwäche mussten sich die amerikanischen Gewerkschaften auf unternehmerische Forderungen weitgehend widerstandslos einlassen“ (Erd 1989: 112). Die nationalen Gewerkschaftsführungen konnten angesichts der tarifpolitischen Autonomie der „Local Unions“ die branchenweite Tarifpolitik nicht effektiv steuern und in der Hochphase des „Concession Bargaining“ bis Mitte der 1980er Jahre einen unkontrollierten Unterbietungswettbewerb nicht länger verhindern (Cappelli 1999: 110). Die lokalen Gewerkschaftsgliederungen, die sich in erster Linie den Interessen der „Senior Workers“ verpflichtet sahen, konnten unter dem Eindruck der akuten Arbeitsplatzbedrohung nicht auf die Zurückweisung von Konzessionsforderungen verpflichtet werden (Craft et al. 1985; Gardner 1995: 61).

Zwar zeigten sich insbesondere die Gewerkschaften in stark organisierten Branchen wie der Automobilindustrie in der Lage, die Konzessionsverhandlungen auf Unternehmensebene zu zentralisieren und hier auch in größerem Umfang korrespondierende Arbeitgeberleistungen festzuschreiben (Cappelli 1983). Gleichzeitig konnten allerdings die Gewerkschaften das bislang in vielen Branchen praktizierte „Pattern Bargaining“ nicht mehr aufrechterhalten, so dass die entgeltpolitische Varianz deutlich zunahm (Cappelli 1990; Katz 2004: 195; Mitchell 1990). Mit der parallelen Verlagerung der Definition der „Work Rules“ auf die betriebliche Ebene verloren die nationalen Gewerkschaftsführungen faktisch die Deutungshoheit über einen Bereich, der als gewerkschaftlicher Machtressource strategische Bedeutung zukommt.

Koordinierungsprobleme zeigen sich allerdings nicht allein in vertikaler Hinsicht zwischen den nationalen und lokalen Gewerkschaftsgliederungen, sondern auch horizontal im Verhältnis zwischen Gewerkschaften innerhalb derselben Branche. So zeigt das Beispiel der Luftfahrtbranche, dass die Formulierung einer einheitlichen Tarifstrategie gegenüber den Unternehmen an der organisatorischen Zersplitterung der Gewerkschaften scheitert. Die berufsständisch organisierten Einzelgewerkschaften sind nicht in der Lage, ihre Tarifpolitik über unterschiedliche Beschäftigtengruppen mit heterogenen Präferenzstrukturen hinweg zu koordinieren. Beschäftigtengruppen mit unterschiedlicher Konzessionsbereitschaft können so gegeneinander ausgespielt werden (Sloane/Witney 2001: 206). Dagegen sind solche „Whipsawing“- bzw. „Divide-and-Conquer“-Taktiken in Deutschland weit weniger Erfolg versprechend, da hier die branchenweit organisierenden Industriegewerkschaften tendenziell für einen internen Machtausgleich zugunsten durchsetzungsschwacher Beschäftigtengruppen sorgen.

6.3.3 Strategisches Wahlhandeln deutscher Arbeitgeber

Das bislang in Deutschland dominierende Modell der sozialpartnerschaftlichen Interessenaushandlung wird vielfach als Ergebnis historisch gewachsener institutioneller Systemkonfigurationen und davon abgeleiteter strategischer Anpassungsreaktionen der Akteure interpretiert (Hall/Soskice 2001: 24-25; Hollingsworth 1997a; Soskice 1999). Dem institutionalistischen Erklärungsansatz folgend verhinderten in Deutschland insbesondere Flächentarifvertrag und betriebliche Mitbestimmung, dass dezidiert kostenorientierte Wettbewerbsstrategien („Low-Road-Strategien") verfolgt werden. Angesichts institutioneller „Beneficial Constraints" (Streeck 1997a) hätte sich die überwiegende Mehrheit der deutschen Unternehmen stattdessen auf eine „High-Road"-Strategie der „diversifizierten Qualitätsproduktion" (Streeck 1992) festgelegt, mit der auf preisinelastischen Qualitätsmärkten die notwendigen Renditen zur Finanzierung der hohen Arbeitskosten erwirtschaftet werden können.

Gleichzeitig würden deutsche Arbeitgeber mit der Festlegung auf den „High Wage-High Productivity"-Pfad auf kurzfristige Kostensenkungsstrategien verzichten und stattdessen auf eine Strategie des „verhandelten Wandels" statt unilateraler Interessendurchsetzung setzen (Wever 1995). Statt konfliktorischer und auf die Bekämpfung der Arbeitnehmervertretungen abzielender „Forcing"-Taktiken würden partnerschaftliche und vertrauensbildende „Fostering"-Taktiken präferiert, da nur so die notwendige Kooperation der Mitarbeiter dauerhaft sichergestellt werden könne (Walton et al. 1994: 23-31).

Der historisch-institutionalistische Erklärungsansatz prognostiziert, dass diese strategische Grundausrichtung der Arbeitgeber auch unter partiell veränderten Umweltbedingungen zunächst nicht in Frage gestellt wird. Institutionelle Selbstverstärkungsmechanismen würden die pfadkonforme Beibehaltung kooperativer Interessenaushandlung begünstigen. Da die Unternehmen auf konfliktfreie und partnerschaftliche Arbeitsbeziehungen angewiesen seien, würden sie mehrheitlich auch weiterhin hohe Lohnforderungen akzeptieren und auf die konfliktträchtige Absenkung von Arbeits- und Tarifstandards verzichten (Thelen 2000). Pfadveränderungen hin zum US-amerikanischen Modell dominant kostenorientierter Wettbewerbsstrategien (Hollingsworth 1997b) wären demnach hochgradig unwahrscheinlich (Thelen 2001: 75-78). Die Konzessionsbereitschaft deutscher Unternehmen habe womöglich in den vergangenen Jahren sogar noch zugenommen, da aufgrund der fragilen „Just-in-Time"-Produktion und der hohen Kapitalintensität die Unternehmen noch verwundbarer geworden seien (Thelen/van Wijnbergen 2003: 863).

Solchermaßen pfadabhängig argumentierende institutionalistische Ansätze sind allerdings nicht in der Lage, die tarifpolitische Veränderungsdynamik seit Mitte der 1990er Jahre überzeugend zu erklären. „Institutionalists adopt a form of structural determinism and are left largely unable to explain the sources of change in policy or institutions“ (Wailes et al. 2003: 621).[9] Die Ausbreitung betrieblicher Konzessionsvereinbarungen und die zunehmende Bereitschaft der Unternehmen, Kostenentlastungen notfalls auch gegen den Widerstand der Beschäftigten durchzusetzen, stellt die Gültigkeit der These streng pfaddeterminierter Arbeitgeberstrategien zunehmend in Frage (Massa-Wirth 2006).

Stattdessen hat das veränderte Machtgleichgewicht zwischen den Arbeitsmarktparteien auch im deutschen Arbeitsbeziehungssystem einen unternehmerischen Strategiewechsel eingeleitet.

> „Der [Macht-; H.M.-W.] Zuwachs für die Arbeitgeberseite [...] war so stark, dass sie die Gestalt des alten Institutionensystems nicht länger unverändert akzeptieren musste.“ (Rehder 2003a: 227)

Das bisherige tarifpolitische Grundmuster der Externalisierung von Verteilungsfragen („Distributive Bargaining“) auf die Tarifebene hat aus Arbeitgebersicht zunehmend an ökonomischer Attraktivität eingebüßt (Kohaut/Schnabel 2003c: 204; Müller-Jentsch 2005: 354), so dass „der jahrzehntelange Grundkonsens zwischen Gewerkschaften und Unternehmen über Sinn und Nutzen des bundesdeutschen Tarifsystems in dieser Form nicht mehr besteht“ (Bispinck 1998: 53).[10]

Angesichts der Tatsache, dass auch in Qualitätsmärkten die Kostenkonkurrenz deutlich zugenommen hat, wird die institutionelle Stabilität des bundesdeutschen Arbeitsbeziehungssystems nicht mehr in erster Linie als Standortvorteil (Wever 1994a), sondern zunehmend als Kosten steigernder Wettbewerbsnachteil angesehen (Berthold/Stettes 2001; Franz 2002).

> „Unter den Bedingungen verschärfter Konkurrenz auf internationalen Produktmärkten arbeitete das Institutionensystems innerhalb seiner Logik *zu effizient*, weil es die Neuorientierung auf eine kostensenkende Strategie erschwerte und genau die Effekte produzierte, die von der Arbeitgeberseite nun nicht mehr im gewohnten Umfang akzeptiert wurden.“ (Rehder 2003a: 226, Hervorhebungen im Original)

Der Strategiewechsel der Arbeitgeberseite weist im deutsch-amerikanischen Vergleich auffällige Parallelen auf. Zwar sind bislang aufgrund der starken institutionellen Absicherung des Betriebsrats direkte „Union Busting“-Strategien zur Bekämpfung einer betrieblichen Arbeitnehmervertretung die seltene Ausnahme; allerdings zeichnet sich insbesondere bei klein- und mittelständischen

---

9 Vgl. ähnlich Beyer 2005, der zeigt, dass institutionelle Pfadwechsel auf die Abschwächung pfaderhaltender Konfigurationen wie etwa Änderungen in den bislang bestehenden Machtgleichgewichten, zurückgeführt werden können.

10 Bereits Ende der 1990er Jahre war in einer Unternehmensbefragung lediglich noch ein Viertel der Befragten der Ansicht, das Tarifsystem habe sich bewährt und es bestünde kein prinzipieller Änderungsbedarf (Bahnmüller 2002: 408).

Unternehmen die zunehmende Tendenz ab, durch den strategischen Arbeitgeberverbandsaustritt bzw. den Wechsel in eine tariffreie Mitgliedschaft die Tarifbindung zu umgehen (Schroeder 2002; Völkl 2002). Vielfach wird die wachsende Unzufriedenheit mit der Tarifpolitik des Arbeitgeberverbandes als Hauptgrund für diese Entscheidung angeführt. Da die Chance des effektiven Widerspruchs („Voice") gegen die Verbandspolitik insbesondere für klein- und mittelständische Betriebe gering ist, reagieren diese Betriebe mit Abwanderung („Exit"), d.h. mit der strategischen Aufkündigung der Mitgliedschaft bzw. der Tarifbindung (Kohaut/Schnabel 2003c: 204).

Die Drohung mit dem Verbandsaustritt setzt nicht allein die Verbandsführungen unter Druck, sondern wird in betrieblichen Konzessionsverhandlungen auch gegenüber der Belegschaft instrumentalisiert. Wird der Verbleib in der Flächentarifbindung von substantiellen Zugeständnissen der Arbeitnehmer abhängig gemacht, dann stellt sich aus Sicht der Beschäftigten ein ähnliches Dilemma wie im Falle der gerichtlichen Tarifauflösung im US-amerikanischen Arbeitsbeziehungssystem: Der Tarifvertrag und damit der regulative Status quo kann nur durch seine flexible Anpassung, nicht aber durch die bedingungslose Verweigerung von Zugeständnissen erhalten werden.

Schließlich nutzen auch deutsche Unternehmen in zunehmendem Maße strategische Produktionsverlagerungen, um den unternehmensinternen Standortwettbewerb zu erhöhen und „Standortarbitrage" (Altvater/Mahnkopf 1999: 314) zu betreiben. Im internationalen „Investitionswettbewerb" (Rehder 2003c) dient die „strategische Option Globalisierung" (Dörre 1997) als effektives Machtinstrument zur Durchsetzung von Arbeitnehmerzugeständnissen (Cowling/Tomlinson 2005: 45). Der Aufbau von Produktionsstandorten mit günstigeren Entlohnungs- und Beschäftigungsstandards versetzt multinationale Unternehmen in die Lage, die Beschäftigten an Hochlohnstandorten unter Verweis auf ihre relativen Kostennachteile von der Notwendigkeit substantieller Zugeständnisse zu überzeugen (Flecker/Schulten 1999: 107; Kädtler/Sperling 2003; Peters 2001).[11] Während in den USA der gewerkschaftsfreie Süden in den 1980er und der NAFTA-Partner Mexiko in den 1990er Jahren als Kostenbenchmark dienen (Scherrer 1998), fällt im deutschen Arbeitsbeziehungssystem diese Rolle insbesondere den neuen osteuropäischen EU-Mitgliedsländern zu. Für Rehder verkörpern denn auch „Vereinbarungen zur Beschäftigungssicherung und Wettbewerbsstärkung nicht arbeitsplatzsichernde Instrumente [...], sondern Verstärker des Wettbewerbs" (Rehder 2002: 101).

11 Marchlewitz 1997 spricht hier vom „Gesetz der antizipierten Reaktion" (776), nach dem die Beschäftigten bereits auf die Möglichkeit der Unternehmensabwanderung mit einer Lohnsenkungsstrategie reagieren.

Strategien der Arbeitgeberverbände

Anders als in den USA müssen im deutschen Arbeitsbeziehungssystem auch die strategischen Handlungsrationalitäten der Arbeitgeberverbände berücksichtigt werden. Angesichts der schwindenden tarifpolitischen Folgebereitschaft der Mitgliedsunternehmen ist deren Politik gegenüber der tarifpolitischen Dezentralisierung von weitgehendem Pragmatismus geprägt. Zwar sind sie vor dem Hintergrund ihrer tarifpolitischen Funktionserfüllung an einer nicht nur formalen sondern auch materiell-inhaltlichen Stabilisierung des Flächentarifvertrages interessiert (Busch 2005; Frey 2005); angesichts der latenten Gefahr weiterer Mitgliederverluste sind sie allerdings faktisch nicht mehr in der Lage, die betrieblichen Abweichungswünschen begrenzend zu steuern. Noch scheinen die Arbeitgeberverbände eine Strategie des „Blame Avoidance" zu verfolgen und darauf zu vertrauen, dass die gleichermaßen am Erhalt des Flächentarifvertrags interessierten Gewerkschaften die tarifpolitische Vetofunktion übernehmen und eine allzu rasche und weitgehende Verbetrieblichung des Tarifsystems verhindern werden. Die gleichfalls vor dem Problem schwindender Verpflichtungsfähigkeit stehenden Gewerkschaften sind allerdings dieser Aufgabe in vielen Bereichen nicht mehr gewachsen.

Der Versuch vieler Arbeitgeberverbände, die Abwanderung von Mitgliedern durch die Einrichtung von OT-Verbänden[12] zu verhindern, erweist sich als hochgradig riskant, da die Organisationssicherung mit der weiteren tarifpolitischen Destabilisierung erkauft wird (Artus 2001: 123-124). Nicht nur wird die quantitative Erosion des Tarifsystems zusätzlich beschleunigt, sondern gleichzeitig nimmt auch der Druck der tarifgebundenen Mitglieder weiter zu, angesichts des Erstarkens der tariffreien Konkurrenz den Flächentarifvertrag weiter zu flexibilisieren. Gleichwohl haben es die Arbeitgeberverbände in den 1990er Jahren verstanden, aus der organisatorischen Schwäche politische Stärke zu machen und von den Gewerkschaften tarifpolitische Konzessionen mit der Begründung zu verlangen, dass andernfalls die Abwanderung der Mitglieder in die OT-Verbände weiter zunehmen werde (Financial Times Deutschland, 02.11.2005) (Streeck/Rehder 2005: 67).

6.3.4 Strategisches Wahlhandeln deutscher Arbeitnehmervertretungen

Arbeitnehmervertreter können das Machtungleichgewicht gegenüber dem Arbeitgeber am wirkungsvollsten dadurch zu ihren Gunsten beeinflussen, dass sie die strategischen Abwanderungsoptionen des Unternehmens schließen und den unternehmensinternen Regimewettbewerb begrenzen. Ebenso wie in den USA

12 Vgl. zu den Arbeitgeberverbänden ohne Tarifbindung Völkl 2002: 79-92.

sind allerdings auch in Deutschland die faktischen Möglichkeiten im Rahmen konzessionärer Verhandlungen eng begrenzt.

In ihrer Funktion als intermediärer Interessenvertreter sind Einzelbetriebsräte vielfach bereits bei perspektivisch drohenden Beschäftigungsrisiken zu substantiellen Zugeständnissen bereit (Bergmann 2001). Kotthoff weist darauf hin, dass „die Zunahme an Mitwirkungsmöglichkeiten und Bedeutung des Betriebsrats [...] mit einer Abnahme seiner interessenpolitischen Wirksamkeit als Vertreter und Beschützer der Arbeitnehmer" (Kotthoff 1998: 78) korreliert. In dem Maße, wie Betriebsräte als „Co-Manager" (Müller-Jentsch 1995a) unternehmerische Verantwortung für den Betrieb übernehmen, sind sie nicht mehr in der Lage, ausschließlich als Vertreter der Partikularinteressen der Beschäftigten aufzutreten.

In Mehrbetriebsunternehmen versuchen die Arbeitnehmervertretungen vielfach, die Verhandlungen auf der Unternehmensebene zu bündeln und damit einen unternehmensinternen Standortwettbewerb zu verhindern (Rehder 2003c). Als überbetriebliche Koordinierungsinstanz versuchen Konzern- und Gesamtbetriebsräte den betriebsegoistischen Opportunismus einzelner Standortbetriebsräte zu unterbinden und „betriebliche Bündnisse im Konzern aneinander anzugleichen, den Standortwettbewerb zwischen den Belegschaften zu begrenzen und die betriebsübergreifende Solidarität zwischen den Arbeitnehmergruppen durch kollektive Konzessionen zu schützen" (Rehder 2003a: 178-179).[13]

Dagegen können die Gewerkschaften, denen aufgrund ihrer formalen Vetoposition bei Tarifabweichungen eigentlich eine Schlüsselrolle bei der überbetrieblichen bzw. gesamtwirtschaftlichen Verhaltenskoordinierung zukommen sollte, dieser Funktion nicht mehr umfassend gerecht werden (Bergmann 2003). Selbstkritisch konstatieren etwa IG Metall-Funktionäre eine „organisationspolitische Überforderung", die zur Folge hat, dass die „angestrebte kontrollierte Dezentralisierung [...] bislang nicht befriedigend eingelöst werden" konnte (Huber et al. 2005: 658). Der Versuch der Gewerkschaften, durch die Einrichtung tarifpolitischer „Clearingstellen" (ver.di) und die Festschreibung inhaltlicher und prozeduraler Grundsätze (IG Metall) Abweichungen transparent zu machen und die Tarifflexibilisierung zu kontrollieren, wird auf betrieblicher Ebene vielfach unterlaufen.

So deuten empirische Ergebnisse darauf hin, dass sich die Betriebsräte in den 1990er Jahren von den Gewerkschaften weiter emanzipiert haben und ihre tarifpolitische Folgebereitschaft zurückgegangen ist (French 2001; Rudolph/ Wassermann 1996: 190-194).[14] Die „Tendenz zur betriebssyndikalistischen Ab-

---

13 Parallelen zeigen sich zu den USA, wo bei zentralisierten Verhandlungen aus Arbeitnehmersicht ebenfalls kollektiv günstigere Ergebnisse erzielt werden konnten (Cappelli 1983).

14 Für gegenteilige Evidenz einer stabilen Loylitätsbeziehung gewerkschaftlich organisierter Betriebsräte gegenüber der Gewerkschaft vgl. Frege 2003.

koppelung der Betriebsräte durch ihre Einbindung in betriebliche Wettbewerbskoalitionen“ (Urban 2005: 53) ist insbesondere in Ostdeutschland bereits so weit vorangeschritten, dass bereits flächendeckend eine „defiziente Kooperation von Betriebsräten und Gewerkschaften“ (Artus 2003: 252) konstatiert werden kann.

Die Gewerkschaften befinden sich hier in einer strategischen Dilemmasituation: Verhalten sie sich restriktiv und beschränken sie ihre Zustimmung zu Tarifabweichungen auf wenige Ausnahmefälle, so droht die formale Tarifbindung durch die Flucht der Unternehmen aus dem Flächentarifvertrag weiter zu erodieren. Weiterhin droht die Gefahr der „wilden Dezentralisierung“, bei der sich die prinzipiell einigungsbereiten Betriebsparteien konsensual über das Gewerkschaftsveto hinwegsetzen.[15] Die Betriebsrätebefragung zeigt, dass immerhin knapp 3% der tarifwidrigen Vereinbarungen auch gegen den erklärten Widerspruch der Gewerkschaft zustande kam. Sind die Gewerkschaften noch in den 1990er Jahren wie etwa im Fall des Heizungsherstellers Viessmann gerichtlich gegen offen tarifwidrige Vereinbarungen vorgegangen, um eine unkontrollierte Ausdifferenzierung der Tarifstandards zu verhindern, so scheinen sie heute angesichts der Fülle an legalen wie illegalen Tarifabweichungen weitgehend resigniert zu haben (Bergmann 2003; Höland et al. 2000: 317-328). Streeck und Rehder sehen im Ergebnis ein „weit verbreitetes Wegsehen der Gewerkschaften, wenn Arbeitgeber Tarife unterschreiten und Betriebsräte dies als kleineres Übel akzeptieren“ (Streeck/Rehder 2003: 344).

Kommen dagegen die Gewerkschaften den Abweichungsbegehren der Betriebsparteien zu weit entgegen, dann höhlen sie den normativen Gehalt des Flächentarifes weiter aus, leisten der Dezentralisierung der Tarifaushandlung weiter Vorschub und machen in letzter Konsequenz aufgrund des einsetzenden Legitimations- und Funktionsverlustes sich selbst wie auch ihre kollektiven Verhandlungspartner auf Arbeitgeberseite überflüssig. Die Betriebsrätebefragung deutet darauf hin, dass die Gewerkschaften sich angesichts dieser Dilemmasituation zunehmend zugunsten der zweiten Strategie einer weitgehend pragmatisch-liberalen Zustimmungspolitik entschieden haben. Neben dem Versuch, die äußere Erosion der Tarifbindung zu bremsen, dürfte hier auch die drohende Einführung gesetzlicher Öffnungsklauseln im Falle einer zu restriktiven Tarifflexibilisierung eine Rolle spielen. Gewerkschaften haben immer größere Schwierigkeiten, „betriebs-

15 Schmidt und Trinczek sehen eine strukturelle Asymmetrie zwischen Betriebsrat und Gewerkschaft zugunsten der betrieblichen Interessenvertretung: „Aufgrund der rechtlichen wie der möglichen faktischen Autonomie der Betriebsräte verfügt die Gewerkschaft […] über keine entscheidenden Kontroll- und Sanktionsmittel, Betriebsräte auf die Anliegen der Gewerkschaft zu verpflichten. […] Der Versuch einer ‚Bestrafung‘ von Betriebsräten könnte bedeuten, diesen Betrieb mittelfristig erst einmal für die Gewerkschaft verloren zu geben, falls sich die betriebliche Interessenvertretung dem gewerkschaftlichen Druck nicht beugt, sondern ihrerseits die Kooperation aufkündigt“ (Schmidt/ Trinczek 1999: 113-114).

egoistische" (Streeck 1984: 307) Konzessionspakte zu Lasten inländischer Konkurrenzstandorte und damit eine die überbetrieblichen Tarifstandards unterlaufende „Wildcat Co-operation" (Dore 1996: 172; Streeck 1995: 317) zwischen Betriebsrat und Management zu unterbinden. Der in Form von „Produktivitätskoalitionen" hervor gerufene Mikrokorporatismus zerstört die Solidarität zwischen Arbeitnehmern in krisenbedrohten und profitablen Betrieben (Windolf 1990: 292).

Schließlich ist die rein nationale Tarifkoordinierung angesichts international diversifizierter Produktions- und Unternehmensnetzwerke längst nicht mehr hinreichend, um den internationalen Standortwettbewerb zu begrenzen und den unternehmerischen Machtvorteil zu egalisieren (Bina/Davis 2002: 172-174). Die Gewerkschaften haben zwischenzeitlich erkannt, dass eine grenzüberschreitende Abstimmung der Tarif- und Betriebspolitik notwendig ist, um Exit-Drohungen der Arbeitgeber zu entkräften und deren relativen Machtvorteile zu egalisieren (Huber et al. 2005: 661).

> „Angesichts unternehmerischer Konzessionsforderungen, die mit dem Zwang zur globalen Konkurrenzfähigkeit begründet werden, kann die klassische Aufgabe von Gewerkschaften, den Faktor Arbeit weit gehend aus der Konkurrenz zu nehmen, nur global bewältigt werden." (Greven 2006: 10)

Damit gilt, dass

> „an important challenge for trade unions will be to develop a robust system of bargaining co-operation and co-ordination at company level, which can counter the force of the coercive comparisons deployed by management in internationally integrated MNCs." (Marginson/Sisson 2002: 348)

Ansätze einer solchen Transnationalisierung der Tarif- und Betriebspolitik existieren derzeit lediglich ansatzweise in Gestalt von Welt- (Müller et al. 2004; Rüb 2001) bzw. Europäischen Betriebsräten (Martínez Lucio/Weston 2000; Müller/Platzer 2003), internationalen Rahmenabkommen (Hammer 2005) und der grenzüberschreitenden Tarifkoordinierung durch die Festlegung von Mindestforderungen in nationalen Tarifverhandlungen (Schulten 2003; Schulten 2004b). Die bisherigen Erfahrungen fallen allerdings ernüchternd aus und weisen auf einen „eklatanten Transnationalisierungsrückstand" (Urban 2005: 56) hin, der nicht erwarten lässt, dass der internationale Standortwettbewerb im europäischen oder gar globalen Maßstab in absehbarer Zukunft wirkungsvoll zu begrenzen sein wird (Calmfors et al. 2001; Marginson/Sisson 1998; Sadowski et al. 2003; Streeck 1998b: 197-202).[16]

---

16 Vgl. auch die Praxisberichte in Schulten/Bispinck 1999; Sterkel et al. 2004. Waddington kommt zu dem Fazit, dass „trade unionists fail to coordinate their activities internationally" (Waddington 2005: 54.) Für positivere Einschätzungen vgl. Jacobi 2001; Lillie/Martínez Lucio 2003.

> „Der durch die Globalisierung [...] sich ergebende Druck in Richtung auf eine Verbetrieblichung der Interessenvertretung bzw. die Aushöhlung nationaler Regelungsmechanismen durch internationalisierte Unternehmensstrategien wird durch die gegensteuernden Maßnahmen auf europäischer Ebene nur unwesentlich abgeschwächt." (Eberwein et al. 2000: 212)

Die Praxis zeigt, dass „die Entwicklung transnationaler Institutionen und Instrumente nach Zahl, räumlicher Reichweite und politischer Regulierungsqualität bisher weit hinter der ökonomischen und unternehmerischen Globalisierungsdynamik" (Müller et al. 2006: 9) zurückbleibt.

Während Europäische Betriebsräte bis auf wenige Ausnahmen[17] noch lediglich als Informationsforen ohne substantielle Partizipationsrechte fungieren und ihre Mitglieder sich vorrangig ihren nationalen Belegschaften verpflichtet sehen,[18] scheitert der Versuch einer europäischen Koordinierung der Tarifpolitik nicht allein an institutionellen Inkompatibilitäten (Armingeon 1998), sondern in erster Linie am Fehlen einer supranationalen Instanz, die die Formulierung einer einheitlichen grenzüberschreitenden Strategie gegenüber multinationalen Unternehmen leisten und ihre Durchsetzung auch tatsächlich garantieren könnte (Marginson/Sisson 1998; Schroeder/Weinert 2003: 143-145; Schulten 2004a).

Das supranationale Koordinationsproblem stellt sich als klassisches Gefangenendilemma dar. Nationale Arbeitnehmervertreter sind angesichts der in Aussicht gestellten Investitions-, Produktions- und Beschäftigungszusagen versucht, grenzüberschreitende Tarif- und Verhaltensabsprachen zugunsten des inländischen Arbeitsplatzerhalts zu unterlaufen (Cooke 2005).

> „The credible threat of relocation nullifies any potential labour militancy, since workers place a positive utility on attaining/retaining employment." (Cowling/Tomlinson 2005: 46)

Solange nicht alle Beschäftigtengruppen eines Unternehmens (und insbesondere diejenigen, die aus Arbeitgebersicht die höchsten Arbeitskostenvorteile bieten) in ein transnationales Koordinierungsnetzwerk eingebunden sind und solange die Kosten und Erträge des Kollektivguts „Tarifkoordinierung" aufgrund signifikanter Lohnunterschiede höchst ungleich verteilt sind, ist eine kohärente Politik der nationalen Arbeitnehmervertretungen in multinationalen Unternehmen nicht zu organisieren. Der relative Machtvorteil, der die Unternehmen in die Lage versetzt, Konzessionsvereinbarungen unter Verweis auf Arbeitskostendifferentiale

---

17 Effektive transnationale Koordinierung findet sich insbesondere in der Automobilindustrie. So konnte die Arbeitnehmervertretung bei GM Europe im Dezember 2004 eine europaweite Vereinbarung über die langfristige Personal- und Standortplanung abschließen (Caron/Weinert 2005).

18 Zu den bisherigen Erfahrungen hinsichtlich der Effektivität Europäischer Betriebsräte vgl. Knudsen 2004; Lecher et al. 1999.

durchzusetzen, wird daher zumindest im transnationalen Maßstab auch in Zukunft nicht substantiell einzuschränken sein (Massa-Wirth/Niechoj 2004).

6.4 Vereinbarungsinhalte: Ökonomische und institutionelle Erklärungsfaktoren

Nachdem im vorangegangenen Abschnitt Konzessionsvereinbarungen auf veränderte Machtrelationen und davon abgeleitete Strategiewechsel der Arbeitsmarktparteien zurückgeführt wurden, geht es im Folgenden um die Erklärung der qualitativen Vereinbarungsinhalte. Zu differenzieren ist hier nach ökonomischen auf der einen und institutionellen Erklärungsansätzen auf der anderen Seite.

6.4.1 Ökonomische Erklärungsfaktoren

Im deutschen Vergleichsfall hängt die inhaltliche Ausgestaltung konzessionärer Beschäftigungsvereinbarungen in hohem Maße von den wirtschaftlichen Rahmenbedingungen ab, denen sich die Betriebe ausgesetzt sehen (Berthold et al. 2003b: 39-52; Mauer/Seifert 2001: 496). So konnte gezeigt werden, dass Arbeitszeitanpassungen in starkem Maße von der betrieblichen Auftragslage determiniert werden (Massa-Wirth/Seifert 2006; Seifert/Massa-Wirth 2005: 234-236): Während Unternehmen mit ungünstiger Nachfragesituation zumeist die Arbeitszeiten verkürzen, weiten solche mit guter Auftragslage die Regelarbeitszeiten im Betrieb eher aus. Direkte Einkommenskonzessionen werden dagegen schwerpunktmäßig in ertragsschwachen Betrieben vereinbart, um so kurzfristig auf drohende Liquiditätsengpässe zu reagieren. Anders als in prosperierenden Betrieben lassen sich bei akuten Gewinneinbrüchen und unmittelbar drohenden Entlassungen auch drastische Einkommenskürzungen gegenüber den Beschäftigten durchsetzen. Gleichermaßen sind auch die Tarifpartner in akuten Krisensituationen leichter davon zu überzeugen, dass tatsächlich die Voraussetzungen für lohnsenkende Tarifabweichungen gegeben sind.

Auch im US-amerikanischen Vergleichsfall sind einzelne Konzessionsinstrumente als Reaktion auf spezifische ökonomische Problemkonstellation zu interpretieren. So sind die Kürzungen beim Inflationsausgleich unmittelbare Folge der zweistelligen Inflationsraten Anfang der 1980er Jahre (Hendricks/Kahn 1985). Durch die Modifikation der COLA-Formeln suchten tarifgebundene Unternehmen die unkalkulierbar gewordenen Arbeitskostensteigerungen einzudämmen und zukünftig von volatilen Inflationsentwicklungen unabhängiger zu werden.

Auch die auffällige Häufung zweistufiger Tarifsysteme in einzelnen Dienstleistungssektoren wie dem Einzelhandel und der Luftfahrtindustrie ist auf sektorspezifische Rahmenbedingungen zurückzuführen (Martin 1990: 24-25). In diesen Branchen konnten durch die Absenkung der Einstiegsvergütungen vergleichsweise umfangreiche Kosteneinsparungen erzielt werden, da die traditionell hohen Fluktuationsraten für einen raschen Personalumschlag sorgten (Walsh 1988: 52). Dagegen blieben Einstiegstarife in schrumpfenden Wirtschaftszweigen und solchen mit ausgeprägter Beschäftigungsstabilität weitgehend folgenlos.

Schließlich ist auch die Kürzung der tariflichen Krankenversicherungsleistungen in den 1990er Jahren in erster Linie Folge ökonomischer Kontextveränderungen. Unter dem Eindruck der überproportionalen Kostensteigerungen im US-amerikanischen Gesundheitswesen suchten die Arbeitgeber sich durch die Rückführung der Sozialleistungen von der absehbaren Steigerung der Gesundheitskosten langfristig abzukoppeln (Buckley/Van Giezen 2004; Hay Group 2004).

6.4.2 Institutionelle Erklärungsfaktoren

Auch wenn die ökonomischen Kontextvariablen einen wichtigen Beitrag zur Erklärung der Instrumentenwahl liefern, reicht eine ausschließlich ökonomisch-deterministische Interpretation für die Erklärung der Varianz im internationalen Vergleich nicht aus. Die ausgeprägten und auch im Zeitverlauf stabilen qualitativen Unterschiede können nicht allein auf kovariierende wirtschaftliche Rahmenbedingungen zurückgeführt werden. So können ökonomische Kontextvariablen allein nicht die Tatsache erklären, dass die beschäftigungssichernde Arbeitszeitverkürzung und -flexibilisierung im US-amerikanischen Tarifsektor praktisch zu keiner Zeit eine entscheidende Rolle gespielt hat (Hamermesh 1996). Auch bei kurzfristig-konjunkturellen Nachfragerückgängen geben die US-amerikanischen Tarifpartner zumeist einer kombinierten Strategie aus Einkommenskürzungen und Entlassungen den Vorzug vor einer befristeten Anpassung der Arbeitszeiten (Abraham/Houseman 1993).

In der international-komparativen Analyse kommt institutionellen Faktoren weit größere Bedeutung zu. So ist die geringe Nutzung beschäftigungssichernder Arbeitszeitverkürzungen in den USA nicht zuletzt der Ausgestaltung der sozialen Sicherungssysteme geschuldet. Anders als in Deutschland, wo die Sozialversicherungsbeiträge mit der Arbeitszeit variieren, haben in den USA betriebliche Sozialleistungen wie etwa die Prämien der tariflichen Krankenversicherung Fixkostencharakter (Kaufman/Hotchkiss 2000: 200-202). Wird in Deutschland die Arbeitszeit bei konstanten Stundenlöhnen reduziert, so bleiben auch die Lohnstückkosten konstant. Dagegen sinken in den USA die Arbeitskosten nur unterproportional mit der Arbeitszeit, so dass im Ergebnis die Lohnstückkosten steigen und Arbeitszeitverkürzungen aus Sicht der Unternehmen ökonomisch unattraktiv sind (Best 1988: 145-150; Williard et al. 1985: 245).

Gleichzeitig zeigen in den USA auch die Gewerkschaften kein Interesse an beschäftigungssichernder Arbeitszeitverkürzung (Briggs 1987: 651-652; Olmsted 1983: 488; Sloane/Witney 2001: 302). Best sieht den Grund für die Zurückhaltung der Gewerkschaften gegenüber einer Stundenreduzierung in der Tatsache, dass „seniority rights are a fundamental pillar of union organization and [...] work sharing would undercut the basic foundations of the union movement" (Best 1988: 123).[19] Zum Schutz der Einkommensansprüche der „Senior Workers" schreiben daher die Tarifverträge bei Nachfrageausfällen zumeist „Temporary Layoffs" vor und lassen generelle Arbeitszeitverkürzungen nur in Ausnahmefällen zu (Freeman/Medoff 1984: 116; Williard et al. 1985: 245). Mitunter haben US-amerikanische Gewerkschaften gar erfolgreich gegen die beschäftigungssichernde Verkürzung der Arbeitszeiten geklagt und stattdessen die Entlassung der ungeschützten „Junior Workers" durchgesetzt (Union Labor Report, 20.06.2003).

Werden in den USA auch in tarifgebundenen Unternehmen die Arbeitszeiten verkürzt, dann geschieht dies in aller Regel auf freiwilliger und nicht allgemein verbindlicher Basis. So ermöglichten etwa die Fluglinien United Airlines und PanAm Anfang der 1980er Jahre für Flugbegleiter mit langjähriger Betriebszugehörigkeit befristete Arbeitszeitverkürzungen. Zwar konnten mit der freiwilligen Arbeitszeitverkürzung auch einige hundert der bedrohten Arbeitsplätze gesichert werden. Im Vordergrund stand bei diesem Instrument aber das Ziel, den Stammbelegschaften mit starker Zeitpräferenz eine Reduktion der Stundenzahl zu ermöglichen (Olmsted 1983: 484-485).

Nicht nur tarifvertragliche sondern auch gesetzliche Rahmenvorgaben sind dafür verantwortlich, dass der intertemporale Zeitausgleich über Arbeitszeitkonten in den USA weitgehend unbekannt ist. In Deutschland legt das Arbeitszeitgesetz lediglich Mindeststandards hinsichtlich der maximalen Arbeitszeitdauer, der zu beachtenden Ruhezeiten, sowie der Beschäftigung an Sonn- und Feiertagen fest. Die zusätzliche Vergütung für die geleistete Mehrarbeit wird dagegen nicht auf gesetzlicher, sondern auf tarifvertraglicher bzw. betrieblicher Ebene geregelt. Bei der Einführung von Zeitkontenregelungen konnten die Tarifparteien daher innerhalb der geltenden Höchstarbeitszeiten frei über die Ausgestaltung der Arbeitszeitkonten verhandeln. Erst durch den Wegfall von Mehrarbeitszuschlägen wurde die flächendeckende Nutzung von Arbeitszeitkonten aus Sicht der Unter-

19 Vgl. auch Freedman 1985, die argumentiert, dass „because union contracts typically include layoff-governing rules, it is far less likely that work sharing would even be feasible in a union setting" (20).

nehmen interessant, da Zeitkonten fortan als Substitut für bislang zuschlagspflichtige Mehrarbeit eingesetzt werden konnten (Bellmann/Gewiese 2004: 139).

Während der vergleichsweise große institutionelle Gestaltungsspielraum die Arbeitszeitflexibilisierung in Deutschland begünstigt, setzt der „Fair Labor Standards Act" (FLSA) der Variabilisierung der Arbeitszeiten in den USA sehr enge Grenzen (Drago 2000). Ab der 41. Wochenarbeitsstunde sind Entgeltzuschläge in Höhe von 50% zwingend vorgeschrieben. Diese Zuschlagspflicht gilt für alle abhängig Beschäftigten mit Ausnahme von Führungskräften und kann auch durch die Tarifvertragsparteien nicht eingeschränkt werden. Eine intertemporale Verteilung der Arbeitszeit über Arbeitszeitkonten ist somit zwar durchaus zulässig. Im Gegensatz zum deutschen tragen sie aber im US-amerikanischen Arbeitsbeziehungssystem nicht zur unternehmerischen Kostensenkung bei (Messenger 2004: 172).

6.4.3 Funktionale Äquivalente in der Mehrebenenperspektive

Bei der international vergleichenden Analyse ist zu berücksichtigen, dass die Gegenstände der tarifvertraglichen Regulierung nicht deckungsgleich sein müssen (Locke/Thelen 1995; Schregle 1981). Die Tatsache, dass die Arbeitszeitflexibilisierung in den USA und die Kürzung von Sozialleistungen in Deutschland bislang in betrieblichen Konzessionsvereinbarungen praktisch nicht thematisiert worden sind, heißt nicht, dass jene Parameter nicht tief greifenden Veränderungen ausgesetzt wären. Anstatt auf kollektivvertraglicher können die Anpassungen auf gesetzlicher Basis und damit in anderen Aushandlungsarenen vollzogen worden sein.

Auffällige Parallelen zeigen sich in beiden Systemen bei der Anpassung der Altersvorsorgesysteme. Während die Finanzierungsprobleme des deutschen Rentenversicherungssystems vom demographischen Wandel und der anhaltenden Massenarbeitslosigkeit herrühren, geraten viele US-amerikanische Unternehmen insbesondere aufgrund der extensiven Nutzung von Frühverrentungsprogrammen in finanzielle Schwierigkeiten. In beiden Systemen reagierten die Akteure hierauf mit der schrittweisen Umstellung von umlagefinanzierten auf kapitalgedeckte Altersvorsorgesystemen. Während dieser Paradigmenwechsel in Deutschland auf gesetzlicher Basis mit der Einführung der „Riester-Rente" und der Entgeltumwandlung vollzogen wurde (Bäcker 2004; Hinrichs 2004; Rürup 2002), versuchen viele Unternehmen in den USA das Problem der rückläufigen Beschäftigten- und ansteigenden Pensionärszahlen auf tarifvertraglichem Wege durch die Umwandlung der „Defined-Benefit"- in „Defined-Contribution"-Pensionsprogramme in den Griff zu bekommen.

Gleichermaßen zeigen sich in den beiden Arbeitsbeziehungssystemen auch im Bereich der Krankenversicherung in unterschiedlichen Regulierungsarenen funktional äquivalente Anpassungsstrategien. Der deutsche Gesetzgeber hat wiederholt versucht, die steigenden Lohnnebenkosten durch Strukturreformen im Gesundheitssystem einzudämmen. Während in den USA auf tarifvertraglicher Ebene der Umfang der Krankenversicherungsleistungen eingeschränkt und der Finanzierungsanteil der Beschäftigten erhöht wird, werden in Deutschland mit der Praxisgebühr, der Medikamentenzuzahlung und der Reduzierung des Arbeitgeberanteils in der Krankenversicherung identische Anpassungen auf gesetzlicher Basis umgesetzt (Gerlinger 2004).

Umgekehrt zielen auch in den USA aktuelle Gesetzesvorschläge darauf ab, die institutionellen Voraussetzungen für eine stärkere Flexibilisierung der Arbeitszeiten zu schaffen. Diskutiert wird die Novellierung des FLSA, durch die der zuschlagsberechtigte Personenkreis („Non-Exempt") eingeschränkt und die Option eingeführt werden soll, Überstundenzuschläge in Form zusätzlicher Freizeit („Compensatory Time Off") statt monetärer Entlohnung abgelten zu können (Whittaker 2003).[20] Entsprechende Gesetzesänderungen würden die Möglichkeit des intertemporalen Zeitausgleichs erweitern und aus Unternehmenssicht die Attraktivität der betrieblichen Arbeitszeitflexibilisierung entscheidend erhöhen.

6.5 Innerbetriebliche Verteilungswirkungen und die Rolle von Entscheidungsregeln

In Deutschland werden bislang im Rahmen konzessionärer Beschäftigungsvereinbarungen die Anpassungslasten vergleichsweise solidarisch unter den Beschäftigten verteilt. So werden die Arbeitszeiten meist für alle Beschäftigten gleichmäßig verkürzt oder verlängert und Tariferhöhungen für die gesamte Belegschaft ausgesetzt. Dagegen weisen US-amerikanische Konzessionsvereinbarungen zumeist einen auffälligen Bias zugunsten der gut gesicherten Stammbelegschaften auf. So konstatieren Kaufman und Martinez-Vazquez, dass

> „paradoxically, although the ultimate objective is to protect union members suffering (or threatened with) the hardship of being laid off, the contract is written to discriminate against them and to benefit those with more secure jobs." (Kaufman/Martinez-Vazquez 1988: 189)

Anders als bislang in Deutschland haben sich in den USA zweistufige Tarifsysteme bei Löhnen und Sozialleistungen fest etabliert (LRA Online, 28.01.2005). Hierdurch lassen sich Kostenentlastungen erzielen, ohne dass die derzeit Beschäftigten materielle Einbußen hinnehmen müssen. Vielfach werden gar parallel zu der Einführung abgesenkter Einstiegslöhne die Tarife der Altbeschäftigten

---

20 Für einen Überblick über die im Jahre 2004 erfolgten Änderungen im FLSA vgl. Olson 2005.

angehoben. So wurden in den 1980er Jahren in rund der Hälfte der Konzessionsvereinbarungen bei den US-amerikanischen Fluglinien neben Einstiegstarifen gleichzeitig auch Tariferhöhungen für die „Senior Workers" vereinbart (Walsh 1988: 57).

Auch von den US-amerikanischen Erfolgs- und Unternehmensbeteiligungsmodellen profitieren in erster Linie die Mitarbeiter mit langer Betriebszugehörigkeit. Nicht nur sind die Zahlungen vielfach direkt an die Betriebszugehörigkeitsdauer gekoppelt, sondern es kommen ohnehin nur jene Mitarbeiter in den Genuss zukünftiger Bonuszahlungen, die aufgrund ihrer Senioritätsrechte dauerhaft im Unternehmen beschäftigt bleiben. Schließlich begünstigen auch die US-amerikanischen „Job Security Provisions" nahezu ausschließlich die bereits geschützten Stammbelegschaften. Anders als in Deutschland, wo der betriebliche Kündigungsverzicht in der Regel für alle unbefristet Beschäftigten gilt, sind Beschäftigungszusagen in den USA meist nach der Betriebszugehörigkeit gestaffelt.[21]

Beim Vergleich der Reichweite von Kündigungsschutzzusagen gilt zu berücksichtigen, dass auch in Deutschland die atypisch beschäftigten Randbelegschaften zumeist vom Kündigungsschutz ausgenommen sind. Leiharbeiter und befristet Beschäftigte, die ähnlich wie die US-amerikanischen „Junior Workers" im innerbetrieblichen Willensbildungsprozess systematisch benachteiligt sind, werden von den Betriebsparteien bewusst als Flexibilitätspuffer eingesetzt, um die Stammbelegschaften zu schützen (Boockmann/Hagen 2003; Nienhüser/ Baumhus 2002). Der mit den kurzfristigen Beschäftigungsbedarfen fluktuierende Einsatz flexibler Randbelegschaften stellt somit ein funktionales Äquivalent zu „Temporary Layoffs" dar. Zwei zunächst konkurrierende personalpolitische Ziele lassen sich so in Einklang bringen: Durch den Rückgriff auf flexible Beschäftigungsformen lässt sich nicht nur die Personalflexibilität des Betriebes, sondern gleichzeitig auch die Beschäftigungsstabilität der Stammbelegschaften erhöhen (Meyer/Pfeifer 2005: 187).

Die asymmetrische Verteilungswirkung US-amerikanischer Vereinbarungen zugunsten privilegierter „Senior Workers" ist unmittelbare Folge der institutionellen Entscheidungsregeln. Die Ratifizierung der Tarifvereinbarungen verleiht der Belegschaftsmehrheit die Funktion eines strategischen Akteurs mit Vetomacht. Da die gut geschützten langjährigen Mitarbeiter nur widerwillig auf Löhne und Sozialleistungen verzichten (Craft et al. 1985: 171), sind vielfach Kompensationszahlungen („Side Payments") zugunsten der Stammbelegschaften notwendig.

---

21 So blieben die im Jahre 1983 bei American Airlines vereinbarten lebenslangen Beschäftigungsgarantien auf die bereits Beschäftigten beschränkt während gleichzeitig die Einkommen zukünftiger Mitarbeiter um rund 30% gekürzt wurden (Erd 1989: 114).

Dagegen werden im deutschen Arbeitsbeziehungssystem die Kollektivvereinbarungen in aller Regel nicht zur Abstimmung gestellt. So ist nach Rehder „in keinem der untersuchten deutschen Großunternehmen jemals eine vom zentralen Betriebsrat ausgehandelte Vereinbarung zur Abstimmung gestellt" (Rehder 2003c: 282) worden (vgl. ebenso Paprotny 2005: 115). Betriebsräte, die als „intermediäre Institution" (Müller-Jentsch 1995c) die Interessen aller Beschäftigter vertreten, suchen bislang noch eine solidarisch Konzessionsbeteiligung aller Beschäftigten zu gewährleisten. So berichtet Rehder, dass

> „das Interesse der zentralen Betriebsräte, die Kosten von Arbeitsplatzabbau und betrieblichen Pakten gleichmäßig und gemeinschaftsverträglich auf alle Beschäftigten zu verteilen, [...] keineswegs untypisch und eher die Regel" (Rehder 2003c: 282) ist.

> „Das Ziel [...] ist, durch quersubventionierende Konzessionen zwischen den Belegschaften einheitliche Einkommensverhältnisse zu gewährleisten. Nicht nur die Beschäftigten, die unter Wettbewerbsdruck stehen, sollen Konzession erbringen, sondern auch diejenigen, die (aktuell) nicht unter diesem Druck stehen." (Rehder 2003a: 186)[22]

6.5.1 Änderung der Entscheidungsregeln im deutschen Tarifsystem?

Vor dem Hintergrund der US-amerikanischen Erfahrungen stellt sich die Frage, welche Wirkung institutionelle Änderungen im deutschen Tarifrecht nach sich ziehen würden. Intensiv diskutiert werden eine Neuinterpretation des Günstigkeitsprinzips,[23] sowie die Einführung gesetzlicher Öffnungsklauseln ohne Zustimmungsvorbehalt der Tarifvertragsparteien.[24] Im Kern zielen beide Reformansätze auf eine Stärkung der Beteiligungsrechte der Belegschaft und eine weitere Verlagerung tarifpolitischer Kompetenzen auf die betriebliche Ebene ab. Die Protagonisten einer Beschneidung der Vetorechte der Tarifvertragsparteien knüpfen an eine solche Tarifreform die Erwartung, die Reichweite betrieblicher

---

22 Vgl. bereits den VW-Beschäftigungstarifvertrag aus dem Jahre 1993, der auch materielle Einschnitte bei den nicht unmittelbar bedrohten Angestellten im Entwicklungsbereich vorsah (Rosdücher 1997: 79).

23 Nach herrschender Lehre und ständiger Rechtsprechung sind lediglich Abweichungen vom Tarifvertrag zugunsten des Arbeitnehmers zulässig, wobei die Günstigkeitsabwägung innerhalb identischer Sachgruppen (mehr Entgelt, weniger Arbeitszeit) aber nicht zwischen qualitativ unterschiedlichen Dimensionen (mehr Kündigungsschutz gegen weniger Entgelt) zu erfolgen hat (Körner 2000; Schliemann 2003).

24 Die Frage der verfassungsrechtlichen Bewertung dieser Reformansätze wird im Folgenden nicht thematisiert. Zur These der Verfassungskonformität vgl. Hromadka 2003; Kaden 2003; Niebler/Schmiedl 2001 bzw. zur gegensätzlichen Einschätzung vgl. Dieterich 2002; Zachert 2004.

Konzessionsvereinbarungen sowohl quantitativ als auch qualitativ erweitern zu können.

Die Umdeutung des Günstigkeitsprinzips (entweder auf dem Wege der Änderung des § 4 Abs. 3 TVG oder durch richterliche Rechtsfortbildung) hätte zur Folge, dass auf betrieblicher Ebene bei der Günstigkeitsabwägung nicht mehr ausschließlich identische Sachgruppen, sondern auch qualitativ unterschiedliche Parameter in einem Globalvergleich Berücksichtigung finden könnten. So wären auch ohne einschlägige Öffnungsklausel Tarifabweichungen zulässig, wenn die Beschäftigten eine im Gegenzug vereinbarte Beschäftigungs- oder Standortgarantie angesichts der aktuellen Arbeitsmarktsituation als günstiger ansehen würden.

Inhaltlich eng hiermit verbunden ist der Vorschlag, durch die Einführung „gesetzlicher Öffnungsklauseln“ Tarifabweichungen zu erleichtern. Die Schwierigkeit, angesichts heterogener Beschäftigtenpräferenzen die Günstigkeit der Tauschpakete objektiv zu bewerten, würde durch Belegschaftsabstimmungen und die Festschreibung qualifizierter Mehrheiten gelöst. Diskutiert werden Quoten von zwei Dritteln bzw. drei Vierteln der Beschäftigten, die ein Veto der Tarifvertragsparteien brechen und Tarifabweichungen in die alleinige Verantwortung der Betriebsparteien legen würden.

Nicht zuletzt vor dem Hintergrund der US-amerikanischen Erfahrungen erscheint allerdings fraglich, ob eine solche Tarifreform tatsächlich unter allen Umständen die Einigung auf betriebliche KBV erleichtern und im wohlverstandenen Interesse der Arbeitgeber liegen würde. Vielmehr ist zu erwarten, dass es während der Interessenaushandlung und insbesondere unmittelbar vor der Belegschaftsabstimmung zu innerbetrieblichen Konflikten und einer erheblichen Störung des Betriebsfriedens kommen dürfte.[25] Belegschaftsfraktionen mit unterschiedlichen Interessenlagen und Machtpotentialen werden im „Wahlkampf“ versuchen, die Mehrheit der Beschäftigten auf ihre Seite zu ziehen. Die US-amerikanischen Erfahrungen zeigen, dass Konzessionsverhandlungen nicht nur die Konflikte mit dem Arbeitgeber, sondern auch innerhalb der Gewerkschaften deutlich verstärkt und das Betriebsklima auf Jahre hinaus belastet haben (Craft et al. 1985: 174).

Bereits bei der derzeitigen Rechtslage sind innerbetriebliche Konflikte im Gefolge von Konzessionsverhandlungen eher die Regel als die Ausnahme (Rehder 2004: 24). Während allerdings bislang die Unzufriedenheit lediglich abstrakt blieb und die Betriebsräte aufgrund ihres Vertretungsmonopols auch unpopuläre Konzessionsabkommen durchsetzen konnten, ändert sich dies mit der Einfüh-

25 Die offene Kritik der Arbeitgeber an der Einführung des Belegschaftsplebiszits deutet darauf hin, dass die Reformvorschläge ambivalent zu beurteilen sind und aus Unternehmenssicht die negativen Effekte überwiegen (Busch 2005: 143-144; Frey 2005: 128; Frankfurter Rundschau, 16.08.2005).

rung von Belegschaftsabstimmungen grundlegend. Der prozeduralen Regeländerung kommt in entscheidungstheoretischer Hinsicht weitreichende Bedeutung zu, da je nach dem erforderlichen Quorum bereits eine Belegschaftsminorität zu einem strategischen Vetospieler wird. Das Ausmaß der Arbeitsplatzbedrohung und die Interessenverteilung innerhalb der Belegschaft ist dann ausschlaggebend dafür, ob ein Konzessionsabkommen zustande kommt und wie es hinsichtlich seiner Verteilungseffekte ausgestaltet wird.

Konzessionspakte werden dann leichter durchsetzbar und inhaltlich weitergehend sein, wenn die Belegschaft mehrheitlich vom Arbeitsplatzverlust bedroht ist. In Anbetracht der diskutierten Quoten dürfte dies jedoch nur in konkursbedrohten Betrieben und in solchen der Fall sein, in denen die Schließung oder Verlagerung wesentlicher Teile des Standorts auf dem Spiel stehen. In solchen akuten Krisensituationen haben sich allerdings bereits in der Vergangenheit Gewerkschaften wie auch Betriebsräte regelmäßig zu weitreichenden Zugeständnissen bereit gezeigt (Rehder 2003a: 214), so dass hier keine Zunahme in der Nutzung betrieblicher KBV zu erwarten ist. Allenfalls dürfte sich die Qualität der Vereinbarungen dahingehend ändern, dass die Arbeitnehmerzugeständnisse quantitativ wie auch qualitativ umfangreicher werden.

Die Einführung von Belegschaftsabstimmungen dürfte dagegen die Einigung auf betriebliche Konzessionsabkommen in solchen Fällen erschweren, in denen lediglich eine Minderheit der Belegschaft von Arbeitsplatzverlust bedroht ist und die Vereinbarung nicht kurzfristige Arbeitsplatzverluste abwenden, sondern vielmehr die betriebliche Wettbewerbsfähigkeit langfristig stärken soll. So weist Paprotny zu Recht darauf hin, dass „so mancher Beschäftigungspakt [...] nur durchgesetzt werden [konnte, H.M.-W.], weil die Betriebsräte faktisch das Monopol haben, für ihre Kollegen zu sprechen" (Paprotny 2005: 115). Die Fähigkeit des Betriebsrats, als „Co-Manager" (Müller-Jentsch 1995a) und „Geschäftspartner" (Rehder 2003a: 191) des Managements auch kurzfristig unpopuläre Entscheidungen mitzutragen und gegenüber der Belegschaft zu vertreten (Hauser-Dietz/Kluge 2001), wird durch die Einführung von Belegschaftsabstimmungen gefährdet.

Die gestärkten Belegschaften könnten Konzessionen nicht länger mittragen, die zur langfristigen Sicherung der betrieblichen Wettbewerbsfähigkeit unabdingbar sind. Die auf betrieblicher Ebene entwickelte „Kultur der Rationalität" (Bosch 1997) in den kollektiven Verhandlungsbeziehungen dürfte angesichts einer dann zunehmenden Bedeutung verteilungspolitischer Interessenkonflikte Schaden nehmen. Das Blockadepotential „egoistischer Mehrheiten" (Scharpf 2000: 260), die in den USA angesichts günstiger makroökonomischer Rahmendaten in den 1990er Jahren den Abschluss betrieblicher KBV verhinderten und stattdessen Beschäftigungsabbau bei gleichzeitiger Besitzstandssicherung für die „Senior

Workers" präferierten, wird durch die Delegation von Entscheidungskompetenzen an die Belegschaften deutlich gestärkt (Streeck/Rehder 2005: 73-74).

Anstelle einer erweiterten Nutzung betrieblicher KBV sind stattdessen qualitative Veränderungen in den betrieblichen Verteilungseffekten zu erwarten. Bereits heute sieht Kotthoff eine „Zunahme der Konkurrenz zwischen den lokalen Betriebsratsgremien" und ein „schwieriger gewordenes Verhältnis zwischen diesen und dem Gesamtbetriebsrat" (Kotthoff 1998: 89; Rehder 2003c). Die Erfahrungen mit US-amerikanischen Konzessionsvereinbarungen legen nahe, dass es bei der Einführung von Belegschaftsplebisziten nicht mehr im selben Maße möglich sein dürfte, eine solidarische Gleichverteilung der Arbeitnehmerzugeständnisse zwischen Betrieben und Belegschaftsteilen mit unterschiedlichen Bedrohungsszenarien einerseits und unterschiedlich gelagerten Handlungsalternativen andererseits zu organisieren.

Stattdessen ist davon auszugehen, dass Solidaritätskonflikte innerhalb der Arbeitnehmerschaft zunehmen werden. Bei lediglich partiellen Beschäftigungsrisiken steht zu erwarten, dass jene Betriebsstätten bzw. Belegschaftsteile mit vergleichsweise sicheren Arbeitsplätzen bzw. günstigen externen Beschäftigungsalternativen der solidarischen Gleichverteilung der Anpassungslasten nicht zustimmen werden (Dettmer 2002: 145-159). Ist lediglich eine Minderheit vom Verlust des Arbeitsplatzes bedroht, so dürften ebenso wie in den USA nur noch solche Vereinbarungen mehrheitsfähig sein, bei denen die Einsparungen in erster Linie von denjenigen Betrieben bzw. Belegschaftsteilen getragen werden, die überproportional von den vereinbarten Beschäftigungs- und Standortgarantien profitieren.

Als Folge einer institutionellen Änderung des Tarif- und Mitbestimmungsrechts und der Einführung direkter Belegschaftsplebiszite wäre somit zu erwarten, dass solidarische und betriebsübergreifende Unternehmensvereinbarungen zugunsten differenzierter Standortpakte an Bedeutung verlieren. Zudem sollten ebenso wie in den USA vermehrt solche Konzessionsinstrumente vereinbart werden, bei denen Kosten und Nutzen in Abhängigkeit von den individuellen Bedrohungsszenarien und innerbetrieblichen Machtrelationen asymmetrisch verteilt werden können. Hierzu zählen etwa abgesenkte Tarifsysteme für jüngere Mitarbeiter sowie nach Senioritätsrechten gestaffelte Beschäftigungszusagen. Eine stärkere einkommens- und beschäftigungspolitische Segmentierung zwischen Stamm- und Randbelegschaften bzw. zwischen gesicherten und gefährdeten Unternehmens- und Belegschaftsteilen wäre die Folge.

7. Transformation der Arbeitsbeziehungssysteme oder zyklische Anpassung?

Der deutsch-amerikanische Vergleich hat gezeigt, dass in beiden Arbeitsbeziehungssystemen veränderte Rahmenbedingungen die Ausbreitung konzessionärer Vereinbarungen ausgelöst haben. Die Neujustierung kollektivvertraglicher Tarif- und Beschäftigungsstandards wurde möglich, weil sich das relative Machtgleichgewicht zwischen den Akteuren zugunsten der Arbeitgeberseite verschoben hatte. Angesichts fehlender Beschäftigungsalternativen auf dem externen Arbeitsmarkt konnten US-amerikanische Arbeitgeber in den 1980er und deutsche Unternehmen seit den 1990er Jahren ihre gewachsenen Exit-Optionen nutzen, um die Personalflexibilität zu erhöhen und die Arbeitskosten zu senken.

Ausgehend von diesem Befund stellt sich in dynamischer Hinsicht die Frage nach den langfristigen Folgewirkungen. Ändern konzessionäre Beschäftigungsvereinbarungen nachhaltig und dauerhaft die Tarif- und Beschäftigungsbedingungen auf betrieblicher Ebene? Oder dienen sie lediglich als temporäre Anpassungsinstrumente angesichts konjunkturell verschlechterter Rahmenbedingungen, so dass die vereinbarten Arbeitnehmerzugeständnisse in nachfolgenden Aufschwungphasen wieder revidiert werden? In institutioneller Hinsicht stellt sich die grundsätzlichere Frage, ob konzessionäre Vereinbarungen eine evolutionäre und systemkonforme Weiterentwicklung des jeweiligen Tarifvertragssystems darstellen oder ob vielmehr von einem grundlegenden Pfadwechsel und damit einer langfristigen „Transformation" der nationalen Arbeitsbeziehungssysteme auszugehen ist.

Im Folgenden sollen diese Fragen sowohl exogen, d.h. mit Blick auf zukünftig sich verändernde ökonomische und institutionelle Rahmenbedingungen (Abschnitt 7.1), als auch endogen und damit unter Berücksichtigung der von betrieblichen Konzessionsvereinbarungen ausgehenden Feedback- bzw. Lock-in-Effekte diskutiert werden (Abschnitt 7.2). Auf der Grundlage der zurückliegenden US-amerikanischen Erfahrungen wird dabei besonderes Augenmerk auf die Prognose der zukünftigen Entwicklungen im deutschen Arbeitsbeziehungssystem gelegt.

7.1 Exogene Perspektive: Ökonomische und institutionelle Rahmenbedingungen

Bei der Beantwortung der Frage nach der zukünftigen Reichweite konzessionärer Beschäftigungsvereinbarungen im deutschen Arbeitsbeziehungssystem liefert das machttheoretische Erklärungsmodell wichtige Hinweise. Ausgehend von der These, dass Kollektivvereinbarungen die zwischen den Akteuren bestehenden Abhängigkeitsverhältnisse abbilden und Konzessionsvereinbarungen als Zeichen strukturell veränderter Machtgleichgewichte anzusehen sind, ist danach zu fragen, wie sich die Macht- bzw. Abhängigkeitsverteilung zwischen den Akteuren zukünftig entwickeln wird.

Naturgemäß ist eine solche Prognose hochgradig mit Unsicherheit behaftet. Die Alternativszenarien hängen von einer Vielzahl an ungewissen Einflussfaktoren ab. Die nachfolgende Diskussion beschränkt sich daher lediglich auf diejenigen potentiellen Entwicklungsszenarien, die angesichts der aktuell sich abzeichnenden Trends am plausibelsten erscheinen.

Internationalisierung

Angesichts der bereits erreichten weltwirtschaftlichen Integration ist eine Rückkehr zu protektionistischen Handels- und Investitionsbeschränkungen zumindest mittelfristig hochgradig unwahrscheinlich. Im Gegenteil steht zu erwarten, dass die Internationalisierung der Arbeitsteilung und der Aufbau transnationaler Wertschöpfungsketten weiter an Dynamik gewinnen wird. Nach den deutschen Großunternehmen, die sich bereits in den 1980er und 1990er Jahren globalisiert haben, beabsichtigen heute verstärkt auch mittelständische Unternehmen, ihre Produktionsstrategien unter Kostengesichtspunkten international zu diversifizieren (DIHK 2005).

Scheuten viele angesichts unsicherer Rechtsverhältnisse und hoher Transaktionskosten bislang noch das Risiko, in Niedriglohnländern zu investieren, so haben sich bereits im Vorfeld der EU-Osterweiterung die Investitionsbedingungen deutlich verbessert (Grömling/Römer 2004: 8-9). Inzwischen verfügen auch viele klein- und mittelständische Unternehmen über die notwendigen Kompetenzen, um grenzüberschreitende Unternehmensnetzwerke effizient steuern zu können. Damit steht nunmehr die „strategische Exit-Option Globalisierung“ (Dörre 1997) einem immer größeren Kreis an Unternehmen zur Verfügung und spielt in betrieblichen Verhandlungen eine zunehmend wichtigere Rolle.

Selbstverstärkungseffekte dürften den Prozess der Internationalisierung weiter beschleunigen und den unternehmerischen Exit-Drohungen in betrieblichen Konzessionsverhandlungen zusätzliche Glaubwürdigkeit verleihen. Sind die notwendigen Anfangsinvestitionen in den Aufbau eines ausländischen Standortes erst einmal getätigt und hat das Unternehmen Erfahrungen mit der transnationalen Steuerung ausländischer Unternehmenstöchter gesammelt, so sinken die Transaktionskosten zusätzlicher Produktionsverlagerungen und damit die Grenzkosten der weiteren Internationalisierung. Während bei rein inländischen Unternehmen die Option Internationalisierung lediglich abstrakt bleibt und ausländische Kostenvorteile eine theoretische weil nicht kurzfristig realisierbare

Referenzgröße darstellen, ändert sich dies grundlegend mit dem Aufbau ausländischer Produktionsstätten. Die dortigen Arbeitskosten dienen dann als unmittelbarer unternehmensinterner Benchmark und können im standortübergreifenden „Investitionswettbewerb" (Rehder 2005) instrumentalisiert werden.

Insbesondere die Einkommens- und Beschäftigungsbedingungen gering qualifizierter Belegschaften in arbeitsintensiven Betrieben, deren komparative Wettbewerbsvorteile im internationalen Kostenwettbewerb am schnellsten entwertet werden, dürften zukünftig noch stärker unter Druck geraten. Dagegen sollten Hochqualifizierte in den Bereichen Forschung und Entwicklung sowie in der strategischen Unternehmenssteuerung zukünftig noch am ehesten in der Lage sein, sich im internationalen Standortwettbewerb zu behaupten. Offen bleibt, ob es den Arbeitnehmervertretungen in Deutschland angesichts einer asynchronen Veränderung der individuellen Machtpositionen innerhalb der Belegschaft weiterhin gelingen wird, alle Beschäftigtengruppen zur solidarischen Lastenteilung verpflichten zu können. Asymmetrische Konzessionspakte nach dem US-amerikanischen Vorbild könnten zukünftig stärker an Bedeutung gewinnen. Auch die Unternehmen dürften nach Beschäftigtengruppen differenzierte Konzessionspakte präferieren, da sie unter Effizienzlohngesichtspunkten Einkommenskürzungen bei marktmächtigen Arbeitnehmergruppen zu vermeiden suchen.

Einschränkend bleibt zu berücksichtigen, dass der komparative Kostenvorteil der heutigen Niedriglohnländer im Zeitverlauf abnehmen dürfte. In dem Maße, wie infolge des Zustroms ausländischen Investitionskapitals das Arbeitskräfteangebot auf den ausländischen Arbeitsmärkten knapp wird, steigen die Lohneinkommen nicht nur absolut sondern auch relativ zu denjenigen in Deutschland (Tholen/Hemmer 2004: 41). In längerfristiger Perspektive könnte somit die Attraktivität ausländischer Standorte ab- und die des Produktionsstandortes Deutschland wieder zunehmen. Entscheidend ist hierbei, wie schnell sich der einkommenspolitische Angleichungsprozess vollzieht und inwieweit der Anstieg der ausländischen Arbeitskosten durch überproportionale Produktivitätssteigerungen wieder kompensiert wird. Die Tatsache, dass der Kapitaleinsatz deutscher Tochterunternehmen in Mittel- und Osteuropa pro Beschäftigtem bei lediglich einem Viertel des inländischen Vergleichswertes liegt, deutet auf einen weiten Spielraum für Rationalisierungsinvestitionen und Produktivitätssteigerungen hin (Becker et al. 2005: 29).

Arbeitsmarkt

Der gesamtwirtschaftlichen Arbeitsmarktsituation kommt auch zukünftig entscheidende Bedeutung zu. Die Konzessionsbereitschaft der Beschäftigten hängt unmittelbar von der Verfügbarkeit alternativer Beschäftigungsangebote auf dem externen Arbeitsmarkt ab. Mittelfristigen Prognosen zufolge ist eine grundlegende Trendwende, die zu einem Ende des Beschäftigungsabbaus und zur umfangreichen Schaffung sozialversicherungspflichtiger Vollzeitarbeitsplätze führen würde, auch mittelfristig nicht in Sicht (Abberger 2005; Schnur/Zika 2005). Zunehmende Bedeutung gewinnen „atypische“ Beschäftigungsformen, die allerdings aufgrund der geringen Verdienstmöglichkeiten und der prekären sozialversicherungsrechtlichen Absicherung keinen adäquaten Ersatz für den Verlust eines „Normalarbeitsplatzes“ darstellen (Keller/Seifert 2004; Koch/Bäcker 2003; Schäfer 2001).

Insbesondere Geringqualifizierte werden angesichts der weiter voranschreitenden internationalen Arbeitsteilung vom Arbeitsplatzverlust bedroht und gleichzeitig von attraktiven Ersatzarbeitsplätzen auf dem externen Arbeitsmarkt weitgehend abgeschnitten bleiben (Reinberg/Hummel 2002a). Damit dürften insbesondere diese Beschäftigtengruppen auch zukünftig zu umfangreichen Zugeständnissen bereit sein. Nicht auszuschließen ist, dass sich angesichts eines insgesamt stagnierenden bzw. rückläufigen Stellenangebots Berufseinsteiger zukünftig in höherem Maße bereit zeigen, geringere Einstiegsgehälter als Voraussetzung für eine dauerhafte Festanstellung zu akzeptieren.

Kündigungsschutz

Gesetzliche Kündigungsschutzvorschriften erhöhen die Transaktionskosten externer Personalanpassungen, schränken die unternehmerischen Exit-Drohungen ein und stellen damit eine wichtige Machtressource der Belegschaft dar (Schellhaaß/Nolte 1999). De kündigungsschutzrechtlichen Regelwerk kommt daher auch zukünftig zentrale Bedeutung zu. Im Unterschied zur Prognose der zukünftigen Arbeitsmarktentwicklung, die aus dem derzeitigen Trendverlauf näherungsweise extrapoliert werden kann, werden Reformen im Kündigungsschutzrecht von den strategischen Entscheidungen der politischen Akteure bestimmt und sind daher nicht zuverlässig abschätzbar.

Diskutiert werden die Anhebung des kündigungsschutzrechtlichen Schwellenwertes, die Verlängerung der Probezeit für Berufsanfänger sowie die Ersetzung des individuellen Bestandsschutzes auf Basis der Kündigungsschutzklage durch einen gesetzlichen Abfindungsanspruch (Buchner 2003; Giesen 2003). Sollten wesentliche Kündigungsschutzvorschriften über das bereits erreichte Maß hinaus tatsächlich substantiell gelockert und damit die unternehmerischen Entlasskosten gesenkt werden, dann gewinnen externe Varianten der Personalflexibilität aus Arbeitgebersicht an Attraktivität. Die Zurückweisung von Konzessionsforderungen wird damit für die Belegschaften riskanter.

Welche Beschäftigtengruppen zukünftig verstärkt zu Zugeständnissen bereit sein werden, hängt wesentlich davon ab, in welchen Bereichen der Kündigungsschutz tatsächlich gelockert wird. Die Anhebung des kündigungsschutzrechtlichen Schwellenwertes würde die Arbeitsplatzrisiken und damit die Konzessionsbereitschaft in Kleinbetrieben erhöhen. Allerdings liegt die diskutierte Anhebung des Schwellenwertes auf 20 Beschäftigte noch immer in jenem Betriebsgrößenbereich, in dem Betriebsräte die seltene Ausnahme sind. Zu erwarten wäre daher nicht so sehr eine Zunahme kollektivvertraglicher KBV als vielmehr eine weitere Erosion der Tariftreue im kleinbetrieblichen Bereich.

Die Lockerung des Kündigungsschutzes bei Neueinstellungen könnte dagegen zur Folge haben, dass abgesenkte Einstiegstarife an Bedeutung gewinnen und zukünftige Mitarbeiter versuchen würden, ihre prekäre kündigungsschutzrechtliche Absicherung durch Einkommenszugeständnisse zu kompensieren. Auch die Änderung der Kriterien zur Sozialauswahl kann Auswirkungen auf die Verhalten der Akteure haben. Sollten zukünftig Entlassungen nicht mehr nach vergleichsweise klar definierten Kriterien erfolgen sondern weitgehend in das Ermessen des Betriebes gelegt werden, dann erhöht dies unter den Beschäftigten die Unsicherheit hinsichtlich der eigenen Position in der betrieblichen Entlasshierarchie. Eine solche indirekte Lockerung des Kündigungsschutzes würde die Konzessionsbereitschaft risikoaverser Belegschaften erhöhen und könnte insbesondere in Verbindung mit Belegschaftsplebisziten zu einer weiteren Zunahme betrieblicher Konzessionsvereinbarungen führen.

Soziale Sicherung

Die Konzessionsbereitschaft der Beschäftigten hängt entscheidend von deren Anspruchslohn ab. Neben dem Einkommen aus einer Alternativbeschäftigung wird dieser durch den Umfang staatlicher Lohnersatzleistungen bestimmt. Auch hier sind zukünftig weitere Einschränkungen zu erwarten. Bereits in den 1990er Jahren hat die schrittweise Begrenzung der Frühverrentungsmöglichkeiten dazu geführt, dass die Externalisierung personalpolitischer Anpassungskosten auf die sozialen Sicherungssysteme nicht mehr im gewohnten Umfang möglich war (Teipen/Kohli 2004; Trampusch 2005). Mit der Schließung dieser gleichermaßen kosteneffizienten wie sozialverträglichen Variante des strukturellen Personalabbaus hat der Druck auf die Beschäftigten zugenommen.

Gleichzeitig haben die im Rahmen der Hartz-Reformen vollzogenen Einschnitte im Bereich der Arbeitslosenversicherung die materielle Absicherung der Arbeitslosen verschlechtert. Nach dem Auslaufen der Übergangsfristen dürfte insbesondere die Kürzung der maximalen Bezugsdauer des Arbeitslosengeldes I von 32 auf zwölf bzw. maximal 18 Monate sowie die Einführung des Arbeitslosengeldes II die Konzessionsbereitschaft bedrohter Belegschaften erhöhen.

Eine darüber hinausgehende Prognose der mittelfristigen Entwicklung der sozialen Sicherungssysteme ist mit erheblicher Unsicherheit behaftet. Angesichts defizitärer Sozialversicherungshaushalte und vor dem Hintergrund des erklärten

Willens zur Haushaltskonsolidierung ist zumindest mittelfristig nicht davon auszugehen, dass es im Bereich der Lohnersatzleistungen oder der Vorruhestandsoptionen zu einer grundlegenden Trendwende und einer Rückkehr zu generösen Sozialleistungsniveaus kommen wird. Es steht vielmehr zu vermuten, dass die „Vermarktlichung des Sozialstaats" (Nullmeier 2004) weiter voranschreiten und „sich die Tendenz zur Begrenzung des Umfangs sozialer Sicherheit sowie zur Verlagerung der Finanzierungskosten auf Beschäftigte, Versicherte bzw. private Haushalte fortsetzen wird" (Sitte 2003: 57). Sollte sich diese Prognose bewahrheiten, dann ist auch zukünftig von einem Rückgang des Anspruchslohns und damit einer zunehmenden Konzessionsbereitschaft der Beschäftigten auszugehen.

Zwischenfazit

Als Zwischenergebnis bleibt festzuhalten, dass auf der Grundlage des machttheoretischen Erklärungsansatzes und unter Berücksichtigung der plausiblen exogenen Veränderungsszenarien davon auszugehen ist, dass Unternehmen auch mittelfristig substantielle Kostensenkungen im Rahmen konzessionärer Vereinbarungen werden durchsetzen können. Diese Prognose stützt sich auf die Erwartung, dass die unternehmerischen Exit-Optionen an Umfang und Attraktivität weiter zunehmen (Internationalisierung, Lockerung Kündigungsschutz) und die externen Handlungsressourcen der Arbeitnehmerseite zumindest mittelfristig begrenzt bleiben bzw. weiter abnehmen (Arbeitsmarktlage, Beschränkung Lohnersatzleistungen).

7.2 Endogene Perspektive: Feedback-Effekte

Die Analyse blieb bislang insoweit unvollständig, als KBV lediglich als abhängige Variable betrachtet wurden. Im Mittelpunkt der Diskussion stand stets die Frage, inwieweit unter Berücksichtigung der ökonomischen und institutionellen Rahmenbedingungen die zukünftige Verbreitung und Ausgestaltung konzessionärer Beschäftigungsvereinbarungen prognostiziert werden kann. Die Analyse darf sich allerdings nicht allein auf die exogenen Einflussfaktoren beschränken, sondern muss gleichermaßen die von KBV ausgehenden ökonomischen und institutionellen Feedback-Effekte mit in den Blick nehmen. Im Folgenden wird daher diskutiert, welche wettbewerbs- und beschäftigungspolitischen Folgewirkungen betriebliche Konzessionsvereinbarungen hervorrufen und inwiefern hiervon nachhaltige Veränderungen in den institutionellen Bestandsbedingungen beider Arbeitsbeziehungssysteme zu erwarten sind.

7.2.1 Ökonomischer Feedback

Wettbewerbspolitische Folgewirkungen

Kosteneinsparungen und Produktivitätssteigerungen verbessern die unternehmerische Wettbewerbsposition. Relative Preissenkungen gegenüber der Konkurrenz werden so möglich und können dazu beitragen, zusätzliche Marktanteile hinzuzugewinnen, den Absatz auszuweiten und damit das betriebliche Beschäftigungsniveau zu erhalten. In welchem Umfang diese Effekte eintreten, hängt einerseits von der Preiselastizität der Nachfrage und andererseits davon ab, inwieweit die Wettbewerber ihrerseits ihre Arbeitskosten bzw. Preise senken können und der zwischenzeitliche Wettbewerbsvorteil dadurch wieder relativiert wird (Rehder 2002: 100-101).

Die wettbewerbspolitischen Folgewirkungen sind schwer zu verallgemeinern. In den USA konnten tarifgebundene Unternehmen mit den Konzessionsvereinbarungen Anfang der 1980er Jahre ihren Wettbewerbsnachteil gegenüber der tariffreien Konkurrenz zumindest teilweise kompensieren. Weniger die kurzfristigen Lohnkostensenkungen als vielmehr die langfristig wirkenden strukturellen Änderungen im tariflichen Regelwerk brachten die notwendige Entlastung. Auch die jüngsten Konzessionsvereinbarungen in der US-amerikanischen Stahl- und Luftfahrtindustrie haben zweifellos die Wettbewerbspositionen der Unternehmen verbessert und angesichts der akuten Branchenkrisen deren Überleben erst ermöglicht.

Die wettbewerbspolitischen Folgewirkungen im deutschen Arbeitsbeziehungssystem sind dagegen ambivalent. Auch hier hat sich infolge von Kostensenkungen und Produktivitätssteigerungen die Wettbewerbsposition der Exportwirtschaft gegenüber den wichtigsten Handelspartnern verbessert. So liegt etwa der Anstieg der deutschen Lohnstückkosten als wichtigstem Wettbewerbsindikator zwischen 1995 und 2004 mit 2,6% weit unter dem EU-Durchschnitt von 14,6% (Bispinck/Schulten 2005: 469).

Im inländischen Wettbewerb können sich dagegen deutsche Unternehmen durch konzessionäre Beschäftigungsvereinbarungen keinen dauerhaften Wettbewerbsvorteil mehr sichern. Wurden befristete Abweichungen vom Flächentarifvertrag noch Mitte der 1990er Jahre auf Härtefälle beschränkt und betriebliche Konzessionsvereinbarungen ähnlich wie in den USA als Notanker für Krisenbetriebe angesehen, so haben sie sich heute als „regelungspolitische Normalität" (Mauer/Seifert 2001) gleichsam verselbständigt. Nicht zuletzt als Folge der schwindenden Verpflichtungsfähigkeit der Tarifpartner hat mit der Öffnung der Flächentarifverträge ein Selbstverstärkungseffekt eingesetzt. Unter Verweis auf Konzessionsbündnisse bei der Konkurrenz und die dadurch verschlechterte eigene Wettbewerbsposition setzen heute auch profitable Betriebe Konzessionsvereinbarungen gegenüber ihren Beschäftigten durch. KBV sorgen damit im deutschen Arbeitsbeziehungssystem nicht mehr für eine Entlastung im Kostenwettbewerb, sondern haben im Gegenteil durch die Entwertung der Kartellfunktion des Flächentarifvertrages den Lohnkostenwettbewerb noch weiter verstärkt.

Einkommenspolitische Folgewirkungen

Mit betrieblichen Konzessionsvereinbarungen werden nicht nur die Wettbewerbsbedingungen auf den Produkt- sondern auch auf den Arbeitsmärkten verändert. Sofern nicht ausschließlich die Arbeitsproduktivität erhöht sondern auch die Lohnkosten gesenkt werden, hat dies negative Auswirkungen auf die Arbeitnehmereinkommen und damit die gesamtwirtschaftliche Nachfrage. Der Nachfrageausfall fällt aus mehreren Gründen in Deutschland stärker ins Gewicht als in den USA.

Zwar sind die durchschnittlichen Lohnkürzungen in den USA deutlich umfangreicher als in Deutschland. Zu berücksichtigen ist aber, dass auch viele der primär produktivitätssteigernden Arbeitnehmerzugeständnisse in Deutschland zumindest indirekt auch die Einkommen senken. So ermöglichen Arbeitszeitkonten nicht nur die Anpassung des Arbeitsvolumens an die betriebliche Auftragslage, sondern reduzieren durch den Wegfall von Überstundenzuschlägen gleichzeitig auch die Lohnkosten. Zusätzlich müssen im deutschen Vergleichsfall auch die überbetrieblichen Tarifkonzessionen in Form von Nullrunden und Einmalzahlungen berücksichtigt werden, die in der Gesamtbilanz ebenfalls die Arbeitnehmereinkommen negativ beeinflussen (WSI 2005).

Gleichzeitig sind die strukturellen Größenunterschiede der kollektivvertraglich regulierten Sektoren zu berücksichtigen. Auch wenn Anfang der 1980er Jahre Konzessionsvereinbarungen nahezu im gesamten US-amerikanischen Tarifsektor anzutreffen waren, so blieben doch die gesamtwirtschaftlichen Auswirkungen angesichts der geringen Reichweite des „Union"-Sektor vergleichsweise begrenzt. Zudem wurden mit den Einkommenskürzungen lediglich die überzogenen Lohnabschlüsse der späten 1970er Jahre korrigiert, die unter dem Eindruck der Rezession und der gestiegenen Wettbewerbsintensität in den vormals kartellierten Märkten nicht mehr aufrechterhalten werden konnten. Das weitgehende Ausbleiben von Nachahmereffekten im „Non-union"-Sektor sorgte dafür, dass ein gesamtwirtschaftlicher Nachfrageausfall ausblieb.

Aufgrund der deutlich größeren Reichweite des Tarif- bzw. Betriebsratssektors und seiner normativen Leitbildfunktion auch für viele tariffreie Betriebe schlagen dagegen selbst moderate Konzessionsvereinbarungen in Deutschland unmittelbar auf die gesamtwirtschaftliche Nachfrage durch. Die zur Verbesserung der relativen Wettbewerbsposition einzelwirtschaftlich durchaus rationale Strategie der Lohnkostensenkung mündet im Aggregat in eine klassische Dilemmasituation: Mit der Absenkung der Tarif- und Einkommensstandards gehen von der Binnennachfrage kein Wachstumsimpulse mehr aus, so dass sich die wirtschaftliche Stagnation, die eigentlich durch die Verbesserung der Angebotsbedingungen aufgebrochen werden sollte, im Gegenteil weiter verfestigt (Bispinck/WSI-Tarifarchiv 2005; Hein/Truger 2005).

Beschäftigungspolitische Folgewirkungen

Schließlich müssen auch die gesamtwirtschaftlichen Beschäftigungseffekte konzessionärer Beschäftigungsvereinbarungen berücksichtigt werden. KBV können insofern als „effiziente Verträge" interpretiert werden (Kaufman/Martinez-Vazquez 1990; McDonald/Solow 1981; Ribhegge 2002; Wagner/Jahn 2004: 198-200), als durch die Neuverhandlung von Lohn und Arbeitsbedingungen Entlassungen vermieden werden. Da die Betriebsparteien mit Preis- statt Mengenanpassungen auf veränderte Nachfragebedingungen reagieren, können betriebliche Konzessionsvereinbarungen durchaus wohlfahrtssteigernde Effekte hervorrufen. Neben der Vermeidung von Arbeitslosigkeit schlägt positiv zu Buche, dass betriebsspezifisches Humankapital nicht durch ineffiziente Entlassungen entwertet wird und die Teamproduktivität eingespielter Arbeitsgruppen erhalten bleibt (Chillemi/Gui 1997).

Gleichzeitig ist allerdings zu berücksichtigen, dass mit der Festschreibung verbindlicher Beschäftigungszusagen und dem Verzicht auf externe Personalanpassungen der betriebliche gegenüber dem externen Arbeitsmarkt zumindest partiell geschlossen wird. Die Senkung der Fluktuationsrate kann sowohl einzel- als auch gesamtwirtschaftlich unerwünschte Folgen haben. Auf betrieblicher Ebene wird durch den Kündigungsverzicht die personalpolitische Anpassungsflexibilität eingeschränkt. Insbesondere in Branchen, in denen die qualifikatorischen Halbwertszeiten kurz und die Bedarfe an aktuellem Know-How hoch sind, kann die mit langfristigen Beschäftigungsgarantien einhergehende Einschränkung des Personalaustauschs erhebliche Probleme verursachen. Die Gefahr besteht, dass durch konzessionäre Beschäftigungsvereinbarungen interne durch externe Rigidität ersetzt und im Ergebnis die betriebliche Personalflexibilität nicht nur nicht erhöht, sondern gar weiter eingeschränkt wird.

In gesamtwirtschaftlicher Hinsicht kann die Abschottung betrieblicher Arbeitsmärkte zur weiteren Verfestigung der Langzeitarbeitslosigkeit führen. Der Kündigungsschutz für die ohnehin privilegierten Insider geht zulasten der arbeitslosen Outsider (Hogan/Ragan 1995; Lindbeck/Snower 1988). Für diese bieten sich angesichts der Schließung des internen Arbeitsmarktes Beschäftigungsmöglichkeiten lediglich noch im Bereich der flexiblen Randbelegschaften. In segmentationstheoretischer Perspektive drohen sich damit durch die flächendeckende Vereinbarung konzessionärer Beschäftigungsvereinbarungen die problematischen Demarkationslinien am Arbeitsmarkt noch weiter zu vertiefen. Diese gesamtwirtschaftlichen Beschäftigungsrisiken bleiben bislang deshalb strukturell unterbelichtet, weil die Arbeitsplatzinteressen der Outsider in der Handlungsrationalität der Tarif- und Betriebsparteien nur eine marginale Rolle spielen und in betrieblichen Konzessionsverhandlungen damit systematisch unberücksichtigt bleiben.

7.2.2 Materiell-inhaltlicher Feedback: Reversibilität oder Persistenz?

In materiell-inhaltlicher Hinsicht stellt sich die Frage nach den langfristigen Folgewirkungen der vereinbarten Tauschgüter. Werden durch den Abschluss konzessionärer Beschäftigungsvereinbarungen die Entlohnungs- und Beschäftigungsstandards lediglich befristet angepasst oder wirken die tarif- und beschäftigungspolitischen Instrumente auch über das Ende der Vereinbarung hinaus dauerhaft fort? Stellen KBV damit in erster Linie kurzfristige Anpassungsinstrumente dar oder sind sie vielmehr Vorboten eines strukturellen Wandels der Tarif- und Arbeitsbedingungen?

Die Reversibilität bzw. Persistenz der Tauschgüter hängt entscheidend davon ab, inwieweit eine Rückkehr zum Status quo ante nach dem Auslaufen der Vereinbarung grundsätzlich möglich ist (Seifert 2002: 76). Auch wenn zu den langfristigen Folgewirkungen für Deutschland bislang noch keine belastbaren empirischen Ergebnisse vorliegen, so liefert der US-amerikanische Vergleichsfall doch einige Anhaltspunkte für Plausibilitätsüberlegungen.

Rückblickend blieben die Folgewirkungen der Grundlohnkonzessionen im US-amerikanischen Tarifsektor vergleichsweise begrenzt. Bereits Ende der 1980er Jahre wurden vorangegangene Lohnkürzungen in einigen Sektoren durch Einkommenssteigerungen kompensiert (Voos 1994a). Auch zweistufige Tarifsysteme verschwanden zwar nicht gänzlich aus den Tarifverträgen; Ende der 1980er Jahre wurden sie aber vielerorts insofern abgeschwächt, als neue Beschäftigten nicht mehr dauerhaft in der benachteiligten Tarifgruppe verblieben, sondern schrittweise an das ursprüngliche Tarifniveau herangeführt wurden (Martin 1990).

Dagegen wirken die „weichen“ Zugeständnisse im Bereich der betrieblichen Beschäftigungspolitik bis heute fort. Mit der Lockerung der „Work Rules“ und der Vereinheitlichung von „Job Classifications“ wurde die betriebliche Personalpolitik nachhaltig flexibilisiert. So wurden etwa Entscheidungskompetenzen dezentral auf einzelne Arbeitsgruppen übertragen und „Human Resource“-Konzepte auch im Tarifsektor eingeführt, die zuvor bereits im tariffreien Sektor erprobt worden waren (Cappelli et al. 1997; Eaton/Voos 1994; Kochan/Osterman 1994; Kochan/Weinstein 1994). Eine Rücknahme der innerbetrieblichen Flexibilisierungsmaßnahmen war zumeist unmöglich, da Lock-in-Effekte die betriebliche Arbeitsorganisation nachhaltig verändert hatten. So hätte eine tarifliche Re-Regulierung nicht nur die erreichten Effizienzgewinne zunichte gemacht, sondern auch den Autonomie- und Statuszuwachs vieler Beschäftigter erneut beschränkt. Rückblickend liegen somit die wichtigsten Folgen der „Concession Bargaining"-Ära nicht so sehr in den oftmals dramatischen Einkommenskürzungen, sondern vielmehr in der nachhaltigen Flexibilisierung und Liberalisierung der betrieblichen Beschäftigungspolitik.

Auch im deutschen Vergleichsfall zeigt sich, dass die zunächst als kurzfristige Kriseninstrumente angesehenen Beschäftigungsbündnisse in vielen Fällen die betrieblichen Arbeits- und Beschäftigungsbedingungen nachhaltig veränderten. So weist Rehder darauf hin, dass die anfängliche Interpretation der Tarifpartner, betriebliche Pakte seien lediglich kurzfristige Anpassungsinstrumente angesichts der Rezession 1992/93, die Akzeptanz betrieblicher KBV gefördert hat. Strukturelle Wettbewerbsprobleme konnten so als konjunkturelle Krisenprobleme behandelt werden (Rehder 2003a: 104). Die weithin geteilte Einschätzung, bei verbesserter Wirtschaftslage wieder vollständig auf den bisherigen Tarifstandard zurückkehren zu können, war allerdings in vielen Fällen von vornherein unrealistisch. Vielmehr sind auch in Deutschland die Arbeitnehmerzugeständnisse nur bedingt reversibel und gehen vielfach mit dauerhaften Lock-in-Effekten einher (Seifert 2002: 76).

Kurzfristig revidiert werden kann die Anpassung der Arbeitszeitdauer. Während die Inanspruchnahme von Kurzarbeit bereits gesetzlich begrenzt ist, wird die Verkürzung der tariflichen Arbeitszeit ebenfalls zumeist befristet vereinbart. Die einschlägigen Öffnungsklauseln lassen Arbeitszeitverkürzungen meist nur bei nachgewiesenem Nachfrageausfall bzw. akuten Unternehmenskrisen zu. Der Fall Volkswagen, wo die mehrfach modifizierte Arbeitszeitverkürzung bereits seit mehr als zehn Jahren gilt, scheint bislang die seltene Ausnahme zu sein und ist sicherlich der besonderen Situation der Haustarifbindung geschuldet (Promberger 2002). Im Regelfall hat auch das Unternehmen aufgrund von Personalfixkosten (Qualifizierung, Personaladministration, Teile der Sozialleistungen) ein Interesse daran, die Arbeitsleistung pro Beschäftigtem nicht dauerhaft zu reduzieren.

Bei der zunehmend an Bedeutung gewinnenden Verlängerung der Arbeitszeit trifft dieses Argument gerade nicht zu. Selbst bei vollem Lohnausgleich hat die Ausweitung der Arbeitszeiten aus Unternehmenssicht Kostenvorteile. Neben der Fixkostendegression entfallen bei der Verlängerung der Regelarbeitszeiten auch Mehrarbeitszuschläge. Nach Befragungsergebnissen des IAB scheint denn auch bei Arbeitszeitverlängerungen weniger der Aspekt der kurzfristigen Anpassung des Arbeitsvolumens an veränderte Auftragslagen als vielmehr das Ziel der langfristigen Personalkostensenkung im Vordergrund zu stehen (Spitznagel/Wanger 2004: 17).

Noch ist unklar, inwieweit dieser Trend von Dauer ist. Zumindest aktuell spielt das Ziel der schrittweisen Verkürzung der Wochenarbeitszeiten in der tarifpolitischen Diskussion keine Rolle mehr und ist durch einen lebhaften Diskurs über die Notwendigkeit einer generellen Arbeitszeitverlängerung ersetzt worden (Bosch/Promberger 2004; Franz 2004). Gleichzeitig deutet der Anstieg der effektiven Arbeitszeiten seit Mitte der 1990er Jahre darauf hin, dass tarifliche Arbeitszeitvorgaben ihre normative Wirkung mehr und mehr einbüßen (Lehndorff 2003).

Bei monetären Konzessionen hängt die Möglichkeit ihrer Rücknahme entscheidend davon ab, ob das geschuldete Entgelt lediglich gestundet und bei verbesserter Wirtschaftslage fällig wird oder aber gänzlich verfällt. Beide Modelle finden sich in der Praxis und hängen nicht zuletzt von den tarifvertraglichen Rahmenvorgaben ab (Bispinck/WSI-Tarifarchiv 2004).

Verzichten die Beschäftigten statt auf tarifliche auf übertarifliche Einkommensbestandteile, so ist die Wahrscheinlichkeit einer Rücknahme der Kürzungen deutlich geringer. Freiwillig gezahlte Zulagen können vom Betriebsrat nicht gegen den Willen des Arbeitgebers durchgesetzt werden. Ein Großteil der heute noch gezahlten übertariflichen Einkommensboni rührt aus Zeiten her, in denen angesichts des Fachkräftemangels betriebsspezifische Einkommenszulagen zur Senkung der Fluktuation und Attrahierung qualifizierter Beschäftigter eingesetzt wurden (Kohaut/Schnabel 2003b). Sofern sich die gesamtwirtschaftlichen Rahmenbedingungen nicht grundlegend ändern und es mittelfristig nicht zu einer Verknappung des Arbeitsangebots kommt, ist der erneute Aufbau übertariflicher Zulagen unwahrscheinlich. Angesichts hoher Massenarbeitslosigkeit sind die primär effizienzlohntheoretisch begründeten Zulagen nur in jenen Betrieben zu erwarten, die auf hochqualifizierte Mitarbeiter mit externer Marktmacht angewiesen sind (Kohaut/Schnabel 2003b; Pull 1996).

Schließlich ist auch bei Instrumenten der Arbeitszeitflexibilisierung, wie etwa der Einführung oder Ausweitung von Arbeitszeitkonten, nicht von einer Rückkehr zum Status quo ante nach dem Auslaufen konzessionärer Beschäftigungsvereinbarungen auszugehen. Zwar können Zeitguthaben prinzipiell aufgelöst und das ursprüngliche starre Arbeitszeitmuster wieder eingeführt werden; in der Literatur finden sich allerdings bislang keine Hinweise auf eine Re-Regulierung der Arbeitszeitgestaltung (Bellmann/Gewiese 2004). Dies hängt sicherlich damit zusammen, dass es im Zuge der Arbeitszeitflexibilisierung vielfach auch die komplementäre Anpassung der Arbeitsorganisation notwendig wird. Eine Rücknahme der Arbeitszeitflexibilisierung würde somit auch strukturelle Eingriffe in die Arbeitsorganisation notwendig machen und wäre mit hohen organisatorischen Kosten verbunden.

Während ein Großteil der Arbeitnehmerzugeständnisse auch nach dem Auslaufen der Vereinbarungen dauerhaft fortwirkt, leitet sich die Befristung der

Arbeitgeberleistungen bereits unmittelbar aus der Laufzeit der KBV selbst ab. So laufen Beschäftigungs- und Standortzusagen in aller Regel mit dem Ende der Vereinbarung ohne Nachwirkung aus. Lediglich im Falle von Investitionszusagen mit langen Abschreibungshorizonten bindet sich das Unternehmen auch über die unmittelbare Laufzeit der Vereinbarung hinaus an den Standort bzw. seine Beschäftigten.

Bei der Gegenüberstellung der Tauschgüter ist somit von „asymmetrischen Zeithorizonten" (Seifert 2002: 76) auszugehen. Während Arbeitnehmerzugeständnisse bei Vertragsschluss „verbraucht" werden, können Beschäftigungs- und Standortzusagen in jeder Verhandlungsrunde vom Arbeitgeber erneut als Tauschgüter eingebracht werden. So zeigt sich bei Bündnissen der zweiten und dritten Generation, dass regelmäßig bei der Fortschreibung der Beschäftigungs- und Standortzusagen zusätzliche Kosteneinsparungen und personalpolitische Flexibilisierungsmaßnahmen über das bereits erreichte Maß hinaus vereinbart werden (Rehder 2005: 71).

In dynamischer Perspektive werden damit gleichzeitig die Grenzen konzessionärer Tarif- und Betriebspolitik deutlich. Mit der Vereinbarung irreversibler Arbeitnehmerzugeständnisse wird der Verhandlungsspielraum für nachfolgende Vereinbarungen sukzessive eingeschränkt (Massa-Wirth/Seifert 2004: 250). Die empirischen Hinweise auf einen qualitativen Wandel der Konzessionsinstrumente und einen schrittweisen Bedeutungszuwachs direkter Einkommenskonzessionen deuten darauf hin, dass der Spielraum bei der Flexibilisierung von Arbeitszeit und -organisation in vielen Betrieben bereits weitgehend ausgeschöpft wurde. Die Verhandlungspartner müssen daher nunmehr auf jene Parameter zurückgreifen, die bislang aufgrund des hohen Konfliktpotentials sowie der problematischen Effizienzlohnwirkungen bewusst ausgespart geblieben waren.

7.2.3 Institutioneller Feedback: Transformation oder Stabilisierung der Institutionensysteme?

Neben den materiell-inhaltlichen Langzeitwirkungen müssen schließlich die mit konzessionären Beschäftigungsvereinbarungen verbundenen institutionellen Folgewirkungen berücksichtigt werden. Als qualitativ neuartige Regelungsinstrumente können konzessionäre Beschäftigungsvereinbarungen in die Funktionslogik der Arbeitsbeziehungssysteme eingreifen und im Ergebnis systemverändernde institutionelle Pfadwechsel einleiten. Sie können aber andererseits auch die notwendige Anpassung des kollektivvertraglichen Regelwerkes an gestiegene Flexibilitätserfordernisse ermöglichen und so den langfristigen Erhalt des gewachsenen Institutionensystems erst sicherstellen.

Die ambivalente Wirkung konzessionärer Beschäftigungsvereinbarungen spiegelt sich in der tarifpolitischen Diskussion in Deutschland wider. Nach wie vor gehen die Meinungen darüber auseinander, ob die mit konzessionären Beschäftigungsvereinbarungen einhergehende tarifpolitische Dezentralisierung zur Stabilisierung des Flächentarifvertrages beiträgt oder vielmehr seine Erosion weiter beschleunigt (Schild/Wagner 2003; Schroeder/Weinert 1999; Streeck/ Rehder 2005). Eine ambivalente Mittelposition nimmt Rehder ein, nach der die anfängliche institutionelle „Überlagerung" im Zeitverlauf in eine „Konversion" des deutschen Arbeitsbeziehungssystems mündete (Rehder 2003d).

Anders als im deutschen erlaubt der zeitliche Abstand im US-amerikanischen Vergleichsfall eine Einschätzung darüber, welche institutionellen Veränderungsprozesse mit dem „Concession Bargaining" der frühen 1980er Jahre einhergingen. Erste Schlussfolgerungen, wonach ein „fundamentaler Wandel" (Freedman 1982) eingesetzt habe, der zu einem „neuen Look" (Freedman 1985) und einer „Transformation" (Kochan et al. 1986) des US-amerikanischen Arbeitsbeziehungssystems geführt habe, müssen rückblickend zumindest differenziert bewertet werden.

In prozeduraler Hinsicht brachen die unternehmensspezifischen Konzessionsvereinbarungen in vielen Wirtschaftszweigen das einheitliche Tarifmuster auf und sorgten dafür, dass das bislang praktizierte System des informellen „Pattern Bargaining" zerfiel (Freedman/Fulmer 1982). Ebenso wie in Deutschland gewann mit der Dezentralisierung der Tarifpolitik auch in den USA die Unternehmens- bzw. Betriebsebene an Bedeutung (Katz 1993). Wenn auch bei anziehender Konjunktur in einigen kapitalintensiven und oligopolistisch strukturierten Branchen wie der Stahl- und Automobilindustrie eine tarifpolitische Rezentralisierung und die Rückkehr zu brancheneinheitlichen Tarifmustern zu beobachten war (Erickson 1996; Mangum/McNabb 1997; Ready 1990), so nahm doch die tarifpolitische Varianz insgesamt im Laufe 1990er Jahre deutlich zu (Clark et al. 2002a; Katz/Wheeler 2004).

Augenfällig ist auch die weitere dramatische Erosion der gewerkschaftlichen Mitgliederbasis und damit das Schrumpfen des US-amerikanischen Tarifsektors (Lipset/Katchanovski 2002; Troy 2004). Die Ursachen hierfür liegen allerdings weniger in der gewerkschaftlichen Konzessionspolitik der 1980er Jahre als vielmehr in strukturellen Faktoren wie dem langfristigen Schrumpfen des industriellen Sektors (Potter 2002). Im Gegenteil dürften Konzessionsvereinbarungen den gewerkschaftlichen Mitgliederschwund in vielen Branchen wenn nicht gestoppt, so doch in seiner Geschwindigkeit gebremst haben. Wäre die überhöhte Tariflohnprämie Anfang der 1980er Jahre nicht durch Lohnkonzessionen wieder auf ein ökonomisch vertretbares Maß reduziert worden, so wären sicherlich noch wesentlich mehr tarifgebundene Unternehmen untergegangen bzw. hätten ihre gewerkschaftlich organisierten Beschäftigtenanteile noch wesentlich stärker zurückgefahren.

Der schrittweise Verlust gewerkschaftlicher Einflussmöglichkeiten hat nachhaltige Folgewirkungen im Bereich der betrieblichen Personalpolitik. Detaillierte „Work Rules" hatten den autonomen Handlungsspielraum des Managements entscheidend eingeschränkt und den Arbeitnehmervertretern zentrale Mitsprache- und Interventionsmöglichkeiten verschafft. Im System des „Job Control Unionism" stellten die tarifvertraglichen Vetopositionen eine zentrale Machtressource der Gewerkschaften dar. Zwar wurde das Senioritätsprinzip als Grundpfeiler dieses Systems nicht grundsätzlich in Frage gestellt; in vielen anderen Bereichen wie etwa der Personaleinsatzplanung („Job Assignment") wurde der Gewerkschaftseinfluss allerdings deutlich beschränkt. Konnten vormals die Gewerkschaften ihre tarifliche Vetomacht opportunistisch für die Durchsetzung ihrer Forderungen einsetzen, so ging diese Fähigkeit in dem Maße verloren, wie im Rahmen konzessionärer Beschäftigungsvereinbarungen der Bereich der „Management Prerogatives" ausgeweitet wurde.

Gleichwohl wies Dunlop bereits Ende der 1980er Jahre darauf hin, dass mit der konzessionären Tarifpolitik der frühen 1980er Jahre die grundlegende Funktionslogik des US-amerikanischen Arbeitsbeziehungssystems nicht angetastet wurde (Dunlop 1988). So sind im US-amerikanischen Tarifsystem Lohnkürzungen in Krisenzeiten die Kehrseite von und gleichzeitig die Voraussetzung für umfangreiche Einkommenserhöhungen in nachfolgenden Boomphasen. Generell kommt es in dezentralen Tarifsystemen zu starken Schwankungen in den Amplituden der Tarifanpassungen über die Konjunkturzyklen hinweg (Fitzenberger/Franz 1999; Flanagan 1999; Traxler 2003).

Auch trotz „Concession Bargaining" und der weiteren Dezentralisierung der Tarifverhandlungen auf die Unternehmens- bzw. Betriebsebene steht den „Local Unions" die Streikwaffe weiterhin zur Verfügung. Bei verbesserter Wirtschaftslage können die Arbeitnehmervertretungen damit auf das gewohnte machtpolitische Instrumentarium zurückgreifen. Die weitere Erosion des Gewerkschaftssektors kann gar als Beleg für die institutionelle Kontinuität des Tarifsystems interpretiert werden: Die geschützten Stammbelegschaften konnten nach wie vor hohe Einkommenssteigerungen durchsetzen, was sich in einer weiterhin signifikanten Tariflohnprämien der 1990er Jahre widerspiegelt (Belman/Voos 2004; Blanchflower/Bryson 2003a). Die „Senior Workers" und mithin die Gewerkschaften akzeptierten allerdings im Gegenzug, dass zusätzliche Beschäftigung nicht mehr im Tarifsektor geschaffen wurde und die Unternehmen stattdessen die Rationalisierung und den Ausbau gewerkschaftsfreier Standorte weiter vorantrieben (New York Times, 29.01.2006).[1]

1 Vgl. hierzu auch die Einschätzung von Craypo 2003, wonach Gewerkschaften „can make already good jobs even better, but [...] cannot then save them" (114).

Angesichts institutioneller Unterschiede und divergierender Funktionslogiken sind allerdings die US-amerikanischen Erfahrungen nur bedingt dazu geeignet, die Frage nach den langfristigen Zukunftsaussichten des deutschen Arbeitsbeziehungssystems zu beantworten. Vertreter einer Erosionsthese argumentieren in erster Linie unter Verweis auf die rückläufige Reichweite des Flächentarifvertrages und der betrieblichen Mitbestimmung (Hassel 1999; Streeck/Hassel 2003). In den wachsenden „tarif- und mitbestimmungsfreien Zonen", insbesondere in Ostdeutschland und vielen Dienstleistungssektoren, wird es angesichts der abnehmenden normativen Reichweite des Flächentarifvertrages zunehmend möglich, von bislang auch in tariffreien Betrieben als verbindlich angesehenen Flächentarifnormen abzuweichen und eine eigenständige betriebliche Entgelt- und Beschäftigungspolitik zu verfolgen. Auf den Tarifsektor hat dies insoweit Rückwirkungen, als der tariffreie Sektor zunehmend zum Vergleichsmaßstab für Kollektivverhandlungen sowohl auf tariflicher als auch auf betrieblicher Ebene wird.

Jenseits der quantitativen Erosion des kollektivrechtlich normierten Sektors sind weiterhin die prozeduralen Veränderungen zu berücksichtigen, die mit KBV einhergehen. Ähnlich wie in den USA, wo die Deregulierung der betrieblichen Beschäftigungspolitik die Einwirkungsmöglichkeiten der Gewerkschaften partiell einschränkte, werden auch in Deutschland mit der Flexibilisierung der betrieblichen Personal- und vor allem der Arbeitszeitpolitik zentrale Machtressourcen der Arbeitnehmervertretungen zur Disposition gestellt. Streeck und Rehder sehen gar schon einen Zustand erreicht, in dem „Betriebsräte als Folge der neuen Arbeitszeitregime praktisch jede Kontrolle über den Lohn-Leistungs-Kompromiss verloren haben" (Streeck/Rehder 2003: 343). Die Einführung von Arbeitszeitkonten hat neben dem Wegfall von Mehrarbeitszuschlägen zur Folge, dass mit der Verringerung zustimmungspflichtiger Überstunden die Fähigkeit des Betriebsrats eingeschränkt wird, seine betriebsverfassungsrechtliche Vetomacht opportunistisch zu instrumentalisieren. So sind Betriebsräte nach Promberger „bei der Flexibilisierung der Arbeitszeiten der Gefahr eines schleichenden Einflußverlustes ausgesetzt, der durch die Preisgabe materialer Gestaltungsnormen der Arbeitszeit entsteht" (Promberger et al. 2002: 28).

Zwar gewinnen die Betriebsräte gleichzeitig auch Einflussmöglichkeiten hinzu, da das betriebliche Themenspektrum um strategische Beschäftigungs- und Standortfragen erweitet wird und damit Politikfelder der kollektiven Regulierung unterworfen werden, die bislang zum Bereich der „Management Prerogatives" gezählt wurden. Doch anders als die gesetzlichen Mitbestimmungsrechte leiten sich die vom Management zugestandenen erweiterten Partizipationsmöglichkeiten nicht aus extern gesetzten Rechtsnormen her, die bei Interessenkollisionen auch gegen den Willen des Arbeitgebers in Anspruch genommen werden könnten. Der Zugewinn an Gestaltungsmöglichkeiten ist somit hochgradig fragil, da er lediglich freiwillig und auf Zeit von den Unternehmen konzediert wird.

Darüber hinaus muss in Deutschland die Interdependenz von tariflicher und betrieblicher Interessenvertretung berücksichtigt werden. Streeck und Rehder weisen darauf hin, dass vielfach tarifliche Öffnungsklauseln Abweichungen nachträglich legalisiert haben, die bereits zuvor in der betrieblichen Praxis erprobt worden waren (Streeck/Rehder 2003: 353). Während KBV in den USA das prozedurale Gefüge insoweit nicht antasteten, als die Lösung von Verteilungsfragen schon von jeher auf betrieblicher bzw. Unternehmensebene angesiedelt war, hat die Delegation tarifpolitischer Kompetenzen auf die betriebliche Ebene in Deutschland weitreichende Folgen für die grundlegende Funktionslogik des Arbeitsbeziehungssystems selbst.

Einerseits können KBV das Arbeitsbeziehungssystem dadurch stabilisieren, dass sie im arbeitsteiligen dualen System das notwendige Maß an betrieblicher Flexibilität sicherstellen und bei den Unternehmen die Bereitschaft erhalten, im Flächentarifsystem zu verbleiben bzw. sich weiterhin tarifkonform zu verhalten (Streeck 1998a). Andererseits können betriebliche Konzessionsvereinbarungen (auch wenn sie eingebettet sind in den Versuch einer organisierten, d.h. von den Tarifvertragsparteien kontrollierten Dezentralisierung) dann das Flächentarifvertragssystem destabilisieren, wenn das verteilungspolitische Primat der überbetrieblichen Tarifvertragsparteien grundlegend in Frage gestellt wird.

Bei der Frage, inwieweit von KBV eine stabilisierende oder destabilisierende bzw. pfaderhaltende oder pfadverändernde Wirkung ausgeht, ist es notwendig, die Vereinbarungsinhalte vor dem Hintergrund ihrer Systemkompatibilität zu bewerten (Rehder 2003a: 208-215; Streeck/Rehder 2003: 352). Vereinbarungen, die nicht primär auf die Senkung der tariflichen Arbeitskosten und damit die Intensivierung des Lohnwettbewerbs sondern vielmehr auf Produktivitätssteigerungen durch die Nutzung flexibler Arbeitszeitmodelle, die Modernisierung der Arbeitsorganisation oder die Qualifizierung der Mitarbeiter abzielen, erfüllen insoweit eine stabilisierende Funktion, als sie hohe Lohnabschlüsse durch hohe Arbeitsproduktivität kompensieren (Rehder 2003a: 208). Insofern sind produktivitätssteigernde Konzessionsvereinbarungen als betriebliche Reaktion auf die „Produktivitätspeitsche" Tarifvertrag zu interpretieren. Betriebe stellen nicht die lohnpolitische Kartellfunktion des Flächentarifes in Frage, sondern optimieren lediglich im Rahmen der nach wie als verbindlich angesehenen institutionellen Restriktionen ihre betriebliche Personalpolitik.

Zwar führt auch die Nutzung von Arbeitszeitkonten durch den Wegfall von Überstundenzuschlägen zu Einkommenseinbußen; die überbetriebliche Standardisierungsfunktion des Flächentarifvertragssystems wird dabei aber nicht grundsätzlich in Frage gestellt. Gleichermaßen stellt die beschäftigungssichernde Arbeitszeitverkürzung insofern kein systemgefährdendes Instrument dar, als die tariflichen Stundenlöhne nicht gesenkt werden und die tarifpolitische Kartellfunktion nicht angetastet wird. Arbeitszeitverkürzung fungiert vielmehr als funktionales Äquivalent zur bislang bereits praktizierten Kurzarbeit mit dem Unterschied, dass die Anpassungskosten nicht weiter auf das soziale Sicherungssystem externalisiert werden, sondern von den Beschäftigten bzw. bei unterproportionaler Lohnanpassung von den Unternehmen selbst zu tragen sind.

Während produktivitätssteigernde und arbeitsumverteilende Vereinbarungen nicht notwendigerweise zu einer Systemgefährdung führen sondern im Gegenteil einen Beitrag zur Legitimierung und Stabilisierung des bislang praktizierten arbeitsteiligen Modells der überbetrieblichen Tarifkoordinierung leisten, destabilisieren lohnsenkende Vereinbarungen den Flächentarif insoweit, als sie dessen Kartell- und Standardisierungsfunktion grundsätzlich in Frage stellen. Dabei sind nicht allein direkte Tariflohnkürzungen problematisch, sondern auch schon der Wegfall oder das graduelle Abschmelzen übertariflicher Zulagen. In dem Maße wie der bislang noch bestehende monetäre Flexibilitätspuffer wegfällt nimmt aus Sicht wettbewerbsschwacher Betriebe die Notwendigkeit zu, sich das zum Erhalt der Konkurrenzfähigkeit notwendige Maß an Einkommensdifferenzierung durch Tariflohnabweichungen zu sichern. Tariflöhne wandeln sich damit von verbindlichen Mindeststandards zu weitgehend unverbindlichen da verhandelbaren Maximalstandards, so dass der Flächentarifvertrag neben seiner Kartell- auch seine Verteilungsfunktion einbüßt.

In dem Maße, wie der Flächentarifvertrag nicht mehr verlässlich in der Lage ist, die Lohnhöhe als Wettbewerbsfaktor auszuschließen, hat er seine Funktionalität und damit seine Legitimität auch für jene Betriebe eingebüßt, deren Wettbewerbsstärke gerade auf dem Ausschluss von Lohnkonkurrenz basierte. Bereits heute sehen Bispinck und Schulten einen solchen „grundlegenden Paradigmenwechsel von einer wettbewerbs*begrenzenden* hin zu einer wettbewerbs-*orientierten* Tarifpolitik" (Bispinck/Schulten 2005: 466, Hervorhebungen im Original). Auch Betriebe, die eigentlich ein Interesse an der Unterbindung von Lohnkonkurrenz haben, sehen sich gezwungen, zum Erhalt ihres Wettbewerbsvorteils ihrerseits mit Kostensenkungen zu reagieren. Das dialektische Verhältnis zwischen lohnsenkenden KBV und der Erosion überbetrieblicher Tarifnormen erzeugt somit einen Selbstverstärkungseffekt, der in letzter Konsequenz die Funktionalität des Flächentarifvertrages grundsätzlich in Frage stellt und einen Pfadwechsel weg vom bisher praktizierten dualen und hin zu einem rein betrieblichen System der Interessenaushandlung nach sich zieht.

Die Tatsache, dass anders als in den USA direkte Tariflohnkürzungen in deutschen KBV bislang noch die Ausnahme bleiben, deutet allerdings darauf hin, dass derzeit die arbeitsteilige Funktionslogik des dualen Arbeitsbeziehungssystems in seinem Grundmuster noch erhalten geblieben ist und zumindest bislang noch nicht von einem grundlegenden Systemwechsel gesprochen werden kann. Sowohl Gewerkschaften als auch Arbeitgeberverbände wissen durchaus um die Sprengkraft einer zu liberalen Flexibilisierung überbetrieblicher Tarifstandards und sind nach wie vor darum bemüht, ein unkontrolliertes Ausfransen des Flächentarifvertrages in seinen Kernelementen zu verhindern. Nicht nur die Gewerkschaften, sondern durchaus auch die Arbeitgeberverbände stehen denn auch angesichts der bereits heute nachlassenden Folgebereitschaft der betrieblichen Akteure einer weiteren gesetzlichen und damit von den Tarifpartnern nicht mehr kontrollierbaren Öffnung der Flächentarifverträge durchweg ablehnend gegenüber (Die Welt, 23.08.2005; Frankfurter Rundschau, 16.08.2005).

Der Funktionsverlust des Flächentarifvertrages nicht nur als Instrument der Tarifkoordinierung innerhalb des Tarifsektors, sondern auch als Richtgröße für den tariffreien Sektor hätte nämlich gleichsam auch einen Gestaltwandel der Arbeitnehmervertretungen auf betrieblicher Ebene zur Folge. Empirische Untersuchungen belegen, dass Betriebsräte sich als Folge der Aufgabendelegation von der tariflichen auf die betriebliche Ebene bereits heute vielfach überfordert fühlen (Bergmann 2001; Bispinck 2005: 304-305; Kotthoff 1998). Fällt der Flächentarifvertrag als verbindliche Rückfallposition in betrieblichen Verhandlungen aus, dann sähen sich Betriebsräte gezwungen, zur Interessendurchsetzung auf ihre wichtigsten Machtressourcen in Gestalt der betriebsverfassungsrechtlichen Vetorechte zurückgreifen zu müssen. Die Kosten der Kooperationsverweigerung des Betriebsrats bei mitbestimmungspflichtigen Unternehmensentscheidungen sowie eine dauerhafte Störung des Betriebsfriedens können aus Unternehmenssicht die Vorteile einer eigenständigen betrieblichen Tarifpolitik weit übersteigen. Eine Metamorphose des Betriebsrats von einer intermediären, d.h. sowohl den Betriebs- wie den Beschäftigteninteressen verpflichteten Institution in eine faktische Betriebsgewerkschaft läge somit auch nicht im Interesse der Arbeitgeber (Streeck/Rehder 2005: 66).

Sollten allerdings wie prognostiziert die derzeitigen institutionell, strukturell und ökonomisch bedingten Machtasymmetrien mittelfristig fortbestehen (vgl. Abschnitt 7.1) und sollte sich aufgrund asymmetrischer Persistenzwirkungen der Tauschgüter der derzeit sich andeutende Trend weg von grundsätzlich systemstabilisierenden qualitativen und hin zu potentiell systemdestabilisierenden monetären Tauschgütern fortsetzen (vgl. Abschnitt 7.2.2), dann würde dies in der Tat langfristig auf einen grundlegenden Pfadwechsel hinauslaufen. Auch wenn der Umfang der Arbeitnehmerzugeständnisse in Deutschland auch heute noch bei weitem nicht das US-amerikanische Ausmaß angenommen hat und der Interessenausgleich zwischen Arbeitnehmern und Arbeitgebern in Deutschland wesentlich symmetrischer ist, so haben doch unter Berücksichtigung der institutionellen Rückkopplungsprozesse lohnsenkende KBV in Deutschland anders als in den USA das Potential, zu einer langfristigen und irreversiblen Transformation der industriellen Beziehungen zu führen.

Literatur

Abberger, K. (2005): ifo Konjunkturtest zeigt noch kein Ende des Beschäftigungsabbaus im verarbeitenden Gewerbe an. In: ifo-Schnelldienst, Jg. 58/7, S. 44

Abboushi, S. (1987): Union Leaders' Willingness to negotiate Concessions. In: Journal of Labor Research, Jg. 8, S. 47-58

Abraham, K. G.; Houseman, S. N. (1993): Job Security in America. Lessons from Germany. Washington

Ackermann, K.-F.; Vollmer, S. (1999): Firmenspezifische Bündnisse für Arbeit und Wettbewerbsfähigkeit in der Unternehmenspraxis. In: Ackermann, K.-F.; Kammüller, M. (Hg.): Firmenspezifische Bündnisse für Arbeit. Ziele, Strategien, Unternehmensbeispiele. Stuttgart, S. 147-207

Adams, R. J. (1981): A Theory of Employer Attitudes and Behaviour towards Trade Unions in Western Europe and North America. In: Dlugos, G.; Weiermair, K. (Hg.): Management under differing Value Systems. Political, Social and Economical Perspectives in a changing World. Berlin, S. 277-293

Addison, J. T. (1986): Job Security in the United States: Law, Collective Bargaining, Policy, and Practice. In: British Journal of Industrial Relations, Jg. 24, S. 381-418

Addison, J. T.; Bellmann, L.; Schnabel, C.; Wagner, J. (2003): German Works Councils Old and New: Incidence, Coverage and Determinants. In: Schmollers Jahrbuch, Jg. 123, S. 339-358

Addison, J. T.; Blackburn, M. L. (1994): The Worker Adjustment and Retraining Notification Act: Effects on Notice Provision. In: Industrial and Labor Relations Review, Jg. 47, S. 650-662

Addison, J. T.; Portugal, P. (1991): Advance Notice. In: Addison, J. T. (Hg.): Job Displacement. Consequences and Implications for Policy. Detroit, S. 203-243

Addison, J. T.; Schnabel, C.; Wagner, J. (1996): German Works Councils, Profits, and Innovation. In: Kyklos, Jg. 49, S. 555-582

Addison, J. T.; Schnabel, C.; Wagner, J. (1997): On the Determinants of Mandatory Works Councils in Germany. In: Industrial Relations, Jg. 36, S. 419-445

Addison, J. T.; Schnabel, C.; Wagner, J. (2001): Works Councils in Germany: Their Effects on Establishment Performance. In: Oxford Economic Papers, Jg. 53, S. 659-694

Addison, J. T.; Schnabel, C.; Wagner, J. (2004): The Course of Research into the Economic Consequences of German Works Councils. In: British Journal of Industrial Relations, Jg. 42, S. 255-281

Allen, S. G. (1994): Developments in Collective Bargaining in Construction in the 1980s and 1990s. In: Voos 1994a, S. 411-445

Allmendinger, J.; Ebner, C.; Feil, M.; Koch, S.; Walwei, U. (2005): Die Arbeitsmarktkrise nach der Wiedervereinigung. In: Allmendinger, J.; Eichhorst, W.; Walwei, U. (Hg.): IAB Handbuch Arbeitsmarkt. Analysen, Daten, Fakten. Nürnberg, S. 17-26

Altvater, E.; Mahnkopf, B. (1999): Grenzen der Globalisierung. Ökonomie, Ökologie und Politik in der Weltgesellschaft (4. Aufl.). Münster

American Social History Project (1992): Who built America? Working People and the Nation's Economy, Politics, Culture, and Society. New York

Andreß, H.-J.; Hagenaars, J. A.; Kühnel, S. (1997): Analyse von Tabellen und kategorialen Daten. Log-lineare Modelle, latente Klassenanalyse, logistische Regression und GSK-Ansatz. Berlin

Annuß, G. (2000): Schutz der Gewerkschaften vor tarifwidrigem Handeln der Betriebsparteien? In: Recht der Arbeit, Jg. 53, S. 287-297

Appelbaum, E.; Hunter, L. W. (2005): Union Participation in Strategic Decisions of Corporations. In: Freeman, R. B.; Hersch, J.; Mishel, L. (Hg.): Emerging Labor Market Institutions for the Twenty-First Century. Chicago, S. 265-291

Arlt, H.-J.; Nehls, S. (Hg.) (1999): Bündnis für Arbeit. Konstruktion, Kritik, Karriere. Opladen

Armingeon, K. (1998): The Persistence of Differences between National Industrial Relations Systems in Europe. In: Lecher, W.; Platzer, W. (Hg.): European Union – European Industrial Relations? Global Challenges, National Developments and Transnational Dynamics. London, S. 72-80

Arrowsmith, J. (2001): Pacts for Employment and Competitiveness in the Airline Sector. In: Transfer, Jg. 7, S. 629-635

Arthur, J. B.; Smith, S. K. (1994): The Transformation of Industrial Relations in the American Steel Industry. In: Voos 1994a, S. 135-180

Artus, I. (1996): Tarifpolitik in den neuen Bundesländern: Akteure, Strategien, Problemlagen. In: Bergmann, J.; Schmidt, R. (Hg.): Industrielle Beziehungen. Institutionalisierung und Praxis unter Krisenbedingungen. Opladen, S. 71-100

Artus, I. (2001): Krise des deutschen Tarifsystems. Die Erosion des Flächentarifvertrags in Ost und West. Wiesbaden

Artus, I. (2003): Die Kooperation zwischen Betriebsräten und Gewerkschaften als neuralgischer Punkt des Tarifsystems. Eine exemplarische Analyse am Beispiel Ostdeutschlands. In: Industrielle Beziehungen, Jg. 10, S. 250-271

Artus, I. (2005): Betriebe ohne Betriebsrat: Gelände jenseits des Tarifsystems? In: WSI Mitteilungen, Jg. 58, S. 392-397

Artus, I.; Schmidt, R.; Sterkel, G. (2000): Brüchige Tarifrealität. Der schleichende Bedeutungsverlust tariflicher Normen in der ostdeutschen Industrie. Berlin

Azariadas, C. (1975): Implicit Contracts and Underemployment Equilibria. In: Journal of Political Economy, Jg. 83, S. 1103-1202

Bacharach, S. B.; Lawler, E. J. (1981a): Bargaining: Power, Tactics, and Outcomes. San Francisco

Bacharach, S. B.; Lawler, E. J. (1981b): Power and Tactics in Bargaining. In: Industrial and Labor Relations Review, Jg. 34, S. 219-233

Bäcker, G. (1999): Von der Frühverrentung zur Altersteilzeit: Alter Wein in neuen Schläuchen? In: Naegele, G.; Schütz, R.-M. (Hg.): Soziale Gerontologie und Sozialpolitik für ältere Menschen. Gedenkschrift für Margret Dieck. Opladen, S. 249-265

Bäcker, G. (2004): Der Ausstieg aus der Sozialversicherung – Das Beispiel Rentenversicherung. In: WSI Mitteilungen, Jg. 57, S. 483-487

Backes-Gellner, U.; Frick, B.; Sadowski, D. (1997): Co-Determination and Personnel Policies in German Firms: The Influence of Works Councils on Turnover and further Training. In: International Journal of Human Resource Management, Jg. 8, S. 328-347

Backhaus, K.; Erichson, B.; Plinke, W.; Weiber, R. (2000): Multivariate Analysemethoden. Eine anwendungsorientierte Einführung (9. Aufl.). Berlin

Bahnmüller, R. (2002): Diesseits und jenseits des Flächentarifvertrags. Entgeltfindung und Entgeltstrukturen in tarifgebundenen und nicht tarifgebundenen Unternehmen. In: Industrielle Beziehungen, Jg. 9, S. 402-424

Bamber, G. J.; Lansbury, R. D.; Wailes, N. (Hg.) (2004a): International and Comparative Employment Relations. Globalisation and the Developed Market Economies (4th ed.). London

Bamber, G. J.; Lansbury, R. D.; Wailes, N. (2004b): Introduction. In: Bamber et al. 2004a, S. 1-35

Batt, R.; Darbishire, O. (2001): Deregulation and Restructuring in Telecommunications Services in the United States and Germany. In: Wever, K. S. (Hg.): Labor, Business, and Change in Germany and the United States. Kalamazoo, S. 17-54

Bean, R. (1994): Comparative Industrial Relations: An Introduction to Cross-National Perspectives (2. Aufl.). London

Beck, M.; Fitzenberger, B. (2004): Changes in Union Membership over Time: A Panel Analysis for West Germany. In: Labour, Jg. 18, S. 329-362

Becker, B. E. (1988): Concession Bargaining: The Meaning of Union Gains. In: Academy of Management Journal, Jg. 31, S. 377-387

Becker, G. S. (1962): Investment in Human Capital: A theoretical Analysis. In: Journal of Political Economy, Jg. 70, S. 9-49

Becker, S. O.; Jäckle, R.; Mündler, M.-A. (2005): Kehren deutsche Firmen ihrer Heimat den Rücken? Ausländische Direktinvestitionen deutscher Unternehmen. In: ifo-Schnelldienst, Jg. 58/1, S. 23-33

Becker, U.; Wiedemeyer, M. (2001): Zwischen Verunsicherung und Gestaltungsanspruch: Gewerkschaftliche Arbeitszeitpolitik am Scheideweg. In: WSI Mitteilungen, Jg. 54, S. 595-601

Bednarzik, R. W. (1983): Layoffs and Permanent Job Losses: Workers' Traits and Cyclical Patterns. In: Monthly Labor Review, Jg. 106/9, S. 3-12

Bell, L. A. (1989): Union Concessions in the 1980s. In: Federal Reserve Bank of New York Quarterly Review, Jg. 14, S. 44-58

Bell, L. A. (1995): The Union Wage Concessions in the 1980s: The Importance of Firm-Specific Factors. In: Industrial and Labor Relations Review, Jg. 48, S. 258-275

Bell, L. A.; Neumark, D. (1993): Lump-Sum Payments and Profit-Sharing Plans in the Union Sector of the United States Economy. In: Economic Journal, Jg. 103, S. 602-619

Bellmann, L.; Brussig, M. (1998): Ausmaß und Ursachen der Produktivitätslücke ostdeutscher Betriebe des Verarbeitenden Gewerbes. In: Mitteilungen aus der Arbeitsmarkt- und Berufsforschung, Jg. 31, S. 648-660

Bellmann, L.; Gewiese, T. (2004): Die Dynamik der Nutzung von Arbeitszeitkonten: Theoretische Ansätze und Längsschnittanalysen mit dem IAB-Betriebspanel. In: Bellmann, L.; Schnabel, C. (Hg.): Betriebliche Arbeitszeitpolitik im Wandel (BeitrAB 288). Nürnberg, S. 139-184

Bellmann, L.; Kohaut, S.; Schnabel, C. (1999): Flächentarifverträge im Zeichen von Abwanderung und Widerspruch: Geltungsbereich, Einflussfaktoren und Öffnungstendenzen. In:

Bellmann, L.; Steiner, V. (Hg.): Panelanalysen zu Lohnstruktur, Qualifikation und Beschäftigungsdynamik (BeitrAB 229). Nürnberg, S. 11-40

Belman, D. L.; Voos, P. B. (1993): Wage Effects of increased Union Coverage: Methodological Considerations and new Evidence. In: Industrial and Labor Relations Review, Jg. 46, S. 368-380

Belman, D. L.; Voos, P. B. (2004): Changes in Union Wage Effects by Industry: A Fresh Look at the Evidence. In: Industrial Relations, Jg. 43, S. 491-519

Belzer, M. H. (1994): The Motor Carrier Industry: Truckers and Teamsters under Siege. In: Voos 1994a, S. 259-302

Belzer, M. H. (1995): Collective Bargaining after Deregulation: Do the Teamsters still count? In: Industrial and Labor Relations Review, Jg. 48, S. 636-655

Belzer, M. H. (2002): Trucking: Collective Bargaining takes a Rocky Road. In: Clark et al. 2002a, S. 311-342

Bennett, J. T.; Kaufman, B. E. (2002): Conclusion: The Future of Private Sector Unionism in the U.S. – Assessment and Forecast. In: Bennett, J. T.; Kaufman, B. E. (Hg.): The Future of Private Sector Unionism. Armonk, S. 359-385

Bergmann, J. (2001): Betriebsräte im Shareholder-Kapitalismus: ratlos. Einige Befunde aus einer Befragung von Betriebsräten und Vertrauensleuten. In: Abel, J.; Sperling, H. J. (Hg.): Umbrüche und Kontinuitäten. Perspektiven nationaler und internationaler Arbeitsbeziehungen. München, S. 101-112

Bergmann, J. (2003): Die nolens volens tolerierte Erosion von Tarifvertragsnormen. In: Wagner, A.; Schild, A. (Hg.): Der Flächentarif unter Druck. Die Folgen von Verbetrieblichung und Vermarktlichung. Hamburg, S. 69-86

Berthold, N.; Brischke, M.; Stettes, O. (2003a): Betriebliche Bündnisse für Arbeit – Gratwanderung zwischen Tarifbruch und Tariftreue (Wirtschaftswissenschaftliche Beiträge des Lehrstuhls für Volkswirtschaftslehre, Wirtschaftsordnung und Sozialpolitik, Nr. 64). Würzburg

Berthold, N.; Brischke, M.; Stettes, O. (2003b): Betriebliche Bündnisse für Arbeit. Eine empirische Untersuchung für den deutschen Maschinen- und Anlagenbau (Wirtschaftswissenschaftliche Beiträge des Lehrstuhls für Volkswirtschaftslehre, Wirtschaftsordnung und Sozialpolitik, Nr. 68). Würzburg

Berthold, N.; Stettes, O. (2001): Der Flächentarifvertrag – Vom Wegbereiter des Wirtschaftswunders zum Verursacher der Beschäftigungsmisere. In: Ott, C.; Schäfer, H.-B. (Hg.): Ökonomische Analyse des Arbeitsrechts. Tübingen, S. 1-29

Bertola, G.; Boeri, T.; Cazes, S. (2000): Employment Protection in Industrialized Countries: The Case for new Indicators. In: International Labour Review, Jg. 139, S. 57-72

Besenthal, A. (2004): Tripartistische Bündnisse im Deutschen Modell. In: WSI Mitteilungen, Jg. 57, S. 555-560

Best, F. (1988): Reducing Workweeks to prevent Layoffs. The Economic and Social Impacts of Unemployment Insurance sponsored Work Sharing. Philadelphia

Bewley, T. F. (1999): Why wages don't fall during a Recession. Cambridge

Bewley, T. F. (2004): Fairness, Reciprocity, and Wage Rigidity (IZA Discussion Paper, No. 1137). Bonn

Beyer, J. (2003a): Deutschland AG a.D.: Deutsche Bank, Allianz und das Verflechtungszentrum des deutschen Kapitalismus. In: Streeck, W.; Höpner, M. (Hg.): Alle Macht dem Markt? Fallstudien zur Abwicklung der Deutschland AG. Frankfurt/M., S. 118-146

Beyer, J. (2003b): Einleitung: Unkoordinierte Modellpflege am koordninierten deutschen Modell. In: Beyer, J. (Hg.): Vom Zukunfts- zum Auslaufmodell? Die deutsche Wirtschaftsordnung im Wandel. Wiesbaden, S. 7-35

Beyer, J. (2005): Pfadabhängigkeit ist nicht gleich Pfadabhängigkeit! Wider den impliziten Konservatismus eines gängigen Konzepts. In: Zeitschrift für Soziologie, Jg. 34, S. 5-21

Beyer, J.; Höpner, M. (2003): The Disintegration of Organised Capitalism: German Corporate Governance in the 1990s. In: West European Politics, Jg. 26, S. 179-198

Bina, C.; Davis, C. (2002): Dynamics of Globalization: Transnational Capital and the International Labor Movement. In: Berberoglu, B. (Hg.): Labor and Capital in the Age of Globalization. The Labor Process and the Changing Nature of Work in the Global Economy. Lanham, S. 163-178

Bispinck, R. (1997): Deregulierung, Differenzierung und Dezentralisierung des Flächentarifvertrages – Eine Bestandsaufnahme neuerer Entwicklungstendenzen der Tarifpolitik. In: WSI Mitteilungen, Jg. 50, S. 551-561

Bispinck, R. (1998): Der schleichende Umbau des Tarifsystems. Eine empirische Bestandsaufnahme. In: König, O.; Stamm, S.; Wendl, M. (Hg.): Erosion oder Erneuerung? Krise und Reform des Flächentarifvertrages. Hamburg, S. 185-214

Bispinck, R. (2002): Tarifpolitik und Beschäftigungssicherung – Eine Bilanz der vergangenen 15 Jahre. In: Seifert, H. (Hg.): Betriebliche Bündnisse für Arbeit. Rahmenbedingungen – Praxiserfahrungen – Zukunftsperspektiven. Berlin, S. 13-38

Bispinck, R. (2004): Kontrollierte Dezentralisierung der Tarifpolitik – Eine schwierige Balance. In: WSI Mitteilungen, Jg. 57, S. 237-245

Bispinck, R. (2005): Betriebsräte, Arbeitsbedingungen und Tarifpolitik. In: WSI Mitteilungen, Jg. 58, S. 301-307

Bispinck, R.; Schulten, T. (2003): Verbetrieblichung der Tarifpolitik? Aktuelle Tendenzen und Einschätzungen aus Sicht von Betriebs- und Personalräten. In: WSI Mitteilungen, Jg. 56, S. 157-166

Bispinck, R.; Schulten, T. (2005): Deutschland vor dem tarifpolitischen Systemwechsel? In: WSI Mitteilungen, Jg. 58, S. 466-472

Bispinck, R.; WSI-Tarifarchiv (1994): Tarifpolitik in der Rezession: Realeinkommen unter Druck – Eine Bilanz der Tarifpolitik in Westdeutschland im Jahr 1993. In: WSI Mitteilungen, Jg. 47, S. 141-154

Bispinck, R.; WSI-Tarifarchiv (1999): Das Märchen vom starren Flächentarifvertrag – Eine Analyse von tariflichen Öffnungsklauseln aus über 100 Tarifbereichen (Elemente qualitativer Tarifpolitik, Nr. 39). Düsseldorf

Bispinck, R.; WSI-Tarifarchiv (2003): Tarifliche Öffnungsklauseln. Eine Analyse von rund 30 Tarifbereichen (Elemente qualitativer Tarifpolitik, Nr. 52). Düsseldorf

Bispinck, R.; WSI-Tarifarchiv (2004): Kontrollierte Dezentralisierung. Eine Analyse der tariflichen Öffnungsklauseln in 80 Tarifbereichen (Elemente qualitativer Tarifpolitik, Nr. 55). Düsseldorf

Bispinck, R.; WSI-Tarifarchiv (2005): Tarifstandards unter Druck – Tarifpolitischer Jahresbericht 2004. In: WSI Mitteilungen, Jg. 58, S. 59-68

Black, D. (1948): On the Rationale of Group Decision-making. In: Journal of Political Economy, Jg. 56, S. 23-34

Blanchflower, D.; Bryson, A. (2003a): Changes over Time in Union Relative Wage Effects in the UK and the US revisited. In: Addison, J. T.; Schnabel, C. (Hg.): International Handbook of Trade Unions. Cheltenham, S. 197-245

Blanchflower, D.; Bryson, A. (2003b): What Effect do Unions have on Wages now and would 'What do unions do?' be surprised? (NBER Working Paper, No. 9973). Cambridge

Blau, F. D.; Kahn, L. M. (1999): Institutions and Laws in the Labor Market. In: Ashenfelter, O.; Card, D. (Hg.): Handbook of Labor Economics, Vol. 3A. Amsterdam, S. 1399-1461

Blau, P. M. (1964): Exchange and Power in Social Life. New York

Blenk, W. K. (1989): New Technologies and Collective Agreements in the Federal Republic of Germany – The Case of „Rationalisation Protection Agreements". In: Gladstone, A.; Lansbury, R. D.; Stieber, J.; Treu, T.; Weiss, M. (Hg.): Current Issues in Labour Relations: An International Perspective. Berlin, S. 57-70

Blinder, A. S.; Choi, D. H. (1990): A Shred of Evidence on Theories of Wage Stickiness. In: Quarterly Journal of Economics, Jg. 105, S. 1003-1015

Block, R. N. (2001): Collective Bargaining, Competitiveness and Employment in the United States. In: Transfer, Jg. 7, S. 697-715

Block, R. N. (2003): Competitiveness and Employment Protection and Creation. An Overview of Collective Bargaining in the United States. In: Block, R. N. (Hg.): Bargaining for Competitiveness. Law, Research, and Case Studies. Kalamazoo, S. 13-44

Block, R. N.; Berg, P. (2003): Collective Bargaining in Context. Comparing the United States and Europe. In: Block, R. N. (Hg.): Bargaining for Competitiveness. Law, Research, and Case Studies. Kalamazoo, S. 1-12

BLS (2004): Extended Mass Layoffs in 2003 (BLS Report, No. 982). Washington

Bluestone, B.; Harrison, B. (1982): The Deindustrialization of America. Plant Closings, Community Abandonment, and the Dismantling of Basic Industry. New York

Blyton, P.; Martínez Lucio, M.; McGurk, J.; Turnbull, P. T. (2001): Globalization and Trade Union Strategy. Industrial Restructuring and Human Resource Management in the International Civil Aviation Industry. In: International Journal of Human Resource Management, Jg. 12, S. 445-463

BNA (1982): Labor Relations in an Economic Recession: Job Losses and Concession Bargaining. Washington/D.C

BNA (1995): Basic Patterns in Union Contracts (14th ed.). Washington

BNA (2002): Union Trends. A 10-Year History. Washington

BNA (2003): 2003 Source Book on Collective Bargaining. Wages, Benefits, and other Contract Issues. Washington

BNA (2005): 2005 Source Book on Collective Bargaining. Wages, Benefits, and other Contract Issues. Washington

Bodah, M. M.; Cutcher-Gershenfeld, J. E. (1997): Employer Escape from Collective Bargaining: A Longitudinal Analysis. In: Proceedings of the 49th Annual Meeting, Madison, S. 7-14

Boockmann, B.; Hagen, T. (2003): Works Councils and Fixed-Term Employment: Evidence from West German Establishments. In: Schmollers Jahrbuch, Jg. 123, S. 359-381

Booth, A. L. (1984): A Public Choice Model of Trade Union Behaviour and Membership. In: Economic Journal, Jg. 94, S. 883-898

Booth, A. L. (1995): The Economics of the Trade Union. Cambridge

Borenstein, S. (1992): The Evolution of U.S. Airline Competition. In: Journal of Economic Perspectives, Jg. 6, S. 45-73

Borland, J. (1986): The Ross-Dunlop Debate revisited. In: Journal of Labor Research, Jg. 7, S. 293-307

Borum, J. D.; Conley, J. R. (1986): Wage Restraints continue in 1985 Major Contracts. In: Monthly Labor Review, Jg. 109/4, S. 22-28

Bosch, A. (1997): Vom Interessenkonflikt zur Kultur der Rationalität. Neue Verhandlungsbeziehungen zwischen Management und Betriebsrat. München

Bosch, A.; Ellguth, P.; Schmidt, R.; Trinczek, R. (1999): Betriebliches Interessenhandeln. Zur politischen Kultur der Austauschbeziehungen zwischen Management und Betriebsrat in der westdeutschen Industrie. Opladen

Bosch, A.; Promberger, M. (2004): Arbeitszeitverlängerung – Modernisierung im Rückwärtsgang?! In: Artus, I.; Trinczek, R. (Hg.): Über Arbeit, Interessen und andere Dinge. Phänomene, Strukturen und Akteure im modernen Kapitalismus. München, S. 213-233

Bosch, G. (2000): Arbeitszeit und Arbeitsorganisation. Zur Rolle von Produkt- und Arbeitsmärkten im internationalen Vergleich. In: Arbeit, Jg. 9, S. 175-190

Bosch, G.; Zühlke-Robinet, K. (2000): Der Bauarbeitsmarkt. Soziologie und Ökonomie einer Branche. Frankfurt/M.

Botero, J.; Djankov, S.; La Porta, R.; Lopez-de-Silanes, F.; Shliefer, A. (2003): The Regulation of Labor (NBER Working Paper, No. 9756). Cambridge

Brandow, P. B. (1988): Rejection of Collective Bargaining Agreements in Bankruptcy: Finding a Balance in 11 U.S.C. §1113. In: Fordham Law Review, Jg. 56, S. 1233-1242

Brenke, K. (2004): Ostdeutsche Industrie: Weitgehende Abkehr von der kollektiven Lohnfindung. Berlin: Deutsches Institut für Wirtschaftsforschung (DIW), Wochenbericht 13/04

Breyer, S. (1990): Regulation and Deregulation in the United States: Airlines, Telecommunications and Antitrust. In: Majone, G. (Hg.): Deregulation or Re-Regulation? Regulatory Reform in Europe and the United States. London, S. 7-58

Briggs, S. (1987): Allocating Available Work in a Union Environment: Layoff vs. Work Sharing. In: Labor Law Journal, Jg. 42, S. 650-657

Bronfenbrenner, K.; Juravich, T. (1994): The Impact of Employer Opposition on Union Certification Win Rates: A Private/Public Sector Comparison (Working Paper, No. 113). Washington

Brown, D. V.; Myers, C. A. (1957): The Changing Industrial Relations Philosophy of American Management. In: Proceedings of the 9th Annual Winter Meeting, Madison, S. 84-99

Brunssen, M. (2000): Der Arbeitgeberverbandswechsel. Tarifrechtliche und arbeitskampfrechtliche Konsequenzen. Frankfurt/M.

Buchmueller, T. C.; DiNardo, J.; Valletta, R. G. (2002): Union Effects on Health Insurance Provision and Coverage in the United States. In: Industrial and Labor Relations Review, Jg. 55, S. 610-627

Buchmueller, T. C.; DiNardo, J.; Valletta, R. G. (2005): A Submerging Labor Market Institution? Unions and the Nonwage Aspects of Work. In: Freeman, R. B.; Hersch, J.; Mishel, L. (Hg.): Emerging Labor Market Institutions for the Twenty-First Century. Chicago, S. 231-263

Buchmueller, T. C.; Valletta, R. G. (1996): The Effects of Employer-Provided Health Insurance on Worker Mobility. In: Industrial and Labor Relations Review, Jg. 49, S. 439-455

Buchner, H. (1999): Der Unterlassungsanspruch der Gewerkschaft – Stabilisierung oder Ende des Verbandstarifvertrages? In: Neue Zeitschrift für Arbeitsrecht, Jg. 16, S. 897-902

Buchner, H. (2003): Reform des Arbeitsmarkts – Was brauchen und was können wir? In: Der Betrieb, Jg. 56, S. 1510-1517

Buckley, J. E.; Van Giezen, R. W. (2004): Federal Statistics on Healthcare Benefits and Cost Trends: An Overview. In: Monthly Labor Review, Jg. 127/11, S. 43-56

Budd, J. W. (2004): Non-Wage Forms of Compensation. In: Journal of Labor Research, Jg. 25, S. 597-622

Burda, M. C.; Mertens, A. (2001): Estimating Wage Losses of Displaced Workers in Germany. In: Labour Economics, Jg. 8, S. 15-41

Burton, J. F.; Mitchell, D. J. B. (2003): Employee Benefits and Social Insurance. The Welfare Side of Employee Relations. In: Kaufman, B. E.; Beaumont, R. A.; Helfgott, R. B. (Hg.): From Industrial Relations to Human Resources and beyond. The evolving Process of Employee Relations Management. Armonk, S. 172-219

Busch, H. W. (2005): Flächentarifvertrag unter Modernisierungsdruck: Reformansätze in der M+E-Industrie. In: Busch, A.; Frey, H. P.; Hüther, M.; Rehder, B.; Streeck, W. (Hg.): Tarifpolitik im Umbruch. Köln, S. 135-175

Büttner, R.; Kirsch, J. (2002): Bündnisse für Arbeit im Betrieb. Betriebsvereinbarungen zur Beschäftigungssicherung in der Praxis (Edition der Hans-Böckler-Stiftung, Nr. 61). Düsseldorf

Calmfors, L.; Booth, A., L.; Burda, M. C.; Checchi, D.; Naylor, R.; Visser, J. (2001): The Future of Collective Bargaining in Europe. In: Boeri, T.; Brugiavini, A.; Calmfors, L. (Hg.): The Role of Unions in the Twenty-First Century. Oxford, S. 1-155

Campbell, C. M.; Kamlani, K. S. (1997): The Reasons for Wage Rigidity: Evidence from a Survey of Firms. In: Quarterly Journal of Economics, Jg. 112, S. 759-789

Cappelli, P. (1982): Concession Bargaining and the National Economy. In: Proceedings of the 35th Annual Meeting, Madison, S. 362-371

Cappelli, P. (1983): Union Gains under Concession Bargaining. In: Proceedings of the 36th Annual Meeting, Madison, S. 297-305

Cappelli, P. (1985): Plant-Level Concession Bargaining. In: Industrial and Labor Relations Review, Jg. 39, S. 90-104

Cappelli, P. (1990): Is Pattern Bargaining dead? A Discussion. In: Industrial and Labor Relations Review, Jg. 44, S. 152-155

Cappelli, P. (1999): The New Deal at Work. Managing the Market-Driven Workforce. Boston

Cappelli, P.; Bassi, L.; Katz, H. C.; Knoke, D.; Osterman, P.; Useem, M. (1997): Change at Work. Oxford

Cappelli, P.; Harris, T. H. (1985): Airline Union Concessions in the Wake of Deregulation. In: Monthly Labor Review, Jg. 108/6, S. 37-39

Cappelli, P.; McKersie, R. B. (1985): Labor and the Crisis in Collective Bargaining. In: Kochan, T. A. (Hg.): Challenges and Choices facing American Labor. Cambridge, S. 227-245

Cappelli, P.; Sherer, P. D. (1990): Assessing Worker Attitudes under a Two-Tier Wage Plan. In: Industrial and Labor Relations Review, Jg. 43, S. 225-244

Cappelli, P.; Sterling, W. P. (1988): Union Bargaining Decisions and Contract Ratifications: The 1982 and 1984 Auto Agreements. In: Industrial and Labor Relations Review, Jg. 41, S. 195-209

Carbaugh, R.; Olienyk, J. (2004): U.S. Steelmakers in Continuing Crisis. In: Challenge, Jg. 47, S. 86-106

Card, D. (2001): The Effect of Unions on Wage Inequality in the U.S. Labor Market. In: Industrial and Labor Relations Review, Jg. 54, S. 296-315

Caron, C.; Weinert, R. (2005): The EMF European Company Policy: The GME Restructuring and Framework Agreement. In: Transfer, Jg. 11, S. 260-265

Carstensen, V. (1999): Alternative Flexibilisierungsstrategien der Beschäftigung (Diskussionspapier Nr. 229 der Wirtschaftswissenschaftlichen Fakultät). Hannover

Carstensen, V. (2000): Arbeitsplatzsicherheit durch Arbeitszeitkonten. In: Backes-Gellner, U.; Kräkel, M.; Schauenberg, B.; Steiner, G. (Hg.): Flexibilisierungstendenzen in der betrieblichen Personalpolitik. München, S. 307-332

Carstensen, V.; Gerlach, K.; Hübler, O. (1995): Erfolgsbeteiligung von Arbeitnehmern: Motive, Ausgestaltung und empirische Befunde. In: Semlinger, K.; Frick, B. (Hg.): Betriebliche Modernisierung in personeller Erneuerung. Personalentwicklung, Personalaustausch und betriebliche Fluktuation. Berlin, S. 193-209

Cascio, W. F. (2002): Responsible Restructuring. Creative and Profitable Alternatives to Layoffs. San Francisco

Casey, B. (1992): Redundancy and Early Retirement: The Interaction of Public and Private Policy in Britain, Germany and the USA. In: British Journal of Industrial Relations, Jg. 30, S. 425-443

Casey, B. (1996): Exit Options from the Labour Force. In: Schmid, G.; O'Reilly, J.; Schömann, K. (Hg.): International Handbook of Labour Market Policy and Evaluation. Cheltenham, S. 379-401

Castles, F. G.; Mitchell, D. (1993): Worlds of Welfare and Families of Nations. In: Castles, F. G. (Hg.): Families of Nations. Patterns of Public Policy in Western Democracies. Aldershot, S. 93-128

Chaison, G. N.; Plovnick, M. S. (1986): Is there a New Collective Bargaining? In: California Management Review, Jg. 28, S. 54-61

Chelius, J.; Dworkin, J. (1990a): An Overview of the Transformation of Industrial Relations. In: Chelius/Dworkin 1990b, S. 1-18

Chelius, J.; Dworkin, J. (Hg.) (1990b): Reflections on the Transformation of Industrial Relations. Metuchen

Chillemi, O.; Gui, B. (1997): Team Human Capital and Worker Mobility. In: Journal of Labor Economics, Jg. 15, S. 567-585

Cimini, M. H. (1996): Labor-Management Bargaining in 1996. In: Monthly Labor Review, Jg. 119/1, S. 25-46

Cimini, M. H.; Behrmann, S. L.; Johnson, E. M. (1993): Labor-Management Bargaining in 1992. In: Monthly Labor Review, Jg. 116/1, S. 19-34

Cimini, M. H.; Muhl, C. J. (1995): Labor-Management Bargaining in 1994. In: Monthly Labor Review, Jg. 118/1, S. 23-39

Clark, A.; Oswald, A. J. (1993): Trade Union Utility Functions: A Survey of Union Leaders' Views. In: Industrial Relations, Jg. 32, S. 391-411

Clark, P. F.; Delaney, J. T.; Frost, A. C. (Hg.) (2002a): Collective Bargaining in the Private Sector. Urbana-Champaign

Clark, P. F.; Delaney, J. T.; Frost, A. C. (2002b): Private-Sector Collective Bargaining: Is this the End or a New Beginning? In: Clark et al. 2002a, S. 1-14

Clark, R. L. (1999): Portability of Benefits, Job Changes, and the Role of Government Policies (Task Force on Reconstructing America's Labor Market Institutions Working Paper, No. 12). Washington

Clawson, D.; Clawson, M. A. (1999): What has happened to the U.S. Labor Movement? Union Decline and Renewal. In: Annual Review of Sociology, Jg. 25, S. 95-119

Coleman, J. S. (1990): Foundations of Social Theory. Cambridge

Considine, T. J. (2005): The Transformation of the North American Steel Industry: Drivers, Prospects, and Vulnerabilities. University Park

Cooke, W. N. (2005): Exercising Power in a Prisoner's Dilemma: Transnational Collective Bargaining in an Era of Corporate Globalisation? In: Industrial Relations Journal, Jg. 36, S. 283-302

Corneo, G.; Lucifora, C. (1997): Wage Formation under Union Threat Effects: Theory and Empirical Evidence. In: Labour Economics, Jg. 4, S. 265-292

Couch, K. A. (2001): Earnings Losses and Unemployment of Displaced Workers in Germany. In: Industrial and Labor Relations Review, Jg. 54, S. 559-572

Cowling, K.; Tomlinson, P. R. (2005): Globalisation and Corporate Power. In: Contributions to Political Economy, Jg. 24, S. 33-54

Craft, J. A.; Abboushi, S.; Labovitz, T. (1985): Concession Bargaining and Unions: Impacts and Implications. In: Journal of Labor Research, Jg. 6, S. 167-180

Cramton, P.; Tracy, J. (1998): The Use of Replacement Workers in Union Contract Negotiations: The U.S. Experience, 1980-1989. In: Journal of Labor Economics, Jg. 16, S. 667-701

Crandall, R. W. (1990): Entry, Divestiture and the Continuation of Economic Regulation in the United States Telecommunications Sector. In: Majone, G. (Hg.): Deregulation or Re-Regulation? Rregulatory Reform in Europe and the United States. London, S. 59-71

Craypo, C. (1994): Meatpacking: Industry Restructuring and Union Decline. In: Voos 1994a, S. 63-96

Craypo, C. (2003): The Decline of Union Bargaining Power in the United States. An 'Ability to Pay, Ability to make Pay' Analysis. In: Burchell, B.; Deakin, S.; Michie, J.; Rubery, J. (Hg.): Systems of Production. Markets, Organisations and Performance. London, S. 104-128

Crémieux, P.-Y. (1996): The Effect of Deregulation on Employee Earnings: Pilots, Flight Attendants, and Mechanics, 1959-1992. In: Industrial and Labor Relations Review, Jg. 49, S. 223-242

Cross, J. G. (1969): The Economics of Bargaining. New York

Cross, M. (1981): US Corporate Personnel Reduction Policies. An edited Collection of Manpower Layoff, Reduction, and Termination Policies. Aldershot

Cullen, D. E. (1985): Recent Trends in Collective Bargaining in the United States. In: International Labour Review, Jg. 124, S. 299-322

Cutcher-Gershenfeld, J.; Kochan, T. (2004): Taking Stock: Collective Bargaining at the Turn of the Century. In: Industrial and Labor Relations Review, Jg. 58, S. 3-26

Cutcher-Gershenfeld, J.; McHugh, P. P. (1994): Competition and Divergence: Collective Bargaining in the North American Auto Supply Industry. In: Voos 1994a, S. 225-258

Cutcher-Gershenfeld, J.; McHugh, P. P.; Power, D. (1996): Collective Bargaining in Small Firms: Preliminary Evidence of Fundamental Change. In: Industrial and Labor Relations Review, Jg. 49, S. 195-212

Davidson, C.; Matusz, S. J. (2004): International Trade and Labor Markets. Theory, Evidence, and Policy Implications. Kalamazoo

De Santana, C. (2005): Zusammenarbeit zwischen Betriebsrat und Personalleitung. In: Schramm, F.; Zachert, U. (Hg.): Arbeitsrecht – Personalpolitik – Wirklichkeit. Eine empirische Analyse zur betrieblichen Umsetzung von Arbeitsrechtsreformen. Baden-Baden, S. 363-378

Department of Labor (2005): Comparison of State Unemployment Laws. Washington

Derber, M. (1986): Employers Associations in the United States. In: Windmuller, J. P.; Gladstone, A. (Hg.): Employers Associations. A Comparative Study. Oxford, S. 79-114

Dettmer, S. (2002): Probleme der Akzeptanz von beschäftigungssichernden Arbeitszeitreduzierungen. Das Beispiel eines Unternehmens aus der Luft- und Raumfahrtindustrie. In: Seifert, H. (Hg.): Betriebliche Bündnisse für Arbeit. Rahmenbedingungen – Praxiserfahrungen – Zukunftsperspektiven. Berlin, S. 135-163

Devine, J. M. (1996): Cost-of-living Clauses: Trends and Current Characteristics. In: Compensation and Working Conditions, S. 24-29

DGFP (1998): Bündnisse für Arbeit im Betrieb. Wege betrieblicher Standortsicherung. Köln

Dieterich, T. (2002): Flexibilisiertes Tarifrecht und Grundgesetz. In: Recht der Arbeit, Jg. 55, S. 1-17

Dietrich, S. (2003): Anhang: Geschichte – Organisation – Basisdaten. In: Schroeder, W.; Weßels, B. (Hg.): Die Gewerkschaften in Politik und Gesellschaft der Bundesrepublik Deutschland. Ein Handbuch. Wiesbaden, S. 614-696

Dietz, E. (2004): Trends in Employer-provided Prescription-Drug Coverage. In: Monthly Labor Review, Jg. 127/8, S. 37-45

Diewald, M.; Sill, S. (2004): Mehr Risiken, mehr Chancen? Trends in der Arbeitsmarktmobilität seit Mitte der 1980er Jahre. In: Struck, O.; Köhler, C. (Hg.): Beschäftigungsstabilität im Wandel? Empirische Befunde und theoretische Erklärungen für West- und Ostdeutschland. München, S. 39-61

DIHK (2003): Produktionsverlagerungen als Element der Globalisierungsstrategie von Unternehmen. Ergebnisse einer Unternehmensbefragung. Berlin

DIHK (2005): Investitionen im Ausland. Ergebnisse einer DIHK-Umfrage bei den Industrie- und Handelskammern im Frühjahr 2005. Berlin

Dilger, A. (2002): Ökonomik betrieblicher Mitbestimmung. Die wirtschaftlichen Folgen von Betriebsräten. München

Donn, C. B.; Lipsky, D. B. (1987): Collective Bargaining in American Industry: A Synthesis. In: Lipsky, D. B.; Donn, C. B. (Hg.): Collective Bargaining in American Industry. Contemporary Perspectives and Future Directions. Lexington, S. 307-332

Dore, R. (1996): Unions between Class and Enterprise. In: Industrielle Beziehungen, Jg. 3, S. 154-172

Dörre, K. (1997): Globalisierung – eine strategische Option. Internationalisierung von Unternehmen und industriellen Beziehungen in der Bundesrepublik. In: Industrielle Beziehungen, Jg. 4, S. 265-290

Dörre, K. (1998): Auf dem Weg zum desorganisierten Kapitalismus? Globalisierung und Arbeitsbeziehungen in Deutschland. In: Cattero, B. (Hg.): Modell Deutschland – Modell Europa. Probleme, Perspektiven. Opladen, S. 119-137

Dörre, K. (2005): Prekarität – Eine arbeitspolitische Herausforderung. In: WSI Mitteilungen, Jg. 58, S. 250-258

Downs, A. (1957): An Economic Theory of Democracy. New York

Drago, R. (2000): Trends in Working Time in the US: A Policy Perspective. In: Labor Law Journal, Jg. 51, S. 212-218

Dunlop, J. T. (1944): Wage Determination under Trade Unions. New York

Dunlop, J. T. (1958): Industrial Relations Systems. New York

Dunlop, J. T. (1988): Have the 1980s changed U.S. Industrial Relations? In: Monthly Labor Review, Jg. 111/5, S. 20-34

Dworkin, J. B.; Feldman, S. P.; Brown, J. M.; Hobson, C. J. (1988): Workers' Preferences in Concession Bargaining. In: Industrial Relations, Jg. 27, S. 7-20

Eaton, A. E.; Kriesky, J. (2001): Union Organizing under Neutrality and Card Check Agreements. In: Industrial and Labor Relations Review, Jg. 55, S. 47-59

Eaton, A. E.; Voos, P. B. (1994): Productivity-Enhancing Innovations in Work Organization, Compensation, and Employee Participation in the Union versus the Nonunion Sectors. In: Advances in Industrial and Labor Relations, Jg. 6, S. 63-109

Ebbinghaus, B. (2003): Die Mitgliederentwicklung deutscher Gewerkschaften im historischen und internationalen Vergleich. In: Schroeder, W.; Weßels, B. (Hg.): Die Gewerkschaften in Politik und Gesellschaft der Bundesrepublik Deutschland. Ein Handbuch. Wiesbaden, S. 174-203

Eberling, M.; Hielscher, V.; Hildebrandt, E.; Jürgens, K. (2004): Prekäre Balancen. Flexible Arbeitszeiten zwischen betrieblicher Regulierung und individuellen Ansprüchen. Berlin

Eberwein, W.; Tholen, J.; Schuster, J. (2000): Die Europäisierung der Arbeitsbeziehungen als politisch-sozialer Prozeß. Zum Zusammenhang von nationaler und europäischer Ebene am Beispiel von Deutschland, Frankreich, Großbritannien und Italien. München

EBRI (2003a): EBRI Research Highlights: Health Benefits. EBRI Special Report SR-41, Washington

EBRI (2003b): EBRI Research Highlights: Retirement Benefits. EBRI Special Report SR-42, Washington

Edwards, C. (1978): Measuring Union Power: A Comparison of two Methods applied to the study of Local Union Power in the Coal Industry. In: British Journal of Industrial Relations, Jg. 16, S. 1-15

Eger, T.; Weise, P. (2001): Ökonomische Analyse des Arbeitsvertragsrechts. Ein Vergleich zwischen Deutschland und den USA. In: Ott, C.; Schäfer, H.-B. (Hg.): Ökonomische Analyse des Arbeitsrechts, Beiträge zum VII. Travemünder Symposium zur ökonomischen Analyse des Rechts. Tübingen, S. 48-83

Eger, T. H. (2002): Eine ökonomische Analyse des arbeitsrechtlichen Kündigungsschutzes in Deutschland und den USA. In: Sadowski, D.; Walwei, U. (Hg.): Die ökonomische Analyse des Arbeitsrechts (BeitrAB 259). Nürnberg, S. 45-73

Ehmann, H.; Schmidt, T. B. (1995): Betriebsvereinbarungen und Tarifverträge. Grenzen des Tarifvorrangs. In: Neue Zeitschrift für Arbeitsrecht, Jg. 12, S. 193-202

Ellguth, P. (2003): Quantitative Reichweite der betrieblichen Mitbestimmung. In: WSI Mitteilungen, Jg. 56, S. 194-199

Ellguth, P. (2004): Erosion auf allen Ebenen? Zur Entwicklung der quantitativen Basis des dualen Systems der Interessenvertretung. In: Artus, I.; Trinczek, R. (Hg.): Über Arbeit, Interessen und andere Dinge. Phänomene, Strukturen und Akteure im modernen Kapitalismus. München, S. 159-179

Ellguth, P.; Kohaut, S. (2005): Tarifbindung und betriebliche Interessenvertretung: Aktuelle Ergebnisse aus dem IAB-Betriebspanel. In: WSI Mitteilungen, Jg. 58, S. 398-403

Emerson, R. M. (1962): Power-Dependence Relations. In: American Sociological Review, Jg. 27, S. 31-41

Emerson, R. M. (1976): Social Exchange Theory. In: Annual Review of Sociology, Jg. 2, S. 335-362

Erd, R. (1989): Amerikanische Gewerkschaften. Strukturprobleme am Beispiel der Teamsters und der Automobilarbeiter. Frankfurt/M.

Erickson, C. L. (1996): A Re-Interpretation of Pattern Bargaining. In: Industrial and Labor Relations Review, Jg. 49, S. 615-634

Erickson, C. L.; Ichino, A. C. (1994): Lump-Sum Bonuses in Union Contracts. In: Advances in Industrial and Labor Relations, Jg. 6, S. 183-218

Erlinghagen, M. (2005): Entlassungen und Beschäftigungssicherheit im Zeitverlauf. Zur Entwicklung unfreiwilliger Arbeitsmarktmobilität in Deutschland. In: Zeitschrift für Soziologie, Jg. 34, S. 147-168

Erlinghagen, M.; Knuth, M. (2004): Beschäftigungsstabilität in der Wissensgesellschaft. In: Struck, O.; Köhler, C. (Hg.): Beschäftigungsstabilität im Wandel? Empirische Befunde und theoretische Erklärungen für West- und Ostdeutschland. München, S. 23-38

Esping-Andersen, G. (1990): The three Worlds of Welfare Capitalism. Cambridge

Ettl, W.; Heikenroth, A. (1996): Strukturwandel, Verbandsabstinenz, Tarifflucht: Zur Lage der Unternehmen und Arbeitgeberverbände im ostdeutschen verarbeitenden Gewerbe. In: Industrielle Beziehungen, Jg. 3, S. 134-153

Fallick, B. C.; Hassett, K. A. (1999): Investment and Union Certification. In: Journal of Labor Economics, Jg. 17, S. 570-582

Farber, H. S. (1978): Individual Preferences and Union Wage Determination: The Case of the United Mine Workers. In: Journal of Political Economy, Jg. 86, S. 932-942

Farber, H. S. (1986): The Analysis of Union Behavior. In: Ashenfelter, O.; Layard, R. (Hg.): Handbook of Labor Economics, 2. North-Holland, S. 1039-1089

Farber, H. S. (2005a): Nonunion Wage Rates and the Threat of Unionization. In: Industrial and Labor Relations Review, Jg. 58, S. 335-352

Farber, H. S. (2005b): What do we know about Job Loss in the United States? Evidence from the Displaced Workers Survey, 1984-2004. Industrial Relations Section Working Paper No. 498, Princeton

Farber, H. S.; Western, B. (2002): Ronald Reagan and the Politics of Declining Union Organization. In: British Journal of Industrial Relations, Jg. 40, S. 385-401

Fehr, E.; Gächter, S. (2000): Fairness and Retaliation. The Economics of Reciprocity. In: Journal of Economic Perspectives, Jg. 14, S. 159-181

Ferner, A.; Hyman, R. (Hg.) (1998): Changing Industrial Relations in Europe (2nd ed.). Oxford

Fieleke, N. S. (1982): The Automobile Industry. In: Annals of the American Academy of Political and Social Sciences, Jg. 460, S. 83-91

Fitzenberger, B.; Franz, W. (1999): Industry-Level Wage Bargaining: A partial Rehabilitation – The German Experience. In: Scottish Journal of Political Economy, Jg. 46, S. 437-457

Flanagan, R. J. (1984): Wage Concessions and Long-Term Union Wage Flexibility. In: Brookings Papers on Economic Activity, Jg., S. 183-216

Flanagan, R. J. (1990): The Economics of Unions and Collective Bargaining. In: Industrial Relations, Jg. 29, S. 300-315

Flanagan, R. J. (1999): Macroeconomic Performance and Collective Bargaining: An International Perspective. In: Journal of Economic Literature, Jg. 37, S. 1150-1175

Flatau, G. (2005): Betriebliche Bündnisse für Arbeit – Ende der Tarifautonomie? Hamburg

Flecker, J. (2005): Interne Flexibilität – Von der Humanisierungsvermutung zum Risikobefund. In: Kronauer, M.; Linne, G. (Hg.): Flexicurity. Die Suche nach Sicherheit in der Flexibilität. Berlin, S. 73-93

Flecker, J.; Schulten, T. (1999): The End of Institutional Stability: What Future for the 'German Model'? In: Economic and Industrial Democracy, Jg. 20, S. 81-115

Franz, W. (2002): Flexibilitätserfordernisse auf dem deutschen Arbeitsmarkt. In: Zeitschrift für Wirtschaftspolitik, Jg. 51, S. 179-188

Franz, W. (2003a): Arbeitsmarktökonomik (5. Aufl.). Berlin

Franz, W. (2003b): Wider den „Reformstau" – Handlungsoptionen in Wirtschafts- und Arbeitsmarktpolitik. Zur Notwendigkeit wirtschaftspolitischer Reformen. In: Zeitschrift für Staats- und Europawissenschaften, Jg. 1, S. 95-114

Franz, W. (2004): Winds of Change? – Von der Verkürzung zur Verlängerung der Arbeitszeit in Deutschland. In: Zeitschrift für Wirtschaftspolitik, Jg. 53, S. 325-332

Franz, W.; Pfeiffer, F. (2003): Zur ökonomischen Rationalität von Lohnrigiditäten aus der Sicht von Unternehmen. In: Jahrbücher für Nationalökonomie und Statistik, Jg. 223, S. 23-57

FRB of Dallas (2004): Is the Pension System a Liability? In: Southwest Economy, S. 1, 7-12

Freedman, A. (1982): A Fundamental Change in Wage Bargaining. In: Challenge, Jg. 25, S. 14-17

Freedman, A. (1985): The New Look in Wage Policy and Employee Relations. Washington

Freedman, A. (1988): How the 1980's have changed Industrial Relations. In: Monthly Labor Review, Jg. 111/5, S. 35-38

Freedman, A.; Fulmer, W. E. (1982): Last Rites for Pattern Bargaining. In: Harvard Business Review, Jg. 60, S. 30-48

Freeman, R. B. (1985): Why are unions faring poorly in NLRB Representation Elections? In: Kochan, T. A. (Hg.): Challenges and Choices facing American Labor, Cambridge, S. 45-64

Freeman, R. B. (1986): In Search of Union Wage Concessions in Standard Data Sets. In: Industrial Relations, Jg. 25, S. 131-145

Freeman, R. B. (1988): Contraction and Expansion. The Divergence of Private and Public Sector Unionism in the United States. In: Journal of Economic Perspectives, Jg. 2, S. 63-88

Freeman, R. B. (1994): American Exceptionalism in the Labor Market: Union-Nonunion Differentials in the United States and other Countries. In: Kerr, C.; Staudohar, P. D. (Hg.): Labor Economics and Industrial Relations. Markets and Institutions. Cambridge, S. 272-299

Freeman, R. B.; Kleiner, M. M. (1990): Employer Behavior in the Face of Union Organizing Drives. In: Industrial and Labor Relations Review, Jg. 43, S. 351-365

Freeman, R. B.; Lazear, E. P. (1995): An Economic Analysis of Works Councils. In: Rogers, J.; Streeck, W. (Hg.): Works Councils. Consultation, Representation, and Cooperation in Industrial Relations. Chicago, S. 27-50

Freeman, R. B.; Medoff, J. (1984): What do Unions do? New York

Frege, C. M. (1999): Social Partnership at Work. Workplace Relations in Post-Unification Germany. London

Frege, C. M. (2002): A Critical Assessment of the Theoretical and Empirical Research on German Works Councils. In: British Journal of Industrial Relations, Jg. 40, S. 221-248

Frege, C. M. (2003): Transforming German Workplace Relations: Quo Vadis Cooperation? In: Economic and Industrial Democracy, Jg. 24, S. 317-347

French, S. (2001): Works Councils in Unified Germany. Still Loyal to the Trade Unions? In: International Journal of Manpower, Jg. 22, S. 560-578

Frey, H. P. (2005): Sozialpartnerschaftliche Tarifpolitik: Die reformierten Flächentarifverträge der Chemischen Industrie. In: Busch, H. W.; Frey, H. P.; Hüther, M.; Rehder, B.; Streeck, W. (Hg.): Tarifpolitik im Umbruch. Köln, S. 83-134

Frey, M.; Hüning, H.; Nickel, H. M. (2004): Vermarktlichung und ‚neue' Unsicherheiten. Differenzen und Widersprüchlichkeiten in der Umgestaltung von Arbeit. In: Struck, O.; Köhler, C. (Hg.): Beschäftigungsstabilität im Wandel? Empirische Befunde und theoretische Erklärungen für West- und Ostdeutschland. München, S. 269-286

Freyssinet, J.; Seifert, H. (2001): Negotiating Collective Agreements on Employment and Competitiveness. Dublin

Frick, B. (1997): Mitbestimmung und Personalfluktuation. Zur Wirtschaftlichkeit der bundesdeutschen Betriebsverfassung im internationalen Vergleich. München

Frick, B. (2002): High Performance Work Practices und betriebliche Mitbestimmung: Komplementär oder substitutiv? In: Industrielle Beziehungen, Jg. 9, S. 79-102

Frick, B. (2005): Kontrolle und Performance der mitbestimmten Unternehmung. Rechtsökonomische Überlegungen und empirische Befunde. In: Kölner Zeitschrift für Soziologie und Sozialpsychologie, Sonderheft 45, S. 418-440

Frick, B.; Möller, I. (2003): Mandated Works Councils and Firm Performance: Labor Productivity and Personnel Turnover in German Firms. In: Schmollers Jahrbuch, Jg. 123, S. 423-454

Frick, B.; Sadowski, D. (1995): Works Councils, Unions, and Firm Performance. In: Buttler, F.; Franz, W.; Schettkat, R.; Soskice, D. (Hg.): Institutional Frameworks and Labor Market Performance. Comparative Views on the U.S. and German Economies. London, S. 46-81

Fuchs, V. R.; Krueger, A. B.; Poterba, J. M. (1998): Economists' View about Parameters, Values, and Policies: Survey Results in Labor and Public Economics. In: Journal of Economic Literature, Jg. 36, S. 1387-1425

Fürstenberg, F. (1958): Der Betriebsrat – Strukturanalyse einer Grenzinstitution. In: Kölner Zeitschrift für Soziologie und Sozialpsychologie, Jg. 10, S. 418-429

Gahan, P. G. (2002): (What) do Unions maximise? Evidence from Survey Data. In: Cambridge Journal of Economics, Jg. 26, S. 279-298

Gangl, M. (2003): Unemployment Insurance and the Stability of Earnings: A Comparison of Work Exits from Unemployment in the United States and West Germany. In: Schmollers Jahrbuch, Jg. 123, S. 83-94

Ganßmann, H.; Haas, M. (1999): Arbeitsmärkte im Vergleich. Rigidität und Flexibilität auf den Arbeitsmärkten der USA, Japans und der BRD. Marburg

Gardner, M. (1995): Labor Movements and Industrial Restructuring: Australia, New Zealand, and the United States. In: Wever, K. S.; Turner, L. (Hg.): The Comparative Political Economy of Industrial Relations. Madison, S. 33-69

Gay, R. S. (1984): Union Settlements and Aggregate Wage Behavior in the 1980s. In: Federal Reserve Bulletin, Jg. 70, S. 843-856

Geishecker, I. (2005): International Outsourcing and German Manufacturing Wages. In: Schmollers Jahrbuch, Jg. 125, S. 87-95

General Accounting Office (2003): Airline Ticketing: Impact of Changes in the Airline Ticket Distribution Industry (Report to Congressional Requesters GAO-03-749). Washington

Gerlach, K.; Hauff, S.; Janßen, S.; Köhler, C.; Krause, A.; Pfeifer, C.; Sohr, T.; Stephan, A.; Stephan, G.; Struck, O. (2005): Arbeit und Gerechtigkeit: Die Akzeptanz von Lohn- und Beschäftigungsanpassungen in Deutschland (Endbericht zum HBS-Projekt S-2003-546-3 F). Hannover, Jena

Gerlach, K.; Lehmann, K.; Meyer, W. (1998): Entwicklung der Tarifbindung im Verarbeitenden Gewerbe Niedersachsens. In: Gerlach, K.; Hübler, O.; Meyer, W. (Hg.): Ökonomische Analysen betrieblicher Strukturen und Entwicklungen. Frankfurt/M., S. 30-54

Gerlinger, T. (2004): Privatisierung – Liberalisierung – Re-Regulierung. Konturen des Umbaus des Gesundheitssystems. In: WSI Mitteilungen, Jg. 57, S. 501-506

Gersuny, C. (1982): Origins of Seniority Provisions in Collective Bargaining. In: Labor Law Journal, Jg. 37, S. 518-524

Giesen, R. (2003): Reformvorschläge zum Individualarbeitsrecht. In: Zeitschrift für Arbeitsrecht, Jg. 34, S. 467-492

Gittell, J. H.; von Nordenflycht, A.; Kochan, T. A. (2004): Mutual Gains or Zero Sum? Labor Relations and Firm Performance in the Airline Industry. In: Industrial and Labor Relations Review, Jg. 57, S. 163-180

Glied, S. (2003): Health Care Costs: On the Rise again. In: Journal of Economic Perspectives, Jg. 17, S. 125-148

Glismann, H. H.; Schrader, K. (2001): Alternative Systeme der Arbeitslosenversicherung. Das Beispiel der Vereinigten Staaten und des Vereinigten Königreiches (Kieler Arbeitspapiere, Nr. 1032). Kiel

Godard, J. (2004): The New Instiutionalism, Capitalist Diversity, and Industrial Relations. In: Kaufman, B. E. (Hg.): Theoretical Perspectives on Work and the Employment Relationship. Urbana-Champaign, S. 229-264

Gold, M. E. (1998): An Introduction to Labor Law (2nd ed.). Ithaca

Golden, M. (1997): Heroic Defeats. The Politics of Job Loss. Cambridge

Goldfield, M. (1987): The Decline of Organized Labor in the United States. Chicago

Goolsbee, A.; Syverson, C. (2005): How do Incumbents respond to the Threat of Entry? Evidence from Major Airlines (NBER Working Paper, No. 11072). Cambridge

Götze, U. (2003): Der Faktor Arbeit in der industriellen Standorttheorie. In: Moldaschl, M.; Thießen, F. (Hg.): Neue Ökonomie der Arbeit. Marburg, S. 27-49

Government Accountability Office (2004): Commercial Aviation. Legacy Airlines must further reduce Costs to restore Profitability (Report to Congressional Committees, No. GAO-04-836). Washington

Grahl, J.; Teague, P. (2004): The German Model in Danger. In: Industrial Relations Journal, Jg. 35, S. 557-573

Grant, D. (2001): A Comparison of the Cyclical Behavior of Union and Nonunion Wages in the United States. In: Journal of Human Resources, Jg. 36, S. 31-57

Gray, G. R.; Myers, D. W.; Myers, P. S. (1999): Cooperative Provisions in Labor Agreements: A New Paradigm? In: Monthly Labor Review, Jg. 122/1, S. 29-45

Greenberg, D. H. (1968): Deviations from Wage-Fringe Standards. In: Industrial and Labor Relations Review, Jg. 21, S. 197-209

Greene, W. H. (2003): Econometric Analysis (5th ed.). Upper Saddle River

Greven, T. (2006): Auf dem Prüfstand: Gewerkschaftsstrategien zur Regulierung globaler Konkurrenz. In: WSI Mitteilungen, Jg. 59, S. 10-15

Grömling, M. (2004): Globalisierungstendenzen der deutschen Wirtschaft – was ist messbar? In: Statistisches Bundesamt (Hg.): Ökonomische Leistungsfähigkeit Deutschlands. Bestandsaufnahme und statistische Messung im internationalen Vergleich (Forum der Bundesstatistik, Band 44). Wiesbaden, S. 72-90

Grömling, M.; Römer, C. (2004): Die Wirtschaftsbeziehungen Deutschlands mit Mittel- und Osteuropa. In: IW-Trends, Jg. 31, S. 1-10

Groß, H.; Munz, E.; Seifert, H. (2000): Verbreitung und Struktur von Arbeitszeitkonten. In: Arbeit, Jg. 9, S. 217-229

Grotheer, M.; Struck, O. (2003): Beschäftigungsstabilität: Entwicklung und Arbeitszufriedenheit. Ergebnisse aus der IAB-Beschäftigtenstichprobe 1975-1997 und der BIBB/IAB-Erhebung. In: Mitteilungen aus der Arbeitsmarkt- und Berufsforschung, Jg. 36, S. 300-328

Grund, C. (2003): Severance Payments for Dismissed Employees in Germany (IZA Discussion Paper, No. 875). Bonn

Guest, D. (2000): Management and the insecure Workforce. The Search for a New Psychological Contract. In: Heery, E.; Salmon, J. (Hg.): The Insecure Workforce. London, S. 140-154

Haggerty, M. E.; Leigh, D. E. (1993): The Impact of Union Wage Concessions on Union Premiums. In: Industrial Relations, Jg. 32, S. 111-123

Haipeter, T.; Lehndorff, S. (2004): Atmende Betriebe, atemlose Beschäftigte? Erfahrungen mit neuartigen Formen betrieblicher Arbeitszeitregulierung. Berlin

Haipeter, T.; Lehndorff, S. (2005): Decentralised Bargaining of Working Time in the German Automotive Industry. In: Industrial Relations Journal, Jg. 36, S. 140-156

Haipeter, T.; Schilling, G. (2006): Arbeitgeberverbände in der Metall- und Elektroindustrie. Tarifbindung, Organisationsentwicklung und Strategiebildung. Hamburg

Hall, P. A.; Soskice, D. (2001): An Introduction to Varieties of Capitalism. In: Hall, P. A.; Soskice, D. (Hg.): Varieties of Capitalism. The Institutional Foundations of Comparative Advantage. Oxford, S. 1-68

Hamermesh, D. S. (1989): Labor Demand and the Structure of Adjustment Costs. In: American Economic Review, Jg. 79, S. 674-689

Hamermesh, D. S. (1996): Workdays, Workhours and Work Schedules. Evidence for the United States and Germany. Kalamazoo

Hammer, N. (2005): International Framework Agreements: Global Industrial Relations between Rights and Bargaining. In: Transfer, Jg. 11, S. 511-530

Hammer, T. H.; Stern, R. N. (1986): A Yo-Yo Model of Cooperation: Union Participation in Management at the Rath Packing Company. In: Industrial and Labor Relations Review, Jg. 39, S. 337-349

Hansen, G. B. (1984): Ford and the UAW have a better Idea: A Joint Labor-Management Approach to Plant Closings and Worker Retraining. In: Annals of the American Academy of Political and Social Sciences, Jg. 475, S. 158-174

Harris, C. S. (1984): The Magnitude of Job Loss from Plant Closings and the Generation of Replacement Jobs: Some Recent Evidence. In: Annals of the American Academy of Political and Social Sciences, Jg. 475, S. 15-27

Haß, H.-J.; Küntzel, P. (2003): Das Bündnis für Arbeit, Ausbildung und Wettbewerbsfähigkeit – erfolgreiches Modell der Sozialpartnerschaft? In: Sozialer Fortschritt, Jg. 52, S. 204-207

Hassel, A. (1999): The Erosion of the German System of Industrial Relations. In: British Journal of Industrial Relations, Jg. 37, S. 483-505

Hassel, A.; Schulten, T. (1998): Globalization and the Future of Central Collective Bargaining: The Example of the German Metal Industry. In: Economy and Society, Jg. 27, S. 486-522

Hauser-Dietz, A.; Kluge, N. (2001): Vorteil Mitbestimmung: Vom Nutzen innerbetrieblicher Kooperation. In: Abel, J.; Sperling, H. J. (Hg.): Umbrüche und Kontinuitäten. Perspektiven nationaler und internationaler Arbeitsbeziehungen. München, S. 169-185

Hay Group (2004): Containing Rising Healthcare Costs. Ten Innovative Strategies for Employers to consider. Philadelphia

Heetderks, T. D.; Martin, J. E. (1991): Employee Perceptions of the Effect of a Two-Tier Wage Structure. In: Journal of Labor Research, Jg. 12, S. 279-295

Heidemann, W. (1999): Betriebs- und Dienstvereinbarungen: Beschäftigungssicherung. Analyse und Handlungsempfehlungen (Edition der Hans-Böckler-Stiftung, Nr. 8). Düsseldorf

Heilemann, U. (2005): Ostdeutschland – ein „Mezzogiorno-Fall"? In: Wirtschaftsdienst, Jg. 85, S. 505-512

Hein, E.; Truger, A. (2005): Macroeconomic Policies, Wage Developments, and Germany's Stagnation (IMK Working Paper, No. 1/2005). Düsseldorf

Hendricks, W. E.; Kahn, L. M. (1983): Cost-of-Living Clauses in Union Contracts: Determinants and Effects. In: Industrial and Labor Relations Review, Jg. 36, S. 447-460

Hendricks, W. E.; Kahn, L. M. (1985): Wage Indexation in the United States. Cola or Uncola? Cambridge

Henle, P. (1973): Reverse Collective Bargaining? A Look at some Union Concession Situations. In: Industrial and Labor Relations Review, Jg. 26, S. 956-968

Henneberger, F. (1993): Transferstart: Organisationsdynamik und Strukturkonservatismus westdeutscher Unternehmerverbände – aktuelle Entwicklungen unter besonderer Berücksichtigung des Aufbauprozesses in Sachsen und Thüringen. In: Politische Vierteljahresschrift, Jg. 34, S. 640-673

Henneberger, F.; Graf, S. (1996): Deutsche Direktinvestitionen im Ausland: Gefahr für deutsche Arbeitsplätze? (FAA-Diskussionspapier, Nr. 41). St. Gallen

Herrmann, C.; Promberger, M.; Singer, S.; Trinczek, R. (2001): Forcierte Arbeitszeitflexibilisierung. Die 35-Stunden-Woche in der betrieblichen und gewerkschaftlichen Praxis (2. Aufl.). Berlin

Hicks, J. R. (1963): The Theory of Wages (2nd ed.). London

Hilbert, J.; Sperling, H. J.; Fretschner, R. (1999): Interessenvertretung in Klein- und Mittelbetrieben. In: Müller-Jentsch, W. (Hg.): Konfliktpartnerschaft. Akteure und Institutionen der industriellen Beziehungen (3. Aufl.). München, S. 257-272

Hinrichs, K. (2004): Alterssicherungspolitik in Deutschland: Zwischen Kontinuität und Paradigmenwechsel. In: Stykow, P.; Beyer, J. (Hg.): Gesellschaft mit beschränkter Hoffnung. Reformfähigkeit und die Möglichkeit rationaler Politik. Wiesbaden, S. 266-286

Hirsch, B. T. (1988): Trucking Regulation, Unionization, and Labor Earnings: 1973-85. In: Journal of Human Resources, Jg. 23, S. 296-319

Hirsch, B. T. (2003): Reconsidering Union Wage Effects: Surveying New Evidence on an Old Topic (IZA Discussion Paper, No. 795). Bonn

Hirsch, B. T.; Macpherson, D. A. (2000): Earnings, Rents, and Competition in the Airline Labor Market. In: Journal of Labor Economics, Jg. 18, S. 125-155

Hoffmann, E.; Walwei, U. (1998): Normalarbeitsverhältnis: ein Auslaufmodell? Überlegungen zu einem Erklärungsmodell für den Wandel der Beschäftigungsformen. In: Mitteilungen aus der Arbeitsmarkt- und Berufsforschung, Jg. 31, S. 409-425

Hoffmann, J. (2003): Der kleine Unterschied: Varieties of Capitalism. In: WSI Mitteilungen, Jg. 56, S. 124-130

Hogan, S.; Ragan, C. (1995): Employment Adjustment versus Hours Adjustment: Is Job Security Desirable? In: Economica, Jg. 62, S. 495-505

Höland, A. (2002): Gesetzesrecht, Tarifrecht, Betriebsrecht. Betriebliche Bündnisse und lokaler Rechtsgebrauch. In: Seifert, H. (Hg.): Betriebliche Bündnisse für Arbeit. Rahmenbedingungen, Praxiserfahrungen, Zukunftsperspektiven. Berlin, S. 39-63

Höland, A.; Reim, U.; Brecht, H. (2000): Flächentarifvertrag und Günstigkeitsprinzip. Empirische Beobachtungen und rechtliche Betrachtungen der Anwendung von Flächentarifverträgen in den Betrieben. Baden-Baden

Höland, A.; Reim, U.; Brecht, H. (2001): Tarifliche Vorgaben und betriebliche Realität. In: Arbeit und Arbeitsrecht, Jg. 56, S. 358-362

Holcombe, R. G. (1989): The Median Voter Model in Public Choice Theory. In: Public Choice, Jg. 61, S. 115-125

Hollingsworth, J. R. (1997a): Continuities and Changes in Social Systems of Production: The Cases of Japan, Germany, and the United States. In: Hollingsworth, J. R.; Boyer, R. (Hg.): Contemporary Capitalism. The Embeddedness of Institutions. Cambridge, S. 265-310

Hollingsworth, J. R. (1997b): The Institutional Embeddedness of American Capitalism. In: Crouch, C.; Streeck, W. (Hg.): Political Economy of Modern Capitalism. Mapping Convergence and Diversity. London, S. 133-147

Höpner, M. (2003): Wer beherrscht die Unternehmen? Shareholder Value, Managerherrschaft und Mitbestimmung in Deutschland. Frankfurt/M.

Höpner, M.; Jackson, G. (2001): Entsteht ein Markt für Unternehmenskontrolle? Der Fall Mannesmann. In: Leviathan, Jg. 29, S. 544-563

Houseman, S. N.; Abraham, K. G. (1995): Labor Adjustment under different Institutional Structures. A Case Study of Germany and the United States. In: Buttler, F.; Franz, W.; Schettkat, R.; Soskice, D. (Hg.): Institutional Frameworks and Labor Market Performance. Comparative Views on the U.S. and German Economies. London, S. 285-315

Hromadka, W. (2003): Gesetzliche Tariföffnungsklauseln – Unzulässige Einschränkung der Koalitionsfreiheit oder Funktionsbedingung der Berufsfreiheit? In: Neue Juristische Wochenschrift, Jg. 56, S. 1273-1277

Huber, B.; Burkhard, O.; Klebe, T. (2005): Tarifpolitik ist Betriebspolitik, Betriebspolitik ist Tarifpolitik. In: WSI Mitteilungen, Jg. 58, S. 656-662

Hübler, O. (2003): Fördern oder behindern Betriebsräte die Unternehmensentwicklung? In: Perspektiven der Wirtschaftspolitik, Jg. 4, S. 379-397

Hübler, O. (2005a): Betriebliche Vereinbarungen zur Beschäftigungs- und Standortsicherung. In: Bellmann, L.; Hübler, O.; Meyer, W.; Stephan, G. (Hg.): Institutionen, Löhne und Beschäftigung (BeitrAB 294). Nürnberg, S. 157-173

Hübler, O. (2005b): Sind betriebliche Bündnisse für Arbeit erfolgreich? In: Jahrbücher für Nationalökonomie und Statistik, Jg. 225, S. 630-652

Hübler, O. (2006): Quo vadis, betriebliches Bündnis? In: Wirtschaftsdienst, Jg. 86, S. 96-101

Hübler, O.; Jirjahn, U. (2003): Works Councils and Collective Bargaining in Germany: The Impact of Productivity and Wages. In: Scottish Journal of Political Economy, Jg. 50, S. 471-491

Hufbauer, G. C.; Goodrich, B. (2003): Steel Policy: The Good, the Bad, and the Ugly (International Economics Policy Briefs, No. PB03-1). Washington

Hunter, L. W. (1998): Can Strategic Participation be institutionalized? Union Representation on American Corporate Boards. In: Industrial and Labor Relations Review, Jg. 51, S. 557-578

Hutchens, R. M. (1989): Seniority, Wages, and Productivity. In: Journal of Economic Perspectives, Jg. 3, S. 49-64

Hüther, M. (2005): Globalisierung der Wirtschaft: Ist eine nationale Tarifpolitik noch möglich? In: Busch, A.; Frey, H.P.; Hüther, M.; Rehder, B.; Streeck, W. (Hg.): Tarifpolitik im Umbruch. Köln, S. 7-47

Jacobi, O. (2001): Chancen und Barrieren gewerkschaftlicher Kooperation auf globaler und europäischer Ebene. In: Abel, J.; Sperling, H. J. (Hg.): Umbrüche und Kontinuitäten. Perspektiven nationaler und internationaler Arbeitsbeziehungen. München, S. 349-367

Jacobi, O.; Keller, B.; Müller-Jentsch, W. (1998): Germany: Facing New Challenges. In: Ferner/Hyman 1998, S. 190-238

Jacoby, S. M. (1991): American Exceptionalism Revisited: The Importance of Management. In: Jacoby, S. M. (Hg.): Masters to Managers. Historical and Comparative Perspectives on American Employers. New York, S. 173-241

Jacoby, S. M. (2004): Employing Bureaucracy. Managers, Unions, and the Transformation of Work in the 20th Century (2nd ed.). Mahwah

Jacoby, S. M.; Mitchell, D. J. B. (1984): Employer Preferences for Long-Term Contracts. In: Journal of Labor Research, Jg. 5, S. 215-228

Jacoby, S. M.; Mitchell, D. J. B. (1986): Management Attitudes toward Two-Tier Pay Plans. In: Journal of Labor Research, Jg. 12, S. 221-237

Jahn, E. (2004): Employment at Will versus Employment against Will – Kündigungsschutz in Deutschland und den USA im Vergleich. In: Industrielle Beziehungen, Jg. 11, S. 177-202

Jarrell, S. B.; Stanley, T. D. (1990): A Meta-Analysis of the Union-Nonunion Wage Gap. In: Industrial and Labor Relations Review, Jg. 44, S. 54-67

Jirjahn, U. (2003): Betriebsräte, Tarifverträge und betriebliches Lohnniveau. In: Mitteilungen aus der Arbeitsmarkt- und Berufsforschung, Jg. 36, S. 649-660

Johnson, N. B. (2002): Airlines: Can Collective Bargaining Weather the Storm? In: Clark et al. 2002a, S. 15-53

Jones, D. C.; Pliskin, J. (1991): The Effects of Worker Participation, Employee Ownership, and Profit Sharing on Economic Performance: A Partial Review. In: Russell, R.; Rus, V. (Hg.): International Handbook of Participation in Organizations, Vol. II. Oxford, S. 43-63

Jürgens, U. (1983): Die Entwicklung von Macht, Herrschaft und Kontrolle im Betrieb als politischer Prozeß – Eine Problemskizze zur Arbeitspolitik. In: Naschold, F. (Hg.): Arbeitspolitik. Leviathan Sonderheft 5, Opladen, S. 58-91

Jürgens, U.; Naumann, K.; Rupp, J. (2000): Sharehoder Value in an Adverse Environment: The German Case. In: Economy and Society, Jg. 29, S. 54-79

Juris, H. A. (1969): Union Crisis Wage Decisions. In: Industrial Relations, Jg. 8, S. 247-258

Kaden, T. (2003): Individuelle Bündnisse für Arbeit und Günstigkeitsprinzip. Frankfurt/M.

Kädtler, J. (2003): Tarifpolitik und tarifpolitisches System in der Bundesrepublik. In: Schroeder, W.; Weßels, B. (Hg.): Die Gewerkschaften in Politik und Gesellschaft der Bundesrepublik Deutschland. Ein Handbuch. Wiesbaden, S. 344-375

Kädtler, J.; Sperling, H. J. (2002): After Globalisation and Financialisation: Logics of Bargaining in the German Automotive Industry. In: Competition and Change, Jg. 6, S. 149-168

Kädtler, J.; Sperling, H. J. (2003): Globalization and Financialization as Triggers for Enterprise Reorganisation and the Impact on Industrial Relations. In: SOFI-Mitteilungen, Jg. 31, S. 53-65

Kassalow, E. M. (1982): Concession Bargaining – Something Old, but also Something Quite New. In: Proceedings of the 35th Annual Meeting, Madison, S. 372-382

Kassalow, E. M. (1984): The Future of American Unionism: A Comparative Perspective. In: Annals of the American Academy of Political and Social Sciences, Jg. 473, S. 52-63

Kassalow, E. M. (1988): Concession Bargaining: Towards new Roles for American Unions and Managers. In: International Labour Review, Jg. 127, S. 573-592

Katz, H. C. (1985): Shifting Gears. Changing Labor Relations in the U.S. Automobile Industry. Cambridge

Katz, H. C. (1987): Automobiles. In: Lipsky, D. B.; Donn, C. B. (Hg.): Collective Bargaining in American Industry. Contemporary Perspectives and Future Directions. Lexington, S. 13-53

Katz, H. C. (1988): Policy Debates over Work Reorganization in North American Unions. In: Hyman, R.; Streeck, W. (Hg.): New Technology and Industrial Relations: International Experiences. Oxford, S. 220-232

Katz, H. C. (1993): The Decentralization of Collective Bargaining: A Literature Review and Comparative Analysis. In: Industrial and Labor Relations Review, Jg. 47, S. 3-22

Katz, H. C. (2004): United States. The Spread of Coordination and Decentralization without National-Level Tripartism. In: Katz, H. C.; Lee, W.; Lee, J. (Hg.): The New Structure of Labor Relations. Tripartism and Decentralization. Ithaca, S. 192-212

Katz, H. C.; Darbishire, O. (2000): Converging Divergences: Worldwide Changes in Employment Systems. Ithaca

Katz, H. C.; Kochan, T. A. (2000): An Introduction to Collective Bargaining and Industrial Relations (2nd ed.). New York

Katz, H. C.; Kochan, T. A.; McKersie, R. B. (1990): A Reaction to the Debate. In: Chelius/ Dworkin 1990b, S. 189-201

Katz, H. C.; MacDuffie, J. P. (1994): Collective Bargaining in the U.S. Auto Assembly Sector. In: Voos 1994a, S. 181-223

Katz, H. C.; MacDuffie, J. P.; Pil, F. K. (2002): Autos: Continuity and Change in Collective Bargaining. In: Clark et al. 2002a, S. 55-90

Katz, H. C.; Meltz, N. (1991): Profit Sharing and Auto Workers' Earnings: The United States vs. Canada. In: Relations Industrielles, Jg. 42, S. 513-530

Katz, H. C.; Sabel, C. F. (1985): Industrial Relations and Industrial Adjustment in the Car Industry. In: Industrial Relations, Jg. 24, S. 295-315

Katz, H. C.; Wheeler, H. N. (2004): Employment Relations in the United States of America. In: Bamber et al. 2004a, S. 67-90

Kaufman, B. E. (2002): Models of Union Wage Determination: What have we learned since Dunlop and Ross? In: Industrial Relations, Jg. 41, S. 110-158

Kaufman, B. E.; Hotchkiss, J. L. (2000): The Economics of Labor Markets (5th ed.). Orlando

Kaufman, B. E.; Martinez-Vazquez, J. (1987): The Ross-Dunlop Debate and Union Wage Concessions: A Median Voter Analysis. In: Journal of Labor Research, Jg. 8, S. 291-305

Kaufman, B. E.; Martinez-Vazquez, J. (1988): Voting for Wage Concessions: The Case of the 1982 GM-UAW Negotiations. In: Industrial and Labor Relations Review, Jg. 41, S. 183-194

Kaufman, B. E.; Martinez-Vazquez, J. (1990): Monopoly, Efficient Contract, and Median Voter Models of Union Wage Determination: A Critical Comparison. In: Journal of Labor Research, Jg. 11, S. 401-423

Kaufmann, F.-X. (2001): Der deutsche Sozialstaat im internationalen Vergleich. In: Bundesministerium für Arbeit und Sozialordnung; Bundesarchiv (Hg.): Geschichte der Sozialpolitik in Deutschland seit 1945. Band 1: Grundlagen der Sozialpolitik. Baden-Baden, S. 799-987

Keefe, J.; Boroff, K. (1994): Telecommunications Labor-Management Relations after Divestiture. In: Voos 1994a, S. 303-371

Keller, B. (1997): International vergleichende Arbeitsbeziehungen: USA – Deutschland. In: Heidack, C. (Hg.): Arbeitsstrukturen im Umbruch. Festschrift für Friedrich Fürstenberg (2. Aufl.). München, S. 227-250

Keller, B. (1999): Einführung in die Arbeitspolitik. Arbeitsbeziehungen und Arbeitsmarkt in sozialwissenschaftlicher Perspektive (6. Aufl.). München

Keller, B. (2000): Arbeitspolitik als Anwendungsgebiet von „Rational Choice“. In: Industrielle Beziehungen, Jg. 7, S. 69-96

Keller, B. (2004): Employment Relations in Germany. In: Bamber et al. 2004a, S. 211-253

Keller, B.; Seifert, H. (2004): Flexicurity – the German Trajectory. In: Transfer, Jg. 10, S. 226-247

Kern, H.; Schumann, M. (1984): Das Ende der Arbeitsteilung? Rationalisierung in der industriellen Produktion. München

Kerr, C.; Dunlop, J. T.; Harbison, F. H.; Myers, C. A. (1960): Industrialism and Industrial Man. The Problems of Labor and Management in Economic Growth. Cambridge

King, G.; Keohane, R. O.; Verba, S. (1994): Designing Social Inquiry. Scientific Inference in Qualitative Research. Princeton

Kirkbridge, P. (1985): Power in Industrial Relations Research. In: Industrial Relations Journal, Jg. 16, S. 44-56

Kirsch, J. (2003): Die Allgemeinverbindlicherklärung von Tarifverträgen – ein Instrument in der Krise. In: WSI Mitteilungen, Jg. 56, S. 405-412

Kirstein, R.; Kittner, M.; Schmidtchen, D. (2001): Kündigungsschutzrecht in den USA und Deutschland: ein Beitrag zur ökonomischen Rechtsvergleichung. In: Ott, C.; Schäfer, H.-B. (Hg.): Ökonomische Analyse des Arbeitsrechts (Beiträge zum VII. Travemünder Symposium zur ökonomischen Analyse des Rechts). Tübingen, S. 90-109

Kißler, L.; Greifenstein, R.; Wiechmann, E. (2003): Kommunale Bündnisse für Arbeit. Neue Perspektiven für die Zukunft der Arbeit in den Städten (Modernisierung des Öffentlichen Sektors, Sonderband 20). Berlin

Kittel, B. (2000): Gesamtwirtschaftliche Leistungseffekte betrieblicher Arbeitnehmervertretung im internationalen Vergleich. In: Industrielle Beziehungen, Jg. 7, S. 211-229

Kittner, M.; Kohler, T. C. (2002): Conditioning Expectations: The Protection of the Employment Bond in German and American Law. In: Comparative Labor Law and Policy Journal, Jg. 21, S. 263-330

Klammer, U. (2003): Altersteilzeit zwischen betrieblicher und staatlicher Sozialpolitik. In: Sozialer Fortschritt, Jg. 52, S. 39-47

Klammer, U.; Weber, H. (2001): Flexibel in den Ruhestand? – Ergebnisse und Überlegungen zur Altersteilzeit. In: WSI Mitteilungen, Jg. 54, S. 102-112

Klein-Schneider, H. (1999): Flexible Arbeitszeit (Edition der Hans-Böckler-Stiftung, Nr. 6). Düsseldorf

Klein, J. A.; Wanger, E. D. (1985): The Legal Setting for the Emergence of the Union Avoidance Strategy. In: Kochan, T. A. (Hg.): Challenges and Choices facing American Labor. Cambridge, S. 75-88

Kleiner, M. M. (2002): Intensity of Management Resistance: Understanding the Decline of Unionization in the Private Sector. In: Bennett, J. T.; Kaufman, B. E. (Hg.): The Future of Private Sector Unionism. Armonk, S. 292-316

Klenner, C.; Pfahl, S. (2005): Stabilität und Flexibilität. Ungleichmäßige Arbeitszeitmuster und familiale Arrangements. In: Seifert, H. (Hg.): Flexible Zeiten in der Arbeitswelt. Frankfurt/M., S. 124-168

Klikauer, T. (2002): Stability in Germany's Industrial Relations: A Critique on Hassel's Erosion Thesis. In: British Journal of Industrial Relations, Jg. 40, S. 295-308

Klobes, F. (2006): Clustermobilität: Flexibilität trotz lokaler Bindungen. In: WSI Mitteilungen, Jg. 59, S. 35-40

Knudsen, H. (2004): European Works Councils – Potential and Obstacles on the Road to Employee Influence in Multinational Companies. In: Industrielle Beziehungen, Jg. 11, S. 203-220

Koch, A.; Bäcker, G. (2003): Mit Mini- und Midi-Jobs aus der Arbeitslosigkeit? In: Sozialer Fortschritt, Jg. 52, S. 94-102

Kochan, T. A.; Katz, H. C.; McKersie, R. B. (1986): The Transformation of American Industrial Relations. New York

Kochan, T. A.; Katz, H. C.; McKersie, R. B. (1991): Strategic Choice and Industrial Relations Theory: An Elaboration. In: Katz, H. C. (Hg.): The Future of Industrial Relations. Proceedings of the Second Bargaining Group Conference. Ithaca, S. 104-115

Kochan, T. A.; McKersie, R. B.; Cappelli, P. (1984): Strategic Choice and Industrial Relations Theory. In: Industrial Relations, Jg. 23, S. 16-39

Kochan, T. A.; Osterman, P. (1994): The Mutual Gains Enterprise. Forging a Winning Partnership among Labor, Management, and Government. Boston

Kochan, T. A.; Weinstein, M. (1994): Recent Developments in US Industrial Relations. In: British Journal of Industrial Relations, Jg. 32, S. 483-504

Kodré, P.; Roggenkamp, M.; Roth, C.; Scheffelt, E. (Hg.) (2005): Lokale Beschäftigungsbündnisse. Europäische Perspektiven in Forschung und Praxis. Berlin

Kohaut, S.; Schnabel, C. (2003a): Tarifverträge – nein danke!? Ausmaß und Einflussfaktoren der Tarifbindung west- und ostdeutscher Betriebe. In: Jahrbücher für Nationalökonomie und Statistik, Jg. 223, S. 312-331

Kohaut, S.; Schnabel, C. (2003b): Verbreitung, Ausmaß und Determinanten der übertariflichen Entlohnung. In: Mitteilungen aus der Arbeitsmarkt- und Berufsforschung, Jg. 36, S. 661-671

Kohaut, S.; Schnabel, C. (2003c): Zur Erosion des Flächentarifvertrags: Ausmaß, Einflussfaktoren und Gegenmaßnahmen. In: Industrielle Beziehungen, Jg. 10, S. 193-219

Köhnen, H. (2000): Industrielle Beziehungen und betriebliche Auseinandersetzungen in Nordamerika. Neue Unternehmensstrategien und die Automobilgewerkschaften UAW und CAW. Münster

Kölling, A.; Lehmann, K. (2001): Arbeitszeitregelungen und Tarifbindung. In: Bellmann, L.; Gerlach, K.; Hübler, O.; Meyer, W. (Hg.): Beschäftigungseffekte betrieblicher Arbeitszeitgestaltung (BeitrAB 251). Nürnberg, S. 105-133

Kommission Mitbestimmung (1998): Mitbestimmung und neue Unternehmenskulturen. Bilanz und Perspektiven. Gütersloh

Körner, M. (2000): Zum Verständnis des tarifvertraglichen Günstigkeitsprinzips. In: Recht der Arbeit, Jg. 53, S. 140-147

Kotthoff, H. (1994): Betriebsräte und Bürgerstatus. Wandel und Kontinuität betrieblicher Mitbestimmung. München

Kotthoff, H. (1998): Mitbestimmung in Zeiten interessenpolitischer Rückschritte. Betriebsräte zwischen Beteiligungsofferten und „gnadenlosem Kostensenkungsdiktat“. In: Industrielle Beziehungen, Jg. 5, S. 76-100

Kotthoff, H.; Reindl, J. (1990): Die soziale Welt der kleinen Betriebe. Wirtschaften, Arbeiten und Leben im mittelständischen Industriebetrieb. Göttingen

Krueger, A. B. (1991): The Evolution of the Unjust-Dismissal Legislation in the United States. In: Industrial and Labor Relations Review, Jg. 44, S. 644-660

Kühl, J. (1986): Arbeitsmarkt, Beschäftigung und Einkommen in den USA. In: Bundesanstalt für Arbeit (Hg.): Wirtschafts- und Arbeitsmarktentwicklung in den USA und der Bundesrepublik Deutschland. Fachsymposium am 18. und 19. Juni 1985 in Nürnberg (BeitrAB 96). Nürnberg, S. 392-431

Kutscher, J.; Weidinger, M.; Hoff, A. (1996): Flexible Arbeitszeitgestaltung. Praxis-Handbuch zur Einführung innovativer Arbeitszeitmodelle. Wiesbaden

Kutscher, R. E.; Personick, V. A. (1986): Deindustrialization and the Shift to Services. In: Monthly Labor Review, Jg. 109/6, S. 3-13

Lane, C. (2005): Institutional Transformation and System Change: Changes in the Corporate Governance of German Corporations. In: Morgan, G.; Whitley, R.; Moen, E. (Hg.): Changing Capitalisms? Internationalization, Institutional Change, and Systems of Economic Organization. Oxford, S. 78-109

Langer, A. (1994): Arbeitgeberverbandsaustritte – Motive, Abläufe und Konsequenzen. In: Industrielle Beziehungen, Jg. 1, S. 132-154

Latulippe, D.; Turner, J. (2000): Partial Retirement and Pension Policy in Industrialized Countries. In: International Labour Review, Jg. 139, S. 179-195

Lawler, E. J.; Bacharach, S. B. (1986): Power Dependance in Collective Bargaining. In: Advances in Industrial and Labor Relations, Jg. 3, S. 191-212

Lawler, J. J.; West, R. (1985): Impact of Union-Avoidance Strategy in Representation Elections. In: Industrial Relations, Jg. 24, S. 406-420

Leap, T. L.; Grigsby, D. W. (1986): A Conceptualization of Bargaining Power. In: Industrial and Labor Relations Review, Jg. 39, S. 202-213

Lecher, W.; Platzer, W.; Rüb, S.; Weiner, K.-P. (1999): Europäische Betriebsräte – Perspektiven ihrer Entwicklung und Vernetzung. Eine Studie zur Europäisierung der Arbeitsbeziehungen. Baden-Baden

Lehmann, K. (2002): Entwicklungsperspektiven von Tarifverträgen. In: Industrielle Beziehungen, Jg. 9, S. 301-318

Lehmann, U. (1996): Dynamik und Beschäftigungsentwicklung der ostdeutschen Betriebe 1991-1995. In: Mitteilungen aus der Arbeitsmarkt- und Berufsforschung, Jg. 29, S. 580-588

Lehmbruch, G. (1996): Die ostdeutsche Transformation als Strategie des Institutionentransfers: Überprüfung und Antikritik. In: Eisen, A.; Wollmann, H. (Hg.): Institutionenbildung in Ostdeutschland. Zwischen externer Steuerung und Eigendynamik. Opladen, S. 63-78

Lehndorff, S. (2003): The Long Good-Bye? Tarifvertragliche Arbeitszeitregulierung und gesellschaftlicher Arbeitszeitstandard. In: Industrielle Beziehungen, Jg. 10, S. 273-295

Lengfeld, H.; Liebig, S. (2003): Arbeitsbeziehungen und Gerechtigkeit. Stand und Perspektiven der empirischen Forschung. In: Industrielle Beziehungen, Jg. 10, S. 472-490

Lewin, D. (1982): Public Sector Concession Bargaining: Lessons for the Private Sector. In: Proceedings of the 35th Annual Meeting, Madison, S. 383-393

Lewis, H. G. (1986): Union Relative Wage Effects: A Survey. Chicago

Lijphart, A. (1971): Comparative Politics and the Comparative Method. In: American Political Science Review, Jg. 65, S. 682-693

Lillie, N.; Martínez Lucio, M. (2003): Globalisierung und gewerkschaftliche Solidarität. In: WSI Mitteilungen, Jg. 56, S. 555-559

Lindbeck, A.; Snower, D. (1988): The Insider-Outsider Theory of Employment and Unemployment. Cambridge

Lindbeck, A.; Snower, D. (2001): Insiders versus Outsiders. In: Journal of Economic Perspectives, Jg. 15, S. 165-188

Linke, L. (1993): Kurzarbeit im Strukturwandel. Eine Analyse in der Bundesrepublik während der achtziger Jahre unter Einbeziehung erster Erfahrungen in den neuen Bundesländern. Berlin: Wissenschaftszentrum Berlin für Sozialforschung (WZB), discussion paper FS I 93 – 206,

Linsenmayer, T. (1986): Concession Bargaining in the United States. In: Labour and Society, Jg. 11, S. 207-220

Lipset, S. M. (1986): North American Labor Movements: A Comparative Perspective. In: Lipset, S. M. (Hg.): Unions in Transition. Entering the Second Century. San Francisco, S. 421-452

Lipset, S. M.; Katchanovski, I. (2002): The Future of Private Sector Unions in the U.S. In: Bennett, J. T.; Kaufman, B. E. (Hg.): The Future of Private Sector Unionism. Armonk, S. 9-27

Livernash, R. E. (1963): The Relation of Power and the Structure and Process of Collective Bargaining. In: Journal of Law and Economics, Jg. 6, S. 10-40

Locke, R. M.; Kochan, T. A.; Piore, M. J. (1995): Reconceptualizing Comparative Industrial Relations: Lessons from International Research. In: International Labour Review, Jg. 134, S. 139-161

Locke, R. M.; Thelen, K. (1995): Apples and Oranges Revisited: Contextualized Comparisons and the Study of Comparative Labor Politics. In: Politics & Society, Jg. 23, S. 337-367

Lohr, K. (2004): Transformation ostdeutscher Wirtschaft revisited – Defizite und Erkenntnispotentiale. In: Artus, I.; Trinczek, R. (Hg.): Über Arbeit, Interessen und andere Dinge. Phänomene, Strukturen und Akteure im modernen Kapitalismus. München, S. 237-259

Lohr, K.; Schmidt, R. (1997): Industrielle Beziehungen und innerbetriebliche Konsolidierungsstrategien. In: Beer, D.; Brinkmann, C.; Deeke, A.; Schenk, S. (Hg.): Der ostdeutsche Arbeitsmarkt in Gesamtdeutschland. Angleichung oder Auseinanderdriften? Opladen, S. 135-148

Long, J. S. (1997): Regression Models for Categorical and Limited Dependent Variables. Thousand Oaks

Lüthje, B. (1993): Die Neuordnung der Telekommunikationsindustrie in den USA. Wiesbaden

Lüthje, B.; Scherrer, C. (1994): Jenseits des Sozialpakts. Neue Unternehmensstrategien, Gewerkschaften und Arbeitskämpfe in den USA. In: Lüthje, B.; Scherrer, C. (Hg.): Jenseits des Sozialpakts. Neue Unternehmensstrategien, Gewerkschaften und Arbeitskämpfe in den USA (2. Aufl.). Münster, S. 9-30

Lutz, B. (1984): Der kurze Traum immerwährender Prosperität. Eine Neuinterpretation der industriell-kapitalistischen Entwicklung im Europa des 20. Jahrhunderts. Frankfurt/M.

Madrian, B. C. (2006): The U.S. Health Care System and Labor Markets (NBER Working Paper Series, No. 11980). Cambridge

Maier, L.; Schautis, B. (2000): Die tarifliche Situation in den untersuchten Branchen im Überblick. Ergebnisse der schriftlichen Befragung. In: Oppolzer, A.; Zachert, U. (Hg.): Krise und Zukunft des Flächentarifvertrages. Baden-Baden, S. 15-34

Mair, A. (1997): Strategic Localization. The Myth of the Postnational Enterprise. In: Cox, K. R. (Hg.): Spaces of Globalization. Reasserting the Power of the Local. New York, S. 64-88

Maliszewski, B.; Neumann, G. (2003): Bündnisse für Arbeit – Best Practice aus Ländern und Regionen (Edition der Hans-Böckler-Stiftung, Nr. 85). Düsseldorf

Mangum, G. L.; McNabb, R. S. (1997): The Rise, Fall, and Replacement of Industrywide Bargaining in the Basic Steel Industry. Armonk

Manzini, P.; Snower, D. (2002): Wage Determination and the Sources of Bargaining Power (IZA Discussion Paper, No. 535). Bonn

Marchlewitz, G. (1997): Globalisierung, Sozialkonkurrenz und die Notwendigkeit internationaler Zusammenarbeit. In: WSI Mitteilungen, Jg. 50, S. 771-779

Mares, I. (2001): Enterprise Reorganization and Social Insurance Reform: The Development of Early Retirement in France and Germany. In: Governance, Jg. 14, S. 295-317

Marginson, P.; Sisson, K. (1998): European Collective Bargaining: A Virtual Prospect? In: Journal of Common Market Studies, Jg. 36, S. 505-528

Marginson, P.; Sisson, K. (2002): European Dimensions to Collective Bargaining: New Symmetries within an asymmetric Process? In: Industrial Relations Journal, Jg. 33, S. 332-350

Markovits, A. S. (1989): Gewerkschaften: Strukturen und Strategien im Wandel – Die Beispiele Bundesrepublik, USA und Japan. In: Gewerkschaftliche Monatshefte, Jg. 39, S. 51-64

Markusen, J. R. (2001): Contracts, Intellectual Property Rights, and Multinational Investment in Developing Countries. In: Journal of International Economics, Jg. 53, S. 189-204

Martin, J. E. (1990): Two-Tier Compensation Structures. Their Impact on Unions, Employers, and Employees. Kalamazoo

Martin, J. E.; Heetderks, T. D. (1994): An Exploratory Study of Employee Perceptions of Lump-Sum Payments. In: Advances in Industrial and Labor Relations, Jg. 6, S. 163-181

Martin, J. E.; Peterson, M. M. (1987): Two-Tier Wage Structures: Implications for Equity Theory. In: Academy of Management Journal, Jg. 30, S. 297-315

Martin, R. (1977): The Sociology of Power. London

Martin, R. (1992): Bargaining Power. Oxford

Martin, R.; Bamber, G. J. (2004): International Comparative Employment Relations Theory: Developing the Political Economy Perspective. In: Kaufman, B. E. (Hg.): Theoretical Perspectives on Work and the Employment Relationship. Urbana-Champaign, S. 293-320

Martínez Lucio, M.; Weston, S. (2000): European Works Councils and 'Flexible Regulation': The Politics of Intervention. In: European Journal of Industrial Relations, Jg. 6, S. 203-216

Massa-Wirth, H. (2006): Institutionalism and Bargaining Power in Comparative IR. In: Proceedings of the 58th Annual Meeting, Urbana-Champaign, S. 206-222

Massa-Wirth, H.; Niechoj, T. (2004): Supranational Coordination but National Fragmentation? The Interplay of European Economic Policy and Firm-Level Pacts in Germany (unveröffentlichtes Papier für die Sektionstagung „Politik und Ökonomie" der DVPW). Köln

Massa-Wirth, H.; Seifert, H. (2004): Betriebliche Bündnisse für Arbeit nur mit begrenzter Reichweite? In: WSI Mitteilungen, Jg. 57, S. 246-254

Massa-Wirth, H.; Seifert, H. (2005): German Pacts for Employment and Competitiveness. Concessionary Bargaining as a Reaction to Globalisation and European Integration? In: Transfer, Jg. 11, S. 26-44

Massa-Wirth, H.; Seifert, H. (2006): Betriebliche Bündnisse für Arbeit – Flexibilisierung der Personalpolitik. In: Nienhüser, W. (Hg.): Beschäftigungspolitik von Unternehmen. Theoretische Erklärungsansätze und empirische Erkenntnisse. München, S. 175-195

Mauer, A.; Seifert, H. (2001): Betriebliche Beschäftigungs- und Wettbewerbsbündnisse – Strategien für Krisenbetriebe oder regelungspolitische Normalität? In: WSI Mitteilungen, Jg. 54, S. 490-500

McAllinden, S. P. (2004): The Meaning of the 2003 UAW-Automotive Pattern Agreement. Research Report for the Auto Industry of the Future Program. Ann Arbor

McDonald, I.; Solow, R. (1981): Wage Bargaining and Employment. In: American Economic Review, Jg. 71, S. 896-908

McHugh, P. P.; Cutcher-Gershenfeld, J. E.; Polzin, M. (1999): Employee Stock Ownership Plans: Union Influence and Stakeholder Interests. In: Economic and Industrial Democracy, Jg. 20, S. 535-560

McKersie, R. B. (2003): Union-nominated Directors. A new Voice in Corporate Governance. In: Kochan, T. A.; Lipsky, D. B. (Hg.): Negotiations and Change. From the Workplace to Society. Ithaca, S. 223-243

Mesa, J. M. (1984): Short-Time Working or Lay-Offs? Experience from Canada and California. In: International Labour Review, Jg. 123, S. 99-115

Messenger, J. C. (2004): Working Time at the Enterprise Level. Business Objectives, Firms' Practices and Workers' Preferences. In: Messenger, J.C. (Hg.): Working Time and Workers' Preferences in Industrialized Countries. Finding the Balance. London, S. 147-194

Meyer, W.; Pfeifer, C. (2005): Flexiblere Anpassung mit befristeten Beschäftigungsverhältnissen? Eine empirische Analyse mit Firmendaten für Niedersachsen. In: Bellmann, L.; Hübler, O.; Meyer, W.; Stephan, G. (Hg.): Institutionen, Löhne und Beschäftigung (BeitrAB 294). Nürnberg, S. 175-188

Michaelis, J. (1997): Zur Ökonomie von Entlohnungssystemen. Tübingen

Michels, R. (1911): Zur Soziologie des Parteiwesens in der modernen Demokratie. Untersuchungen über die oligarchischen Tendenzen des Gruppenlebens. Leipzig

Mills, D. Q. (1983): When Employees make Concessions. In: Harvard Business Review, Jg. 61/5-6, S. 103-113

Milner, S. (1994): Comparative Industrial Relations: Towards New Paradigms? In: Journal of Area Studies, Jg. 5, S. 19-33

Mishel, L. (1986): The Structural Determinants of Union Bargaining Power. In: Industrial and Labor Relations Review, Jg. 40, S. 90-104

Mitchell, D. J. B. (1972): Union Wage Policies: The Ross-Dunlop Debate reopened. In: Industrial Relations, Jg. 11, S. 46-61

Mitchell, D. J. B. (1982a): Gain-Sharing: An Anti-Inflation Reform. In: Challenge, Jg. 25/7-8, S. 18-25

Mitchell, D. J. B. (1982b): Recent Union Contract Concessions. In: Brookings Papers on Economic Activity, Jg., S. 165-204

Mitchell, D. J. B. (1985a): Concession Bargaining and Wage Determination. In: Business Economics, Jg. 21, S. 45-50

Mitchell, D. J. B. (1985b): Shifting Norms in Wage Determination. In: Brookings Papers on Economic Activity, S. 575-599

Mitchell, D. J. B. (1985c): Wage Flexibility: Then and now. In: Industrial Relations, Jg. 24, S. 266-279

Mitchell, D. J. B. (1986a): Alternative Explanations of Union Wage Concessions. In: California Management Review, Jg. 29, S. 95-108

Mitchell, D. J. B. (1986b): Concession Bargaining in the Public Sector: A Lesser Force. In: Public Personnel Management, Jg. 15, S. 23-40

Mitchell, D. J. B. (1990): Is Pattern Bargaining dead? A Discussion. In: Industrial and Labor Relations Review, Jg. 44, S. 156-159

Mitchell, D. J. B. (1994): A Decade of Concession Bargaining. In: Kerr, C.; Staudohar, P. D. (Hg.): Labor Economics and Industrial Relations, Cambridge, S. 435-474

Mitchell, O. S. (1983): Fringe Benefits and the Cost of Changing Jobs. In: Industrial and Labor Relations Review, Jg. 37, S. 70-78

Mitchell, O. S.; Luzadis, R. A. (1988): Changes in Pension Incentives through Time. In: Industrial and Labor Relations Review, Jg. 42, S. 100-108

Morrison, S. A. (1989): US Domestic Aviation. In: Button, K.; Swann, D. (Hg.): The Age of Regulatory Reform. Oxford, S. 141-165

Möschel, W. (1996): Ist die Tarifautonomie noch zeitgemäß? In: Zeitschrift für Wirtschaftspolitik, Jg. 45, S. 39-48

Mosley, H.; Kruppe, T. (1996): Employment Stabilization through Short-Time Work. In: Schmid, G.; O'Reilly, J.; Schömann, K. (Hg.): International Handbook of Labour Market Policy and Evaluation. Cheltenham, S. 594-622

Mückenberger, U. (1985): Die Krise des Normalarbeitsverhältnisses – Hat das Arbeitsrecht noch Zukunft? In: Zeitschrift für Sozialreform, Jg. 35, S. 415-434; 457-475

Mueller, H. G. (1982): The Steel Industry. In: Annals of the American Academy of Political and Social Sciences, Jg. 460, S. 73-82

Müller-Jentsch, W. (1995a): Germany: From Collective Voice to Co-Management. In: Rogers, J.; Streeck, W. (Hg.): Works Councils. Consultation, Representation, and Cooperation in Industrial Relations. Chicago, S. 53-78

Müller-Jentsch, W. (1995b): Lernprozesse mit konträren Ausgängen. Tarifautonomie und Betriebsverfassung in der Weimarer und Bonner Republik. In: Gewerkschaftliche Monatshefte, Jg. 46, S. 317-328

Müller-Jentsch, W. (1995c): Mitbestimmung als kollektiver Lernprozeß. Versuch über die Betriebsverfassung. In: Rudolph, K.; Wickert, C. (Hg.): Geschichte als Möglichkeit. Über die Chancen der Demokratie. Essen, S. 42-54

Müller-Jentsch, W. (1997): Soziologie der Industriellen Beziehungen. Eine Einführung (2. Aufl.). Frankfurt/M.

Müller-Jentsch, W. (2005): Kommentar: Welche Zukunft hat die Mitbestimmung? In: WSI Mitteilungen, Jg. 58, S. 354

Müller, H.-E. (2002): Unter Strom: Betriebliche Bündnisse bei Energieversorgern. In: Seifert, H. (Hg.): Betriebliche Bündnisse für Arbeit. Rahmenbedingungen – Praxiserfahrungen – Zukunftsperspektiven. Berlin, S. 165-186

Müller, M. (2005): Die Institution Betriebsrat aus personalwirtschaftlicher Sicht. In: WSI Mitteilungen, Jg. 58, S. 554-560

Müller, T.; Platzer, W. (2003): European Works Councils. A New Mode of EU Regulation and the Emergence of a European Multi-level Structure of Workplace Industrial Relations. In: Keller, B.; Platzer, W. (Hg.): Industrial Relations and European Integration. Trans- and Supranational Developments and Prospects. Aldershot, S. 58-84

Müller, T.; Platzer, W.; Rüb, S. (2004): Grenzübergreifende Arbeitsbeziehungen in globalen Konzernen (Arbeitspapier, Nr. 98). Düsseldorf

Müller, T.; Platzer, W.; Rüb, S. (2006): Weltbetriebsräte und globale Netzwerke – Instrumente internationaler Solidarität? In: WSI Mitteilungen, Jg. 59, S. 5-9

Munnell, A. H.; Lee, J. G.; Meme, K. B. (2004): An Update on Pension Data (Center for Retirement Research, Issue in Brief, No. 20). Boston

Murray, A. I.; Reshef, Y. (1988): American Manufacturing Unions' Stasis: A Paradigmatic Perspective. In: Academy of Management Review, Jg. 13, S. 615-626

Nagel, B. (2001): Tarifstrukturen und Zukunft des Flächentarifvertrages in Deutschland. In: Ott, C.; Schäfer, H.-B. (Hg.): Ökonomische Analyse des Arbeitsrechts (Beiträge zum VII. Travemünder Symposium zur ökonomischen Analyse des Rechts). Tübingen, S. 30-44

Neumann, G. (2000): Bündnisse für Arbeit in Deutschland – Ein Überblick. In: WSI Mitteilungen, Jg. 53, S. 419-429

Niebler, M.; Schmiedl, W. (2001): Sind Abweichungen vom Tarifvertrag zur Beschäftigungssicherung zulässig? In: Betriebs-Berater, Jg. 56, S. 1631-1636

Nienhüser, W. (2003): Macht. In: Martin, A. (Hg.): Organizational Behaviour – Verhalten in Organisationen. Stuttgart, S. 139-172

Nienhüser, W. (2005): Der Einfluss des Betriebsrats-Typs auf die Nutzung und Bewertung von Betriebsvereinbarungen. Ergebnisse einer empirischen Untersuchung. In: Industrielle Beziehungen, Jg. 12, S. 5-27

Nienhüser, W.; Baumhus, W. (2002): „Fremd im Betrieb": Der Einsatz von Fremdfirmenpersonal als Arbeitskräftestrategie. In: Martin, A.; Nienhüser, W. (Hg.): Neue Formen der Beschäftigung – neue Personalpolitik? München, S. 61-120

NLRB (1997): Basic Guide to the National Labor Relations Act. General Principles of Law under the Statute and Procedures of the National Labor Relations Board. Washington

Northrup, H. R. (1984): The Rise and Demise of PATCO. In: Industrial and Labor Relations Review, Jg. 37, S. 167-184

Nullmeier, F. (2004): Vermarktlichung des Sozialstaats. In: WSI Mitteilungen, Jg. 57, S. 495-500

OECD (1986): Flexibility in the Labour Market – The Current Debate. Paris

OECD (1989): Labour Market Flexibility – Trends in Enterprises. Paris

Oi, W. (1962): Labor as a Quasi-Fixed Factor. In: Journal of Political Economy, Jg. 70, S. 538-555

Olmsted, B. (1983): Changing Times: The Use of Reduced Work Time Options in the United States. In: International Labour Review, Jg. 122, S. 479-492

Olson, C. A. (2005): Understanding the New Overtime Regulations. In: Perspectives on Work, Jg. 8/2, S. 15-16

Oppolzer, A.; Zachert, U. (2000): Zur Zukunft des Tarifvertrages: Versuch einer Synthese. In: Oppolzer, A.; Zachert, U. (Hg.): Krise und Zukunft des Flächentarifvertrages. Baden-Baden, S. 215-231

Oschmiansky, H.; Oschmiansky, F. (2003): Erwerbsformen im Wandel: Integration oder Ausgrenzung durch atypische Beschäftigung? Berlin und die Bundesrepublik Deutschland im Vergleich. Berlin: Wissenschaftszentrum Berlin für Sozialforschung (WZB), discussion paper SP I 2003-106,

Oswald, A. J. (1985): The Economic Theory of Trade Unions: An Introductory Survey. In: Scandinavian Journal of Economics, Jg. 87, S. 160-193

Ozaki, M. (1999): Negotiating Flexibility. The Role of the Social Partners and the State. Genf

Paprotny, R. (2005): Flächentarif und Standortvereinbarungen: Ein Widerspruch? Ergebnisse einer qualitativen Befragung von Betriebsräten und Personalleitern der niedersächsischen chemischen Industrie. Hannover

Peoples, J. (1998): Deregulation and the Labor Market. In: Journal of Economic Perspectives, Jg. 12, S. 111-130

Peters, R.-H. (2001): Auslandsdirektinvestitionen als strategische Option in Lohnverhandlungen. Baden-Baden

Pfeffer, J.; Salancik, G. R. (1978): The External Control of Organizations. A Resource Dependence Perspective. New York

Pfeiffer, F. (2003a): Ausmaß und Konsequenzen von Lohnrigiditäten. In: Mitteilungen aus der Arbeitsmarkt- und Berufsforschung, Jg. 36, S. 616-633

Pfeiffer, F. (2003b): Lohnrigiditäten im gemischten Lohnbildungssystem. Baden-Baden

Piven, F. F. (1999): Der marktfreundliche US-amerikanische Sozialstaat. In: Lang, S.; Mayer, M.; Scherrer, C. (Hg.): Jobwunder USA – Modell für Deutschland? Münster, S. 226-238

Plovnick, M. S.; Chaison, G. N. (1985): Relationships between Concession Bargaining and Labor-Management Cooperation. In: Academy of Management Journal, Jg. 28, S. 697-704

Plunkert, L. M. (1990): The 1980's: A Decade of Job Growth and Industry Shifts. In: Monthly Labor Review, Jg. 113, S. 3-16

Pohlmann, M.; Sauer, D.; Trautwein-Kalms, G.; Wagner, A. (Hg.) (2003): Dienstleistungsarbeit: Auf dem Boden der Tatsachen. Befunde aus Handel, Industrie, Medien und IT-Branche. Berlin

Potter, E. E. (2002): Labor's Love lost? Change in the U.S. Environment and Declining Private Sector Unionism. In: Bennett, J. T.; Kaufman, B. E. (Hg.): The Future of Private Sector Unionism. Armonk, S. 188-204

Prezworski, A.; Teune, H. (1970): The Logic of Comparative Social Inquiry. New York

Promberger, M. (2002): Das VW-Modell und seine Nachfolger. Pioniere einer neuartigen Beschäftigungspolitik. München

Promberger, M.; Böhm, S.; Heyder, T.; Pamer, S.; Straß, K. (2002): Hochflexible Arbeitszeiten in der Industrie. Chancen, Risiken und Grenzen für Beschäftigte. Berlin

Pull, K. (1996): Übertarifliche Entlohnung und freiwillige betriebliche Leistungen. Personalpolitische Selbsregulierung als implizite Verhandlung. München

Pull, K. (2003): Arbeitsmarktregulierung und Standortwahl. US-amerikanische Unternehmen in Deutschland und Großbritannien. München

Pustay, M. W. (1989): Deregulation and the US Trucking Industry. In: Button, K.; Swann, D. (Hg.): The Age of Regulatory Reform. Oxford, S. 236-256

Ready, K. J. (1990): Is Pattern Bargaining dead? In: Industrial and Labor Relations Review, Jg. 43, S. 272-279

Rehder, B. (2002): Wettbewerbskoalitionen oder Beschäftigungsinitiativen? Vereinbarungen zur Standort- und Beschäftigungssicherung in deutschen Großunternehmen. In: Seifert,

H. (Hg.): Betriebliche Bündnisse für Arbeit. Rahmenbedingungen, Praxiserfahrungen, Zukunftsperspektiven. Berlin, S. 87-102

Rehder, B. (2003a): Betriebliche Bündnisse für Arbeit in Deutschland. Mitbestimmung und Flächentarif im Wandel. Frankfurt/M.

Rehder, B. (2003b): Betriebliche Bündnisse. Institutionenwandel im System der deutschen Arbeitsbeziehungen. In: Schmid, M.; Maurer, A. (Hg.): Ökonomischer und soziologischer Institutionalismus. Interdisziplinäre Beiträge und Perspektiven der Institutionentheorie und -analyse. Marburg, S. 259-276

Rehder, B. (2003c): Corporate Governance im Mehrebenensystem: Konfliktkonstellationen im Investitionswettbewerb. In: Streeck, W.; Höpner, M. (Hg.): Alle Macht dem Markt? Fallstudien zur Abwicklung der Deutschland AG. Frankfurt/M., S. 272-287

Rehder, B. (2003d): Konversion durch Überlagerung. Der Beitrag betrieblicher Bündnisse zum Wandel der Arbeitsbeziehungen. In: Beyer, J. (Hg.): Vom Zukunfts- zum Auslaufmodell? Die deutsche Wirtschaftsordnung im Wandel. Wiesbaden, S. 61-77

Rehder, B. (2004): Konfliktträchtige Konzessionen. In: Mitbestimmung, Jg. 50/6, S. 22-25

Rehder, B. (2005): Mitbestimmung im Investitionswettbewerb. In: WeltTrends, Jg. 13, S. 64-76

Rehmus, C. M. (1984): Labor and Politics in the 1980s. In: Annals of the American Academy of Political and Social Sciences, Jg. 473, S. 40-51

Reinberg, A.; Hummel, M. (2002a): Qualifikation bestimmt Position auf dem Arbeitsmarkt (IAB Kurzbericht, Nr. 15/2002). Nürnberg

Reinberg, A.; Hummel, M. (2002b): Zur langfristigen Entwicklung des Arbeitskräfteangebots und -bedarfs in Deutschland. Empirische Befunde und aktuelle Projektionsergebnisse. In: Mitteilungen aus der Arbeitsmarkt- und Berufsforschung, Jg. 35, S. 580-600

Ribhegge, H. (2002): Effiziente Firmentarifverträge aus Sicht des Right-to-Manage-Ansatzes. In: Wirtschaftswissenschaftliches Studium, Jg. 32, S. 443-449

Richter, G. (2002): Anpassung oder Gestaltung? Betriebliche Beschäftigungsbündnisse in der deutschen Metall- und Elektroindustrie. In: Seifert, H. (Hg.): Betriebliche Bündnisse für Arbeit – Rahmenbedingungen, Praxiserfahrungen, Zukunftsperspektiven. Berlin, S. 119-134

Richter, G.; Schnecking, W.; Spitzley, H. (2001): Beschäftigungssicherung durch betriebliche Arbeitszeitverkürzung. Bericht über das HBS-Projekt 99-108-3. Bremen

Robinson, I. (2001): U.S. Labor Relations: Structure and Changen since the 1980s (ZWE „Arbeit und Region" Arbeitspapier, Nr. 45). Bremen

Rones, P. L. (1984): Recent Recessions swell Ranks of the Long-Term Unemployed. In: Monthly Labor Review, Jg. 107/2, S. 25-29

Rosdücher, J. (1997): Arbeitsplatzsicherheit durch Tarifvertrag. Strategien, Konzepte, Vereinbarungen. München

Rosdücher, J.; Stehle, O. (1996): Concession Bargaining in den USA und beschäftigungssichernde Tarifpolitik in Deutschland: Ein Vergleich zweier tarifpolitischer Konzepte. In: Industrielle Beziehungen, Jg. 3, S. 307-333

Ross, A. M. (1948): Trade Union Wage Policy. Berkeley

Royle, T. (1998): Avoidance Strategies and the German System of Co-Determination. In: International Journal of Human Resource Management, Jg. 9, S. 1026-1047

Rüb, S. (2001): Globale Konzerne – globale Arbeitsbeziehungen? In: WSI Mitteilungen, Jg. 54, S. 257-264

Ruben, G. (1990): Collective Bargaining in 1989: Old Problems, New Issues. In: Monthly Labor Review, Jg. 113/1, S. 19-29

Rubin, B. A. (1986): Class Struggle American Style: Unions, Strike and Wages. In: American Sociological Review, Jg. 51, S. 618-633

Rubinstein, S. A. (2001): The Local Union Revisited: New Voices from the Front Lines. In: Industrial Relations, Jg. 40, S. 405-435

Rubinstein, S. A. (2003): Partnerships of Steel? Forging High Involvement Work Systems in the U.S. Steel Industry: A View from the Local Unions. In: Advances in Industrial and Labor Relations, Jg. 12, S. 115-144

Rudolph, W.; Wassermann, W. (1996): Betriebsräte im Wandel. Aktuelle Entwicklungsprobleme gewerkschaftlicher Betriebspolitik im Spiegel der Betriebsratswahlen. Münster

Rürup, B. (2002): Schritte in die richtige Richtung. Die Rentenpolitik der rot-grünen Regierung 1998-2002. In: Sozialer Fortschritt, Jg. 51, S. 281-284

Russell, B. (1973): Macht. Hamburg

Sachverständigenrat Wirtschaft (2005): Die Chancen nutzen – Reformen mutig voranbringen. Jahresgutachten 2005/06. Wiesbaden

Sadowski, D.; Ludewig, O.; Turk, F. (2003): Europeanization of Collective Bargaining. In: Addison, J. T.; Schnabel, C. (Hg.): International Handbook of Trade Unions. Cheltenham, S. 461-501

Salisbury, D. L. (2001): The State of Private Pensions. In: Friedman, S.; Jacobs, D.C. (Hg.): The Future of the Safety Net. Social Insurance and Employee Benefits. Urbana-Champaign, S. 139-164

Schäfer, C. (2003a): Die WSI-Befragung von Betriebs- und Personalräten 2002 – ein Überblick. In: WSI Mitteilungen, Jg. 56, S. 139-148

Schäfer, C. (2003b): Effektiv gezahlte Niedriglöhne in Deutschland. In: WSI Mitteilungen, Jg. 56, S. 420-428

Schäfer, C. (2005): Die WSI-Befragung von Betriebs- und Personalräten 2004/05 – Ein Überblick. In: WSI Mitteilungen, Jg. 58, S. 291-300

Schäfer, G. (1998): Altersteilzeit aus Unternehmenssicht. In: Doleczik, G.; Oser, P.; Schaefer, U. (Hg.): Altersteilzeit – Ein praxisbezogener Leitfaden für Entscheidungsträger. Stuttgart, S. 59-81

Schäfer, H. (2001): Ende des Normalarbeitsverhältnisses? Zu Theorie und Empirie der atypischen Beschäftigung in Deutschland. Köln

Schaffner, H. A.; van Horn, C. E. (2003): A Nation at Work. The Heldrich Guide to the American Workforce. New Brunswick

Scharpf, F. W. (2000): Interaktionsformen. Akteurzentrierter Institutionalismus in der Politikforschung. Opladen

Scharr, F. (2005): Tarifbindung, Rententeilung und Konzessionsverträge als Einflussgrößen der Lohnhöhe in Unternehmen. Eine Untersuchung mit Mikrodaten für thüringische Firmen (ifo Dresden Studien, 39). Dresden

Schellhaaß, H. M.; Nolte, A. (1999): Kündigungsschutz aus institutionenökonomischer Perspektive. In: Jahrbücher für Nationalökonomie und Statistik, Jg. 218, S. 415-432

Scherrer, C. (1998): US Labour Relations and the North American Free Trade Area. In: Lecher, W.; Platzer, W. (Hg.): European Union – European Industrial Relations? Global Challenges, National Developments and Transnational Dynamics. London, S. 255-269

Schild, A.; Wagner, H. (2003): Flächentarifvertrag und betriebliche Differenzierung? In: Industrielle Beziehungen, Jg. 10, S. 326-335

Schliemann, H. (2003): Tarifliches Günstigkeitsprinzip und Bindung der Rechtsprechung. In: Neue Zeitschrift für Arbeitsrecht, Jg. 20, S. 122-128

Schmid, G.; Reissert, B. (1996): Unemployment Compensation and Labour Market Transitions. In: Schmid, G.; O'Reilly, J.; Schömann, K. (Hg.): International Handbook of Labour Market Policy and Evaluation. Cheltenham, S. 235-276

Schmid, J. (2002): Wohlfahrtsstaaten im Vergleich. Soziale Sicherung in Europa: Organisation, Finanzierung, Leistungen und Probleme (2. Aufl.). Opladen

Schmidt, R. (2001): Erosion der Tarifsetzungsmacht. In: Abel, J.; Sperling, H. J. (Hg.): Umbrüche und Kontinuitäten. Perspektiven nationaler und internationaler Arbeitsbeziehungen. München, S. 201-219

Schmidt, R.; Röbenack, S.; Hinke, R. (2003): Prekarisierung des kollektiven Tarifsystems am Beispiel der ostdeutschen Metallindustrie. In: Industrielle Beziehungen, Jg. 10, S. 220-249

Schmidt, R.; Trinczek, R. (1999): Der Betriebsrat als Akteur der industriellen Beziehungen. In: Müller-Jentsch, W. (Hg.): Konfliktpartnerschaft. Akteure und Institutionen der industriellen Beziehungen (3. Aufl.). München, S. 103-128

Schmidt, R. H.; Maßmann, J. (1999): Recht, internationale Unternehmensstrategien und Standortwettbewerb. In: Schenk, K.-E.; Schmidtchen, D.; Streit, M. E.; Vanberg, V. (Hg.): Globalisierung und Rechtsordnung. Zur neuen Institutionenökonomik internationaler Transaktionen. Jahrbuch für Neue Politische Ökonomie, Band 18. Tübingen, S. 169-204

Schmierl, K. (2003): Vielfalt im Umbruch. Auflösungserscheinungen, Anpassungsprozesse und neue Interessenvertretungsmodelle in den Arbeitsbeziehungen. In: Beyer, J. (Hg.): Vom Zukunfts- zum Auslaufmodell? Die deutsche Wirtschaftsordnung im Wandel. Wiesbaden, S. 36-60

Schnabel, C. (2000): Tarifautonomie und Tarifpolitik. Köln

Schnabel, C.; Wagner, J. (2001): Verbreitung und Bestimmungsgründe verschiedener Formen der Arbeitnehmerpartizipation in Industriebetrieben. In: Industrielle Beziehungen, Jg. 8, S. 445-462

Schnabel, C.; Wagner, J. (2003): Trade Union Membership in Eastern and Western Germany: Convergence or Divergence? In: Applied Economics Quarterly, Jg. 49, S. 213-232

Schnur, P.; Zika, G. (2005): Projektion des Arbeitskräftebedarfs bis 2020: Nur zögerliche Besserung am deutschen Arbeitsmarkt (IAB Kurzbericht, Nr. 12/2005). Nürnberg

Schramm, F.; Boeven, H. (1994): Fünf Thesen zum Personalmanagement in der Wirtschaftskrise. In: Personal, Jg. 46, S. 436-438

Schregle, J. (1981): Comparative Industrial Relations: Pitfalls and Potential. In: International Labour Review, Jg. 120, S. 15-30

Schroeder, W. (1997): Loyality und Exit. Austritte aus regionalen Arbeitgeberverbänden der Metall- und Elektroindustrie. In: von Alemann, U.; Weßels, B. (Hg.): Verbände in vergleichender Perspektive. Beiträge zu einem vernachlässigten Feld. Berlin, S. 225-251

Schroeder, W. (2000): Das Modell Deutschland auf dem Prüfstand. Zur Entwicklung der industriellen Beziehungen in Ostdeutschland (1990-2000). Wiesbaden

Schroeder, W. (2002): Arbeitgeberverbände: Kontinuität und Wandel. In: Forschungsjournal Neue Soziale Bewegungen, Jg. 15/2, S. 68-77

Schroeder, W.; Esser, J. (1999): Modell Deutschland. Von der Konzertierten Aktion zum Bündnis für Arbeit. In: Aus Politik und Zeitgeschichte, Heft 37/1999, S. 3-12

Schroeder, W.; Ruppert, B. (1996): Austritte aus Arbeitgeberverbänden. Motive – Ursachen – Ausmaß. In: WSI Mitteilungen, Jg. 49, S. 316-328

Schroeder, W.; Silvia, S. J. (2003): Gewerkschaften und Arbeitgeberverbände. In: Schroeder, W.; Weßels, B. (Hg.): Die Gewerkschaften in Politik und Gesellschaft der Bundesrepublik Deutschland. Ein Handbuch. Wiesbaden, S. 244-270

Schroeder, W.; Weinert, R. (1999): Anmerkungen zum Wandel industrieller Beziehungen in Deutschland – Kontrollierte oder unkontrollierte Dezentralisierung? In: Zeitschrift für Politikwissenschaft, Jg. 9, S. 1295-1317

Schroeder, W.; Weinert, R. (2003): Der deutsche Flächentarifvertrag unter den Bedingungen liberalisierter Märkte in Europa. In: Wagner, H.; Schild, A. (Hg.): Der Flächentarif unter Druck. Die Folgen von Verbetrieblichung und Vermarktlichung. Hamburg, S. 135-156

Schulten, T. (2003): Europeanisation of Collective Bargaining. Trade Union Initiatives for the Transnational Coordination of Collective Bargaining. In: Keller, B.; Platzer, W. (Hg.): Industrial Relations and European Integration. Trans- and Supranational Developments and Prospects. Aldershot, S. 112-136

Schulten, T. (2004a): Gewerkschaftliche Lohn- und Tarifpolitik in Europa – Ansätze, Widerstände und Perspektiven einer europaweiten Koordinierung. In: Hein, E.; Niechoj, T.; Schulten, T.; Truger, A. (Hg.): Europas Wirtschaft gestalten. Makroökonomische Koordinierung und die Rolle der Gewerkschaften. Hamburg, S. 192-215

Schulten, T. (2004b): Solidarische Lohnpolitik in Europa. Zur Politischen Ökonomie der Gewerkschaften. Hamburg

Schulten, T.; Bispinck, R. (Hg.) (1999): Tarifpolitik unter dem EURO. Perspektiven einer europäischen Koordinierung: das Beispiel Metallindustrie. Hamburg

Schumann, M.; Baethge-Kinsky, V.; Kuhlmann, M.; Kurz, C.; Neumann, U. (1994): Trendreport Rationalisierung. Automobilindustrie, Werkzeugmaschinenbau, Chemische Industrie. Berlin

Seeleib-Kaiser, M. (2000): Kulturelle und politisch-institutionelle Determinanten des US-amerikanischen Wohlfahrtsstaates. In: Obinger, H.; Wagschal, U. (Hg.): Der gezügelte Wohlfahrtsstaat. Sozialpolitik in reichen Industrienationen. Frankfurt/M., S. 95-129

Seeleib-Kaiser, M. (2002): Betriebliche Sozialpolitik oder mehr Staat? Das Modell USA revisited (ZeS-Arbeitspapier, 12/2002). Bremen

Seifert, H. (1999): Betriebliche Vereinbarungen zur Beschäftigungssicherung. In: WSI Mitteilungen, Jg. 52, S. 156-164

Seifert, H. (2000): Betriebliche Bündnisse für Arbeit – Ein neuer beschäftigungspolitischer Ansatz. In: WSI Mitteilungen, Jg. 53, S. 437-443

Seifert, H. (2001): Zeitkonten: Von der Normalarbeitszeit zu kontrollierter Flexibilität. In: WSI Mitteilungen, Jg. 54, S. 84-90

Seifert, H. (2002): Betriebliche Bündnisse für Arbeit – Beschäftigen statt entlassen. In: Seifert, H. (Hg.): Betriebliche Bündnisse für Arbeit. Rahmenbedingungen – Praxiserfahrungen – Zukunftsperspektiven. Berlin, S. 65-85

Seifert, H.; Massa-Wirth, H. (2005): Pacts for Employment and Competitiveness in Germany. In: Industrial Relations Journal, Jg. 36, S. 217-240

Seifert, H.; Mauer, A. (2004): Investive Arbeitszeitpolitik – Zum Zusammenhang von Arbeitszeit und Weiterbildung. In: WSI Mitteilungen, Jg. 57, S. 190-198

Shalev, M.; Korpi, W. (1980): Working Class Mobilization and American Exceptionalism. In: Economic and Industrial Democracy, Jg. 1, S. 31-61

Shapiro, C.; Stiglitz, J. E. (1984): Equilibrium Unemployment as a Worker Discipline Device. In: American Economic Review, Jg. 74, S. 433-444

Sheppard, H. L. (1991): The United States: The Privatization of Exit. In: Kohli, M.; Rein, M.; Guillemard, A.-M.; van Gunsteren, H. (Hg.): Time for Retirement. Comparative Studies of Early Exit from the Labor Force. Cambridge, S. 252-283

Siebert, H. (1997): Labor Market Rigidities: At the Root of Unemployment in Europe. In: Journal of Economic Perspectives, Jg. 11, S. 37-54

Silvia, S. J. (2005): Ursachen und Bedeutung der Spaltung des AFL-CIO. In: WSI Mitteilungen, Jg. 58, S. 651-653

Simmons, B. A. (1999): The Internationalization of Capital. In: Kitschelt, H.; Lange, P.; Marks, G.; Stephens, J. D. (Hg.): Continuity and Change in Contemporar Capitalism. Cambridge, S. 36-69

Singh, P.; Jain, H. C. (2001): Striker Replacements in the United States, Canada, and Mexico: A Review of the Law and Empirical Research. In: Industrial Relations, Jg. 40, S. 22-53

Sisson, K.; Artiles, A. M. (2000): Handling Restructuring. Collective Agreements on Employment and Competitiveness. Dublin

Sisson, K.; Freyssinet, J.; Krieger, H.; O'Kelly, K.; Schnabel, C.; Seifert, H. (1999): Pacts for Employment and Competitiveness. Concepts and Issues. Dublin

Sitte, R. (2003): Soziale Sicherung unter Rot-Grün. Zur Entwicklung von Sozialpolitik und Sozialbudget seit 1998 (WSI Diskussionspapier, Nr. 110). Düsseldorf

Sloane, A. A.; Witney, F. (2001): Labor Relations (10th ed.). Upper Saddle River

Smith, D. B.; Bales, R. A. (2001): Reconciling Labor and Bankrutpcy Law: The Application of 11 U.S.C. §1113. In: Law Review of Michigan State University – Detroit College of Law, Jg. 2001, S. 1145-1172

Social Security Administration (2003): Social Security Programs throughout the World: The Americas, 2003. Washington

Social Security Administration (2004): Social Security Programs throughout the World: Europe, 2004. Washington

Soskice, D. (1999): Divergent Production Regimes: Coordinated and Uncoordinated Market Economies in the 1980s and 1990s. In: Kitschelt, H.; Lange, P.; Marks, G.; Stephens, J. D. (Hg.): Continuity and Change in Contemporary Capitalism. Cambridge, S. 101-134

Spitznagel, E.; Wanger, S. (2004): Mehr Beschäftigung durch längere Arbeitszeiten? Ein Beitrag zu der Diskussion um eine generelle Erhöhung der Arbeitszeit (IAB Forschungsbericht, Nr. 5/2004). Nürnberg

Stahlmann, M.; Wendt-Kleinberg, W.; Weyrather, I. (2004): Zwischen Engagement und innerer Kündigung. Arbeitsemotionen im Prozess fortschreitenden Personalabbaus. In: Industrielle Beziehungen, Jg. 11, S. 380-394

Stanger, H. R. (2002): Newspapers: Collective Bargaining Decline amidst Technological Change. In: Clark et al. 2002a, S. 179-215

Steffen, J. (2005): Sozialpolitische Chronik. Bremen

Stephan, G. (2002): Employer Wage Differentials in Germany: A Comparative Note. In: Labour, Jg. 16, S. 491-512

Stephan, G. (2006): Was die Leute von Entlassungen und Lohnkürzungen halten (IAB Kurzbericht, Nr. 1/2006). Nürnberg

Sterkel, G.; Schulten, T.; Wiedemuth, J. (Hg.) (2004): Autonomie im Laufstall? Gewerkschaftliche Lohnpolitik in Euroland. Hamburg

Strauss, G. (1984): Industrial Relations: Time of Change. In: Industrial Relations, Jg. 23, S. 1-15

Strauss, G. (1989): Industrial Relations as an Academic Field? What's wrong with it? In: Barbash, J.; Barbash, K. (Hg.): Theories and Concepts in Comparative Industrial Relations. Columbia, S. 241-260

Strauss, G. (1998): Comparative International Industrial Relations. In: Whitfield, K.; Strauss, G. (Hg.): Researching the World of Work. Strategies and Methods in Studying Industrial Relations. Ithaca, S. 175-192

Streeck, W. (1984): Neo-Corporatist Industrial Relations and the Economic Crisis in West Germany. In: Goldthorpe, J. (Hg.): Order and Conflict in Contemporary Capitalism. Studies in the Political Economy of Western European Nations. Oxford, S. 291-314

Streeck, W. (1992): Productive Constraints: On the Institutional Conditions of Diversified Quality Production. In: Streeck, W. (Hg.): Social Institutions and Economic Performance. Studies of Industrial Relations in Advanced Capitalist Economies. London, S. 1-40

Streeck, W. (1995): Works Councils in Western Europe: From Consultation to Participation. In: Rogers, J.; Streeck, W. (Hg.): Works Councils. Consultation, Representation and Cooperation in Industrial Relations. Chicago, S. 313-348

Streeck, W. (1997a): Beneficial Constraints. On the Economic Limits of Rational Voluntarism. In: Hollingsworth, J. R.; Boyer, R. (Hg.): Contemporary Capitalism. The Embeddedness of Institutions. Cambridge, S. 197-219

Streeck, W. (1997b): German Capitalism: Does it exist? Can it survive? In: Crouch, C.; Streeck, W. (Hg.): Political Economy of Modern Capitalism. Mapping Convergence and Diversity. London, S. 33-54

Streeck, W. (1998a): Das Zukunftsmodell – Der Flächentarifvertrag. In: Gewerkschaftliche Monatshefte, Jg. 49, S. 6-18

Streeck, W. (1998b): Industrielle Beziehungen in einer internationalisierten Wirtschaft. In: Beck, U. (Hg.): Politik der Globalisierung. Frankfurt/M., S. 169-202

Streeck, W. (2001a): High Equality, Low Activity: The Contribution of the Social Welfare System to the Stability of the German Collective Bargaining Regime. In: Industrial and Labor Relations Review, Jg. 54, S. 698-706

Streeck, W. (2001b): Tarifautonomie und Politik. Von der konzertierten Aktion zum Bündnis für Arbeit. In: Gesamtverband der metallindustriellen Arbeitgeberverbände (Hg.): Die deutschen Arbeitsbeziehungen am Anfang des 21. Jahrhunderts. Wissenschaftliches Kolloquium aus Anlass des Ausscheidens von Dr. Werner Stumpfe als Präsident von Gesamtmetall. Köln, S. 76-102

Streeck, W.; Hassel, A. (2003): The Crumbling Pillars of Social Partnership. In: West European Politics, Jg. 26, S. 101-124

Streeck, W.; Rehder, B. (2003): Der Flächentarifvertrag: Krise, Stabilität und Wandel. In: Industrielle Beziehungen, Jg. 10, S. 341-362

Streeck, W.; Rehder, B. (2005): Institutionen im Wandel: Hat die Tarifautonomie eine Zukunft? In: Busch, H. W.; Frey, H. P.; Hüther, M.; Rehder, B.; Streeck, W. (Hg.): Tarifpolitik im Umbruch. Köln, S. 49-82

Summers, C. (1989): An American Perspective of the German Model of Worker Participation. In: Gladstone, A.; Lansbury, R. D.; Stieber, J.; Treu, T.; Weiss, M. (Hg.): Current Issues in Labour Relations: An International Perspective. Berlin, S. 115-128

Talley, W. K.; Schwarz-Miller, A. V. (1998): Railroad Deregulation and Union Labor Earnings. In: Peoples, J. (Hg.): Regulatory Reform and Labor Markets. Boston, S. 125-153

Teipen, C. (2003): Die Frühverrentung im Wandel betrieblicher Strategien. München

Teipen, C.; Kohli, M. (2004): Early Retirement in Germany. In: Maltby, T.; De Vroom, B.; Mirabile, M. L.; Overbye, E. (Hg.): Ageing and the Transition to Retirement. A comparative Analysis of European Welfare States. Aldershot, S. 93-119

Telljohann, V. (2001): Pacts for Employment and Competitiveness in the Electricity Sector. In: Transfer, Jg. 7, S. 636-649

Thelen, K. (2000): Why German Employers cannot bring themselves to dismantle the German Model. In: Iversen, T.; Pontusson, J.; Soskice, D. (Hg.): Unions, Employers, and Central Banks. Macroeconomic Coordination and Institutional Change in Social Market Economies. Cambridge, S. 138-169

Thelen, K. (2001): Varieties of Labor Politics in Developed Democracies. In: Hall, P.A.; Soskice, D. (Hg.): Varieties of Capitalism. The Institutional Foundations of Comparative Advantage. Oxford, S. 71-103

Thelen, K.; van Wijnbergen, C. (2003): The Paradox of Globalization. Labor Relations in Germany and beyond. In: Comparative Political Studies, Jg. 36, S. 859-880

Tholen, J.; Hemmer, E. (2004): Die Auswirkungen von Direktinvestitionen deutscher Unternehmen in Mittel-/Osteuropa auf Arbeitsplätze in Deutschland. Bremen

Thomason, T.; Burton, J. F. (2003): Unionization Trends and Labor-Management Cooperation in the Public Sector. In: Brock, J.; Lipsky, D. B. (Hg.): Going Public. The Role of Labor-Management Relations in Delivering Quality Government Services. Urbana-Champaign, S. 69-105

Tödtmann, U.; Schauer, M. (2003): Die Kündigung des Arbeitsverhältnisses. Ein Überblick über die Rechtslage in Deutschland, anderen europäischen Ländern und den USA. In: Neue Zeitschrift für Arbeitsrecht, Jg. 20, S. 1187-1189

Trampusch, C. (2005): Institutional Resettlement: The Case of Early Retirement in Germany. In: Streeck, W.; Thelen, K. (Hg.): Beyond Continuity. Institutional Change in Advanced Political Economies. Oxford, S. 203-228

Traxler, F. (1997): Der Flächentarifvertrag in der OECD. Entwicklung, Bestandsbedingungen und Effekte. In: Industrielle Beziehungen, Jg. 4, S. 101-124

Traxler, F. (2003): Der Zentralisierungsgrad des Tarifverhandlungssystems und seine wirtschafts- und sozialpolitischen Effekte im internationalen Vergleich. In: Industrielle Beziehungen, Jg. 10, S. 528-543

Traxler, F.; Blaschke, S.; Kittel, B. (2001): National Labour Relations in Internationalized Markets. Oxford

Treado, C. D. (2003): Imports and New Technology: Sources of Injury in the Traditional Steel Segment (Center for Industry Studies, working paper). Pittsburgh

Trinczek, R. (2002a): Regulierung von Arbeitsbeziehungen in betriebsratsfreien Betrieben. Antrag an die DFG http://www.soziologie.ws.tum.de/forschung/regulierung_antrag.pdf

Trinczek, R. (2002b): „Und was macht ihr, wenn's keinen Betriebsrat mehr gibt?" Zur Erosion der institutionellen Basis Betrieblicher Bündnisse für Arbeit und Wettbewerb. In: Seifert, H. (Hg.): Betriebliche Bündnisse für Arbeit. Rahmenbedingungen – Praxiserfahrungen – Zukunftsperspektiven. Berlin, S. 245-272

Trinczek, R. (2004): Management und betriebliche Mitbestimmung. Eine interessentheoretisch fundierte Typologie kollektiver Orientierungsmuster. In: Artus, I.; Trinczek, R. (Hg.): Über Arbeit, Interessen und andere Dinge. Phänomene, Strukturen und Akteure im modernen Kapitalismus. München, S. 181-211

Troy, L. (2004): The Twilight of the Old Unionism. Armonk

Turnbull, P. T. (1988a): The Economic Theory of Trade Union Behavior: A Critique. In: British Journal of Industrial Relations, Jg. 26, S. 99-118

Turnbull, P. T. (1988b): Industrial Relations and the Seniority Model of Union Behaviour. In: Oxford Bulletin of Economics and Statistics, Jg. 50, S. 53-70

Turner, L.; Wever, K. S.; Fichter, M. (2001): Perils of the High and Low Roads – Employment Relations in the United States and Germany. In: Wever, K. S. (Hg.): Labor, Business, and Change in Germany and the United States. Kalamazoo, S. 123-155

Tüselmann, H.-J. (1998): Deutsche Auslandsinvestitionen in den neunziger Jahren: Abwanderung der deutschen Industrie und Abbau von Arbeitsplätzen? In: WSI Mitteilungen, Jg. 51, S. 292-302

Tüselmann, H.-J.; Heise, A. (2000): The German Model of Industrial Relations at the Crossroads: Past, Present and Future. In: Industrial Relations Journal, Jg. 31, S. 162-176

Urban, H.-J. (2005): Gewerkschaften als konstruktive Vetospieler. Kontexte und Probleme gewerkschaftlicher Strategiebildung. In: Forschungsjournal Neue Soziale Bewegungen, Jg. 18/2, S. 44-60

USITC (2003): Steel: Monitoring Developments in the Domestic Industry. Investigation No. TA-204-9. Washington

Verma, A. (1985): Relative Flow of Capital to Union and Nonunion Plants within a Firm. In: Industrial Relations, Jg. 24, S. 395-405

Verma, A.; Kochan, T. A. (1985): The Growth and Nature of the Nonunion Sector within a Firm. In: Kochan, T. A. (Hg.): Challenges and Coices facing American Labor. Cambridge, S. 89-117

Vitols, S. (2003): Verhandelter Shareholder Value. Die deutsche Variante einer angloamerikanischen Praxis. In: Beyer, J. (Hg.): Vom Zukunfts- zum Auslaufmodell? Die deutsche Wirtschaftsordnung im Wandel. Wiesbaden, S. 133-154

Völkl, M. (2002): Der Mittelstand und die Tarifautonomie. Arbeitgeberverbände zwischen Sozialpartnerschaft und Dienstleistung. München

von Nordenflycht, A.; Kochan, T. A. (2003): Labor Contract Negotiations in the Airline Industry. In: Monthly Labor Review, Jg. 126/7, S. 18-28

Voos, P. B. (Hg.) (1994a): Contemporary Collective Bargaining in the Private Sector. Madison

Voos, P. B. (1994b): An economic Perspective on contemporary Trends in Collective Bargaining. In: Voos 1994a, S. 1-23

Waddington, J. (2005): Trade Unions and the Defence of the European Social Model. In: Industrial Relations Journal, Jg. 36, S. 518-540

Wagner, J.; Addison, J. T.; Schnabel, C.; Schank, T. (2004): Works Councils, Labor Productivity and Plant Heterogeneity: Evidence from Quantile Regressions (IZA Discussion Paper, No. 1414). Bonn

Wagner, T.; Jahn, E. J. (2004): Neue Arbeitsmarkttheorien (2. Aufl.). Stuttgart

Wahse, J.; Dahms, V.; Schäfer, R.; Kühl, J. (1996): Beschäftigungsperspektiven von privatisierten Unternehmen. Befragung von ehemaligen Treuhandfirmen im Oktober 1995. In: Mitteilungen aus der Arbeitsmarkt- und Berufsforschung, Jg. 29, S. 106-116

Wailes, N.; Ramia, G.; Lansbury, R. D. (2003): Interests, Institutions and Industrial Relations. In: British Journal of Industrial Relations, Jg. 41, S. 617-637

Walsh, D. J. (1988): Accounting for the Proliferation of Two-Tier Wage Settlements in the U.S. Airline Industry, 1983-1986. In: Industrial and Labor Relations Review, Jg. 42, S. 50-62

Walsh, S.; London, R.; McCanne, D.; Needels, K.; Nicholson, W.; Kerachsky, S. (1997): Evaluation of Short-Time Compensation Programs. Final Report Submitted to the Department of Labor, Contract No. K-4722-4-00-80-30. Oakland, Princeton

Walton, R. E.; Cutcher-Gershenfeld, J. E.; McKersie, R. B. (1994): Strategic Negotiations. A Theory of Change in Labor-Management Relations. Cambridge

Walton, R. E.; McKersie, R. B. (1965): A Behavioral Theory of Labor Negotiations. An Analysis of Social Interaction Systems. New York

Warrian, P. (2002): Practitioner Commentary. In: Clark et al. 2002a, S. 361-374

Wassermann, W. (2003): Gewerkschaftliche Betriebspolitik. In: Schroeder, W.; Weßels, B. (Hg.): Die Gewerkschaften in Politik und Gesellschaft der Bundesrepublik Deutschland. Ein Handbuch. Wiesbaden, S. 405-428

Wassermann, W. (2004): Konfliktfeld Kleinbetrieb. Mittelstand zwischen Alleinherrschaft und Mitbestimmung. Frankfurt/M.

Weinstein, M.; Kochan, T. B. (1995): The Limits of Diffusion: Recent Developments in Industrial Relations and Human Resource Practices in the United States. In: Locke, R. M.; Kochan, T. B.; Piore, M. J. (Hg.): Employment Relations in a Changing World Economy. Cambridge, S. 1-31

Weiss, A. W. (1991): Efficiency Wages. Models of Unemployment, Layoffs and Wage Dispersion. Oxford

Weitbrecht, H. (1997): Entwicklungstendenzen betrieblicher Arbeitsbeziehungen in Deutschland. In: Heidack, C. (Hg.): Arbeitsstrukturen im Umbruch. Festschrift für Prof. Dr. Dr. h.c. Fürstenberg (2. Aufl.). München, S. 215-226

Weitzmann, M. L. (1984): The Share Economy: Conquering Stagflation. Cambridge

Werner, H.; Winkler, W. (2003): Systeme des Leistungsbezugs bei Arbeitslosigkeit. Ein zwischenstaatlicher Vergleich (IAB Werkstattbericht, Nr. 4/2003). Nürnberg

Westfall, D.; Thüsing, G. (2003): Neue Perspektiven im Arbeitskampfrecht? Das Streik- und Aussperrungsrecht der Vereinigten Staaten. In: Thüsing, G. (Hg.): Tarifautonomie im Wandel. Beiträge zum Tarif-, Arbeitskampf- und Koalitionsrecht. Köln, S. 97-122

Wever, K. S. (1994a): Learning from Works Councils. Five unspectacular Cases from Germany. In: Industrial Relations, Jg. 33, S. 467-481

Wever, K. S. (1994b): On the Future of Trade Unionism in the United States. In: Niland, J. R.; Lansbury, R. D.; Verevies, C. (Hg.): The Future of Industrial Relations. Global Change and Challenges. Thousand Oaks, S. 185-200

Wever, K. S. (1995): Negotiating Competitiveness. Employment Relations and Organizational Innovation in Germany and the United States. Boston

White, M. D. (1982): The Intra-Unit Wage Structure and Unions: A Median Voter Model. In: Industrial and Labor Relations Review, Jg. 35, S. 565-577

Whittaker, W. G. (2003): Compensatory Time vs. Cash Wages: Amending the Fair Labor Standards Act? Congressional Research Service, Report for Congress Order Code RL 31875. Washington

Whittall, M. (2004): Consequences of Open Clauses in the German Metall Sector: The Growth of Working Time Flexibility within the BMW Group (Paper presented at the IREC Conference, August 26th-28th)

Whyte, W. F.; Blasi, J. R. (1984): Employee Ownership and the Future of Unions. In: Annals of the American Academy of Political and Social Sciences, Jg. 473, S. 128-140

Wiatrowski, W. J. (2004): Medical and Retirement Plan Coverage: Exploring the Decline in recent Years. In: Monthly Labor Review, Jg. 127/8, S. 29-36

Williamson, O. E. (1985): The Economic Institutions of Capitalism. New York

Williard, D.; MaCoy, R.; Morand, M. (1985): Short-Time Compensation, Yes; Worksharing, No: Unraveling the Debate. In: Labor Studies Journal, Jg. 10, S. 239-253

Windmuller, J. P. (1987): Comparative Study of Methods and Practices. In: ILO (Hg.): Collective Bargaining in Industrialised Market Economies: A Reappraisal. Genf, S. 3-158

Windolf, P. (1990): Productivity Coalitions and the Future of Unionism. Disintegration of Generalized Political Exchange? In: Marin, B. (Hg.): Governance and Generalized Exchange. Self-Organizing Policy Networks in Action. Frankfurt/M., S. 289-313

Winkelmann, R.; Zimmermann, K. F. (1998): Is Job Stability declining in Germany? Evidence from Count Data Models. In: Applied Economics, Jg. 30, S. 1413-1420

Wolf, E.; Beblo, M. (2004): Arbeitszeitflexibilisierung und Effizienz in deutschen Unternehmen. In: Bellmann, L.; Schnabel, C. (Hg.): Betriebliche Arbeitszeitpolitik im Wandel (BeitrAB 288). Nürnberg, S. 11-32

Woodworth, W. (1982): Collective Bargaining: Concessions or Control? In: Proceedings of the 35th Annual Meeting, Madison, S. 418-424

WSI (2005): WSI-Tarifhandbuch 2005. Frankfurt/M.

Zachert, U. (2004): Tarifvertrag, Günstigkeitsprinzip und Verfassungsrecht – Zur Verfassungsmäßigkeit des Vorschlags der CDU/CSU zu Änderungen des Tarifrechts. In: Arbeit und Recht, Jg. 52, S. 121-129

Zagelmeyer, S. (2001): Brothers in Arms in the European Car Wars: Employment Pacts in the EU Automobile Industry. In: Industrielle Beziehungen, Jg. 8, S. 149-179

Zagelmeyer, S. (2002): Über den Wolken, wo der Wettbewerb (fast) grenzenlos ist. Westeuropäische Fluggesellschaften zwischen Konzessionsverhandlungen und neuem Sozialkontrakt. In: Seifert, H. (Hg.): Betriebliche Bündnisse für Arbeit. Rahmenbedingungen, Praxiserfahrungen, Zukunftsperspektiven. Berlin, S. 187-211

Zugehör, R. (2003): Die Zukunft des rheinischen Kapitalismus. Unternehmen zwischen Kapitalmarkt und Mitbestimmung. Opladen

Verzeichnis der Quellen und Zeitungsartikel

BDA/DGB vom 06.07.1999: „Gemeinsame Erklärung von BDA und DGB anläßlich des 3. Gesprächs zum Bündnis für Arbeit, Ausbildung und Wettbewerbsfähigkeit“

Chicago Tribune vom 02.06.2004: „ISG forges Steel Powerhouse from Industry's Ruins“ (http://www.chicagotribune.com/business/chi-0406020278jun02,1,6162382.story; letzter Zugriff: 03.06.2004)

COFFI – Center on Federal Financial Institutions vom 07.04.2004: „PBGC: Fundamental Questions“ (http://www.coffi.org/pubs/PBGC%20Fundamental%20Questions.pdf; letzter Zugriff: 30.08.2005)

Daily Labor Report vom 10.03.1997: „Two-Tier Pay, Benefit Structures retain their Appeal for Employers“, S. A-7

Daily Labor Report vom 24.01.2001: „USW calls for Steel Revitalization Act, saying it will not accept Concessions“, S. A-7

Daily Labor Report vom 26.09.2001: „Commerce finds nine Countries are dumping hot-rolled Steel“, S. A-2

Daily Labor Report vom 05.12.2001: „U.S. Steel Companies pursue Consolidation; Firm, USW talk about Retiree Benefit Costs“, S. A-6

Daily Labor Report vom 18.01.2002: „Commerce finds five Countries are dumping Stainless Steel Bar“, S. A-7

Daily Labor Report vom 06.03.2002: „Bush announces Tariffs on certain Steel Products; Steelworkers support Efforts“, S. A-14

Daily Labor Report vom 10.12.2002: „United Airlines finally files for Bankruptcy; imposes immediate Management Pay Cuts“, S. B-1

Daily Labor Report vom 05.02.2003: „Industry Group says U.S. Tariffs raised Prices, forcing Firms to cut 200,000 Jobs“, S. A-5

Daily Labor Report vom 08.07.2003: „United ends Stock Ownership Plan, giving Sell Option to Pilots, IAM Group“, S. A-8

Die Welt vom 23.08.2005: „Kein Spielraum für höhere Löhne“ (Interview mit DIHK-Präsident Ludwig Georg Braun) (http://www.welt.de/data/2005/08/23/764224.html?prx=1; letzter Zugriff: 29.03.2006)

Financial Times Deutschland vom 30.05.2003: „Deutsche zu Gehaltsverzicht für Arbeitsplätze bereit“ (http://www.ftd.de/pw/de/1054125235112.html; letzter Zugriff: 30.05. 2003)

Financial Times Deutschland vom 28.10.2003: „Krankenversicherung wird für viele Amerikaner zum unbezahlbaren Luxus“, S. 16

Financial Times Deutschland vom 14.04.2004: „Hohe Kosten belasten US-Airlines“, S. 8

Financial Times Deutschland vom 25.06.2004: „Siemens ringt IG Metall höhere Arbeitszeit ab“, S. 9

Financial Times Deutschland vom 14.09.2004: „US Airways meldet erneut Insolvenz an“, S. 3

Financial Times Deutschland vom 12.05.2005: „United Airlines schiebt Pensionslasten an den Staat ab“, S. 5

Financial Times Deutschland vom 21.06.2005: „United Airlines ringt Gewerkschaft Gehaltskürzung ab“, S. 7

Financial Times Deutschland vom 22.08.2005: „Northwest kämpft mit Streik der Mechaniker“, S. 8

Financial Times Deutschland vom 02.11.2005: „Gesamtmetall droht mit Flucht aus der Tarifbindung“, S. 11

Frankfurter Allgemeine Zeitung vom 22.04.2005: „Telekom und Post haben mehr als 200.000 Stellen abgebaut“ (http://www.faz.net/s/Rub6B15D93102534C72B5CF6E7956148562/Doc~E60FC501BC5D042809D2A9518C976CDB7~ATpl~Ecommon~Scontent.html#top; letzter Zugriff: 23.11.2005)

Frankfurter Rundschau vom 08.11.2003: „Union will Reform im Tauschhandel“, S. 1

Frankfurter Rundschau vom 16.08.2005: „CDU-Plan geht Arbeitgebern zu weit“, S. 9

Handelsblatt vom 07.10.2003: „Betriebliche Bündnisse brauchen eine Rechtsgrundlage“ (Interview mit BDA-Präsident Dieter Hundt), S. 4

Handelsblatt vom 26.07.2004: „Daimler setzt die Konkurrenz mit Sparpaket unter Druck“, S. 9

Handelsblatt vom 11.03.2005: „Delta schockt die Anleger mit Warnung vor hohem Verlust“, S. 14

Handelsblatt vom 21.10.2005: „IG Metall droht mit Ende der Tarif-Öffnung“, S. 7

Handelsblatt vom 06.01.2006: „Verdi öffnet Tarifvertrag im Handel“, S. 4

Labor Notes, 9/2005: „Northwest Mechanics strike against Deep Pay Cuts, Outsourcing“ (http://www.labornotes.org/archives/2005/09/articles/b.shtml; letzter Zugriff: 03.03.2006)

Labor Notes, 11/2005: „Companies use Bankruptcy Laws to force bigger Givebacks, break Unions“ (http://www.labornotes.org/archives/2005/11/articles/d.shtml)

Labor Relations Week vom 03.02.2005: „Bankruptcy Judge imposes temporaray Wage Cuts on United Airlines’ Mechanics“, S. 139

Labor Relations Week vom 07.04.2005: „Pilots, Mechanics ratify Concession Pact with Continental; Flight Attendants vote ‘no’“, S. 453

Labor Research Association Online vom 28.01.2005: „Two-Tier and Lump Sum Contracts reappear“ (http://www.lraonline.org/print.php?id=372; letzter Zugriff: 28.01.2005)

Los Angeles Times vom 23.06.2005: „More large Firms freeze, end Pensions“ (http://www.latimes.com/business/la-fi-pension23jun23,1,4630097.story?coll=la-headlines-business&track=1&cset=true; letzter Zugriff: 23.06.2005)

Los Angeles Times vom 05.10.2005: „Airlines face Billions in Pension Payments“ (www.latimes.com/business/la-fi-pension5oct05,1,4416483,print.story; letzter Zugriff: 06.10.2005)

New York Times vom 27.03.2003: „W.T.O. rules against U.S. on Steel Tariffs“ (http://www.nytimes.com/2003/03/27/business/27STEE.html; letzter Zugriff: 28.03.2003)

New York Times vom 11.11.2003: „U.S. Tariffs on Steel are illegal, World Trade Organization says“ (http://www.nytimes.com/2003/11/11/business/11STEE.html; letzter Zugriff: 11.11.2003)

New York Times vom 09.06.2004: „Delta presses for Cutbacks by citing stark Outlook“, S. C-6

New York Times vom 16.10.2004: „Judge gives US Airways Authority to cut Union Pay“, S. C-1

New York Times vom 13.11.2004: „US Air asks Court to end Labor Contracts“, S. C-1

New York Times vom 20.03.2005: „Chrysler, UAW reach Deal on Health Costs“, S. C-1

New York Times vom 29.01.2006: „Unions pay dearly for Success“, S. C-4

New York Times vom 30.01.2006: „Continental Flight Attendants OK Deal“ (http://www.nytimes.com/aponline/business/AP-Continental-Flight-Attendants.html?_r=1&oref=slogin; letzter Zugriff: 31.01.2006)

San Francisco Chronicle vom 31.08.2003: „Health Care Disputes bedevil Labor Relations: Lines of Battle drawn over Cuts in Coverage“, S. I-1

San Francisco Chronicle vom 12.10.2004: „In Critical Condition: Health Care in America – Retiree Benefits Dwindling“, S. E-1

San Francisco Chronicle vom 13.10.2004: „Haggling over Health: Benefits emerge as knottiest Issue in Union Contract Talks“, S. C-1

San Francisco Chronicle vom 12.05.2005: „What they'll get: How Pension Agency pays out“, S. C-1

Süddeutsche Zeitung vom 03.04.2004: „Betriebsrenten überfordern US-Konzerne: Angst vor dem Abstieg“, S. 19

Süddeutsche Zeitung vom 04.09.2005: „Bündnisse zur Beschäftigungssicherung – Normalfall statt Notnagel“, (http://finanzen.sueddeutsche.de/nws.php?nws_id=1000438840; letzter Zugriff: 08.02.2006)

Sunday Gazette-Mail vom 16.11.2003: „From Wages to Health Care“ (http://sundaygazettemail.com/webtools/print/business/200311152; letzter Zugriff: 24.11.2003)

Union Labor Report vom 20.06.2003: „When Layoffs are preferable to reduced Hours“, S. 103

Union Labor Report vom 14.01.2005: „Steelworkers unveil Program to replace lost Drug Benefits“, S. 2

USA Today vom 01.09.2004: „US Airways Mechanics won't reopen Contract“ (http://www.usatoday.com/travel/news/2004-09-01-usair-mechanics_x.htm; letzter Zugriff: 02.09.2004)

USWA vom 23.01.2001: „Statement of the Basic Steel Industry Conference“

Washington Post vom 27.08.2002: „US Airways asks out of Labor Contracts“, S. E-3

Washington Post vom 03.03.2003: „US Airways to alter Pilot's Pension Plan“, S. A-11

Washington Post vom 15.07.2003: „United's Mechanics switch Unions“, S. E-1

Washington Post vom 23.07.2004: „United stops Pension Contributions“, S. E-1

Washington Post vom 25.11.2004: „United seeks Court's Aid in Getting Labor Concessions“, S. E-2

Washington Post vom 11.02.2005: „U.S. Firms Losing Health Care Battle, GM Chairman says“, S. E-1

Verzeichnis der Abbildungen und Tabellen

Abbildungen

Tabellen

Verzeichnis der verwendeten Abkürzungen

ALPA	Airline Pilots Association
AMFA	Aircraft Mechanics Fraternal Organization
ATSB	Air Transportation Stabilization Board
AT&T	American Telephone & Telegraph
BDA	Bundesvereinigung der Deutschen Arbeitgeberverbände
BDI	Bundesverband der Deutschen Industrie
BetrVG	Betriebsverfassungsgesetz
BGB	Bürgerliches Gesetzbuch
BIP	Bruttoinlandsprodukt
BLS	Bureau of Labor Statistics
BNA	Bureau of National Affairs
bspw.	beispielsweise
bzw.	beziehungsweise
CDU	Christlich Demokratische Union Deutschlands
CITAC	Consuming Industries Trade Action Coalition
CME	Coordinated Market Economy
COLA	Cost of Living Adjustment
CPI	Consumer Price Index
CSU	Christlich-Soziale Union in Bayern
CWF	Change to Win Federation
DB	Defined Benefit
DC	Defined Contribution
DDR	Deutsche Demokratische Republik
DGB	Deutscher Gewerkschaftsbund
d.h.	das heißt
EIRO	European Industrial Relations Observatory
ERISA	Employee Retirement Income Security Act
ESOP	Employee Stock Ownership Plan
EU	Europäische Union

evtl.	eventuell
FDP	Freie Demokratische Partei Deutschlands
FLSA	Fair Labor Standards Act
GG	Grundgesetz
GM	General Motors
HERE	Hotel Employees and Restaurant Employees International Union
HMO	Health Maintenance Organization
IAB	Institut für Arbeitsmarkt- und Berufsforschung
IAM (IAMAW)	International Association of Machinists and Aerospace Workers
IR	Industrial Relations
IRRA	Industrial Relations Research Association
ISG	International Steel Group
KBV	Konzessionäre Beschäftigungsvereinbarung
KSchG	Kündigungsschutzgesetz
LME	Liberal Market Economy
LTV	LTV Steel Mining Co
MNC	Multinational Company
Mio.	Millionen
Mrd.	Milliarden
NAFTA	North American Free Trade Area
NBER	National Bureau of Economic Research
NLRA	National Labor Relations Act
NLRB	National Labor Relations Board
OG	Organisationsgrad
OK	Opportunitätskosten
PanAM	PanAmerican World Airways
PATCO	Professional Air Traffic Controllers Organization
PBGC	Pension Benefit Guaranty Corporation
RBN	Relativer Bruttonutzen
RNN	Relativer Nettonutzen

RVM	Relative Verhandlungsmacht
s.	siehe
SARS	Severe Acute Respiratory Syndrome
SEIU	Service Employees International Union
SOEP	Sozio-Ökonomisches Panel
SUB	Supplemental Unemployment Benefit
TDG	Tarifvertraglicher Deckungsgrad
TK	Transaktionskosten
TVG	Tarifvertragsgesetz
TWA	Trans World Airlines
u.a.	unter anderem
UAW	United Automobile, Aerospace, and Agricultural Implement Workers of America
USA (US)	United States of America
USITC	United States International Trade Commission
USW (USWA)	United Steel Workers
VEBA	Voluntary Employee Benefits Association
vgl.	vergleiche
vs.	versus
VW AG	Volkswagen AG
WARN	Workplace Adjustment and Retraining Notification Act
WSI	Wirtschafts- und Sozialwissenschaftliches Institut
WTO	World Trade Organization
z.B.	zum Beispiel

FSC
www.fsc.org
MIX
Papier | Fördert gute Waldnutzung
FSC® C083411

Kolibri 360 GmbH
Ferdinand-Jühlke-Straße 7
99095 Erfurt, Deutschland
produktsicherheit@kolibri360.de